两两归鸿

——上海电机学院百名校友访谈录

主编　夏建国

上海交通大学出版社

内 容 提 要

本书系上海电机学院庆祝建校60周年编撰的纪念文集。文集由采访篇和回忆篇两部分组成，文字生动、感人，翔实地报告这所20世纪50年代创建的著名工科学校，秉承“技术立校、应用为本”的理念，崇尚“明德至善、博学笃行”的古训，践行“自强不息、追求卓越”的精神，走过了由中专—高职—本科的成长历程。60年来学校培养了数万名工程师、专家、研究人员、企业家，他们为工业建设、军工科研乃至国家航天事业作出过贡献。这些朴实文字，令人鼓舞、启迪和奋进。

图书在版编目(CIP)数据

两两归鸿：上海电机学院百名校友访谈录/夏建国主编. —上海：上海交通大学出版社，2013

ISBN 978-7-313-10292-8

Ⅰ. 两... Ⅱ. 夏... Ⅲ. 上海电机学院—校友—生平事迹 Ⅳ. K826.16

中国版本图书馆CIP数据核字(2013)第210696号

两 两 归 鸿

——上海电机学院百名校友访谈录

夏建国 **主编**

上海交通大学出版社出版发行

（上海市番禺路951号 邮政编码200030）

电话：64071208 出版人：韩建民

上海交大印务有限公司 印刷 全国新华书店经销

开本：710mm×1000mm 1/16 印张：21 字数：392千字

2013年9月第1版 2013年9月第1次印刷

ISBN 978-7-313-10292-8/K 定价：68.00元

《两两归鸿——上海电机学院百名校友访谈录》编辑委员会

序

时光荏苒，岁月如梭。2013年，上海电机学院走过一个甲子的岁月，迎来60华诞。仍记得重病中的老校长严雪怡先生紧握我的双手，语重心长地说："电机学院是几代人的心血，你们一定要把她建设好。"回眸学校的甲子历程，回味严老校长的嘱托，我们可以自豪地说，这一路上的每一步，上海电机学院都走得踏实而辉煌。

上海电机学院经历过风雨与艰辛，也迎来了欢欣与喜悦。1953年，学校由华东工业管理局筹办创建，凭借着在技术专业教育领域的独领风骚，1958年国家领导人刘少奇亲自视察学校。1970年，学校被迫解散。在严雪怡等老同志的努力下，终于在8年后艰难复校。1985年，学校成为国家教委批准的首批试办五年制技术专科(五年制高职)三所学校之一。其后的十几年，学校发展进入快车道，先后合并了一批大中专学校，并于2004年9月升格为本科院校，更名为上海电机学院。2012年，学校迎来独立培养的第一批专业学位研究生。从闵行到杨浦，再到今天的临港新校区，从中专到高职，再到本科院校，电机学院的发展是时代进步的缩影，更是一代代电机人奋斗的结果。

一个学校的发展不仅仅是规模的扩大、办学层次的提高，重要的是历史的传承、文化的治疗，而更核心的要义是为社会不断输送优秀的人才。60年来上海电机学院为社会培养各级各类人才八万多人，各行各业都能看到电机人的身影，校友遍及祖国各地、世界各国。校友是母校的一面镜子，他们的专业技能和职业素养直接体现着学校的办学水平和教育质量，他们的行为规范和价值取向影响着学校文化精神和传统内涵的传承与发扬。校友是母校的宝贵财富，他们用不同的方式关心、支持母校发展，反哺母校，他们用自己的亲身经历给在校的学弟学妹以示范和启迪。校友是母校的一张名片，闪耀着历史的光芒和文化的色彩，展示着电机学院经久不衰的荣耀和辉煌。

《两两归鸿——上海电机学院百名校友访谈录》共收录了逾100位校友，分为采访稿和回忆篇两部分。这百位校友当中，有年至耄耋的老人，有毕业不久的八零后；有的在校园中就已崭露头角，有的在工作岗位上寻找到一片蓝天；有在各行各业显山露水的精英；有在平凡岗位上兢兢业业的普通劳动者。采访稿部分是我校近百名大学生志愿者组成的学生记者团的努力成果，他们通过收集资料、编写提纲、预约访谈，走访心目中敬仰的校友，并从自己的视角出发撰写采访稿。他们讲述校友丰富的人生经历、迥异的人生轨迹、健康的道德人格，分享校友对事业孜孜不倦的执著追求、积极进取的人生态度、强烈的社会责任感。回忆录部分是由一些校友亲自撰写，记录难忘的母校生活、深厚的同窗情谊以及对给予他们理想智慧之光的恩师的怀念，字里行间无不流露出对母校的深深感恩与依依留恋之情。

在上海电机学院甲子校庆庆典前夕，《两两归鸿》的汇编出版，是学生记者团的志愿者们用特别的方式为母校校庆献礼，是一位位校友用实际行动表达对母校的热爱。

同时要感谢为本书的策划、编撰和出版付出辛勤劳动的工作人员，正是他们的努力，在学校、校友和学生之间架起了沟通的桥梁。

最后，我衷心祝福亲爱的母校生日快乐，在甲子轮回的新起点砥砺奋进，追求卓越；也衷心祈福所有的电机人，自强不息，健康平安！

是为序。

上海电机学院校长
夏建国
2013 年 6 月于南丹斋

目 录

采 访 篇

回 忆 篇

采访篇

卫　平　挥不去的文化情结

卫平，电气8001班校友。现任上海中邦置业(集团)有限公司董事长、总裁，上海新沪商实业(集团)有限公司总裁，珠海中邦足球俱乐部公司董事长，上海社科院房地产研究中心副理事长，上海浦东新区房地产协会副秘书长，联洋新社区企业联合会会长，上海电机学院校友企业家协会会长。

卫平1984年以优异成绩毕业后留校。1989年调往上海市工业党委；1997年，到上海大桥集团担任总经理；1999年前往联洋集团任总经理；2003年底，组建中邦集团，2004年成立上海中邦足球队。曾任上海大桥集团总经理，上海浦东足球俱乐部公司执行董事、总经理，上海浦东土地控股公司董事、副总经理，上海联洋集团总裁；曾荣获中国房地产十大新锐人物，上海市十大杰出青年提名奖，浦东新区十大杰出青年奖，《新民周刊》、《房地产世界》、《房地产经理人》杂志封面人物；出版著作《房地产金融与投资概论》、《中国当代艺术的建筑实践》。

2013年3月9日的下午，记者在位于浦城路111号的特莱士红酒会所见到了这位有着“从教、从政、从商”三部曲人生、有“扛旗文化地产、玩转艺术投资、领军上海足球”的传奇经历，在看似不搭边的地产、足球、艺术三个领域玩得风生水起的跨界行家——卫平。健康的肤色、标志性的光头、线条感十足的运动员身形，卫平给人的印象是激情、时尚而又不失沉稳。

虽然在采访卫平之前，记者已经在网上查找了很多关于他的资料。但真正面对他本人的时候，还真不知道从何问起。因为无论是他的三部曲人生，还是跨三界的传奇经历，随便一个故事就够我写上一本书。庆幸的是我在前期一直有参与学校校友企业家协会的各项活动，对作为协会会长的他已经多少有了一些认识。可以这么认为：了解卫平的成长轨迹，得从原上海市机电工业学校出发；寻找卫平的成功之路，得从联洋开始。但是，如果要寻找卫平成功跨界的根源，就必须从文化开始。

与文化结缘

卫平承认，自己价值观、文化观的形成，以及后来事业生活中流露出的文化情结都与自己的成长环境密切相关。1980年秋，他以优异的成绩考入原上海市机电工业学校。学校在当时虽然只是一所中专学校，但是一所在上海，甚至在全国都知名的中专。4年的中专生涯，对卫平来说，不仅是汲取知识养分的4年，更是人生观、世界观形成的4年。4年后的1984年，卫平已经由一个青涩懵懂的少年成长为踌躇满志的青年。作为学校的第一批学生党员，卫平留任粤秀路校区(原上海市机电一局职工大学)，从事共青团工作。直到1989年调任上海市工业党委，卫平经历了5年的教师生涯。这些都为卫平日后的文化情结提供了肥沃的土壤。

而真正将文化情结植入卫平心间的是老书法家胡问遂先生。胡老是上海中国画院一级美术师，曾任中国书法家协会理事、上海书法家协会主席团成员，海派书法艺术的杰出代表人物。胡老曾经说过的一些话，卫平还记忆犹新："书法是艺术，艺术就是美，美的东西总是使人产生一种赏心悦目的快感。……专注于其中的时候，就能得到精神的升华，灵魂就会得到净化。……我们热爱生活，就要热爱艺术，没有文化修养的人，即使是百万富翁，也是最穷的，因为他除了有点钱，其他什么都没有。"在胡老的影响下，卫平逐渐认识到，一个真正的文化人，他的人生价值不仅体现在对精神生活的追求上，更体现在对人生境界和真善美的执著追求上。只有成为文化人，才能在思想认识、做人处事、行为举止方面符合道德准则与社会要求，才能不断提升自身综合素养。

文化融入事业

1997年，出任联洋集团总经理的卫平率先在房地产行业打出了"文化地产"的旗号。"随着历史的变迁，一座城市永不褪色的只有文化，这就是我选择文化地产的初衷。"卫平坦言道，"联洋社区是我们文化地产理念的首秀，大面积的林荫步道、宽阔的广场、开放的球场和各类社区设施，加上LaVa俱乐部内的各类娱乐休闲场所……我们呈现给业主的不是一个仅供生存的建筑，而是一座可以感受文化、享受生活的殿堂。"卫平的首秀不仅在业界产生了巨大反响，还影响了上海市民，如今的联洋已经成为上海人购房时的一个标杆。文化地产的大旗就这样被卫平树起来了，从大拇指广场的罗丹《思想者》雕塑到中邦MOHO的艺术中心，从中邦风雅颂的文化泛会所到中邦城市的康桥文化中心、艺术画廊，从社区中阿曼《运动中的爱》、米丘《天使》等作品的收藏到陈逸飞艺术基金的运作，卫平的文化情结在一片片中邦文化地产中得到完美的阐释。

"我一直坚信和坚持，中邦不一定成为房地产行业的领头羊，但一定要成为文化地产中的旗帜。"卫平一谈到文化地产，便充满激情："这点我们通过10年的努力已经做到，中邦在文化地产领域中做得有声有色，得到行业内的认可和称赞，这是我们比较欣慰的。"

在21世纪初联洋刚刚崛起之时，中邦还属于文化地产概念的创造者；如今，开发商做文化地产已经屡见不鲜。但卫平表示："中邦是不同的，文化地产对于中邦而言，不是口号，不是宣传品，不是广告品，而是对于中邦业主而言，能切实感受到的东西。中邦是把文化带入生活领域。"

"文化始终是并将永远是中邦的立业之本。"如今的卫平正带领着中邦，用自己的文化情结缔造一座文化之城。

文化融入生活

在文化情结的驱使下，卫平领导下的中邦正在文化地产上不断前行。中邦在地产上与文化、艺术的结合方式已经突破了传统意义上的结合。集团下有中邦文化地产发展咨询委员会，委员们包括那些耳熟能详的人名：陈逸鸣、孔祥东、米丘、汪芜生、赵鑫珊等。他们积极参与到中邦文化地产建设中去，更多地从感性的角度、文化的层次考

虑问题，保证了中邦打造的居住的诗意和空间的艺术性，用文化改变人们的生活，这是卫平对于文化最深的理解。

“地产是我的主业，足球和艺术品投资则是我的生活。”正如卫平所说，足球和艺术与他的生活密不可分。他先后结缘过五支上海球队，曾以中邦名义三度投资足球(另两次分别以浦东联洋 8848 和特莱士名义)。他不仅热衷于投资足球，更酷爱踢足球。脱下西装、穿上运动衫的卫平，就是足球场上的一员骁将。虽然曾因踢球造成胫骨骨折，但是伤好后的他依然活跃在绿茵场上。对于足球，卫平有自己的认识:“在很多人眼里，足球是一种体力活，是一项竞技。但是，足球对于我来说就是文化。”

除了足球，卫平还热衷于艺术品投资。目前卫平拥有一个 500 平方米、具有美术馆规格的恒温恒湿的画库。“艺术就是把美带给生活。”与其说这是卫平对事业与生活的理解，不如说是文化情结让卫平实现了地产、足球、艺术的成功跨界。如今的卫平整合文化资源，在各个地产项目内打造文化会所的同时，又在倡导集红酒品尝、艺术欣赏交流、足球于一体的新生活体验。“我们现在建立了中邦特莱士红酒艺术会所，还有中邦健身中心，把日常的养生健生、修养收藏结合在一起，成为一种固定化的生活方式模式，成为业主生活的一部分。”

对于卫平，文化就是生活，生活就是艺术。很多时候他虽没有刻意去追求，但是在旁人眼里，他已经就是在跨界，文化的情结已经融入他的生活、工作和事业。这一点，卫平自己也不否认。“有人问过我这个问题，他们觉得我的外形像搞艺术的，但是在跟人沟通的过程中，很多人又觉得我是搞房地产的。……我喜欢文化的东西。如果是单纯地做房产或足球，我会觉得很没意思；如果要成为一个艺术家，又不太可能。我希望把足球的激情、艺术的修养和房产的市场谋划结合在一起。”

如果说建筑是卫平的骨架，那么艺术和足球就是他的血和肉，而文化则是他的灵魂。

(卿海龙)

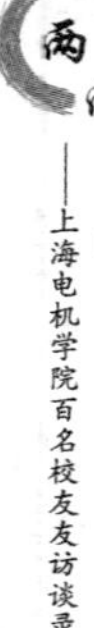

马配新　成功不需要定义

马配新，E9711 班校友。2000 年毕业。2003 年任美国 ASHFORD 中国办事处销售经理。现任职于上海大松瓦楞辊有限公司。

"可爱的学生记者：你好，抱歉回复有点晚了。你的短信我已收到，称呼我叔叔让我很开心（表示你对我的尊敬），也很让我诧异（我变老了）。毕业后 10 余载的社会历练，使我感触颇深，感谢学校能给我这样一个机会。"

这是马配新校友发给学生记者短信的部分内容。信中充满着对岁月、对母校无限的感慨。时光匆匆，这位校友已经离开学校整整一轮的光阴。

离开学校的这些日子里，岁月经历了许多变化，也不断磨砺着这位校友。2000 年，马配新从经济系 E9711 班毕业。他就职的第一家单位是上海天合形状记忆材料有限公司，该公司是上市公司沈阳合金下属的子公司，是家新型的高科技成果转化公司。到公司后马配新被安排进售后服务部，从事水管安装；后转入销售工作，有幸参与了全国首个"直引水工程"。遗憾的是，该项科技成果转化过程中出现了瑕疵，最终导致投资方撤资，公司仅靠专利人东凑西借的资金支撑运营。当时马配新看好这个项目，没有计较公司给他的福利和待遇。"那时候我拿的工资非常低，和其他单位同学的收入相比差距蛮大。但是，从成长的经历来讲，那些年我也收获了很多。先后担任了公司外协主管、生产主管和销售主管等要职。"

2003 年，马配新到了美国 ASHFORD 中国办事处任销售经理，带领 20 人团队从事销售工作。"那时候，压力真的很大。手下工作人员的年龄都比我大，为了使团队服众，我就身先士卒冲杀在销售战线的第一线。"工地、工程公司都留下了马配新忙碌的身影，"苦是苦了点，但付出总有收获。我也因此赢得了员工的尊敬和认可，当然也获得了可观的销售成绩，"马配新现在任职的公司是上海大松瓦楞辊有限公司，就在他的家乡松江。

一路走来，马配新虽然没有什么惊人的壮举，但是对于他本人来说，自己的人生经历就是最大的财富。除了前面提到的这些工作中的收获，马配新印象最深的是几次发生在出差中的故事。2007 年，他作为公司销售部的高管出差到江西。正在他准备返沪的时候，接到了公司技术部门的求助电话，需要他前往江西一家业务合作单位确认一项设备的技术图纸参数。他本可以直接拒绝这个求助电话的，毕竟不是销售部门分内的工作。但是，出于对公司的负责、对公司同仁工作的支持，他毅然驱车前往合作单位协助确认技术参数。这一来一去，不仅花费了宝贵的时间，而且还凭空给自己揽上了技术合同上的责任。很多同事、朋友都说他傻，但他不认为。"这些虽然不是我职责范围内的工作，但是，在这次援助工作中，我的收获比我的付出要多很多。"马配新给我们算了一笔账，虽然自己为之耗费了 3～5 天的时间，但是他收获到了公司高层领导的赞

赏和认可以及同事的高度评价，学到了技术部门的一些工作技能，获得了客户的信任，同时也为公司节省了经费、为设备的更新赢取了时间……同样的故事在去年他出差意大利的时候也碰到过，正因为有了上一次的经历，这一回的处理就变得游刃有余了。“通过工作中的一些小事、一些细节不仅能看出你这个人的品行的优劣、能力的强弱，还能通过这些细节、小事来促成最后的成功。注重细节，是迈向成功的第一步。”

采访中，马配新也谈到了在母校读书时的点点滴滴。在他的记忆中，有昔日的同学，也有慈爱的老师。“难以忘怀的有很多，我现在还常跟同事朋友谈起当年和同学们一起在黄浦江边自助烧烤、与手球队的队友一起在学校运动会上浴血拼杀的情形。更有趣的是 1998 年世界杯赛的那些日子，我们同学中有男生也有女生，一起同保安捉迷藏，凌晨溜进教室看世界杯直播。”说到这里，他刻意强调一点：“同学之间的感情，在校的时候可能体会不到。可以这么说，同学之情，就像窖藏的美酒，时间越长，越浓。我们班级的同学现在每年都会有聚会之类的活动。”马配新在学校的时候曾是校手球队的队长，所以对手球队教练吴仲华老师印象非常深刻。“吴老师作为手球队教练，不仅指导我们进行专业训练，还很关心队员们的学习和生活。吴老师当年教的为人处世的道理对我后来的工作很有指导意义。如果有机会回母校的话，我要当面跟吴老师说声谢谢。”

马配新是一个喜欢思考的人，毕业后的这十几年里除了在工作岗位上的不断努力，也积累了不少的励志警语。他说，他有时也会用这些警语来鞭策自己、激励自己。“有些话，看似很简单，但却蕴含着深刻的道理。有些字词，虽是平常，但又隐藏着处事的哲理。”马配新说到这些的时候，显得额外的专注和投入，“大道至简，这话说得一点也不假。以前老听人说‘态度决定一切’，当时也没往深处琢磨。直到在社会上历练过后，才明白其中的道理。我现在对这句话的理解是，所谓的态度就是为人处事要认真、勤劳、有责任心，不应该只把工作看做满足温饱的手段，更应该把它看做是展示自己的舞台，把工作当成事业来做。还有一句‘思路决定出路’，我也很有感触，我认为思路就是方法，是取得最终结果的第一步，也是最关键的一步。这一步如果出现偏差必将导致绩效降低，甚至彻底失败。但只想不做是空想，只做不想是瞎做……”

对于当代大学生的就业观，马配新也有一些自己的认识：“总的来说，我建议先就业再择业，应届毕业生需要选择，更需要沉淀。我当年在学校时候学的是外贸，但是后来所从事的工作中，并没有多少机会能够用上当年所学的专业技能。虽然有点遗憾，但是我在母校学习到的学习方法和在母校形成的人生观、世界观、价值观却让我成为了生活的强者。”

正如刚接触到马配新时他对自己的评价：“我不是成功的校友，更不是优秀的校友，但是我愿意跟学生记者朋友们一起交流我的一些人生经历和感悟。”马配新的故事、马配新的人生让我对眼前这位新生代的校友有了更深的认识：成功不需要别人定义，路在自己脚下。

（佚　名）

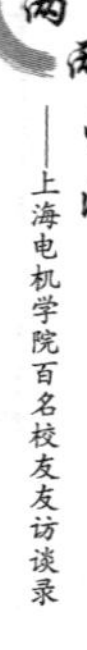

王建军　教授级高工的低调人生

王建军，电机411班校友。1959年毕业留校任教。“文革”结束后一直在轻工业研究所任职，直至退休。

人间五十年，沧海易桑田，可以说王建军校友是将自己毕生都奉献给科研事业的人。如果说人生是一本书，那么，在王建军身上所承载的便是半个世纪以来中国机电技术的发展史。

饮水思源，一生勤勉

1958年电校教改之时，正读三年级的王建军是首批勤工俭学的实践者之一。这场教改不仅直接变革了当时的教学活动，使学校面貌发生很大变化，并且它所传承的精神深刻影响了王建军的一生。

“学校教给我最重要的是学习方法和生活习惯，这两点我永志不忘。”他谈到，学校所教授的知识是有限的，在学校中并不是单一地学习某些课程，而是注重学习的方法、思考的方式、如何掌握未知知识的能力。作为一名莘莘学子，他耐得住寂寞，经得起考验。当时的条件可谓艰苦卓绝，上课，学工，学农，学习生活相当紧张，使他养成了热爱劳动、勤勉好学、艰苦创业的品质。有时，他甚至要从学校走上几个小时回到上海，有时又要身着油腻的工作服学习各种电机生产技能。但伴随着他的回忆，我们可以在脑海中交汇出一篇教室中读书声朗朗上口、车间里机器声铿锵有力、运动场上呐喊声激昂奋进的精彩乐章。“苦读书”的岁月回忆在他的嘴里似乎是那么甘甜，沁人心脾。虽白屋寒门，却一生勤勉。他说，他只是单纯地想着练好本领，做一名技艺出众的学子，做到“又红又专”，为人民服务。在后来的人生道路上，他始终秉承着这一态度。

平常心态，非常执着

王建军在轻工业研究所工作的几十年的时间里，从一名技术员成长为教授级高级工程师，期间主持或参加激光向前散射光纤直径测量仪、JC系列激光测径仪、激光玻管测量仪、真空乳化均质机、电脑控制橡胶密炼机、花式笔杆电脑雕刻机、纺捻机电脑控制器、电镀流水线控制器等项目，其中5项获得“上海市科技进步三等奖”，取得了一定的社会效益、经济效益。1993年10月，王建军因为对我国机电技术事业作出突出贡献而获得国务院表彰，享受国家特殊津贴。

工作期间，王建军抱着一颗平常心，非常执着。“非淡泊无以明志，非宁静无以致远”，摒弃杂念一心一意潜心执著于单纯的科研项目，在团队中做好自己的本职工作，

这便是他立志之根本。谈到自己的经验时，他又强调了三个重点：

一是“能文能武”，即理论与实践相结合，这是符合现代社会发展的研究方式。就像是木桶效应，任何一处的短板都会造成整体水平差强人意。动手能力需要不断地在实践中慢慢培养起来。

二是虚心学习，做笔记，查资料。面对不懂的问题要翻阅多方面的资料，有时一个问题他要看 3 本以上的书籍将其彻底搞清。既不好高骛远，遇到问题又不畏缩。做科研需要保持学术敏感度，要大量浏览学术刊物和国内外名校科研网站，捕捉科研发展的前沿信息，所以掌握外语也是工作生活中十分重要的一项任务。

三是最重要的一点，便是要有创新精神。“没有创新就不要搞科研。”在谈到创新之于科研的重要性时，王建军开门见山，“科研就像一场接力赛，接过接力棒的人要继续前进，或是提出新观点，或是对前人的观点进行修正，或是在前人基础上推进，总之要有所创新。”研究期间，他敢为他人所不敢为，做了无数次吃螃蟹的人，开创了一个个集成电路的先河。“如果我们不做，就没有人做了。”王建军谈到要敢于实践，敢于创新，“而不是跟在人家的后面。”在轻工业研究所中，他起到了一个领头羊的作用，每当有新型元器件时，他都第一个实际运用到项目中，而不是等待他人的研究成果。正是这样一种大胆创新的精神让他获得如此多的殊荣。

“从一名中专职校学生到教授级高级工程师，我也是花了很大精力的。”王建军对于自己职业生涯的奋斗虽然只是简单的一句，这其中的心路历程与不懈付出却是值得我们思索与慢慢品味的。

低调人生，伟大灵魂

采访伊始，王建军就说到“我并没有那么优秀”，而且他在采访期间也多次谈到自己并不善言辞。的确，王建军教授的话语朴实、简单，整场采访中几乎没有用到什么修辞。在电校“苦读书”，吃过“萝卜干饭”，当过“学徒工”，“当初选择电机学院就是因为比较喜欢电机”，从朴素的字里行间中我们感受到的是那份有血有肉的思想，对于学术的满腔热情和追求。

王建军的家坐落在老式的新村里，环顾他的住所，看到的是微微泛黄的墙纸，老旧的坐式台钟，简单而明快的布局，只有一些日常的生活用品，我们很难将这样一所房子的主人与一名优秀的科研人员联系在一起，而在房间一角工整地摆放着的叠叠奖状却似无声地诉说着主人的辉煌岁月。

从学生时代起他便在母校电机学院的熏陶下成长为一名低调生活的人。不曾追名逐利，脚踏实地严谨治学，却又凭着十二分的热情大胆创新；不曾有过人生的大起大落、跌宕起伏，却又耐人寻味；不曾惊世骇俗，却是包含整个时代的缩影。

一个低调平凡的人，一个伟大的灵魂。漫漫人生路，岁月的印记斑驳地刻在他沧桑的脸庞上，但灵魂的烙印却深深镌刻在整个人的心里。

人间 50 年，去事恍如梦，人生能有多少个 50 年！人生就是一本书，这是一部波澜不惊的史诗，一枚时代的印记。

（丁　晨）

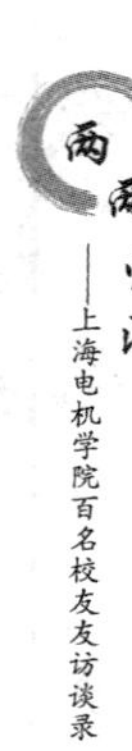

王秋明　做自己喜欢的工作，才能实现自身价值

王秋明，7857班校友。现任上海启力电机成套设备有限公司董事长。

深知复校的艰难　倍加珍惜学习时光

1978年，是上海电机制造学校复校后的第一年，王秋明校友有幸成为复校后的第一届学生。当时的学校环境艰苦，学生的生活和学习都是在一个地方。白天上课，用一块板搁在膝盖上，在上面学习；晚上睡觉，把被子铺在教室里，就席地而睡了。虽然学习环境艰苦。但是同学们都热爱学习，因此也不觉得苦。同学们求知若渴，对老师上课的内容，通过预习、复习，烂熟于心；对自己不懂的问题，就在课上向老师请教。年轻的他们，也有调皮的时候，王秋明校友曾给一门教脉冲数字电路的老师取了“脉冲张”的绰号，可是这位老师也是他们最爱戴的老师。

认识的过程是漫长的，认识的结果却是美好的。而最艰难的认识，莫过于对自我的认识。自实习之后，王秋明校友明确了自己的定位，并义无反顾地走上了电机行业。

在实践中增长才干　在勤奋中不断成长

在十几年的工作生涯中，王秋明主要从事设备的采购。随着工程施工机械化程度的提高和现代化高科技的不断发展，对设备的购置也提出了更高的要求，王秋明校友不断学习了解最新相关消息，在设备的采购过程中，不仅根据对设备技术性、经济性的考虑，仔细研读设备说明，充分了解设备的机械性能、可靠性、质量、生产能力和工程适用范围，还结合市场状况和本单位的实际情况，掌握同种设备的不同报价，货比三家，使投资合理。

学习是一个漫长的过程，所谓“书山有路勤为径，学海无涯苦作舟”。王秋明在岗的十几年里，不仅立足本职，爱岗敬业，勤奋工作，同时注重整个团队的合作，对于整个采购团队的工作管理也十分熟悉。他清晰地向我们讲解了整个采购过程，诸如设备的保养、维修与改造，机务统计工作，对机械从业人员的技术素质的培训工作……当涉及有关手绘蓝图保存资料的环节时，不禁感慨现代高科技带来的便利，当初的手绘变成了如今的AutoCAD，不禁让我们了解到从事电气工作必须具备专业知识和技能，同时感受到了时代变迁的速度，我们必须通过学习来追上时代的脚步。而这两点正是王秋明校友视以为生活的一种习惯——想在广博的知识领域里有所造诣，“勤奋”和“静心”是必不可少的。

失败汲取经验　勇气创造辉煌

十几年的工作生涯，早已使王秋明校友对电机厂的所有设备烂熟于心，于是，不满足于现状的他准备创业。当时，他是和另一名朋友筹划创业，花了 3 年的时间，取得一定的成绩。可是，正是这个时候，王秋明校友遭到了朋友的背叛，使他这 3 年的心血和努力付诸东流。虽然 3 年的努力白费了，但也正是这件事情让他汲取了很多的人生经验，为他以后的每一次成功保驾护航。

因为选择了自主创业，所以必须面对的一个问题就是角色转换。因此王秋明在工作上加强学习和交流，及时地充电学习新的知识，渐渐地，他的工作和企业自身得到了发展。上帝总是眷顾那些走在别人前面、主动学习的聪明人，在一个机缘巧合下，王秋明接触了变压器产业。

随着我国国民经济的迅速发展，对电力的需求也日趋上升，作为输变电系统中的主要设备——变压器也得到了长足的发展。为适应和满足市场需求，许多制造厂家不断地改进产品结构，提高产品性能，从国外引进先进的生产技术和装备。另一方面，在全球化竞争中，虽然我国在小容量变压器方面已经拥有相当的实力，并在国际市场中占有重要的地位，但是在高容量、超高容量变压器方面，我国的实力还非常薄弱，这就造成了我国无法进入欧美发达国家高容量、超高容量变压器市场的状况。王秋明校友就是在这一市场环境下，创立了自己的公司，大大迎合了市场的需要。

采访中的突发状况　彰显老校友工作作风

采访中发生了一个突发状况，却也给我们一个更加了解王秋明校友工作内容以及工作态度的机会。

王秋明校友接到电话通知，说一台顾客紧急需要的机器的触摸屏出现了问题，软硬件不同步。王秋明校友立刻赶到电脑前，盯着程序反复检验，查明问题。在这个过程中，他又不停联系他人，以求得到一个更合理化的解决方案。

问题出现了，就要想办法去解决。在王秋明校友身上得到了验证。

当他终于解决问题后，他长舒了一口气，露出欣慰的笑容，似乎是对这个突发事件的感慨，又似乎是给我们这些懵懂者的教育。

想当初刚开始创业的时候，为了满足顾客对一个细节的需要，他彻夜地研究；为了一个元件，甚至冒雨开着摩托急行数里，差点滑进沟里。那时候他就是这么牙一咬一次次地闯过来了。

芬芳从吃苦耐劳的精神中流出。如今他的公司拥有一支专业从事大中型电机控制技术和计算机、PLC 控制技术研究的队伍，而王秋明校友终走出壁垒，可以悠哉地漫步于春天的原野。

幸福源自何方？我们从王秋明校友那得到了诠释：心中应有一个目标：做自己喜欢的事情，才能体现自己的价值。

（陈菲尔　殷　峰）

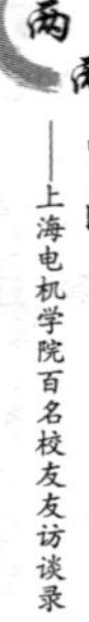

王健胜　先做人，后成事

王健胜，财会 8001 班校友。现任上海宏华会计事务所董事长。

他，一位 50 多岁的中年人，仅用 3 年时间便诠释了如何从普通员工成为公司董事长；他，一位普通的企业家，十几年的时间证明了他的公司几乎没有一个员工跳槽。他，就是上海宏华会计师事务所有限公司董事长王健胜，一位可爱、随和、深受员工喜爱的老板。

从学习到工作，饱经时代磨难

王健胜是财会 8001 班校友。他回忆起当时读书的时光，说有两位老师给他留下了深刻的印象：一位是辅导老师苏军，现在《文汇报》工作；另外一位是班主任孙熙泉，教思想政治课。在他的课上，学生们听到的是献身社会的理想主义。那个时候的生活环境还很艰苦，生活条件也很差，但他从孙熙泉老师那获得了更为珍贵的精神食粮。

王健胜 1982 年进入上财厂，先后在工会和财务处工作，直到 1999 年 10 月离厂。那个时候的工资非常低，生活也很艰苦，直到离厂时，他每月工资也只有 1 000 多元。有孩子以后，他的那点工资渐渐地不够用了，房子很小，妻子又没有工作，厂里却不能解决问题。在这种情况下，他在 1995 年开始考注册会计师，经过 3 年时间努力，在 1997 年考出了注册会计师证书。1999 年他来到了宏华会计师事务所工作，工资也达到 1 700 多元。2000 年，根据财政部统一部署会计师事务所开始转制，改为职业注册会计师出资为主体的有限公司。此时的他作为职业注册会计师刚刚开始执业且又缺乏资本，所以不能作为股东。2001 年，他正式成为职业注册会计师，工资涨到了 3 000 多元。

从员工到领导，处处尽显魅力

2002 年，宏华会计师事务所开始换届选举，经过民主选举他被选为公司董事会成员，紧接着在 2003 年当选为该所的董事长。

人生就像一根魔力棒，有太多的奇迹发生。为什么能在进入该事务所短短 3 年的时间里，从一位普通的员工跃开为一个公司的董事长？他是这样向我们解释的，原因有三个：第一，是改革开放所带来的机遇。改革开放以来，中国开始引进外资，上海的企业产权结构调整比较频繁，使得会计事务所的地位越来越重要。2005 年，证券法和公司法的修订，为他们 CPA 事业创造了比较好的发展空间。第二，是人心所向，有着很好的口碑得到了老董事长的帮助和提携。第三，是他工作勤奋。

王健胜开始做董事长的时候，该所的收入在300到400万元，而如今该所共有40余名员工，年收入已达到了1700多万元。2012年6月下旬至9月，上海市注册会计师协会组织实施了上海市注册会计师行业的分类管理考核评审工作，把事务所类别由高到低分为A、B、C、D四类。上海宏华会计师事务所有限公司因其诚信、专业、勤勉、高效被评为A类事务所。该所凭藉拥有的各类资深执业人员和他们诚信敬业的职业素质，熟悉掌握和了解现行法律、法规、税收政策及各行业、各税种的特点及运行模式，广泛服务于国有企业、集体企业、私营企业等各大中型企业和外商投资企业，由在18家会计师事务所共同审核的市级单位上海电力公司负责主审工作。

在他的带领下，他们所的人均收入在上海同行业中名列前茅，公司内部也形成了以和谐、人性为主的企业文化。他为人亲和，对公司实行的管理方式也是较为人性化的。他十分关心员工的生活，比如当某个员工买房子付首付有困难时，事务所总能拿出30万到50万不等的钱来帮助他。对于刚进公司的大学生他也是比较关心的，他们在考CPA的期间，他会让他们带薪备考。此外，他公司的每个员工每年都会有一次出国的机会。

在留住培养出来的CPA人才方面，他通常采用三种方式：第一，感情留人，塑造事务所的企业文化，强化员工的事务所认知，培养员工的行业和事务所自豪感；第二，事业留人，把新锐的CPA人才放在重要的岗位上让其实现自我价值；第三，待遇留人，尽力提供其预期的薪酬。这同时也是加强公司凝聚力、减少老员工跳槽的主要原因。

从做人到处世，悟出就业哲学

在工作的几十年里，王健胜深深地体会到了做人的重要性。对于一个员工来说，在工作层面上，技术性东西固然很重要，但人的忠诚、勤勉、献身精神尤为重要。社会有道德，职业有规则，人应该要尊重生活、尊重社会，不要学了点知识就自以为是了，要稳重、谦虚、务实，通过实际行动给别人留下好的印象。此外，人脉也是资源，没有良好的人际关系，光有好机遇也难获得成功。王健胜的公司招人是根据其自身的发展和对人员的需求决定的，比如他的公司就不需要招收研究型人才而只需要实用型人才，这就需要每一位应聘者根据公司要求进行努力。同时，公司招人也会看应聘者的人品及价值观是否正确，只有忠厚老实、人品好、聪明机智的人才更受领导青睐。

对于如何展示才华，王健胜希望，每个员工应首先将自己定位为一个普通人。他往往只通过几次谈话便能大致了解应聘者的为人。老实本分、愿意奉献的人，表面看吃亏了，实际上并不吃亏的人，才华也是更容易被领导层挖掘的。

目前的应届生计算机要好，能够进行简单编程，字要写得好，平时注意形象，语言表达能力也很重要，做事情不要偷懒，做工作尽量别出错。这也是他对每一名员工最基本的要求。

针对大学生毕业后是创业好还是就业好的问题，王健胜认为如果大学生去创业就要掌握核心技术，符合市场需求；如果创办高新技术企业就要亏得起，要有强大的销售渠道，所开展的项目也要和国家重点项目相吻合，否则就容易被淘汰；但目前发展前景较好的行业还是服务业，做服务行业的成本较低，也更容易成功。王健胜在自己的工作经历中领悟到：我们学的很多知识也许并没有用上，但应届生最好能找到和专业对口职业。

寄语学弟学妹

评价每个人，不能仅仅只看他所获得的成就，更要看他如何做人。人应当要有自己的魅力，能够展示自己的才华和才智。一定要记住：老实本份的人表面是吃了亏，其实才是最大的受益者。

（朱正清　杨景华）

仇建忠　“乐活”并“思进”着

仇建忠，1982级企业管理专业校友。1986年毕业后进入一家国企从事企业管理方面的工作；1989年参加成人高考，攻读复旦大学法学学士学位；2002年参加司法考试取得律师执业资格证书；2005年进入上海屹石律师事务所开始执业后，以合伙人兼全职律师的身份加入上海恒杰律师事务所。

理想高于一切

很多人都会好奇，仇建忠现在从事的律师职业与他当初学习的企业管理专业，可以说是没有很大的关系，他为什么想要重新开始学习，他是怎么实现这样一个巨大的跨越的呢？

“说起来这是一个有趣的故事，20世纪80年代时大家的法律意识很淡薄。偶然的一次机会我读了一本关于法律和律师的书，书中思维严谨、一身正气的律师帮人沉冤洗雪的故事深深触动了我。就这样，我对律师这份令人尊敬的职业产生了浓厚的兴趣。毕业工作后这份兴趣逐渐演变成一种信念根植在内心深处。直到1989年偶然在报纸上看到成人高考的信息，我就报考并被录取了。”仇建忠补充道，“当时我也被其他专业录取了，但是为了实现律师的梦想，我跟同一高复班的同学交换了专业，这样才真正开始了法律之路。能成为一名法律工作者，归根到底是自己的兴趣与执著使然。”

从1989年开始学习法律到2005首次执业，17年努力追寻他从没想过抱怨，17年艰苦执著他从未打算放弃，17年奋斗如一日，只因这是他的志向，高于一切的理想。

心态是通往成功道路的阶梯

与人们传统观念中律师严肃谨慎的形象不同，仇建忠给人的第一印象是具有很强的亲和力。这种亲和力也可以理解成一种“乐活”的态度，一种乐观随和的态度。“假如有100件事情，其中60件是坏的事情，40件是好的事情，悲观消极的人会纠结于那60件坏事从而感到生活一片黯淡，而乐观随和的人则会着眼于那40件好事所能带给自己的幸福感，感恩生活对自己的眷顾。”仇建忠的这一席话像是在为自己的人生观做解释，也像是总结自己成功的经验。显然他是属于后者，乐和的一派。乐和的心态是他能够成功实现自己理想的决定性因素。

“平静，努力，永不服输。”仇建忠感慨道，“现实中的社会，竞争无处不在，所以我们要努力、努力、再努力。同时，生活中总会有一些不开心的事情，我们还得保持一颗平常心，不以物喜，不以己悲。在遇到挫折和失败的时候更要让自己有一个不服输的意

念、意志，冷静、理性地去看待。只有这样，才能不断进步，才能有更多的收获。”仇建忠接着又总结道：“最重要的是要让自己有一个正确的人生观和价值观，积极地面对生活，这样才能一步步接近成功。”

“现在的在校大学生中不少同学可能也和我当年一样，学习的专业并不是自己的兴趣所在。这该如何办呢?”对于这个问题，仇建忠有自己的认识。“抱怨、埋怨课程没意义。自暴自弃，甚至是浪费掉大学宝贵的光阴，这些都是不可取的。”仇建忠从自己的切身经历给我做了一个分析。“我现在从事的法律工作和当年在学校学习的企业管理看似是不相交的两条平行线。其实不然，当年的所学对我今天的工作仍是很有用的，比如现在合伙经营律师事务所就需管理企业，当年所学的企业管理的专业知识给了我很大帮助。年轻时，由于我们不成熟，很多事情都是父母为我们做主的；等到我们长大时，不能埋怨，反而更应该放平心态，理解他们。因为从长远看来，不管是学习到的知识，还是掌握到的学习的方法对人生都是有用的”。

时刻保持“乐活”心态，凡事戒骄戒躁，时刻记住自己的目标、责任，不懈地奋斗，让自己拥有一个坚定的目标，总有那么一天，你会拥有一个属于自己的未来。

携责任前行

仇建忠认为从父母给予我们生命的那一刻起，我们就该承担起各式各样的责任：健康快乐地活着，是对父母该负的责任；认真扎实地学好每门课程，是对自己该负的责任；踏实努力工作，是对社会该负的责任；和谐美满的家庭，是对婚姻该负的责任；当然，为自己的理想而努力奋斗，是对自己该负的责任。

“一个人只有有了自己的目标、良好的心态，才能更好地去面对自己的未来，去规划自己的未来。”仇建忠意味深长地说，“刚踏入社会，很多同学所从事的工作可能与自己的理想会有一些出入。这时候，如果不能调整好心态，不妨去尝试一下不同种类的职业，让自己对现实有一个理性的认识和判断。只有了解了，明白了，才能给自己的理想再做一次正确的选择。成功的事业是建立在对工作的兴趣基础上的，有了兴趣才能有动力，才会有一颗奋斗的心。”他还认为，刚毕业的大学生正处于自己人生的黄金期，有活力有拼劲，更有失败的资本。所以更要珍惜现在的机会和条件，去创造一片属于自己的更广阔的天空。

（林　珍　操　宇）

朱建华　平凡中的不平凡

朱建华，李斌技师学院首届“3＋3＋3”技术工人培训班学员。就读期间就获得了上海市劳动模范的荣誉称号。

这是一位深爱儿子的慈祥母亲，这是一个来自平凡岗位的平凡工人、平凡女子，也正是这么一个平凡的人，她温和的笑容为我们展示了生活中的精彩。

进取创新，完善自我

朱建华参加工作时仅是一个从中专毕业的普通学生。从普通车床工干起的她，经过十几年的奋力拼搏，如今已经是上海凯士比泵有限公司首位年轻的女高级工。

为了与先进的装备制造业相适应，她参加了李斌技师学院“3＋3＋3”首届技术工人培训学习，克服了文化底子薄、业余时间少等困难，刻苦学习，取得优异成绩，被评为优秀学员。同时，她是公司第一个报名参加职工技术大赛，又是公司唯一一个连续数年都参加比赛的员工。皇天不负有心人，她在各类大赛中都取得了骄人的成绩，这种创举不仅让朱建华有了更明确的自我定位，让她有了更丰富的经验，更是给公司营造了一种积极进取、超越自我的学习榜样。“我从来没有想到我参加各种比赛会得到什么，我想到的就只是或许参加比赛的过程可以提醒我，这个世界上优秀的人很多，我不算什么，这样，我就又可以全心专注于我的工作，”一向谦和的朱建华如是说。

平时工作中的朱建华更是不断地将书本上的理论知识结合在日常操作中，虚心向有经验的师傅请教专业技术，工作中不断地总结得失，再难加工的工件，她也从不退却，永远抱着试一试的心态，将困难逐个击破，把问题解决。

不经历风雨，怎么见彩虹

朱建华常说，她希望自己是一道彩虹。因为只有经历风雨的过程，才会出现雨后的美丽。

作为首位女高级工，在技术上的领先，让朱建华有着更强烈的责任感，正是这样的责任感，她不断磨练自己的技术，刻苦学习专业知识，主动挑起加工急难零件的担子，帮助解决生产中遇到的技术难题。工件加工要求加工者有极大的耐心和细心，对于一般人来说实属不易。因此，一些有着复杂工艺和较高精度要求的工件，许多工人不太愿意加工，但是朱建华总是主动承担，勇于挑战自己。刚开始着手加工那些棘手零件的时候，她一天只能加工三四个，而且在品质上与样板件还有一定的差距。虽然开始时的效果并不令人满意，但是第一次加工后，她针对工件出现的问题，及时加以分析，对刀具进行适时改进，并提出了合并工艺等一系列改进措施。同时，她边学边做边总结，细心的她，通过观察老师傅的加工方法，从中分析加工步骤，精减操作动作。接下来的加工，效率提高了一倍。但是她并不满足于此，继续改进工艺，刀具强度大幅度增加，使工作效率又翻了一番。上海凯士比泵有限公司的许多高难度工件，都是由朱建华"操刀"加工的，其加工的工件质量得到了用户的赞扬，为保证凯士比的优质品牌作出了贡献。

女子当自强

朱建华自上海水泵厂技工学校毕业进入了上海水泵厂，一直到现在的中外合资上海凯士比泵有限公司，多年来在一线工作中练就的精湛技艺，是与她平时刻苦学习、自强不息的优秀品质分不开的。作为母亲，她事无巨细，无微不至地关爱、抚养着孩子；作为员工，她兢兢业业，和其他员工一样翻两班。种种生活上的困难难不倒她，她总是用自信淡然的笑容面对生活中的挫折，碰到困难尽量自己解决，丝毫没有因为身为女人就处处示弱。她总是井井有条地安排好工作和家务，像"钉子"一样挤时间，像"海绵"一样吸知识，学习上孜孜以求，工作上兢兢业业，在家庭和事业之间智慧地调节平衡，尽显巾帼的温柔与豪情。

（段　慧　蒋佳炜）

乔任梁　电机“好男儿”乔任梁

乔任梁，2005级数控专业校友。2007年参加东方卫视“加油好男儿”节目，获得全国亚军，同年7月正式以歌手身份出道。2008年1月，发行首张EP《今天开始》；2008年5月首场“我爱摇滚”音乐会在北京举行；2009年12月，首张专辑《钻石》发行并于上海签售；2012年10月，正式签约华纳音乐集团，华纳重金为他打造全新首张新专辑《Pin. K/拼》，主打歌《复活》、《与我无关》、《You are beautiful》蝉联多项音乐榜单冠军。2009年7月，唱而优则演的他借处女作《夜・店》成功跨界。到2013年6月，乔任梁已先后主演、参演16部电影、10部电视剧，其中参演的《我11》更获得西班牙电影节多项大奖提名，主演的电视剧《陆贞传奇》、《小时代》受到各界一致好评。现已成为演艺界公认的实力与偶像兼具的全能艺人。

谁也未曾想到，一个工科类的高等院校，竟然走出了一个活跃在演艺圈的娱乐明星；谁也都未曾想到，平日里经常碰头的老师在见到他之后，竟然也有了追星一般的心态；更未曾想过，实力偶像派明星的他，见到母校老师仍然能如此的亲切和热情。

6月6日下午，我们在建国中路、重庆南路附近见到了这位明星校友乔任梁。由于我们对约定的地点不熟悉，乔任梁亲自到路口迎接我们。虽然已经毕业这么多年，乔任梁见到我们的时候，依然是那么的亲切，丝毫没有一点点疏远。翻着我们带去的校园风景台历，乔任梁感慨：“真羡慕现在的学弟学妹能拥有如此美丽的校园，真想再回母校去看看。”看到我们送去的校庆吉祥物达达马的颈枕，乔任梁喜爱得不得了，当即带在脖子上，摆好POSE让我们拍照。

本想趁此机会好好对他作次访谈，遗憾的是乔任梁正在和乐队排练节目，我们也不方便逗留时间太长。临走前，乔任梁主动邀请我们合影留念。合影后有人提议希望与乔任梁单独合影。于是，大家纷纷露出粉丝心态，竞相与他单独留影。在得知我们的采访计划后，乔任梁非常配合地说：“加我微信，可以随时沟通。”

6月15日晚上8点钟左右，我用微信向乔任梁校友提了几个问题。凌晨12点左右的样子，微信中传来那熟悉的声音：“老师老师，非常不好意思，刚刚下飞机，刚刚落地，还好酒店有WIFI，还好没什么时差。对于您的问题，我就一个个地回答吧。”

学生乔任梁

“幸亏我当初报考了电机学院，否则我也不会成为今天的乔任梁。”说到当初与母校的结缘，乔任梁非常兴奋。高考填志愿时，电机学院不是乔任梁的首选，他的理想是报考上戏和谢晋影视艺术学院这些艺术类的科班院校。但是和大多数孩子一样，他的志愿是在爸妈的影响下填写的。“我爸是船上的一名工程师，他认为男孩子最有前途的职业是工程师，是灰领。我爸说，只有掌握一门技术，有了一技之长，才会有保障，以后才会有更好的发展。"而对于他艺术类院校的报考意愿，父亲坚决反对，甚至认为那是不靠谱的职业，就像是千军万马过独木桥，未来的路太悬。而且那时候的乔任梁，因为没有参加过才艺方面的比赛，演艺方面的才能并没有得到表现和认可。"就这样，在父母的'严逼'之下，我报考了上海电机学院，选择了数控专业。"乔任梁半开玩笑地说道。

早就有过耳闻，学校里教过乔任梁的老师都说他是一个非常懂礼貌的学生，我们那天跟他见面时也很有同感。乔任梁在父母面前同样是一个很乖的孩子，用他自己的话说："爸妈替我选择了专业，既来之，则安之了。"但是，谁也没有料到，就是这么一个乖乖男，竟然在电机学院完成了从数控专业工科男到娱乐圈当红小生的跨越。

"我感恩母校的原因有好几个，一个是母校的育人环境，另一个是母校的老师，还有一个是母校的领导。"乔任梁随后跟我详细谈起了他在母校的点点滴滴。

乔任梁在进大学之前，曾是一名国家二级运动员，获得过全国跳高冠军。他的启蒙老师也是刘翔的启蒙老师。"我的记忆中好像没有参加过升学考试，不管是小学、中学，都是体育特长生直升或者保送升学的。"但是，在高考时，父母帮他选择了电机学院，选择了数控专业。"如果不是父母的坚持，我可能现在还在某个运动场上挥汗如雨。因为进了电机学院，我逐渐与体育绝缘，才有机会走上艺术这条路。"进入电机学院后，他发现师生们热衷于开展文艺活动。每年学校都会举办数十场大大小小的文艺晚会、演出和比赛。这对于表现欲极强的他来说，无疑是如鱼得水。于是，他慢慢开始转型，逐渐在乐队方面崭露头角。"我最初的文艺兴趣、文艺天赋都是到了电机学院以后才得到发展和提升的。"乔任梁非常认真地说，"当然，在母校那几年，我也有遗憾，比如对专业知识的掌握。"

说起母校的学习和生活，乔任梁特别提到："我最想感谢母校的两位老师。一位是班主任，也是我的英语老师李美芳；一位是马国亮老师。"由于乔任梁对文艺的热爱，他经常请假参加学校的各种演出和比赛。而对于他这位工科生中的"异类"，李美芳老师在准假的同时都会语重心长地交待："请假归请假，但是考试必须得过，如果考试过不了的话，下学期你就什么假都别想请了。"也正因为有李美芳老师的"特别关照"，乔任梁的梦想才得以延续。"真正将我引上艺术道路的是马国亮老师，可以说，他就是我的艺术启蒙老师。"在乔任梁的记忆中，马老师是一名爱好文艺的狂热分子。"马老师希望由我来实现他自己在文艺方面的梦想，于是在我身上下了很大工夫。我们学院当时有个管弦乐团，马老师把我招进乐队，并培养我做了乐团的团长。"虽然当时的管乐团和乔任梁后来组建的摇滚乐队有很大的区别，但是也正因为有了管乐团的经历，乔任梁迈出了成为一名音乐人的第一步。"我人生中的第一套爵士鼓就是在管乐团的时候买的。那是因为排爵士乐的需要，学校还替我承担了一半的费用。"此时乔任梁显得非常开心，"因为爸妈不支持，我只好瞒着他们，用省吃俭用攒下来的钱去买。后来这套鼓我留在了学校，不知道现在还在不在。"

"2007 年，在我忙于'加油好男儿'比赛的时候，落下了一些课程。但是学校为了我的发展，给了我很多的支持，尤其是那些补考和重修的机会，这是我终身难忘的。"随后，乔任梁又说到当时的一个小故事。"好男儿"比赛结束后，学校将军工路校区的篮球场提供给他们这帮"好男儿"，使得他们有了齐聚一堂的机会。"这虽然是小事，但也

真正体现了夏建国校长一直倡导的'为学生的成长成才服务,为学生的终身发展服务'的育人理念。"

歌手乔任梁

2007 年,获得"加油好男儿"的全国亚军的乔任梁签约了橙天娱乐集团,正式以歌手的身份出道。2008 年的 5 月和 11 月他在北京和上海举行了两场个人演唱会。

其实,乔任梁的歌唱实力在"加油好男儿"比赛之前就展露无遗了。2005 年,17 岁的乔任梁还只是一个热爱音乐的懵懂少年,为了见到偶像王力宏,他只身前往湖南卫视参加金鹰之星的比赛,最终凭藉过人的唱功和稳健的台风取得了最后的总冠军。在这次比赛成绩的肯定之下,再加上偶像王力宏的勉励,乔任梁坚定了将音乐道路进行到底的决心。

"第一次接触唱片公司是 2006 年底的时候,那时我们已经有了自己的摇滚乐队。那一次我们是到山东参加联盟歌会。初出茅庐的我们,有很多细节都暴露出乐队的不成熟,有些小插曲还真有点类似于电视里的情节。"回忆起当时他们这个团队的故事,乔任梁感慨良多,"不过,在那次比赛以后,就有公司要和我签约,但当时我还是个学生,还没有完成学业。再说唱片公司也只愿意签我一个人,而不签我的乐队,所以我就放弃了。"这个故事,后来在 2007 年"好男儿比赛"中,乔任梁把他编成了一个微型音乐剧。"直到 2007 年,参加完'好男儿比赛'以后,又有唱片公司要跟我签约,这次是签下整个乐队,所以在征得学校的同意以后,我就正式成为了一名签约歌手。"说起自己的签约经历,乔任梁非常激动。"真没想到,学校竟然支持我。因为当时跟我一起参加好男儿比赛的选手,在面临签约机会的时候,有好几个就是因为学业的事情而受阻了。所以,我还要特别感谢那些在毕业前为我开小灶补课的老师们!"

2012 年 10 月 10 日,乔任梁正式签约华纳音乐集团,这是他做了 3 年演员后再次做回自己最爱的音乐。"很多朋友都不理解我为什么戏拍得好好的,又回来唱歌,我的回答是我喜欢拍戏,但是我也喜欢音乐。喜欢的话,为什么不能两者兼顾呢? 白天我拍戏,晚上我就可以录歌呀。"

加盟华纳后,华纳斥重金为乔任梁打造全新首张新专辑《Pin. K/拼》。首先,公司为《Pin. K 拼》邀请到一些大牌音乐人护航,写下于梦想音乐路上的少年成长的内心世界。公司还大胆启用一批活跃于网络的 90 后独立新锐创作人,与乔任梁的想法频频碰撞出火花,令专辑鲜活明亮,好像是一张同龄人"玩"出来的唱片。专辑母带的后期处理还送往美国,交由一线母带制作人操刀。"这张专辑具有国际化与年轻化的音乐格局,我认为这样更能贴切地表达出我当下的音乐理念:既有粉红的浪漫、暧昧的幽默,又饱含了一股'潮'味十足的奇思异想。"看得出来,乔任梁本人十分喜欢自己的这张新专辑。"节奏多变、律动鲜明的曲风占据了专辑较大的比重,适合乐队化的表现形式,是一张现场感染力十足、适合 LIVE 表演的唱片,挺适合我最擅长的表演舞台,完全可以用我一颗热血年轻的心,拼一个嗨唱全场的摇滚态度。"听完这些介绍,我忍不住从网上找出这首歌,听着听着,我仿佛又看到了昔日活跃在电机校园里的那位摇滚王子。

新专辑第一主打《复活》是专为乔任梁量身制作的回归舞台曲,此歌为他完成了鲜

明的性格定位，推出后即拿下众多权威媒体排行榜冠军，MV一周内突破百万点击。另一首《You Are Beautiful》更是让众多乐迷赞不绝口，也被奥地利国家旅游局选中作为推广曲，并特别邀请他赴"世界音乐之都"维也纳拍摄音乐短片。

演员乔任梁

2009年7月，唱而优则演的他借处女作《夜·店》成功跨界。2010年到2012年7月，更是乔任梁的华丽影视年，这期间，他拍摄了7部电视剧、14部电影，如此高产成为当之无愧的影视达人，成为戛纳、东京、上海国际电影节的常客。由王小帅执导、乔任梁主演的《我11》更获得西班牙电影节多项大奖提名。电影方面的闪耀成绩令其夺得众多关注金牌监制于正、知名导演瞿友宁也纷纷抛出橄榄枝，钦点其主演《陆贞传奇》、《小时代》等多部人气电视剧。

采访中，乔任梁是这么介绍自己的拍戏经历的。"最早我是以歌手的身份进入了娱乐圈，签的也是唱片公司。但是这两年影视行业极其繁荣发达，所以电影、电视剧已经慢慢变成了我的主业。但是如前面所说的，虽然近年接的戏比较多了，但是我也并没有放弃唱歌。"说到这里，乔任梁也承认，拍戏给自己带来的荣誉感和成就感要比起歌手来说更刺激一些。"刚刚播完的《陆贞传奇》是我出演的第一部古装剧。虽然取得了很高的收视率，但感觉自己还是有很多不成熟的地方。"谈到他饰演的北齐皇帝高演这个角色，乔任梁有自己的理解："高演在历史上确有其人，但是剧中的这个皇帝跟历史上这个人物的性格和他做的事情还是有一定差异的。剧本中，导演要塑造一个受虐的、病怏怏的、比较听话而又没有太大的抱负和远见的一个皇帝。"

因为在采访前，我曾花了3天的假期恶补过近50集的《陆贞传奇》，所以跟乔任梁交流起来，他也显得很投入。"剧中我的母后想垂帘听政，需要一个傀儡政权，所以就推我做皇帝。母后还千方百计想把我弟弟弄死。我的爱情呢，又是剪不断理还乱。萧贵妃假装跟我在一起，其实也是想害死我。所以高演其实是个非常纠结、非常受虐的一个角色。"在得知网上有很多观众在为他饰演的皇帝种种的遭遇愤愤不平时，乔任梁显得异常的平静和谦虚："这个角色并不难演，他只是个受虐的角色。观众反响强烈，并不意味着我饰演得如何出色，反而是说明两个施虐者：我的母后和我的萧贵妃将那些惨无人道的、丧心病狂的施虐手段表演得出神入化了。正因为有了她们两位的出色表演，才衬托出我这个角色。所以，如果我的这个角色能够让大家记住的话，饰演我母后的刘雪华老师、我老婆萧贵妃的杨蓉功不可没，真的应该好好感谢她们。"

谈到自己的电影处女作《夜·店》，乔任梁首先说的是自己对他饰演的角色——24小时夜店值班店员李俊伟的认识："喜欢一个女孩不敢说不出来，长相上肯定是没有自信的那种。所以我还跟导演一起设计这个角色的形象，比如蘑菇头呀、牙套呀。其实我觉得这个角色是非常接地气的一个角色，并不仅仅是在扮丑，相反我觉得这个角色非常真实。"其次，乔任梁说得最多的就是跟徐峥的合作。"真没想到，自己的第一部戏就遇到了徐峥大哥和李小璐。这部电影也得感谢两位对我的帮助，尤其是徐峥大哥，他也是上海人，我们在北京拍这部戏的时候，徐峥大哥在剧组就常常用上海话跟我交流，也特别照顾我。"

最后，乔任梁还跟我聊了聊他近期将要上映的一些影视作品。"刚刚拍完一部惊

悚片《死亡邮件》，年底应该能上映。还有跟邵兵、耿乐的一个商业喜剧估计在贺岁档上。在电视剧方面，除了刚播完的《陆贞传奇》，暑假估计能上的有《胜女时代》，《小时代》的电视剧版大概会在寒假档播。”说到这里，乔任梁顿了顿：“我现在把整个的重心放在影视上，虽然经常奔波于各大片场，说窘一点是居无定所，乐观一点是四海为家。但是我喜欢被工作充斥的感觉，乐此不疲。”

采访后记：

对乔任梁的采访除了以上收获，还有几点不得不提，第一是他的语言能力。采访稿中的很多文字都是根据他微信的原文实录下来的；第二就是他的真实，无论是在最初的见面，还是后来的几次微信交流。他给我们的印象都是很真诚，不做作，更不矫情。衷心希望乔任梁在演艺事业上能越走越远。

（卿海龙）

任京康　一个军工工人:绿叶对根的情怀

任京康,8421班校友(原上海市机电一局职工大学)。1987年电器设计与制造专业毕业,后分配到原国营515所(上海电控研究所)。历任该所生产技术处副处长、机械加工车间主任兼书记、所办党办主任、副所长。现任上海电控研究所党委书记。

记者与任京康的第一次见面是在2012年的6月。当时记者是学校校友会走访上海电控所校友的随行人员之一。没想到9个多月过去后,当我再次走进他办公室时,任京康一眼就认出了我,并对我说:"去年我们见过面的,如果我没记错的话,你曾经是一名医生。"他的记忆力着实令我敬佩。本来我还想着要先费上一番口舌自我介绍的,这下全免了。我很快就切入了正题。但是,在看到我掏出小本子准备做记录的样子,任京康打断了我,说:"咱们今天就随便聊聊,不要一本正经地做笔记了。更何况,下午学校领导还将亲自带队到所里调研。那时候我们再详细聊聊,你看如何?"望着他诚恳的笑脸我只能选择服从安排。于是,在接下来的行程中,我就过足了"随行记者"瘾。也正是有了这一天的接触,让我对这位校友有了更深的认识。

毕业纪念册

在任京康办公室,他递给我一本发黄了的毕业纪念册:"知道你们要来,我特意从家里把当年的毕业纪念册带了过来。"接过纪念册的一刹那,我感到非常震惊,紧接着就是计算:26年!将一本小册子保存26年,这是什么样的一份情感?我小心翼翼地打开纪念册,让我再次感到震惊的是在每一页的毕业留言上,竟然都贴有留言人的照片。那一张张黑白的小照片仿佛正在诉说着当年发生在他们同学之间的故事。纪念册的扉页是密密麻麻的用各种颜色水笔签下的名字。正文第一页是篇题为《留给未来的记忆》的短文:我们8421班属于低压电器设计与制造专业,全班共37名同学……3年来我们同甘共苦、同舟共济,许多同学为班级的荣誉做了大量工作,难能可贵。3年来,我们学完了全部的24门课程,在漫长的人生道路上,学校生活是美好的,同学友谊是真挚的。随着时光的流逝,再一页页地翻开它,将会召唤那悄悄逝去的岁月,引出无限甜蜜的回忆。"任京康看着我满脸的感叹神情,径直说了开来:"那是一段特殊的岁月,在考上职大以前,我们都是各个单位的在职职工。出于对知识的渴望、对人生的追求,我们利用工作之余的时间自学,再参加统一考试。成绩通过后,还要用自己的工作成绩征得单位同意,最后才换来读书的机会。"说到这里,任京康看了看我,接着说:"我们单位当年就考上我一个。正是因为机会来之不易,同学们不仅在学习上你追我赶,也格外珍惜同学相处的缘分。"

"同坐一条船,远航已三载,平静的港湾已无风浪。我缓步下船,却又见你远航。

三年的友情，恋恋难忘。你远去，我自语。"这是一个叫孙建华的同学在纪念册上留下的诗句。的确如任京康所说，这本纪念册不仅记载了同学们当年的离别之情，更寄托了纪念册的主人对母校、对恩师、对同学的无限思念。

母校情结

在我的思维还没有完全从毕业纪念册中转移出来时，任京康突然转移了话题："知道我为什么对你们去年造访时的情形还记忆犹新吗？"我好奇地看着他，因为实在是猜不到原因，只能等着他公布答案："不是因为我记忆力好，主要是因为你们是来自母校的老师。随着时光的流逝，我们当时就读的职大被一并再并，直到后来连我们自己都不知道昔日的母校被并到哪里去了。是你们的到来让我们这些散落在外的校友又重新找到了根。"从他的这番话语中，我看到的是一个远游的游子对母亲的思念，理解到的是一个迷失多年的校友再次回到母校怀抱的幸福。也可以这么认为，他对我们的记忆不是简单的一次校友和老师的会面，而是游子与母校的重聚。

如果仅凭这些言语上的说辞，我还无法判断出这位军工工人的母校情结到底有多深。但是调研活动上的几个细节，让我有了更深切的体会。根据当天的调研安排，我们首先去参观研究所的成果展示馆。馆中有一位工作人员专门负责解说，但是由于工作人员的解说太官方和程序化，任京康临时放了他的假，亲自担当起解说的责任。并在绘声绘色地向我们解释每一项科研成果的同时，他都会联系母校当前的学科建设、科研力量分析学校和研究所在产学研合作上的可能性。时不时地会来上一句：这个项目，我们学校的某某专业完全可以拿下。试想，如果不是怀有深深的母校情结，又何必去亲自担当解说工作呢？如果没有母校的情结，又怎么会提前去对学校的发展和学科力量做调查研究？没提前做过功课，又如何能做出如此精确的分析和判断呢？在后来的座谈会上，曾有个别研究所的领导口误把学校叫为"机电学院"，任京康听到后，就毫不客气地当面指出纠正。在交流发言中，曾有个别校友总是把"你们学校"挂在嘴上，任京康听到后也毫不留情面地当面批评："上海电机学院是我们的母校，应该称为'我们学校'，你怎么把自己当外人了？"

校友情深

有一种缘分叫同学，有一种情感叫同窗。在校领导与研究所校友座谈会上，任京康说过一段话："电控研究所现有29名上海电机学院的校友，作为校友中的老大哥，我有责任和义务接过母校的接力棒，为29位校友的成才成功服务。"的确，在座谈会上，我们看到很多校友都还很年轻，其中不少是刚从学校毕业出来的。但是作为研究所领导的任京康，对他们的熟悉程度着实让我们吃惊。他不仅能一个个地叫出他们的名字，而且能准确地说出他们目前的工作岗位，甚至工作方面的表现。

20世纪80年代与任京康一样从职大毕业回到电控研究所的还有好几位校友，他们现在大多已经走上领导岗位。回想起当年大家一起从基层开始奋斗的历程，任京康颇有几分感慨。在他毕业以前，凡是从职大毕业后回到原单位工作，身份就能由"工人"转为"干部"，岗位也由工人转变为技术员。但是等到任京康毕业，政策发生了改变，岗位和身份都维持原状。这种待遇上的变化，对当时的任京康来说也算得上是一次沉重的打击。“如果不是师兄师姐的开导与帮助，我不可能那么快就从受打击的阴影中走出来。”几年后，陆续又有新的校友毕业。因为有一个共同的根——母校，校友们在工作中互相学习、互相勉励，生活中互相关心、互相支持。校友的感情日增，在各自岗位上的发展也越来越好。“20 世纪在 80 年代末、90 年代初，我们所里有一股跳槽热。但是我们几个校友从来就没有过这方面的举动，我想大家没有选择离开的原因，除了是对单位的热爱，无外乎校友之间存在的温馨感和安全感吧。”

在座谈会结束的时候，任京康一番语重心长的话引起了在场校友的共鸣，他说：“电控研究所作为应用型研究所，大部分校友奉献在生产的第一线。但是，我相信，有母校做坚强的后盾，随着单位的发展，这批校友最终都会成为研究所的骨干。同时，非常希望母校能为研究所输送更多的优秀校友，也非常盼望母校老师能经常来看看我们，让我们永远沐浴在母校的阳光下。”

（卿海龙）

刘金根　为敏，为勤，为善，为人

刘金根，电机427班校友。毕业后支援去江西兵工厂。1993年回沪，先后担任青浦监狱副狱长、杨浦监狱狱长。2000年后刘金根任上海爱心帮教基金会理事长、顾问。

已是古稀之年，却依旧容光焕发；阅尽人生风雨，述之却谈笑风生。他从电机走出去，并在江西度过了28个春秋岁月；他曾经零距离和犯人接触，一颗善心又让他走上公益事业的路……

刘金根，这么一位长者，双眸中隐着睿智的光芒。数十载过去，再看母校，他慨叹沧海桑田；再话过去，他忆昔抚今。

白居易有诗云：曲江西岸又春风，万树花前一老翁。刘金根就好似这树下的老翁，经历了那么多，而在现在，传语风光共流转，暂时相赏莫相违……

走近他，去细品他的一生！

昔日"皮大王"是个巧手匠

刘金根于1959年进入上海电机学院电机专业就读。"哥哥是交大毕业。在家老鼓捣无线电，看着蛮好玩的，所以就选择了电机学院。"他笑着说。正是哥哥的影响，他展开了自己人生的第一个篇章。

就像很多男孩子一样，调皮是那个年纪最大的特点。刘金根也不例外。毛主席曾经在武汉畅游长江，而刘金根和同学就游过长江的支流——黄浦江；孙悟空当年偷摘王母的蟠桃园，孰知刘金根也曾摘过电机学校的桃子。诸如此类的事情，在刘金根的身上发生了很多。大字报揭露他摘了大家的桃子，硬是把这些事"公诸于世"。从班主任到学校领导无不知道刘金根这么一个"皮大王"。虽然老师知道了，却也没怎么责怪他。而他也感谢老师这么宽宏大量。

4年的光阴，电机学院给了他自由的空间，却也从紧从严地教会了刘金根知识和技能。离开学校，走上工作岗位，刘金根靠着在学校的所学所知，开始了人生的道路。

毕业后的他，在上海工作了两年。两年后，时值毛主席提出"三线建设"支援兵工厂，刘金根就义无反顾地去江西支援。

当时的社会，的确艰苦，尤其是在江西这丛山沟壑里。而一待就是28年的刘金根却笑着叙述往昔的艰难和那里也发生过的有趣的事情。"当时发大水，厂里的一个变压器被雷击坏了，整个家属区停电。地区供电局维修变压器需要两个月。那这两个月怎么办？没电怎么生产生活？厂长也没了方寸。"这时刘金根主动请缨，"这变压器在学校里也是学过的。学校当时的教学和工厂相连，每周要去工厂工作，这种变压器的操作也都看过。我想着，这坏掉的高伏变压器从原理上也是一样的。"就这样，刘金根请了一个电工和他一起用一周的时间修复了那个坏掉的变压器。结果是圆满完成修理任务。当时和他在一起的还有其他学校电气专业毕业的学子,却都束手无策。“他们那里没碰过这东西啊!”刘金根凭借着学校给他创造的实践条件,在后来的工作生活中受益良多。“他们更多地局限于理论知识,但是我们电机学校出去的总有着动手操作的能力。这让我比他们更有优势。”

谁又能知道,昔日调皮让老师头疼的他,竟也是个巧手匠。他在生活中、在工作中,倾其所学,解决着的一个个难题。有时不管“有米没米”,倒也能来个巧手无米成炊。

一勤天下无难事,两善四海有朋迎

28年的支援生涯,刘金根有着道不尽的故事。

“刚去的一个月,大家都很开心。江西山清水秀的,有种游乐山水的心情。但是,一个月后,许多女同志都哭了,因为想家。那里的生活太单调,太苦了!”每天都是白天工作,晚上又得为种菜来自给,为生计而犯愁。渐渐地,刘金根融进了那种生活,也悟透了:“每个人都这样,不是我一个人苦,大家都一样苦。”而他能做到的就是勤恳地工作。而这一种俯首甘为孺子牛般的勤恳,一直陪伴他走完支援的征程。

他的工作态度、能力逐渐被赏识。皇天不负有心人,刘金根的付出也让他有了更高的位置。1993年回沪,他早已是副处级的身份。紧接着他担任了青浦监狱的副狱长,之后又任北新泾监狱的狱长。2000年他调到局里任副局级巡视员,2004年当选上海爱心帮教基金会理事长,至今还担任顾问。能做到这些,全因为他勤恳的付出,让人们信任他,重视他。一勤天下无难事,甘为孺子牛的刘金根乐在其中。

只是,这些人生阅历其中必然有着很多常人无法想象的磨难与辛酸。但在刘金根的话里却只有诉说别人故事般的轻描淡写。

刘金根还是个热心肠。在江西的岁月,纵使艰苦,他仍感怀那时左邻右舍的情谊。“谁家结婚,谁家要做个家具,都是邻里之间帮忙解决。那时左邻右舍的关系真的很纯朴。”

之后,刘金根任上海爱心帮教基金会理事长。这个帮助犯人家庭和孩子的基金会,让刘金根的事业又达到了一个高度。在监狱从事过相关工作的他,深知对犯人家庭的照顾对犯人而言是多么重要。“犯人会因为自己的亲人不能有稳定平安的生活,尤其是他们的孩子,而产生烦躁的情绪。”刘金根作为这上海爱心帮教基金会的理事长,义务为这些犯人的孩子提供帮助,每年都有二三十名孩子考上大学,考上大学后这些孩子还继续能得到更多的补助。“解决了犯人对亲人的牵挂,解决了这些后顾之忧,犯人的情绪得到了很好的安抚,更有利于他们的改造,我也觉得是尽到了自己应尽的责任!”

勤为生之根本,善为人之基。刘金根能做到尽勤尽善,实属不易,着实让人赞叹!

“人”

一个人,不管一生怎么走下来,总是一撇一捺。刘金根给自己书写的,是一个端端

正正的"人"。

"敢作敢当。"刘金根笑了。他对自己的学生时代，有着不尽的调侃之意，但是又是那么怀念。那是个"初生牛犊不怕虎"的年纪，刘金根有着不同于日后成熟和稳重的冲劲及对未来的憧憬。而时至今日，虽已功成名就，但这一路走来，他始终谨言慎行，总是先思而后为。在江西支援的28年，他勤恳地工作；从事狱长的工作，他守正不阿；对待公益事业，他一毫莫取。他有着掏自心窝的话：从布衣口袋里拿来的，也得用在他们的身上。

而他在桌子上也重重地写了两次"人"这个字！

"希望现在的每一个同学能在母校的教育下，将来回首一生，做的是一个真真正正的人！"这是他对每一个后辈的期许。他依旧认为每一个学生在踏足社会的时候都要先学会如何为人。时代早已是不同了，但为人却是最基本的。"刘金根朴实中肯的话语，带来的却是发自内心深处的震撼！

人生几何，感怀人生短暂，不如过好每一分每一秒！

如今，品味刘金根校友的一生，就好似是在品一杯香茗，似浓郁又似清雅，愈品愈有味儿。他这一生中，没有大起大落，却有着淡淡而又让人回味不尽的朴实。但他这只言片语中诉说的又是一段简单而耐人寻味的人生"传奇"。

（周　磊　李　敏）

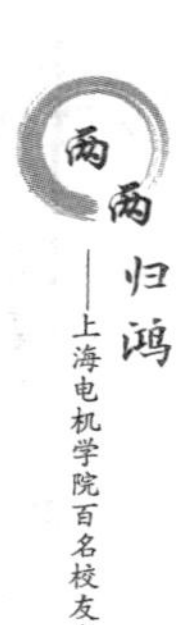

汤忠心　我不是最优秀的，但我从不放弃

汤忠心，电机8801班校友。在校期间曾担任校学生会文娱部部长。1991年毕业后分配至中共闵行区委组织部工作，任主任科员。2002年2月，调闵行区莘庄镇工作，任党委委员、组织人事科科长、莘庄镇副镇长。现任闵行区委宣传部副部长、文明办主任。

机械专业毕业分配到政府部门工作，他的人生道路转了个弯

汤忠心从学校毕业的那一年，班里33个同学大多数都进入企业从事专业工作，只有2个人被分配到政府部门从事行政工作。他就是其中的一个。这对他来说是一个意外，却幸运地使他进入了梦寐以求的领域工作，而且他已经编织好了装载这份“幸运”的“口袋”。

以优异的成绩考入学校的汤忠心一直热心于文艺活动，尤其喜欢唱歌。但他发现，学校里人才济济，作为来自郊县的学生，他在文艺方面所受的训练没法与其他同学相比。但他没有妄自菲薄，常常与好友偷偷地躲在广播台里练歌，遇到机会就毛遂自荐表演节目，向大家展示自己的特长。不久，班级里改选班委，他被选为文娱委员，后来又进入校学生会文娱部，一直从干事做到部长。他在条件艰苦、设备简陋的情况下组建了学校的艺术团，在校领导的支持下购置了学校第一套卡拉OK音响设备，多次筹备艺术节演出、毕业汇演等活动。也许仅仅是因为一份兴趣、一份热情，也许是对所钟爱的事情执著，汤忠心甘心情愿地为学校的“文艺事业”奔走劳顿，乐此不疲。这段经历极大地锻炼了他的组织能力和协调能力，也锻炼了他的口才和交际能力，为他准备了能力上的“第一桶金”。

虽然并不是很喜欢自己的专业，但是汤忠心从来没有以此为借口放松学习。所以，他的学习成绩一直很好。中专学习两年后，他终于如愿以偿，顺利地升入大专。由于各个方面表现出色，他成为了那一届学生中的3名学生党员之一。尽管他认为自己更适合做组织管理工作，但汤忠心从未想过能直接分配到政府行政部门工作。然而，当幸运降临时，他已经在不经意间具备了拥有这份幸运的能力。

5分钟的对话听了6个小时，他最终通过了英语测试

汤忠心总喜欢说自己是个幸运的人，心中的梦想一个个都成为了现实：考上自己的第一志愿——当时的上海电机技术制造学校，从中专生升成大专生，成为学生党员，进入政府行政部门工作，出国学习……但是把梦想变成现实，又岂是仅靠一个“幸运”

所能实现的？他的任何一次“幸运”都不是与生俱来的，但是每一次当“幸运”降临时，他都能尽力去把握，这与他的勤勉、执著是分不开的。

2001 年，汤忠心在华东理工大学完成行政管理专业脱产本科的学习。这时，幸运再次光顾——区委要组织一批后备干部到美国进行为期半年的考察学习。但是，出国学习必须通过全国商务英语测试(BFT)。BFT 的难度相当于全国大学英语测试四级的水平，而汤忠心当时的英语能力还是靠中学时打下的底子，尤其是听力，几乎是零起点。一段 5 分钟的英语对话，他足足听了 6 个小时，仍然没能把这段对话完全记录下来。但是，他并没有放弃。他说：“机会给了我，我就一定要珍惜。”最终，23 个人的班级中有 4 个人通过了测试，他是其中的一个。

机遇总是偏爱有准备的人。但是当你没有准备却遇到机会时，是无奈地慨叹，还是轻易地放弃？汤忠心用他的行动给出了一个完美的答案。命运没有辜负他的努力，给了他一个又一个的机会；他也没有辜负命运的青睐，出色地把握了一个又一个的机会，用执著的追求和不懈的努力诠释着“幸运”的涵义。

3 个人完成 6000 人的先进性教育工作，他的能力经得起考验

面对侃侃而谈的汤忠心，你很难把他和当初那个一说话就会脸红的腼腆男孩联系在一起。十多年的工作把一个稚嫩少年历练成了一个务实、睿智的成熟男性。

刚到闵行区党委组织部工作时，他面临着很大的压力。全新的环境、专业与工作的差异等对他来说都是挑战。好在他在学校期间锻炼出来的组织能力发挥了作用，加上勤奋踏实、好学上进，他很快适应了工作环境，并逐渐形成了务实、干练的工作作风。

在 2006 年的保持共产党员先进性的教育期间，他组织包括他自己在内的 3 个人，从看材料、写文件、组织会议、汇编成果，到建立长效机制，流程有条不紊，内容具体而富有实效，最终高质量地完成了 80 多个支部、6 000 多名党员的先进性教育培训工作，其出色的组织能力得到了领导和同事们一致的赞誉。

2007 年，在 2 200 多位报名援藏的干部中，他又一次幸运地成为了 50 人中的一个。6 月7 日，汤忠心作为上海市第五批援藏干部，赴西藏日喀则地区的江孜县工作 3 年。他说：“在报名的这么多人中，我不是最优秀的，但是我会接受挑选，时刻准备。”是啊，只有时刻准备着去努力、去拼搏、去付出的人，才会被“幸运”选中，才能创造生命中一个又一个的精彩。让我们共同期待着汤忠心用执著的追求谱写他更加精彩的人生乐章。

后记语

每个人都期待着幸运之神的降临。许多人把别人的成功归因于幸运，把自己的失意归结为不够幸运，而忽略了执著的努力和默默的付出。有的同学遇到不如意的事情时，往往只会怨天尤人，一味地消极逃避；也有的同学觉得对学习没有兴趣，就轻易地放弃。如果是这样，幸运永远只会是白日里的一个无法捕捉的梦。汤忠心的经历让我们看到，你可以比自己想象中更加幸运，只要你为此做好准备。

原稿载于《上海电机学院报》2007 年第 10 期 7 版

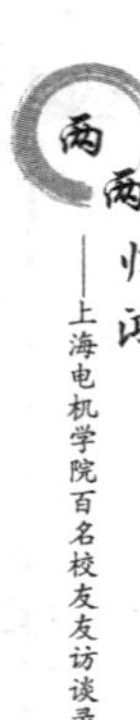

许建国　学习、机遇、心态与个人成就

许建国，财务会计专业82级校友。1984年毕业后进入上海电缆厂；2000年进入上海电气集团。现任上海电气(集团)总公司财务预算部副部长。

良师的教育是大学最宝贵的财富

许建国非常怀念大学的美好时光，他说曾经的快乐、曾经的经历，让他明白大学营造了一种氛围，让他不断地探索前进；大学搭建了一个平台，让他在上面尽情地演绎。在上海电机学院期间，让许建国印象深刻的老师是会计老师蒋思明。蒋老师严谨负责的教学态度、幽默诙谐的讲课方式，让他感受颇深。许建国校友回忆说，蒋老师潜移默化地对自己的世界观、人生观、价值观产生了很多的积极的影响，让他掌握了正确的学习方法，明确了自己学习的目的。他说人生有很多转折点，而且每个转折点都赋予我们不同的责任和任务。大学就是一个转折点，他希望同学们抓住这个转折点，珍惜最美好的大学时光。

学习、机遇一个不可偏废

从毕业到2000年，许建国一直在上海电缆厂工作，之后在上海电气集团担任财务预算部副部长。20年走来，许建国有很多的感悟。首先，他认为在学校学到的知识一定要在工作实践中才能融会贯通，只有这样才能在以后的工作中游刃有余；其次，他坚信机会是给有准备的人的，只有充分的准备，才能在在未来的挑战中迎难而上。所以在平时的工作中，他一直坚持学习，不断学习新知识、积累新经验。但他认为心态是最重要的，从整个社会的角度来说，竞争是激烈的，而机会是少的，一个人的投入和产出不一定成正比，所以要用一颗平常心去面对失败，因为最重要的是过程而不是结果。

在谈及年轻人就业时，许建国表示，人的一生就是不断学习的过程，需要一个明确的目标，选择一条适合自己的路，同时也要抓住机遇。此外他还强调在通往成功的道路上，年轻学子要具备"努力＋勤奋＋平常心"和"受到批评是常态"的心态；要为自己制定合适的工作计划，并且一直努力勤奋，步步为营，每步都要想想怎么提高自己，给自己更大的发展空间。许建国说，心态健康的人，在工作中看问题会很客观，并且能够找到合适的角度处理问题。"生活对每个人都是公平的，做什么事今天可能没结果，明天可能也没有结果。但只要你坚持不懈地努力，总有一天你会看见满意的结果"。

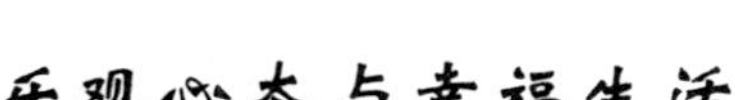

乐观心态与幸福生活

在整个采访过程中，我们都能够感受到许建国那种乐观豁达的心态。许建国认为，一个没有健康心态的人永远不会快乐，因为他们会处于一种不满足的状态。“有很多人会以社会地位来衡量一个人的成功度，其实这是片面的。”许建国认为，“我们不能片面地以一个人的收入多少、地位高低来衡量他的成功与否，因为我们每个人对成功的定义不同，每个人都会有不同的成功。关键是自己对自己的定位和自己的幸福感。”紧接着，许建国又针对幸福感进行了客观分析：“或许幸福感会受到经济因素、就业状况、收入水平等影响，但是人的幸福感并不是完全与其经济状况或收入水平呈简单的正相关关系。现实生活中，一些经济状况一般的人，其幸福感却不低；相反，一些百万富翁却整日忧心忡忡。所以只要我们自己的幸福感提高了，我们才能感受到自己的幸福。”

对母校的期望

柏拉图说：“大学的正确的任务在于引导学生养成批判考察的习惯，以及理解于所有问题相关的原则和标准”。许建国非常认同这个观点。他说：“大学的主要功能就是教书育人，从培养人才的角度出发，大学就是培养学生的学习能力和方法。希望母校能够培养出更多对社会有用的人，为社会提供更多的栋梁人才。”

（杨　春　石　力）

孙耀其　与成功更近一步

孙耀其：电机（专）502 班校友。1963 年毕业之后任职于电机公司八一制造厂。2000 年退休后进入上海日立电动工具有限公司品质监管部。

对于新中国电机行业的发展而言，孙耀其是一位重要的历史见证人与参与者，他曾完成或参与了电机行业诸多重要的研究，经历了很多重要的时刻。见到孙耀其之前，笔者早已耳闻他的声誉。在孙耀其近半个世纪的职业生涯中，他以严谨、勤劳的作风，丰硕的学术成果赢得了人们的敬仰。

5 月一个充满着阳光的中午，我有幸采访了他，在他春风般的谦和平易中，感受着他的睿智与敏慧。

勤奋刻苦，不甘平庸

在孙耀其的记忆中，刻骨铭心的是家乡的贫困。从年少时起，他心中就有了一个很朴实的愿望，努力学习，改变贫困的命运。

小学五年级就考入初中，初中也只上了两年便毕业，刻苦勤奋加上天资聪颖让孙耀其一路跳级升学。在中考时，面对并不宽裕的家境，他选择报考公费的大专。当时的上海，不收学费、住宿费的学校只有两家，电机制造学校就是其中之一。1958 年，他以优异的成绩考入了电机制造学校。孙耀其至今仍清晰地记得："我们这一年，总共有 3 200 多初中毕业生报考了电机制造学校。因为考入这所学校对于贫困学生来说无疑是鲤鱼跳龙门。"

当时的电机制造学校不收学费，同时享受国家补贴，生活无忧、老师的细致关怀，让孙耀其格外珍惜这来之不易的学习环境，这也成了他拼命学习的源动力。在老师的眼里，他是成绩优异的得意门生；在同学眼里，这是一个丝毫不张扬、埋头苦学的同窗。

回首往事，孙耀其意味深长地说："当代大学生要学会做事，多去实践，不能到了工厂什么都不会。应该利用自己的假期或者闲余的时间，选择一个自己喜欢或感兴趣的工厂去实习，宁可不要工资也要去，为了增加经验，积累自己的实践能力。"他非常认同学校对技术应用型人才培养的方针："让课本知识与实践相结合，培养真正的'技术立校，应用为本'人才。技能掌握的过程应该是紧张而充实的。"孙耀其的目光好像穿越了时光在遥望当年，"是一个理论同实践结合然后再通过实践总结理论的过程，虽然很辛苦，但也乐趣无穷。"

抓住机遇，认真务实

机会总是留给更有准备的人。孙耀其回忆说：“我 1963 年毕业之后到电机公司八一制造厂（主制造电机小马达），因为当时我国还没有一个真正的电动工具厂，所以我所在的公司想改造成为一个电动工具厂。”为此公司组成了一个七人小组，孙耀其是当年进入这家公司的五个学生中唯一一个被选入七人小组的毕业生。因为当时缺乏技术，制造东西的理念有了，可是配备却远远跟不上去。孙耀其便想到了自己制造设备，在经历一系列挫折之后，这些设备在我国不同的工厂制造了出来。随后，他们七人小组又制定了当时中国电机制图的标准，这个标准一直沿用到现在。当时孙耀其还参与制造了中国第一台数控机床。孙耀其清晰地记得，当时市场上销售的电视机有 8 成是他所在的工厂与上海其他四大厂联合制造出来的。在制造数控机床的过程中，他们还面临焊点太多、没有大功率马达、惯性误差等问题。不过最终他们克服困难，使问题得到了圆满解决。

孙耀其认为自己有幸亲历了中国电机逐步的成熟，这是最值得自豪的一件事情。而随后时间里，孙耀其始终恪守年轻时的志愿，与众多有志于改进电机技术的同道们一起，为我国电机学的发展贡献着自己的青春与智慧，演奏着他们事业成长与中国乃至世界电机行业发展的精彩华章。

半个世纪来，孙耀其做事，务求结果最好，学业尤其如此。若问诀窍为何，无它，唯“勤奋”二字。孙耀其注重实践，治学求“甚解”，踏实，一步一个脚印。他注重知识的更新，不仅电机专业，对于电机相关的物理、工程及基础等专业，也是如此。他认为，唯有各种知识的“时时”更新，方能使实践“实时”。

哲人说，思想有多远，就能走多远。孙耀其说，只有想不到的，没有做不到的。“几十年来，我们力图使中国的电机得到改变，大家共同在思考中搜寻灵感。”回望孙耀其的经历，正是这样一个“勤奋”与“思想”的完美结合，成就了他认真、严谨、勤奋的一生。

（李彩春）

严少勇　严少勇和他所在的公司

严少勇，工业外贸专业 E0313 班校友。2006 年毕业后积极响应大学生志愿服务西部计划，赴云南省普洱市思茅区南屏镇从事基层共青团工作；2007 年 2 月，被借调到共青团普洱市委挂职锻炼，任共青团普洱市委办公室主任助理；2007 年回沪后供职于日资企业纪州喷码技术(上海)有限公司。现担任该公司采购部经理。

对严少勇的采访是在一次偶然的机会下进行的。2013 年 3 月的一天，我们按计划采访完松江区的一位校友后，发现时间尚早，便临时决定再顺道走访一下松江区的其他校友。于是我们翻开校友走访名册，这样，严少勇这个名字就提前进入我们的采访计划。由于同行的林敏芝老师正好是严少勇在校就读期间的班主任，所以严少勇在电话中非常爽快地接受了我们的“突击采访”。

意外收获：日资企业的电机人团队

走进纪州喷码技术(上海)有限公司大门的那一刹那，就有种感觉，今天的采访会有意外的收获。因为在公司门口的电子屏上显示着“欢迎上海电机学院领导莅临指导”。而严少勇此时已早早在门口等候，高高的个子，白皙的皮肤，见到我们的时候还有那么一丝丝的腼腆。走进会议室，已经有几位公司的领导在座。看这阵势，我不由得在心里嘀咕起来“这小子估计是没弄明白我们的来意，把一次简单的采访变成单位之间的交流了。”

就座后，严少勇向我们介绍了在座的几位领导。这时我才明白，这里除了一位是公司人力资源部的领导外，其他几位都是我们学校的校友，其中一位还是公司制造总监孙全军。原来，严少勇在接到我们的电话后，就向公司领导汇报。公司领导非常重视，就委托同为校友的孙全军代表公司接待我们，并向我们介绍严少勇在公司的情况。

“严少勇进入企业 6 年来，从采购员岗位开始，配合主管建立健全采购部，使采购部从无到有。期间工作表现优秀，2009 年获得特殊贡献奖；2010～2011 年连续两年被评为优秀员工。目前他已晋升为采购部经理，全面负责公司产品的采购业务和本地化项目开展。”孙全军的介绍让我不得不对眼前这个腼腆的小伙子刮目相看。“严少勇给人的第一印象是腼腆，但是时间一长，你就会发现，他无论做什么事情都非常投入。腼腆下面隐藏着执著与坚韧”。随后，公司人力资源部顾经理说起了严少勇担任采购部经理的一些趣事。她说，在别的公司，采购部门在采购中都是占主导位置的，但他们公司则恰好相反。“我们公司每次的采购由于需求量不多，而要求又非常高，都是求着供应方卖东西给我们。所以，在外人眼里，严少勇所在的采购部门是个肥差，但实际上，这是个费力不讨好的苦差事。但就是在这样的一个位置上，严少勇不仅能把本职工作

干好，每年还能为公司节约一笔很大的采购费用。公司上下对严少勇的评价都非常高。”也正因为如此，得知学校要来采访严少勇的消息后，公司领导才这么重视，还专门安排有关部门的领导和同事来为他做情况介绍。

原来，在纪州喷码技术（上海）有限公司工作的校友远不止在座的这几位，公司制造总监孙全军向我们介绍这支活跃在公司的电机人队伍时非常自豪地说：“严少勇是咱们校友中的代表。目前我们这里共有 7 名校友。我是 2003 年进入公司的。在严少勇之后，又陆陆续续进来 5 位校友，其中 3 名校友曾作为总部研修生派到日本进修过 3 年，现在都已经回国。”顾经理又补充到：“孙全军 2003 年加入公司后，也是从基层干起，做过品质工程师，目前在公司担任制造总监，分管制造、物流、品质三个职能部门，同时担任公司管理者代表、安全主任等。”

切身感受：企业的人才饥渴

在孙全军介绍完校友情况后，公司人力资源部顾经理迫不及待地抢过话题：“我们公司规模不大，电机学院的毕业生也不是特别多，但他们却是公司发展中不可或缺的一股力量。”还没等我们谦虚几句，顾经理就直奔下一个主题：“你们今年能再给我们几个优秀的大专生吗？而且要外地生源。”顾经理的这一请求让我们颇感震惊。因为在我们的认识中，这几年毕业生的求职非常困难，一到毕业季，不管是毕业生还是班主任、辅导员都在为工作而苦恼。没想到，我们才到这里，就被人力资源部经理追着要毕业生。看着我们颇为意外的样子，顾经理向我介绍公司招聘计划。原来，纪州喷码技术（上海）有限公司的产品，已逐步走向内地市场，随着内地市场占有率的提高，在内地城市设立分支机构已成为当务之急。但是，由于公司对员工的要求比较高，凡是新进员工都必须先送到日本总部培训 3 年（也就是我们经常在日剧里看到的所谓的“研修生”），3 年研修生学习结束后，才回到上海分部，最后再由分部派往全国各个分支机构。看着我们将信将疑的样子，顾经理补充道：“研修生都是带薪学习和工作的，3 年下来，回国时多则能攒下两三百万日元。”说到这里，顾经理好像突然想起什么，马上掏出手机：“昨天刚好有两个研修生结束培训回国，而且还是你们电机学院的校友。我通知他们来一下。”

不多久，我们就在会议室见到了两位刚从日本结束研修生生涯的校友。或许是因为在日本学习和工作时间久了，这两位校友进来后的言谈举止都印有“日本文化”的烙印。看来，两位研修生在日本不仅掌握到了有关的职业技能，也受到了日本文化的熏陶。

严少勇的成长之路

接下来，我又和严少勇进行了深入交流。这时我才体会到公司制造总监孙全军对严少勇的那句评价的真正含义——腼腆的外表下面隐藏着执著与坚韧。

严少勇是 2003 年进入原经济管理学院 E0313 班，就读工业外贸专业。在校 3 年里，他先后担任 E0313 班团支部书记、经济管理学院学生工作主任见习助理，并于 2005 年 12 月创建了上海电机学院大学生职业发展协会，并任协会主席。在担任 E0313 班团支部书记期间他带领全班同学取得了“上海高校先进集体”的称号，班集体多次获得“五四红旗团支部”、“优秀团支部”、“优良学风团支部”和“先进班集体”等多项校级荣誉；他个人也相继获得“校优秀团干部”、“校优秀学生干部”、“暑期社会实践先进个人”、“业余党校优秀学员”、“校综合一等奖学金”、“国家助学奖学金”、“校优秀毕业生”及“上海市优秀学生干部”等多项荣誉称号，并于2006年6月被评为“上海市优秀毕业生”。

毕业前夕，严少勇积极响应团中央“到西部去、到基层去、到祖国最需要的地方去”的号召，报名大学生志愿服务西部计划，经过层层选拔，2006年7月，严少勇奔赴云南省普洱市思茅区南屏镇开展为期一年的志愿者服务，从事基层共青团工作。在志愿者服务单位，他继承和发扬上海电机学院的志愿者服务精神，认真开展工作，深入开展农民青年增收成才的调查研究。他在担任南屏镇团委副书记期间，通过努力，使南屏镇团委在2006年度云南省共青团优秀典型工作的评选活动中脱颖而出，成为全省共青团50个优秀典型工作中唯一一个获此殊荣的乡镇团委。因工作需要，2007年2月，严少勇又被借调到共青团普洱市委挂职锻炼，任共青团普洱市委办公室主任助理。在任职期间他出色地完成了普洱团市委交给各项任务，受到了普洱市团市委领导的一致肯定。

2007年7月，严少勇顺利完成一年大学生服务西部志愿服务，被共青团中央授予“中国青年志愿服务铜奖”。期满回沪后，他来到纪州喷码技术（上海）有限公司，从事采购工作。这期间，严少勇没有忘记继续学习和充电，他在职攻读了上海财经大学采购与供应管理专业，取得了上海财经大学管理学学士学位。

进入企业6年来，严少勇很快就成为企业的骨干和部门领头人，多次获得企业“特殊贡献奖”和“优秀员工”的荣誉。说起在公司的这些成长和收获，严少勇感触很多。“在我们公司，管理层就像伯乐一样，他们能够大胆提拔、重用年轻人，并且提倡一切以客户、原则、执行及结果为导向的企业文化。”团队给了他这样的大学毕业生一个尽情施展自己才华的舞台，使他有可能快速成长为一名部门经理。“我身边的很多领导，尤其是我的上司，都是非常优秀的职业经理人，他们能够毫无保留地把多年的工作经验与心得体会传授给我。从他们的身上，我学到了很多珍贵的工作经验与技巧。”除了这些，严少勇还将自己的成长归因于个人的努力和学校所教的技能。“机遇来了，就看你是否抓得住。”严少勇意味深长地说道，“随着公司采购职能的不断完善，对采购从业人员的要求也越来越高。采购人员既要具备良好的职业道德素养：正直、廉洁、公正、遵纪守法，又要有良好的心态，能够承受巨大的工作压力，还要有敏捷的思维，处事灵活但不失原则，更要有高度的责任心、良好的敬业态度和超强的沟通协调能力。”

严少勇认为，在这个知识与技术瞬息万变的时代，始终保持良好的学习心态至关重要，这会伴随和影响着每个人的一生。坚持登一座山峰的人，一定会达到顶峰。“一辈子坚持只做一件事的人，一定会成功，并且会成为一个强者，一个佼佼者。”

（卿海龙）

严雪怡　上海电机制造学校复校前后

采访前记

严雪怡，1921年生。1952年12月，作为主要负责人之一，参与上海电机制造学校的建校筹备工作。“文革”前担任上海电机制造学校（简称电校）教务副校长；1960年6月，代表学校出席全国文教群英会。复校后任电校校长。1981年曾被评为上海市优秀人民教师。1984年11月改任学校顾问。

复校前的历史背景

文革以前，上海电机制造学校是机械工业部所属的中等专业学校。1958年，学校开展了轰轰烈烈的勤工俭学活动，取得了很大成功，得到全社会的重视。国家主席刘少奇和中央领导张闻天等同志先后来校观察。1960年，学校被评为全国先进单位，出席全国文教群英会。1974年4月，学校被迫解散，学校教师全部被分散到100多个工厂当工人，严雪怡分到五七干校。学校的设备、财产都由新中华厂接收。至此，一所在全国具有一定知名度的中专学校被解体了。

复校的艰难过程

1977年8月，《人民日报》发表了教育部理论组文章《教育事业必须大干快上》，一些兄弟学校先后复校。当时学校很多教师写信给机械部、教育部和上海市市委，要求恢复学校。在这种情况下，机械部、教育局把群众来信汇总起来，向段君毅局长汇报。段局长说，这是一所全国有影响的学校，要积极想办法恢复。教育局的负责人说明恢复学校的困难很大。段部长说了四个字：事在人为，表明了恢复学校的决心。就这样，机械部发文给上海市，强调“上海电机制造学校是已经培养近万名学生的红旗学校，希望上海市尽快恢复这所学校”。经过讨论，上海市在1978年6月下发43号文，大体内容是：①恢复上海电机制造学校；②调严雪怡负责筹办复校；③复校地址在华东航校（学校对面长城机器厂）；④当年招生100名学生。1978年7月14日，上海市电机一局通知严雪怡开会，长城厂也到会。会上宣布了43号文，要长城机器厂让出原校址。此后，严雪怡从五七干校回来工作，但没有帮手，没有办公地点，也没有经费。从家里到市区不方便，经费无处报销，严雪怡就睡在机电一局教育处的办公桌上，买了月票到处跑。第一步是把老师、干部找回来，把办公地点要到，这两项工作都非常困难。要回教师为什么困难？经过"文革"几年的时间，有些老师刚刚搬家到市区，不愿意回郊区工作。教师分布在100多个厂，当时厂里的技术人员很少，很多教师已经提拔当干部。厂里不愿意放人。典型例子是，严雪怡到理发工具厂商调丁钦浩老师回校。他去的时候，丁老师还在当工人，没几天就被提拔为副厂长。尽管这样，也有部分教师，特别是一些对学校有感情的老教师，他们对工厂领导讲，假如学校回复，他们马上回校。就这样，严雪怡跑了一个月，调到了30多个人。人数虽少，但其中很多是骨干，以后有多人提拔为校级领导。与此同时，严雪怡联系办公地点，最初长城厂一间房子都不让出来。严雪怡只能向局里汇报，局领导就下命令：长城厂的技工学校停办，把技工学校的地方让给电机学校。学校总算拿到了一间不足20平方米的办公室，有了一个立足的地方。随后，上级拨了15万的经费，学校设立了筹办机构，取名"上海电机制造学校筹备处"。筹办机构一成立，马上准备开学工作。当时上海市让学校自己招生。1978年10月共招生200人，11月开学，开学地点就在长城厂原技工学校。现在这届毕业生很多都成为领导干部，还有一些企业家。

归还校舍的艰苦努力

1978年8月31日，国务院发出166号文《批转教育部关于退还占用校舍的请示报告》，强调"文革"期间占用的校舍都要归还给学校。但学校不知道这个文件，直到1979年年初，严雪怡到教育部去办事时才看到这个文件。此后，从1979年上半年开始，严雪怡展开了恢复校舍的艰苦努力。学校正式向有关领导部门提出归还校舍的要求，教育部和机械部都表示支持学校要求，发文给上海市，要求把校舍归还给电机学校。有一次天下着大雪，学校的老教师仍然坚持到市政府信访办反映情况，他们的行动感动了信访办的负责人，他亲自接待，并说，"你们已经白发苍苍了，这么大的雪赶来，校舍问题本来是领导应该解决的问题，不应该让你们来回跑，你们的要求我一定向市领导汇报。"教师和干部的行动感动了"上帝"，上海市经委和教委都主张归还校舍。但新中华厂还有一人拒绝的理由，认为他们的基建计划已经国家计委批准，市里无权更改。之后，国家计委派军工局一位处长来调查，并写了调查报告，主要是："这个地方到现在还是学校的环境，如何安排，请上海市决定。"这对归还校舍起了很大的作用。

1980年2月28日，军委国防科委、国务院国防公办、七机部、八机部和上海市五个部门联合发布了沪府8025号文，明确"新中华厂的厂址归还电校(新中华的新建住宅除外)"。这标志着要求归还校舍的努力取得了决定性胜利，但是归还校舍的任务并没有因此终结。这一年8月，上海市经委和国防工办开会；10月，又召开三办二局(经委、国防工办、教委、机电一局、机电二局)会议。会上，国防工办提出，如果归还电校校舍，机电一局占用的华东航校也要归还。之后，机电一局规划处提出一个难以接受的方案，主张机电一局不再归还华东航校，而是把学生宿舍和大操场一片划给新中华厂作为补偿。严雪怡表示坚决不同意。后来局领导同意严雪怡的意见，才争取了比较完整的校舍。

到1980年7月，实际上归还的校舍只有办公室和两幢教室楼，其他如实验室、工厂厂房、食堂、学生宿舍等都没有归还。主要是办公室和学生的教室搬入，宿舍和食堂还在长城厂，每顿饭都要两边跑。一直拖到1982年，才还了一部分宿舍和食堂。最后，

直到1985年才归还了所有的校舍。那时，严雪怡已经退下来当顾问了。

由于校舍归还不及时，学校失去了几次发展的机会。第一个机会，1980年，联合国教科文组织有笔世界银行贷款，准备贷给"文革"中受到破坏的学校，上海市打算把学校作为接受贷款学校之一。但联合国教科文组织专家来视察后，认为校舍还被工厂占用，不符合贷款条件，结果没有得到这笔贷款。第二个机会，1980年5月，严雪怡参加教育部的职业技术教育代表团访问美国，代表团一共10人。访问期间，有一个社区学院院长主动提出愿意与学校结成姐妹学校，并得到当地州政府的支持。如果结成姐妹学校，教师之间可以互相交流，增加见识，学校水平上去得快。问题是当时学校校舍大部分都没归还，无法接待他们。所以，这件事也没有成功。

艰苦创业，努力办出特色

复校之初，学校条件很差，由于房子多年没有住人，上下水道损坏，复校后第一届学生生活十分艰苦，班主任带领学生都挑过粪桶。地方小，设备差，怎样能够办出特色？这是当时最大的问题。学校采取了以下两个措施：

第一，因陋就简，尽可能为学生在校内增加动手的机会。例如，学生要做钳工，没有厂房，学校就做了一些小的钳工桌，放在宿舍走道里。走道成了学生的钳工场地。为了放机床，就搭了个草棚，买了些机床让学生实习，甚至有的设备就放在楼梯下的小间里，一般的试验都在教室里做。在这样艰苦条件下学校还坚持勤工俭学。学校接受了一些小型电器元件的生产加工任务，让学生在教室内也能完成生产任务。

另一个措施是利用校外的工厂。材料力学试验设备体积比较大，都是到校外去做，特别是把校外工厂作为学生的实习场地。1981年3月5日，学校与上海电机厂签订了协作办学协议，明确规定工厂为学生提供实习场地、设备、实习指导教师，提供毕业设计课题、指导教师(由工厂技术人员担任)和长效联合组成的毕业设计论文答辩班子；学校要为工厂解决实际的技术问题提供所需要的毕业生。此后，学校又和上海重型机器厂、上海电动工具厂、上海汽轮机场、上海重型机床厂、上海水泵厂、上海长城电梯厂等多家企业确定了长效协作办学关系。虽然学校与工厂签订了协议，但不等于学生实习的问题完全解决。因为工厂的老师傅都是记件工资，不可能耽误自己的工作，让学生代替做，学生很难得到动手的机会。严雪怡在总结群众经验的基础上，认为不能光向工厂提要求，还要为工厂的老师傅提供服务。于是，学校规定，无论学生到哪个车间实习，都要承担一定的卫生工作和负责泡开水，此外，还要尽可能主动为老师傅服务。于是学生们每天很早上班，工厂一开门，学生们就抢着打扫卫生、打开水，等到老师傅上班时，一切都准备好了。有些车间专门抽出时间给学生讲生产技术，尽可能腾出一些机床让学生实践操作。一个典型事件就发生在上海重型机床厂，当时学校将学生安排到这个厂的电器维修工段实习，但工段负责人坚决不接收，担心打乱他的正常工作。后来，工厂下了死命令，一定得收。学生人是进去了，师傅就让他们坐在那里看，也不照顾他们。学生连坐了两天，发现维修工段有很多已经修好的设备和待修的设备与维修工具、零部件和材料，比如铜线、螺丝等混杂在一起，工人们找东西很费事。于是，学生就派代表找工段长说："老师傅，我们帮你把所有架子上的设备、工具、零部件和材料等整理一下好吗?"这出乎老师傅的意料,本来认为学生是来添麻烦的,没想到能帮他整理东西的。两天后,学生把架子上的东西都分门别类整理并标好,请老师傅看。老师傅受到了感动,于是开始主动教学生如何维修,结果维修任务完成得很好,学生学到了很多东西。学生临走时,老师傅还恋恋不舍,大家结下了很深的感情。

在这同时,学校还进行了多方面的教学改革。第一,实验单独开课。严雪怡去美国访问,学习了美国试验单独开课以提高实验能力的经验,回来推广。不再是讲课讲到哪里,再联系做实验,而是实验单独开课,加强试验中的基本训练,提高学生使用仪器、仪表的能力和独立制定实验方案的能力。电工老师孙义芳还编写出版实验单独设课的教材。第二,毕业设计全部到校外工厂去做,采用校外工厂的课题。这得到工厂的高度重视。比如,上海电机厂在接收学生时,派出大量工程技术人员任指导老师,一个指导老师指导一至两个学生,共同完成课题;学生边学边干,既学到了本领,又为工厂完成任务。

以上这些措施,取得一定成果。1980 年 2 月,学校被市教育局评为"上海市教育战线的先进集体";1982 年 11 月,学校被上海市计委、上海市经委、上海市教育局、上海市财政局评为上海市勤工俭学先进单位。

(牛晓立)

苏　军　苏军印象

苏军，机械制造7301班校友。现为文汇报主任记者，已出版了《走向成功人生》、《教育101》、《符号与教育》等20多部著作。2003年，上海市新闻工作者协会举办了“苏军新闻作品研讨会”。

外表儒雅却又不时闪现犀利的言辞，待人随和却又处处显露咄咄逼人的气势。当做惯了记者的苏军坐在被采访者的位置上时，他很快就进入了角色。

从爱好到职业

苏军从小就喜欢文学，也喜欢自己写写东西。父亲说，将来要是能出一本书，那可真是了不起的！父亲这句话一直深深地印在苏军的心里。出一本书，也成了他最初的朦胧理想。

现在，作为文汇报的主任记者，苏军已经出版了《走向成功人生》、《教育101》、《符号与教育》等20多部著作。2003年，上海市新闻工作者协会举办了“苏军新闻作品研讨会”。当初的梦想也许早已成为身后的足迹，但是苏军的脚步并没有片刻的停留。从一个单纯的爱好，到一份出色的职业，一直伴着他的是一份沉甸甸的责任。

从毕业留校到就职于文汇报这段时间，苏军一直都在从事与教育相关的工作。这让他对教育有着割舍不断的“痴情”。他长期关注着教育，思考着教育，将影响、引导教育的健康发展看作是自己的一份无法推却的责任。正是这份责任感，使作为文学爱好者的苏军蜕变成为专家型记者的苏军。

让所有的经历都成为财富

电机学院作为一所侧重于工科的院校，虽然校友里文笔出众的人并不鲜见，但以文字工作为职业的人却很少。苏军应该是其中的佼佼者了。

虽然学的是工科专业，但转行做记者，苏军并没有觉得那些以语言文字为专业的同行会给自己很大的压力。苏军始终认为，记者并不是文字游戏的职业玩家。要做一个好记者，不仅仅是作为时代的记录者去书写，更是作为时代的思考者去观察、判断，并且努力让自己的思考和判断去影响、引导社会的发展。而他工科的专业背景并不妨碍他在新闻媒体领域发展；相反，多学科的交叉渗透更加有利于多元地吸收、融合各种知识，拓展思路，开阔眼界，对问题的思考也更加深入，角度也会更加独特。从这一角度讲，所有的经历其实都是一种人生的财富，都会滋养着思想的利刃。由于有了从事教育工作的经验以及接受技术教育的经历，当苏军以记者的身份审视基础教育和职业技术教育时,便有了自己独到的判断和见解。

活在许多人的期待中

对于苏军来说,也许做的最多的事情就是去采访,对不同的人提不同的问题,听不同的人给出不同的回答。在他看来,其实每个人每天都在回答着自己,书写着自己。面对自己,有时觉得很伟大,有时觉得很渺小。伟大与渺小之间,关键在于心态的调节。

"当你的东西对别人来说是有用的,有许多人都在期盼着你有新的思考、新的观点,而你每天都活在许多人的盼望中,这对一个记者来说,这是一件非常幸福的事情。"

当苏军眯着眼睛,对着午后暖暖的阳光说出这段话时,他的脸上也写满了温暖。

当谈及与当初的自己怀有同样兴趣的学弟学妹时,苏军有着许多关切。他特别叮嘱,年轻人一定要踏踏实实做事,不要太计较眼前的得失,不要刻意去追求名和利。首先要做到的是自己的"实"。名和利都是由"实"而来,自然形成的,不是刻意追求来的。

(原稿载于《上海电机学院报》2007年第19期7版)

李生全　生产计划员的24载春秋

李生全，工业自动化专业1979级校友。1983年毕业后分配进原长城机械厂（现三菱电梯有限公司）生产科，从事生产计划安排工作。2007年调往三菱电梯公司任扶梯制造部车间副主任。

两年前我校第一个企业校友分会在上海三菱电梯公司成立。该公司现有我校校友300余名。在得知我们要寻找“最美电机人”时，分会会长向我们推荐了李生全。由于他现在已是三菱电梯公司扶梯制造部的车间副主任，不是我们要找的“现场工程师”，我们就想着换一个采访对象。但是分会会长非常坚定地跟我们说：“他绝对是最美的电机人。”

带着几分疑虑我们来到扶梯制造部办公楼，当我们向大厅工作人员打听李主任的办公室时，得到的回答竟是：“在二楼，具体是哪间办公室，我也不清楚。”采访过这么多校友，像这种不知道自己领导办公室人的倒是第一次遇到。见到李生全后才弄明白，他一般都在生产一线，很少回办公室，以至于很多同事都不知道哪里才是他的办公室。“我毕业分配到长城机械厂后，最先是在车间调度实习，10天后进入生产股，在生产股学习3～4个月就独立开展生产计划员的工作。没想到，在这个岗位上一干就是24年。”

生产计划是关于企业生产运作系统总体方面的计划，包括企业在计划期应达到的产品品种、质量、产量和产值等生产任务的计划和对产品生产进度的安排。李生全作为生产计划员的工作职责就是结合企业的现有资源，制定出未来一定周期内的生产计划。他刚参加工作那几年是计划经济时代，厂内外环境相对稳定，生产计划只需要安排到车间一级，而且是每半年排一次，工作量不大。1986年以后，逐步走向市场经济时代，生产工艺日新月异，生产周期缩短，生产计划也从半年排一次，到一个季度排一次、一个月排一次，甚至是每一两周都要排一次。而且不再是车间级别的生产计划，还需要给班组一级的生产单位做好计划。在计划排好以后，李生全还需要随时掌握各生产线的产能、原材料的安全库存，有时候还要对市场销售进行预测，以便必要时及时调整生产计划，以满足市场需求。到了20世纪90年代，随着市场竞争的加剧，为了在拿到订单后尽快落实生产，往往需要在最短的时间内安排好生产计划，为此李生全经常要加班到深夜。“在90年代的时候，这种加班是家常便饭。”李生全说，“而且是义务性质的加班。”他从没有向单位申请过加班工资。为了节省时间和人工，李生全利用平时工作积累台账数据义务为同事编写各种计算机程序，有了这些数据，不仅大大提高了工作效率，还将误差率降低到最小程度。“生产计划员的工作是最枯燥的，每天面对的是数据，每天纠结的也是数据。不仅需要耐心，还需要高度的责任心。”

在从事生产计划员工作期间，李生全先后获得过青年文明岗、先进党员、十佳职

工、优秀团干部、新长征突击手等荣誉称号。“是金子总要发光的，党和组织没有忘记你在生产计划员岗位上24年来的兢兢业业、无私奉献。”李生全至今仍清晰地记得2007年党委书记张传武在他述职报告上对他的评价。虽然现在李生全已经离开了生产计划的工作岗位，但他没有忘记在这个岗位上的收获：“24年中，也有更好的岗位向我伸出过橄榄枝，甚至还有个别竞争单位通过猎头公司打过我的主意。但是我没有忘记母校教我的做人道理——人生的价值，不是能得到什么、索取什么，更重要的是付出和责任。平凡的工作岗位一样能实现人生的价值。”

如今的李生全，已经身为车间副主任，但还是保持着默默无闻、无私奉献的工作作风，每天穿梭在生产的第一线。他现在不仅是一个领导，而且是一个学习应用型的领导。“我现在正在探索‘现场管理星级评价’的实践，希望通过借鉴别人的优秀管理办法，来提高自身企业的管理水平。”24年生产计划员工作的经验教会他一个道理：有好的计划才能收获好的效率。为了使自己的团队发挥最佳的工作效能，李生全在考虑如何将厂里有限的生产要素进行科学合理的分配，如何消除生产过程中不产生附加价值的劳动和资源。他的这一想法听起来是在追求“尽善尽美”，但是一旦实现了，就能增强企业适应市场多元需求的应变能力，并获得更大的经济效益。

“母校教给我的知识我并没有都用上，但是母校教给我做人的道理却让我受益一生。那24年里，我虽然没有干出什么轰轰烈烈的大事，但是实现了自己的人生价值。”

（卿海龙）

李有富　做人为根，技术为本

李有富，仪表401班校友。1962年毕业后，任职于电机厂下属的高级尖端精密制造部门。1983年，担任上海先锋电机厂党委副书记；1991年10月，调至上海跃进电机厂担任党委书记。期间，兼任上海跃进电机厂副厂长及跃马工贸总公司总经理等职务。

同样的，在跌宕的人生中经历了那样一个艰苦的年代……

同样的，在上海电机学院优秀校友中有他这个名字在闪烁……

他，李有富，一位从电机仪表401班走出去的上海电机厂党委书记，一位兼有副厂长、总经理等职务的管理者，在成功的背后向我们讲述着他不平凡的人生。

进入电校，学会学习、学会做人

20世纪50年代初，在当时教育体制改革的大前提下，李有富根据社会的需要以及家庭条件，于1958年进入上海电机制造学校进行学习。在那个年代中专的录取率是十分低的，但李有富却能以高分考入上海电机制造学校学习仪表专业。在那个时候，中国正处于工业建设蓬勃发展、急需仪表专业人才之际，而仪表人才培养在国内还是个空白。上海电机制造学校开设的仪表专业在当时也还只是适应市场所设的一个新专业，至于前景如何，大家都不得而知。

四年的中专生活是十分艰苦的，在他的记忆里：吃的是大锅饭，你一口、我一口，大家在一起吃，都没意见；买物品需要各种票证，如买粮食的粮票、买布匹的布票等。票证的数量不仅有限，连什么时候发放也是政府规定的。就是在物资匮乏的一种艰苦条件下，李有富认真钻研专业知识，刻苦练就一技之长。也正是有了扎实的专业基础和过硬的动手能力，为他以后走上工作岗位上奠定了良好的基础。

那时的班级是没有班主任的，他们都是由年级辅导员统一带领。在李有富的记忆里，卞老师给他留下了深刻的印象。道德课本来是大家都感到枯燥的，但在卞老师的口中却变得十分生动、形象。他从卞老师的道德课上学到了为人处世的道理。课堂学习固然令人难忘，可课余生活又何尝不让人回首呢？在四年的中专生活中，课余时间对他来说是很奇妙、特别的。一有时间，李有富就和同学们一起去田里种菜，用收获的成果来补贴大家的伙食。当时，他的班长是个农村来的小伙，做事精干，对种菜的方式、方法十分熟悉。在班长的带领下，他们总是收获颇丰。

于学习中生活，于生活中快乐。中专的四年不仅给了他知识和技能，还教会了他为人处世之道。

初涉工作，苦钻专业技能

1962年李有富从上海电机制造学校顺利毕业。在毕业后不久，他去了电机厂下属的高级尖端精密制造部门工作。这个部门是负责制造当时高新技术和军工产品的。高新技术一词国外最早出现于20世纪70年代，它主要是指知识、技术和资金密集的新兴技术，例如信息技术、新能源与新材料技术、电子技术、生物技术等。而军工指的是军火工业，一个实力强大的产业部门，如核工业、航空、航天、电子、兵器、船舶等。军工产品是军队的利器，国家安全的保障。李有富工作的这个部门在电机厂有着举足轻重的作用，他所肩负的责任和使命是巨大而沉重的。

在高级尖端精密制造部门工作中，有一次他所在的小组接到了09核心产品的任务。所谓核心产品是指向顾客提供的产品的基本效用或利益，核心产品也就是顾客真正要购买的利益，即产品的使用价值。09核心产品对电机厂今后的发展来说有着重要的意义。他们小组深知此次任务的重大，他们精心制定制造工艺，严格落实，保证质量，使得该军工产品的质量更加稳定可靠，该产品也获得了奖项。在初涉工作的这段时间里，李有富看到了高新科技的蓬勃发展，在拓宽了自己视野的同时，他深深地感受到了自身的不足。为了让自己有一个飞跃的人生，也为了更好地提升自己的能力，于是他以插班生的身份考上了夜大，进入了业余无线电学院进行了为期2年半的学习。在学习期间，他刻苦钻研技术，在学中干、在干中学，努力在自己的岗位上做出了一定的成绩。

没有哪一位是没经过走就能跑的，工作也如此。我们只有在不断地学习中发现自己的不足，在不足中不断地寻求进步。

走上岗位，坚守工作职责

随着干部“四化”(即革命化、年轻化、知识化、专业化)工作的开展，李有富服从了上级领导的安排，离开自己的技术岗位，走上了管理岗位，开始了一名党务工作者的工作。1983年，李有富当上了上海先锋电机厂党委副书记。任职期间他勤抓党务，努力做好群众的思想工作，赢得了大家的信任。但他也不忘自己的老本行，当工人们一起钻研技术难题的时候，他也会和大家一起为攻克技术难关献计献策。

1991年10月，李有富调至上海跃进电机厂担任党委书记。期间，他还兼任上海跃进电机厂副厂长及跃马工贸总公司总经理等职务。

回顾他这工作的几十年，他本着站在技术最前端的思想，带领着电机厂一步一步走向前进。

后记：

在给李有富校友看采访稿初稿的时候，收到了他一封Emile的回信。信中，他用工整的写信格式、诚挚的言语与我分享他对文章的意见，在文章措词中他一再强调对他不要用成功之类的字眼。看完这封回信，我感触颇多，也正是李有富这种谦虚、诚恳的态度、朴实的作风才让他能在这社会中不断成长，取得成功。而他的这种精神也正是我们现代人所最缺乏的品质。

（殷　锋）

李林昌　曾经以校为家，如今以校为根

李林昌，工电418班校友。毕业后留校从事学生管理工作，直至“文革”期间学校解散。李林昌是校友会的发起人之一，现为上海电机学院校友会顾问。

李林昌，1959年在上海电机制造学校四年制中专毕业，后留校从事学生管理工作，直至“文革”期间学校解散。学校复校后虽没有再回到学校，但是他却作为校友会的发起人之一，积极倡导成立电校校友会。究竟是对母校怎样的情怀促使他这样做？他这样做的动力又是什么？带着这些疑问我们开始了对李林昌老师的采访之旅。

初见李林昌，一身轻便简装，这个已过知天命之年、儒雅睿智的校友，看上去50开外，跟实际年龄相差无几，利落干练又不失风度，谈话间的平易近人与随和让后辈顿感压力减轻了许多。

电校如家，教我做人

之所以和电校结缘，李林昌说20世纪50年代正是经济条件最为艰苦的时代，家庭贫寒对他来说别说求学，就连生活都相当困难。但是电校却给了他宝贵的求学机会，因为当时的电校不仅免学费而且还提供食宿，这样才得以让自己有学可上。那时的电校与今天相比少了几分五光十色，却多了几分单纯与热忱。李林昌说当时学校正在响应毛主席提出的“勤工俭学，半工半读”的办学方针，学校拥有自己的农场、工厂等生产基地，逐步建立起了教学、生产、科研三结合的新体制。谈起那段时光李林昌激动地说：“当时我们班级拥有自己的农场，学习之余我们的全部精力都用在了照顾农场的蔬菜上。现在的你们可能都不能想象，那时我们将发酵池中的粪便挑到农场，一勺一勺地施在每一株庄稼上，对农场的呵护就像对孩子一样……不瞒你说，我们种植的蔬菜比周围农民种的都好，当时除了满足学校食堂的需求之外，还有剩余，我们就拿到市场上去卖，用来支援学校发展和购买教学用具等。”说到这里李林昌拿给我们一本同学录，说：“这个同学录就是我们毕业前夕用卖菜剩余的钱购买的，当时每人一本，上面是全班同学的祝福和寄语。”翻着这个有些陈旧的同学录，看着密密麻麻的寄语，我的思绪仿佛也被带到了那个朴实的年代。李林昌感慨地说：“电校四年的学习和生活带给我最宝贵的就是它教会了我如何做一个踏实的人。”

四年的电校学习一晃而过，李林昌说当时他们都是20岁左右，正值世界观、人生观、价值观的形成时期，而母校淳朴的校风、踏实的学风在他们年轻的心灵中播下了感恩与付出的种子。于是毕业之际，李林昌像周围的其他同学一样抱着一颗回报党和国家的赤诚之心准备踏上工作岗位。他说：“母校给了我学习的机会，毕业是我回报的时候了，自己当时在工作分配志愿书上毫不犹豫地写下了祖国的需要就是我的第一志愿。”之后就是等待学校的分配。也许是在校期间的努力，也许是和母校的缘分，李林昌留校了，做起了学生管理工作。由于工作的需要，李林昌当时吃住都在学校，早上陪同自己所带的学生进行晨跑，晚上学生都归宿后还要做好各项安全检查，直到学生都休息了，自己才能回到学校宿舍休息。李林昌说当时他虽然比自己带的学生大不了几岁，但是对他们的感情就像兄弟之情。这种以校为家的日子一直持续到“文革”期间学校被宣布解散。

电校如根，赋我力量

“文革”以后学校复校，由于种种原因李林昌没有再回母校，但是他却作为校友会的发起人之一，积极倡导成立电校校友会。当问起成立校友会的动机时，李林昌说主要有三个原因：第一，发起成立校友会之时，国家正处于改革开放的大背景下，受到这种走出去思潮的影响，工作在不同战线和岗位的电校校友们不断加强联系和沟通，也组织过几次校友之间的活动，慢慢地参与的校友也越来越多。其次，当时电校刚刚复校，学校正处于发展的最艰难时刻，当时很多校友在工作岗位上已经很有成绩，就考虑联合起来回馈母校，也算尽一份对母校的感恩之情，用现在比较时尚的一句话那就是聚焦校友正能量，助推母校的发展。李林昌说：“电校圆了我们一个机电人的梦，让我们可以为国家做出更大的贡献，四年的电校生活铸就了我们的人生，是时候回报母校了。”最后，我们考虑到成立校友会这样一个平台，也有利于我们工作在不同岗位的校友们实现优势互补，促进每个人工作的成长和发展。但是校友会的成立工作并不像起初想象的那样简单。由于当时电校正忙于复校发展，学校正式宣布成立校友会就让他们等待了将近两年。但是在这两年期间他们成立校友会的步伐并没有停滞，每个发起人就像拧紧了发条的陀螺，飞快地旋转起来，全身心地投入到筹备工作中去。他们利用求学和工作期间的人脉关系，广结善缘，不断壮大自己的队伍。李林昌说：“当时他们召开各种碰头会，费用都是大家拼凑的。为了节约开支，很多会议地点都安排在家中。然而在那样的条件下，校友会的工作也是井然有序，按计划运作着。”

说到这里李林昌思考了一会，又补充到：“说起成立校友会的最主要的原因还是源于对母校的那份感恩。电校给我了读书的机会，又教育我如何做人，如果说读书时母校就像自己的家，那么现在母校就像自己的根，那是绿叶对根的回馈与思念。母校的发展每时每刻都牵动着我们校友的心。”一边说一边翻阅着读书时的那些老照片，李林昌说如今他也常常思念自己在电校的老师和同学们，难忘在电校度过的一个个艰苦而充实的日日夜夜，而听闻母校近年来取得的卓越办学成绩，了解到母校喜人的发展态势，自己也倍感欣慰和荣耀。

电校为荣，寄语学子

采访快要结束之时，我们告诉李林昌今年是母校 60 周年校庆，是不是有些心里话要寄语年轻的大学生。李林昌笑了笑，谦虚地说：“寄语谈不上，但是却有些生活和工作上的成长经历可以和大学生们一起分享。”

李林昌认为母校现在的定位是技术立校，应用为本，因此大学生们一定要努力成

长为能文能武的学生，既拥有丰富的理论知识，同时也具有较强的实践能力，用毛主席的观点来说就是：书本知识还不是自己的，要把书本知识和实践结合起来，这才是自己的。李林昌说现在的学校条件和之前相比那是天壤之别，但是正是在那样艰苦的条件下才养成了他们勤俭踏实的作风。因此现在的学生最需要的就是培养踏踏实实的做事态度，避免眼高手低，也就是要找准自身的坐标点，找准社会的需求点，两点一线，成就人生。再次，大学期间要把握各种锻炼和实践的机会，这些都将成为工作之后的宝贵财富。李林昌说自己当时之所以可以留校主要还得益于读书期间的学生干部经历等，使自己各方面的能力都得到了极大的提升。最后他认为大学生要有感恩意识，要懂得感恩父母，感恩母校，感恩社会，并将这种感恩意识付诸行动中。

李林昌从进入上海电机制造学校学习到留校工作，直至“文革”期间离开母校，已经过去了50多年了，但是谈话间却让人感觉李林昌从未离开过，因为他的心一直和母校连接在一起，他也一直在秉承着母校“自强不息，追求卓越”的精神，一步一个脚印，描绘着自己精彩的人生。“莫道桑榆晚微霞尚满天”，今年是母校60周年校庆，李林昌又积极投入到母校60周年的校庆工作中来。岁月悠悠，他的涓涓情意愈深绵。

（林敏芝　张爱芹）

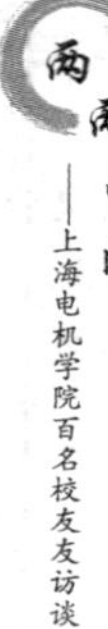

杨岳卿　创业，人生寻找更丰富的可能

杨岳卿：计算机应用专业9922班校友。2002年毕业后在柯达公司从事设备维护与维修工作。两年后，创办了自己的第一个摄影公司；半年后，杨岳卿应聘到日立公司从事市场/销售工作。又一个两年后，杨岳卿创办了人生的第二个摄影公司，随后加盟子星数码摄影机构。

当一个年轻人手里揣着自己所有的存款，热情地站在梦想的入口处，他一次次地问自己：你准备好了吗？那一次，他失败了，但他仍然是一个赢家。虽然没有赚到钱，但他赚到了经验，以及对创业本身更深的了解。当他再次踏上创业的征程，他将自己放在更为广阔的空间去定位。

记者：当初为什么会选择创业？

杨：我一直对企业经营比较感兴趣。从学校毕业后，我在柯达工作了两年。那时就特别关注企业运行方面的状况，也去攻读了工商管理专业的学位。我觉得一个人要想有所发展，就需要为自己的人生创造更多的可能性，不断地寻找更加适合自己的位置。

记者：当初你辞掉工作创办自己的公司，你父母能理解你吗？

杨：当时我父母并不知道。我没有在第一时间告诉他们。倒不是怕他们反对，也不是怕他们担心。我相信我爸妈了解他们的儿子，他们相信我的能力和承受力。我主要是想给他们一个惊喜，所以暂时瞒着他们。直到有一天我骑着自行车去给客户送相册，在路上碰到我爸爸，他才知道我早就辞职了。

记者：你有没有想过自己失败了怎么办？你不觉得自己需要他们的支持吗？

杨：我知道我拥有他们的信任，这已经足够了。我从来没想过用父母的钱去创业。至于失败，钱反正都是我自己的，失败了就当自己出国一趟花光了；工作嘛，以我的能力再找一个工作解决生存是没有问题的。所以，我从一开始就有接受任何结果的心理准备。

记者：第一次开摄影公司失败后，有没有想过放弃或者换个别的行业？

杨：我相信自己有能力将这个爱好延伸到商业运作的领域。如果说创业是一个游戏，那么我喜欢玩“摄影”这个游戏，而且乐此不疲，也喜欢与这个领域的朋友交流。第一次的失败并没有打击我的信心，反而更加坚定了我的想法，也让我更清醒地认识到自己缺乏什么。我知道我迟早会重新开始的。

记者：你怎么评价自己的第一次创业？

杨：虽然第一次经营自己的公司只维持了半年时间，但如果让我重新选择一次，我仍然会在那个我认为最适合的时机去开始我的创业。那段时间虽然没有赚到钱，但却

得到许多可贵的东西，有了最直接的管理经验，也抛开了一些过于理想化的设想。之后很长一段时间，我对自己的反思、调整都是在第一次创业的基础上进行的。

记者：你认为影响创业成败的主要因素有哪些？

杨：这个问题太大了，影响创业的因素太复杂了，稳定的现金流、必要的市场把握、默契的合作者、个人的心理承受能力，等等。每一个因素都蕴含了丰富的可能性。但是我觉得不论成败都能转化为财富，可以转化为积极的因素，关键的一点在于你的心理承受力，或者说是你的心智成熟程度。有许多人在遭遇失败后就一蹶不振，甚至怀疑一切既定的理论或规则，那样的话，损失的就不只是钱了。

记者：你觉得对于第一次创业的人来说，最为重要的是什么？

杨：一定要找到属于自己的行业。作为成功的创业者，也许以后会涉足多个行业，但是第一次创业一定是从自己最熟悉、最能驾驭的行业开始，一个能点燃你的热情、能让你幸福地投入的一个行业。从这一点来说，我觉得自己非常幸运。因为毕竟不是每个喜欢天天上网的人就能开个网络公司。

记者：能谈一下你目前的状况？

杨：应邀加盟子星是我第二次创业了。恰逢子星也处于企业的第二创业阶段，企业对承担社会责任的强调和对文化价值的追求极大地触动了我。处在影像产品的数码消费时代，子星以"影像文化的传播者"和"解决方案的提供者"为己任，力求探索一种新的商业模式，这给了我很大的启发。这一次，我把自己放在了更为广阔的空间去定位，也让我的个人奋斗历程增添了一份使命感。

编后

在创业伊始，杨岳卿的目光就已经脱开了单纯物质利益的桎梏，对自身有了清晰的定位和深刻的反思。这样的路，也许并不会一帆风顺，但一定会万里鹏程。我们期待着，祝福他能走得更远。

（原稿载于《上海电机学院报》2007 年第 21 期 7 版）

杨洪弟　回忆过去，展望未来

杨洪弟，仪表401班校友。在校期间，任该班班长、校学生会文艺部部长、学生会副主席。毕业后任职于上海电表厂，曾担任技术科科长、厂长；后创办了自己的企业。

他是杨洪弟，时隔50年，重返母校。遥想当年，恰同学少年，风华正茂；时光荏苒，岁月如梭，青春化作明朗的笑声浸透在如今沉淀的语句中。

50年前的青涩

那时他们很年轻，每个人都有着近乎狂妄的抱负，如堂吉诃德一般偏执，又那么纯粹的真诚。他们像一群披着铠甲的骑士，疯狂、自由，却能紧紧地把握住自己的内心。

50年前的中国还处于物质匮乏的年代，那个时候学校食堂的饭菜都比较单调，无法满足同学们的需求。面对这一状况，"自己动手，丰衣足食"这句话便涌上杨洪第的心头，于是他决定在学校种菜卖给食堂，自给自足。这个看似疯狂的想法却意外地得到了班级同学的支持。于是杨洪弟带领自己的兄弟姐妹们在学校种菜，藉着刚刚下过的小雨、土地比较松软好播种的时候大家开始分工合作种新的蔬菜，有人负责松土，有人负责运送菜苗，还有人负责在挖好的坑里放菜苗，最后有人负责埋土。毛主席说的"人多力量大，团结就是力量"真是没错，大片的空地在几个小时之后种上了整齐的小白菜。风吹着凉凉的，有点冷，可是看着刚种好的菜苗在风中整齐地摇曳着，一股自豪感便油然而生。

杨洪弟在大学时期担任学校文艺部部长和学生会副主席。他上任的第一件事就是建立校园广播站。当时资源有限，杨洪第便想出一个好主意：他一边组织人员进行宣传募捐活动，同学们听到学校要建广播站都积极募捐，一边去回收站"淘宝"，他竟在废品回收站里淘到了两个喇叭和一个话筒。回收站老板看他干劲十足、信心满满，就把喇叭和话筒送给了他。他找来机械专业的同学进行检查和翻修，用募捐来的钱又买了一个新喇叭和话筒。因为条件匮乏，广播站的所有设备都需要他亲力亲为，亲自爬上杆子装喇叭，还要定期清洁和维修。为了广播站的内容更加丰富多彩，他到处收集报纸，将新闻趣闻播出来给大家听，或把自己和同学看过的、听过的一些故事讲给大家听。他通过广播推荐了许多优秀的书籍，引领了当时学校一阵读书热。广播站的建立不仅优化了学校管理宣传阵地，拓展了宣传平台，同时更加丰富了同学们的课余生活。在学校的日子是那般的疯狂和自由，跟随自己的心做自己想做的事。

当年班主任卞文彪老师讲过的话仍萦绕在杨洪弟耳边，人生有两件事是永远不能忘记的：一是从小到大父母亲养育之恩；二是母校老师育才之恩。父母辛勤劳动将我们养育成人，母校老师给予了精神食粮，开启知识宝库任我们翱翔。知恩图报，饮水思源，我们都要有一颗感恩的心。

50年间的风雨

在告别了那段无拘无束的青涩校园生活后，尽管当时杨洪弟埋怨未赶上好时机，只能拿到专科院校的文凭，可他深谙成功要自己拼搏，如同成长要自己努力一样，为自己设定了高级工程师这一奋斗目标。他深深明白对于一个刚刚毕业、没有任何工作经验的大专生离这一目标的差距。那段时期，他如一艘船舶，行驶在茫茫的大海上，眼前虽是一片迷茫，然而信念如同一个灵敏度很高的指南针，促使着、指引着他不断学习。他走上电表厂的技术岗位，一干就是十几年，通过不懈的努力，最终评上了高级工程师的职称，同时成为电表厂技术科科长。

正所谓天将降大任于斯人也，必先苦其心志，劳其筋骨，上天再次向杨洪弟降临了磨难。当时，依靠传统技术制造的仪器仪表虽然可以暂时满足社会的需求，但是存在很大的缺陷，产品寿命短、不稳定、传统技术不能及时得到更新等。有的传统技术在国际上已经被淘汰了很多年，但是电表厂还在继续沿用，总有一天这种滞后性会给仪器仪表行业带来致命性的打击。杨洪弟深知要想让电表厂更好更快地发展，就要通过技术革新，研制并推广新型仪器来突破行业的瓶颈。

万事开头难，对于这个搞了20多年技术的人来说，要在研发领域有所作为，需要有卧薪尝胆的魄力，更要有宁静致远的脚踏实地。知识和能力的涉及面变宽了，杨洪弟只能自己看书自己学习；技术革新后还需接受市场的检验，一旦不成功将前功尽弃，甚至工厂倒闭、自己失业。虽然如此，他依旧保持着的从容，坚守内心的信念，默默地做着自己该做的事。他不断努力，克服重重困难，在他日日夜夜地学习、进进出出地奋斗中，技术革新成功，终于研制出新型的仪器设备，工厂走上了正轨且迅猛发展，各项业绩都比以前有了显著提升，同时也带动了国内仪器仪表产业的发展。此时，他当之无愧成为了电表厂厂长。

这段日子是艰苦的，但它塑造了杨洪弟，他更成熟，更自信了。经验及阅历的积累让他有了创办自己私营企业的打算。仿佛昨日的一切都清零，一切从头开始，这一次让他面临更大的挑战。作为一个创业者，都会碰到诸如资金、人力、市场等各方面的困境，而在企业逐步发展的过程中更有数不清的障碍与困难。有时只要有一个问题或一个环节没有解决好，就有可能满盘皆输，前功尽弃。然而，杨洪弟享受着商海中的风险与挑战，他认为，把握自己的内心，这才是人生的意义所在。

50年后的圆满

一路走来，他依旧是那个从电机走出来的骑士；时光荏苒，他依旧紧紧地把握着自己的内心。驰骋于人生的学海，热烈而执著，用自己的信念开创了一条属于自己的道路。

古今多少事，都付笑谈中。

一切看起来似乎都不太遥远，转眼间就是50年，即使如今已变得更加干练，杨洪弟还是心里面那个偏执的少年。

青山依旧在，几度夕阳红。

不经意间，杨洪弟走度过了50春秋，他一如既往地保留着不吸烟、不喝酒的习惯，每天都去公司上班。只是如今他嘴里更多提到的是他考上政法大学的孙女以及接替他私营企业工作的儿子。

卸下盔甲，咀嚼过人生百态后，更珍惜的是当下圆满的生活。

（陈菲尔）

杨　喆　从辅导员到总经理

杨喆，机械制造8001班校友。毕业后留校从事辅导员工作。1989年离开学校到中国农机公司华东分公司；2000年公司改制后从事汽车销售和维修；2004年转入工程承包领域。现名下注册有四家公司。

我们是在“上海电机学院2013届毕业生校友企业家专场春季招聘会”现场和杨喆相遇的。当时已经是中午12点，因为相邻几家招聘摊位上的人都已经去吃饭了，就剩下他们一家摊位前人头攒动，格外醒目。“同学们求职的热情很高，我们也不好意思把他们晾在这里。”他一边整理着同学们递交上来的求职简历，一边跟我们聊着。从这次简短的交流中，杨喆给我们勾勒出了他从毕业后留校时的辅导员，再到国企发展，再后来下海创业这么一段幸福的人生历程。

爱逃课的德育培训班学员

学生时代的杨喆一直是学校的优等生。由于各方面表现优秀，毕业后留校从事辅导员工作。1983年夏，因为国家对大中专院校学生德育工作的重视，杨喆被学校选派到北京接受德育培训。对于这一段时光，杨喆记忆犹新。就是在这个德育培训班上，他认识了原上海电机高等专科学校的夏建国老师。“夏老师应该是当时班上最认真的的学生，每节课他都是坐在最前排，笔记做得非常工整。”由于当时大中专生的德育工作在全国都还只处于探索阶段，培训课上并没有统一的教材。“德育课的内容枯燥、乏味，再加上没有教材。我就时不时地邀上几位臭味相投的同学逃课游北京。”没多久，杨喆就成了同学们当中的北京通。“后来，我还跟夏老师开玩笑说，您就负责做好培训课的笔记，我负责给您做免费导游。”这样，在北京培训的那段时间，每到周末，杨喆就会自告奋勇地领着同学们游北京。说到这里，杨喆自我批评道：自己当年太调皮了，沉不住气，真后悔没有像夏老师一样踏实地学习……

下海后的第一单生意来自校友

1989年离开学校以后，杨喆来到了原中国农机公司华东分公司。这个公司在当年的计划经济年代控制了整个华东地区市场上的农机产品。实行市场经济后，农机公司解散，杨喆承接下公司原有的汽车销售、维修业务，开始尝试经营汽车4S店。2004年后，他又转入工程承包领域。刚进入这个行业之时，杨喆一筹莫展，空有满腔的斗志和激情。这段时间的煎熬让他第一次领略到了“市场经济竞争的残酷”。但是，杨喆是一个有着坚定信念的人，他没有被一时的挫折击垮，他始终坚信，在市场竞争面前，机遇与风险同在。在杨喆不懈的努力下，终于拿下了第一单生意。“关键时刻，还是校友向我伸出了援助之手。我的第一单生意就来自卫平的公司”。（杨喆和卫平都是原上海机电工业学校同学，后者是中邦集团的创始人、董事长）。杨喆感慨道，“同学的情分是很深的，没有同学的帮助，我也不会这么顺利地走下来。所以，在得知母校要搞校友企业校园专场招聘会的的消息后，我立即组织力量前来参加，一方面为学校校友企业家协会的首场校园招聘会呐喊助阵，另一方面也是为母校的发展贡献自己的力量。”

读书拼智商，社会拼情商

无论是在学生时代、留校任教，还是在国企打拼、下海创业，杨喆给人留下的印象都是“头脑灵活，有想法”。对这一点，杨喆本人低调地认为自己只是适应能力比较强。“学校读书拼的是智商，社会打拼靠的是情商。”杨喆扬起手中厚厚的一沓求职书，语重心长地说，“现在很多同学在理论知识的学习和技能证书的考证方面都做得非常出色，求职信中会附有各种荣誉和证书。但是这些只能说明你在大学期间是优秀的，你的理论知识是 OK 的，并不意味着你能适应这个社会，也不代表你就能在社会上有所成就。”说到这里，杨喆不无感触：“我年轻的时候也是情商低了点，才走了弯路，浪费了很多光阴，失去了不少机遇。”杨喆认为，现在的大学生普遍存在一个问题，过于重视对证书和文凭的追求，忽视了对综合素质的培养。这一点在工科类毕业生身上尤为明显。“不过，今天来面试的这些同学在情商方面的表现还是比我想象的要好很多”。

最后，杨喆建议在校同学多参加学生社团活动，在活动中学会自我反省、自我控制，学会感恩、赞美和交流，通过这些活动的开展来锻炼接受挫折的能力，培养团队合作的意识，成长为生活的强者。

（卿海龙）

吴　尧　从电机学子到销售经理的两年

吴尧，英语专业0412班校友。在校时担任学生会主席。毕业后，就职于昂立集团担任市场专员；工作一年后，应聘到韬图动漫科技有限公司担任销售经理。

同学说他少年老成，像兄长一样关心爱护朋友；老师说他不怕吃苦、思想深刻，有领导力；吴尧自己说，他是一个固守学子之道，自强不息、追求卓越的人。

善于了解团队成员需要的学生会主席

谈起自己参加过的最难忘的团队，吴尧说是在上海电机学院担任主席的外语学院学生会。虽然当时学生会的每个成员都有着属于自己独一无二的人生目标，但在面对学生会工作时总是能将团队的需要放在首位，不计个人得失，全身心地投入到工作中。对吴尧来说，那是一段青春无悔的岁月。从2005年担任学生会主席到毕业，在学校社团工作定期考核中，学生会的成绩始终是A。学生会精诚团结的工作氛围，一方面靠同学们的工作激情；另一方面也是因为吴尧善于了解成员的需要，把团队成员当成家人来关心、爱护。有的团队成员比较重视荣誉，吴尧就鼓励他参加系里的评优；有的团队成员家庭比较困难，吴尧就尽力帮助他联系申请各类奖学金、助学金。久而久之，吴尧领导的团队成员亲如一家，干起活来也有使不完的劲。

努力分析岗位需求的“面试达人”

2007级商务英语专业毕业后，吴尧报名参加了大学生“三支一扶”选拔，可惜的是没有被录取。当时已经6月份了，他的工作还没有着落，看着许多同学都走上了工作岗位，他急坏了。无法得到心仪的工作，那就先以糊口为目标吧。他到处搜罗招聘信息，有合适自己的就投简历，争取一切面试机会。面试前，他通过互联网等渠道了解企业的产品、运营情况，分析企业的用人需求和自己能力的交叉点；面试后，他又对面试问题进行分类，思考自己的不足，为下次的尝试做准备。他总结出面试官关注的四个方面问题：岗位需求是什么，自身的优势是什么，自己的不足是什么，如何做好岗位工作。针对这些问题，吴尧每次面试前都做大量的准备工作，分析行业、分析岗位、分析自己，很快他就得到了十多家单位通知上班的信息。在这些单位中，昂立集团引起了吴尧的注意。他在大二时就曾受到昂立赞助，组织了大学生英语节，还负责过昂立培训的市场推广和拓展，熟悉的环境和行业吸引吴尧最终成为昂立的一员。

在理想和现实中痛苦挣扎的“职场新人”

在昂立，吴尧担任市场专员，主要负责昂立培训在高校的市场推广。试用期他的工资是每月600元，可房租每月要交670元。面对生存危机，吴尧能做的只有节省开支、拼命工作。他每天早晨六点半起床，晚上十一二点回家，连续六周没有休息过一天，终于熬过了试用期。吴尧说，他当时对这份工作很厌恶、很反感，毕竟自己在学校既是党员又是学生会主席，这份每天到处跑腿的工作并不是自己真正想要的，但又想到当时一起实习的上海师范大学的本科生试用期都没有合格，自己还是应该珍惜岗位、主动担负起工作职责。于是，他暂且把理想不能实现的痛苦放在一边，用心思考能为企业创造哪些效益，主动从身边的小事一点一滴地做起，不断挖掘培训市场。工作期间，他与上海97所高校的团委、学生处建立联系，为各学校学生会举办的外语节等活动提供赞助，拓宽了昂立的高校市场份额。吴尧的吃苦耐劳、不计得失引起了昂立市场总监的注意，他们成了忘年交，常常讨论工作中的困惑和难题。

由于一开始就没有把教育行业当作自己未来的职业道路，工作一年后，吴尧拒绝了昂立提拔自己为分校校长的机会，应聘到韬图动漫科技有限公司担任销售经理。在韬图，他不断从同事、客户身上学习工作和人际交往的艺术，拓宽了行业视野，了解了商业规则，增加了营销工作的经验。2008年底，吴尧又一次跳槽担任中国政法大学考试学院上海培训基地的市场部经理。跳出培训业又回到培训业，吴尧说他成熟了许多，生活中、工作中的事常常不能尽如人意，他能做的就是脚踏实地认真做好当前最重要的事情，不害怕面对人生的挫折和挑战。

自强不息、追求卓越的“学子”

人生是一个不断体验和自省的过程，每个人都从自己的生活经历中寻求解决人生困境的办法。当我讶异于吴尧的人情练达和他面对困境时的从容不迫时，吴尧说这都源于他的成长经历。吴尧儿时的邻居是武汉大学的谢韫婷教授，谢老师空闲时就教邻居小朋友读《三字经》、《论语》等古典启蒙作品，这不仅为吴尧打下了很好的古文基础，也为他开启了一扇了解中国古代圣贤智慧的大门，培养了他的人文精神。初中毕业后，吴尧的父母将他送入著名的黄岗中学分校就读，希望吴尧和那里贫困但斗志昂扬的同学们一起考上名牌大学。在那里，吴尧头一次住十个人一间的大宿舍，见到了一个月只有几十元饭钱的同学。语言不通、生活条件艰苦、学校管理严格让处于叛逆期的吴尧感觉像是坐牢。他下决心偏不当父母和老师眼里的优秀生，常常孤独地思考自己的人生价值，并从诸子百家的书中寻找答案。一晃三年就过去了，当别的同学都收到了名牌大学的录取通知书时，吴尧只上了专科。他说，这是他受到的最深刻的教训，空想、对未来的不负责任、对现实环境的逃避让他差点输掉了自己的前程。痛定思痛，上了大学的吴尧有了强烈的责任感，他学着不再惧怕心灵的痛苦，而是抛弃痛苦去不断学习、不断进步；他学着不再天马行空地幻想，而是脚踏实地地做好每件事；面对困难，他也会失落但不会绝望。就这样，诸子百家文章里学到的智慧融入了吴尧的实际行动，无论在大学里还是社会上，吴尧都成为了同龄人中的佼佼者。

谈起未来，吴尧兴致勃勃地讲述自己的学习和职业生涯计划。生活需要的就是吴尧这样充满勇气的态度和脚踏实地的行动力，这是我们许多人知道但却缺乏的。

（原稿载于《上海电机学院报》2009年第13期7版）

吴杏仙　勇敢跟随内心的声音

吴杏仙，工电8063班校友。现任闵行房地（集团）有限公司副总经理，我校第四届、第五届、第六届校友会理事会成员。

有的人仿佛天生就具有一种亲和力，和她在一起的人会不知不觉地被带动、被感染，会不知不觉地放松、快乐起来。闵行房地（集团）有限公司副总经理吴杏仙就是这样的一个人。她对待我，不像是接受采访，更像是对待一位久未谋面的朋友，自然地聊着她的经历与感悟。

学以致用，力学笃行

早在上海电机学院读书时，吴杏仙就是班里的团支部书记，经常组织同学们参加各种实践活动，积累了丰富的工作经验。临近毕业时，老师们希望她能留在学校工作，但是她认为既然学习了机电专业，就该学以致用，投身到专业技术方面的工作中去，因此婉言谢绝了老师的推荐。后来，因为实际工作的需要，她服从组织分配，成为上海重型机器厂的一名团委干事。没有从事梦寐以求的专业工作让她多少有些失落，但工作的忙碌很快转移了她的注意力。在新的岗位工作一段时间后，她发觉在学校里学习的知识不够用了，于是想到了考大学。按照当时的政策规定，中专毕业生必须工作满两年才能参加高考。因为对自己的自学能力有充分的信心，同时也为了能够尽早学习大学课程，她选择了高等教育自学考试，报考上海交通大学的企业管理专业。我问她，既然那么热爱自己的专业，怎么又改行学习企业管理呢？她笑着说，团委工作虽然看上去和企业管理不沾边，但是如果不懂企业管理，就不能深层次领会企业的管理战略和管理模式，就没有全局观念和前瞻性，因此团的工作也是做不好的，学习就是为了对实践有所帮助，既然已经工作了，就要补充工作中需要的知识。学以致用、力学笃行已成为一种信念和追求，贯穿于她的职业生涯之中。

勇敢跟随内心的声音

短短两个小时的采访过程中，吴杏仙说到最多的一个词就是“带劲”。无论被安排在什么岗位上，她都爱岗敬业、不计名利、努力学习业务知识，但在同时，她也深深了解自己的内心需求并能勇敢地去争取。

1990年，吴杏仙从上海重型机器厂调入闵行区房产管理局团委工作。20世纪90年代是一个管理技术化的时代，吴杏仙深知只有不断学习专业知识，才能满足新时代管理岗位工作的需求。于是她白天忙工作，晚上到华东师范大学房地产管理学院学习房地产管理专业知识。1994年底，在经历了区县合并和机构改革重组近两年后，吴杏

仙又主动放弃机关单位舒适的工作环境，申请去基层挂职锻炼。此时恰逢区委要求闵行区房产管理局派遣青年干部下乡扶贫帮困，于是她就前往鲁汇镇最贫困的汇南村进行为时一年的扶贫帮困工作。在这一年里，作为扶贫工作组里唯一的女性，她担负起了村镇与闵行区各相关部门联络人的角色，帮助村办企业筹集发展资金、拓展销售途径，设身处地地协助村领导解决村民们遇到的各种困难。为此常常加班加点、牺牲周末休息时间，可她仍然干劲十足、无怨无悔。1999 年，已经是闵行房地集团办公室主任的吴杏仙接到了闵行区委组织部后备干部脱产培训的通知。局里领导考虑到关键岗位工作忙，同时就提升职务而言，她的学历和知识已经足够了，所以建议她不要选择脱产学习，许多人也劝她说脱产学习的机会成本太高。可吴杏仙更在乎的是学习的机会和这段人生的经历，因此从 1999 年到 2001 年，她先在区委组织部在华东理工大学举办的培训班里脱产学习行政管理专业两年，后又通过选拔考试参加了市委组织部举办的上海市管理干部第七期高级培训班，并到美国杜兰大学进行了为期半年的访问学习。2002 年初，刚刚结束学习的吴杏仙回到单位面对的就是集团公司的政企分开和改制。当时，国有企业负担重、经营风险很大，没有人愿意放弃公务员的身份到企业去。可吴杏仙主动要求到企业中去，并签署了一份自愿放弃公务员身份的证明。在整个职业生涯中，吴杏仙做了许多常人难以理解的选择，而她的每一次选择，都是为了能有更多机会干些实事。学习、实践、再学习、再实践，在这个循环上升的过程中，吴杏仙勇敢听从自己内心的声音，完成了职业角色的一次又一次转变。

春风风人　夏雨雨人

结束学习回国后，吴杏仙先后担任闵行房地（集团）有限公司总经理助理和副总经理职务。她接到的第一个任务就是负责闵行房地集团莘海实业总公司及其下属七个子公司的改制、破产和重组工作。这是一项繁重而又艰难的任务。莘海公司是当时集团 20 个成员单位中最困难的一个公司，由于历史遗留问题，尤其是它的一个子公司发生重大经济纠纷造成近三百人去市政府上访后，连带其他几个公司也停止经营好几年了。由于经济效益不好，单位职工对产权制度改革也没有积极性，有些企业甚至连资产评估所都无法进场。但吴杏仙硬是通过三年多的时间完成了这 7 个子公司 11 个法人单位的改制、清算、破产和重组。谈起当时的工作，吴杏仙感到的是一种成就感。她说，只要能设身处地地为当事人着想，理解他们的困难，用自己的专业知识帮助他们解决问题，就能化解矛盾，难题也就不难了。目前，她分管销售、招商和一些遗留问题的处理工作，每签完一份商业合同、每处理完一个遗留问题，她都会感到是自己价值的一种体现。

也许在许多人眼中，吴杏仙是一位女强人，但在她自己心中，她最重要的角色还是一位好妻子、好母亲。家庭、事业冲突是许多事业成功者面临的难题，但吴杏仙却没有这方面的顾虑。多年来，她和丈夫相亲相爱、携手互助，克服了生活中的一个个困难，拥有了成功的事业，还培养了优秀的儿子。提起丈夫和孩子，她的笑容里洋溢着幸福。

我能感到，正是她爽朗的性格、善良的品性、亲和的态度和不断学习的动力，促使她在追求事业的同时拥有了一个和美的家庭。

（原稿载于《上海电机学院报》2009 年第 16 期 5 版）

吴　越　不走寻常路，创业别样天

吴越，工电9718班校友。现任上海吴越收藏品有限公司董事长。

如果你是一个对钱币略懂一二的人，你一定会知晓吴越币社吧。吴越币社是上海吴越收藏品有限公司的直营店。自成立以来，规模逐步扩张，上海已经有两家店，在北京、广州也各有一家，同时在全国还有四五家合作经营店。目前吴越币社不仅仅是高端珍贵钱币和字画的经营商，还兼营中国现代金银币，开发销售商务礼品。该公司打破了古玩行业传统的夫妻老婆店的经营模式，建立了现代化的流水作业生产线，从收货、分类到销售，吴越币社秉承“精益求精、信誉至上”的理念，已在钱币行业成为一个集团化的知名收藏品公司，还与美国、欧洲等国家的钱币专家建立了密切合作关系。

但是提起吴越币社的创始人，你可能认为他出身于某个收藏世家，不曾想到他竟然是电气专业毕业的工科男——吴越。吴越出生于上海一个普通家庭，1997年进入上海电机技术高等专科学校电气工程系就读，2000年毕业后，他一头扎进了钱币行业，摸爬滚打12年。在这条不同寻常的创业道路上亦苦亦乐，亦惊险亦刺激，下面让我们走近他，了解他，品味他……

敢为人先，兴趣向导，坚定走创业之路

从小家境一般的吴越，在认真读书的同时就一直思考着如何使自己家将来的经济条件好转起来，因此，吴越比同龄人更多了一份经济头脑。初一时，爱好集邮的吴越得知一个要好的同学要出售一套珍贵的邮票，又不知去哪家店能拿个好价钱，细心的他坐着公交车走访了好几家店，经过对比和深入了解，最终带同学选择了太原路上的一家店，为此老板非常感激，特地给他了一笔介绍费。这不仅让家境一般的吴越尝到了赚钱的甜头，更让他对钱币行业保持了一丝比常人更可贵的关注与敏锐。

1998年的某一天，吴越依旧像往常一样在图书馆的阅览室翻阅报纸，突然一个标题从他眼角滑过，“旧版人民币可以买卖，这种活动并不违法”，吴越顿时感觉浑身上下有种难以抑制的兴奋，他用随身携带的笔记本记录了相关信息。“由于我是个集邮爱好者，我对这种类似的信息相当感冒。”吴越脸上展露出一种兴奋的笑容。吴越通过报纸上的这条新闻，了解到从事钱币买卖的人寥寥无几。“我当时就觉得这个行业蕴含着一个绝佳的商机。”但是吴越想到自己还是一个读书的学生，手头也没有资金，只好密切关注这一行业的发展动态。

转眼间迎来了毕业季，同班同学都陆陆续续的进入电气行业的公司做技术骨干，吴越也收到了某公司的聘用通知，“但是在去与不去的选择中，我犹豫了，我辗转反侧地在床上苦思冥想这样一个问题：我的优势是什么？我最适合做什么职业？”第二天一

早，望着天边冉冉升起的旭日，他毅然作出了自己的决定——做自己喜欢的钱币生意。他相信，"天高任鸟飞，海阔凭鱼跃"，有朝一日，自己会有属于自己的一片天地。

昔日地摊哥　今朝领头雁

"大学毕业生谁愿意摆地摊，但是我还是走了这一步，因为鉴于当时的实际，我只能在此迈步。"这不仅是个勇气的问题，更是一个吃苦耐劳的过程。为了了解当时行业内情、结识一些古玩爱好者，吴越吃了别人吃不了的苦，受了别人受不了的累。为了将10元每天的地摊收费节约到可以承受的地步，"我特意找了一个同行，愿意跟我将地摊收费平摊，每人一天5块钱。"当时按照租用要求，地摊使用时间是早上6点到晚上12点，吴越每天早出晚归，做起了收购和买卖古董钱币的小生意，这一做就是整整四个月。

摆地摊，让吴越更直接接触和了解了古董钱币这一行，也使他尝到了其中的艰辛，但毕竟摆地摊这种经营方式涉及面窄，了解的商机有限。当时正值互联网方兴未艾，吴越在思考是否能"好风凭借力"，让网络扩大自己的经营范围和知名度呢？于是，吴越将自己的想法告诉了父母，希望能得到父母的支持。"我爸妈当时说他们毕生的积蓄就只有10万元，而且这笔钱是留给我结婚用的，在我承诺结婚费用自己解决后，他们还是给了信任我的一次机会。"就这样，吴越拿着父母毕生的心血，在百度申请了一个搜索引擎，然后用相机和扫描仪将手头收购的旧币古玩传到网上，不久就引来台湾、香港等地客户的咨询和洽谈。这一下扩大了他的知名度，在他赚得第一桶金的同时，也为他带来了源源不断的生意。就这样经过几年的打拼，吴越币社已经初具规模，步入良性发展轨道。

2007年，随时关注时事新闻的吴越注意到报纸新闻连篇累牍地在报道美国和欧洲的次贷危机，"山雨欲来风满楼"，他敏锐地察觉到中国经济必定受到全球次贷危机的影响。"盛世玩古董，乱世炒黄金"这已是古董行业的定律。于是，他果断地抛售公司资产，到2008年6月，他总共抛售了公司80%的资产。正如所料，2008年金融危机全面爆发，收藏品的价值缩水了70%。然而，吴越并没有被暂时的危机打垮，而是学会了韬光养晦，"那个时期，我在积极为自己充电，阅读关于公司经营方面的书籍；同时，利用这段时间遍访各地钱币经营店。"危险中往往也孕育着机遇。吴越果断出手，不断买入钱币字画。这期间他花200万买入的知名画家的字画，于2011年在北京以800万的高价拍卖。"审时度势，把握商机，踩准脚步"，是吴越事业腾飞的关键。

创业更要守业　守业需要创新

俗话说创业难守业更难，如果说创业需要激情，那么守业需要创新。要成就事业，就必须从做好眼前的事情，从做好每一件小事，做好现在的本行业，带好现在的团队。"我已经决定在这个行业打拼，并作为我的事业，我没有考虑过转行，要知道转行是要缴学费的。"吴越通过市场调研与积累人脉，决定使他的公司成为高端礼品的制造商。所谓高端礼品就是将某几件看似无关的东西找到潜在的共性，挖掘其内部的价值。

作为一个商人，吴越始终将信誉放在首要位置，他向客户承诺公司产品假一赔十、

卖出的商品十五天包退等。另外他决定将收藏品也要做流水，每件商品明码标价，在钱币行业实行集团化作业的经营方式。

在外人看来，钱币行业钱来得多，来得快，但是吴越还是将公司的毛利润控制在较低的范围，这样才适应竞争，才能拓展市场份额。如果把金钱置于第一位，你可能一直处于贫穷之中；如果把事业置于第一位，你可能就会走上致富之路，因为任何一个行业，只要你能做得最好，就一定能赚钱。

寄语渴望创业的学子们

如今的吴越，正当壮年，有着成功而忙碌的事业。回首自己的创业之路，他说“准确地认识自己，审时度势，敢作敢为，吃苦耐劳，广交朋友”是他创业成功的关键。对于自己的将来，他会一如既往地坚守自己当初选择的道路。对于有志于创业的在校大学生，吴越校友寄语电机学院的学子们：

第一，要具备“独到的眼光”，敢为人先，掌握趋势。信息时代掌握信息资讯非常重要，但是掌握未来的趋势才是最重要的。如今大学生面对就业压力大的严峻现实，也激励着大学生应该努力创造，虽然不是每个人都要自主创业，但每个人都应该加强实践，时时处处提高自己的能力。

第二，选择适当的行业创业。从事竞争对手少的行业，竞争对手越少越好。因为孙子兵法谈到，兵法最高的战略也即是企业最高的境界，就是不战而胜。

第三，诚信至上。诚信是人际交往的名片；诚信是立足市场的基石；诚信是无形资产；诚信是无言口碑；诚信是无声广告。对于每一个励志创业的人，都应时刻铭记诚信是职业道德的底线。

（冯雯雯）

何士林　十磨九难真君子

何士林，工电 7960 班校友。毕业后进入上海电机厂，曾担任设备处副处长、能源动力处处长。2001 年起担任上海汽轮发电机有限公司党委书记、副总裁。2004 年任上海电气电站集团党委副书记，2010 年任上海锅炉厂有限公司党委书记。

20 世纪 70 年代末，有这样一群来自乡村的年轻人，他们在初中毕业后，凭借着优异的成绩从许多同学中脱颖而出，信心满满地走进了上海电机学院的前身——上海电机制造学校，开始了自己人生的新旅程。

何士林，便是当时众多年轻学子中的一位。当年的优秀学生，如今已成长为上海锅炉厂有限公司的党委书记。带着强烈了好奇心，我倾听了这位资深学长讲述的那个时代、那个时代里的学长们和他们在学业，就业、事业发展上所经历的故事。

从农村走向城市

放弃考高中的机会选择考中专，在我们这个时代的中学生是无法想象的。可在 1979 年，也就是上海电机制造学校复校第二年，这是农村学生们减轻家庭负担、走进城市的"捷径"。只有班里最优秀的学生，才考得上中专。当收到录取通知书时，内心的激动和憧憬是无以言表的。何士林如是说。

那年，学校刚复校不久，校舍破旧，学习和生活条件仍旧十分艰苦。当时的一辆自行车，是地地道道的奢侈品。对学生来说，最直接便捷的交通工具，就是自己的双腿。

何士林每次回家，都需要步行 4 小时，一趟来回是 8 个小时。可在当时，花这么长时间步行回家，是自然而然的事情，他并不觉得苦。每次回到家，就忙着干农活，挣工分，为家里出自己的一份力。虽然路程遥远，但是，他的每一步都坚定而有力，从家步行到学校的每一个足迹，都记录下了走向城市这沿途中所经历的一路风雨；每一步脚印，都为他们日后在城市中的发展，奠定了扎实的基础！

虽然校舍破旧，学习条件艰苦，在学校的时光仍然美好而难忘。任教老师的敬业尽责、同乡之间的亲切感、课余团队生活的丰富，让他四年的学习生活虽苦亦甜。四年中专毕业后的统一分配，何士林开始了城市的职业发展。

时刻准备着

"成功不仅仅取决于自己的努力，还需要机会。但如果不努力，没有时刻准备好，当机会来临的时候，自己也无法把握。"何士林学长说，要为自己的未来准备着蓄势待发的力量。这也是我从何学长身上学到的最宝贵的经验。

1983 年，何士林完成了四年专科学习后，被分配到上海电机厂四车间(剪冲车间)做车间技术员，他的职业生涯也就此开始。他热爱电气自动化这个专业。走上工作岗位后，他最大的志向是成为工程师。向着这个目标，他在工作中勤奋努力、刻苦钻研，一干便是 12 年。基层的工作岗位是枯燥的。而在这 12 年里，他抛弃了偶尔的苦闷，将工作之余的时间投入学习，为自己充电。1984 年，何士林报考了上海交通大学自学考，边工作，边自学读书。在当时，要完成所有自学考试的科目并非易事，往往会因为一两门课卡壳不过而功亏一篑。经过坚持不懈的努力，他在 1988 年完成了交大自考本科的所有课程，并顺利通过了考试。

在随后的几年里，何士林一直在剪冲车间的各个岗位工作。他刻苦钻研相关的技术，积累工作中的经验，默默无闻地坚持了十几年。机会总是青睐有准备的人。1994 年，工厂从德国引进大量流水线设备，何士林在数控设备维修调试试验上获得成功，脱颖而出。通过实战，他向周围的人证明了自己的技术和实力。十年窗下无人问，虽乏味，却让他做好了扎实的准备，使他能够抓住机遇。1995 年，他被调至设备处任副处长，结束了在车间 12 年的沉淀。

十磨九难真君子

在 1995 年之后，何士林职业生涯阶梯式地稳步发展：1997 年，被任命为能源动力处处长；2001 年，调至汽轮发电机有限公司任命党委书记副总裁……

在这之后 15 年中，何士林在事业上的发展是稳健而迅速的。因为有了前 12 年在车间的忍耐、沉淀和积累，夯实了基础，才奠定了后 15 年中发展的稳健。若在今时，有多少高校生可以在厂里车间小技术员岗位上默默无闻地坚持 12 年？为了见到柳暗花明，有多少人愿埋首在山重水复中历练呢？

在交流中，何士林一句谨言让我铭心：十磨九难真君子，不磨不难不成人。80、90 后的我们此时或许很难勾勒出文革复校后第一届学生在简单的校舍中学习的场景，很难想象从奉贤、南汇甚至更远地方步行四五个小时到学校上学的画面……但是我们却能体会到当时的他们每一步走来的不易。视苦若甜，为自己的理想坚持和奋斗着；而他们在毕业走上工作岗位后的发展，更是在心理、体力、心态，脑力等全方位的磨砺。天要成人，先磨人。

后记：

有的时候，我们只看到了一个人的功成名就时的光鲜，忽略了功名背后那段风霜雪雨。我们常常只看到华丽的外表，却不知太容易得到的华丽，只是过眼云烟的浮华。终有一天，我们也将踏上工作岗位，开始职业生涯发展，我们能否抵抗住一切浮华的假象了，脚踏实地地踏出人生的每一个厚实的脚印？不经一番寒彻骨，难得梅花扑鼻香，只要努力，只要奋斗，一定会有收获。

（吴　朦）

（原稿载于《上海电机学院报》2011 年第 10 期 5 版）

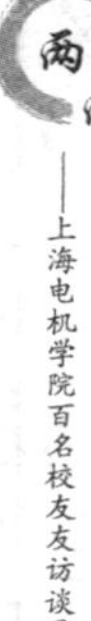

何志明　铸造金钥匙，为更多人开启成功梦想

何志明：工电7855班校友。1984年，考入上海工业大学，完成本科和研究生学业，获得工学硕士学位。研究生毕业后，进入上海市人民政府对外经济贸易委员会。1994年，放弃机关工作，走上创业者的道路，创办的新航星集团已经形成了高技术产业制造和研发基地、信息传媒广告业、弱电工程总承包产业、商业步行街等房地产投资开发等四大业务板块，并与大润发等购物中心紧密合作，集团年营业额约10亿元。

题记：他出身贫苦，童年常常吃不饱饭，却在艰苦的环境中养成了坚忍不拔、刻苦好学的品质，走出了一条创业者之路；他是企业家也是思想者，不断将"思考、学习、创新和激情"这一成功的秘诀传授给青年员工；他关心社会公益事业，正在铸造开启更多人成功梦想的金钥匙。他就是我校82届校友、上海新航星投资集团董事长、市政协经济委员会特聘成员、上海市企业家协会副会长何志明。

自强不息的电机学子

30多年前的1978年，15岁的何志明和来自上海郊县的许多苦孩子一起，初中毕业以高于市重点高中录取分数的优异成绩考入上海电机制造学校，开始了中专求学生涯。何志明回忆道："当时，我们这批学生凭借着一股学习热情，硬是在点油灯、睡地铺的艰难环境中撑了下来，母校复校时的艰苦环境和奋斗精神锻炼了我，严雪怡校长等一批老教师求实严谨、孜孜不倦的精神感染了我，使我终身受益。"

中专期间的何志明有着强烈的求知欲，无论碰到什么问题总要将理论搞清楚，除了学习工电专业，他还自学了大学阶段的数学分析、高等物理、电路理论等课程，还包括许多研究生的课程和经典科学专著。1982年中专毕业时就想直接报考研究生，限于当时的政策未能如愿，当时报考大学本科也要中专毕业2年后才允许。1984年，何志明靠自己出色的自学能力考入了上海工业大学（上海大学前身），完成了本科和研究生学业，获得了工学硕士学位。在大学里，他不仅学习成绩优秀，凭借着在中专时自学打下的功底跳级。作为学生领袖，还参与创办学生党校，于1987年与时任常务副校长的徐匡迪教授（后任上海市市长、中国工程院院长、全国政协副主席）共同当选为闸北区第九届人民代表，成为当时该校唯一的一名学生代表。

研究生毕业后，何志明进入了上海市人民政府对外经济贸易委员会机关工作。可他并不满足于坐办公室的悠闲，在对奉贤、金山、闸北等区县进行实地调查后，他发现，在改革开放的大时代背景下，我们的国家并不缺少一般性的干部，更需要的是实实在在干实事的企业家。做一位能创立和发展企业的人，成为这个阶段何志明的人生

目标。

1994 年初，何志明说服了父母和妻子，放弃了许多人羡慕的市级机关工作，毅然走上了创业者的道路。现如今，他创办的新航星集团已经形成了高技术产业制造和研发基地、信息传媒广告业、弱电工程总承包产业、商业步行街等房地产投资开发等四大业务板块，并与大润发等购物中心紧密合作，集团年营业额约 10 亿元。

是企业家也是思想者

对于如何做好、做大企业，何志明的认识是独特而清醒的。他说："企业家也应该是思想家，是成功学的导师，要引导员工取得成功。"

在何志明看来，成功的秘密其实很简单，就是思考、学习、创新和激情。人要有思考的欲望，才有学习的动力；只有通过学习，才会深受启迪、融会贯通，才能去不断创新而不是简单地去照搬；而有了这些，最后要落实到行动上，还需要有一股激情。因此，他常常用日常生活中发现的大量生动案例向员工讲演，鼓励员工不要以为自己学历不高或者从事平凡的工作就注定一事无成，只要持之以恒就能取得成功。在他的带动下，企业员工具有高度的认同感，大家心往一处想，劲往一处使，共同为企业发展贡献力量。

何志明时刻关注着大学生的成长。对于教育，他有着自己独到的见解。他认为，思维方式和方法论最为重要，特别是控制论作为一门研究事物与事物之间、人与事物之间、人机之间关系的学科，是思维科学的集成理论，应该成为自然科学、工程技术科学、社会科学的一般理论和必修课。作为上海东方大讲坛的特邀专家，他在应邀对我校作《用简单、直接、边缘的思维方式进行创造》、《成才与择业——兼论电学世界的精妙和思维方式的重要》的主题讲演中，以自己的亲身感悟与电机学子们分享对数学、物理、电学、控制理论的独创见解，通过阐释科学技术的真善美和学科结构的内在美来启发学生对科学技术的热爱。针对目前各法律专业比较忽略数学从而影响学生对科技知识掌握、运用等的实际情况，何志明还提出编写《法务活动常用数学概论》的建议，并表示愿意资助和参与这本教材的编写。何志明说："我最大的梦想就是发展出一套独立的思维理论，并用大量的科技发展史和思想史来佐证它。"

2009 年 10 月 6 日下午，在我校举行的严雪怡教育思想研讨会上，何志明在讲演中提到了要想方设法激发、引导学生建立无穷的求知、求学、求思、求问、求干的兴趣，做到教、学、问、论、辩、析、践、育的有机结合；要变线性、一维的教学为非线性、多维，甚至有突变的教学；变"连续剧"式的教学为有震撼力的组合式的"大片"式教学；大学应该是大师之学、大气之学、大量之学；提出了极限场景导趣法、头脑轰炸逼进法、学海无涯浸泡法等耳目一新的教育观点，引起与会者的广泛关注和赞同。

铸造开启更多人成功梦想的金钥匙

何志明始终强调做事先做人，要做一位好人，做一位富有同情心和责任心、能吃苦耐劳、有创新、有作为、不断奋斗的人。当被问及对于财富的看法，何志明很坦诚地说："去实现自己的梦想是我创业的最大原动力，金钱只是梦想的一部分，我要把它铸成一把钥匙，去开启更多人成功的梦想。”他是这么说，也是这么做的。

20世纪90年代末，国家提出西部大开发号召，云南作为上海对口合作的兄弟省，引起了何志明极大的关注。经过几次反反复复地思考，2000年，新航星集团与昆明供电局共同投资3000万元，成立了昆明华奥航星电气有限公司，该公司是云南省首批高新技术企业，2001年获滇沪合作十佳企业称号并名列榜首，何志明也被评为昆明国家高新区优秀企业家。2002年5月，经国家人事部批准，昆明华奥航星电气公司设立了自动化学科的博士后科研工作站，吸引了更多高科技人才到云南工作。

何志明注重社会公益事业。他重视新农村建设，一次性设立新农村基金300万元，全面资助家乡奉贤区青村镇陶宅王家村的建设。如今奉贤区首个村史陈列室、村级档案室即将对外开放。他关心福利事业，资助困难病重家庭，向慈善基金会、宋庆龄基金会、中国福利会及奉贤区癌症康复协会、奉贤区老人福利院等捐款；他热心帮助他人，资助和支持同学、同事的创业；他积极资助母校上海电机学院、上海大学，坚持多年以实际行动支持我校的发展。据统计，历年来他及新航星集团累计向教育、社会各界捐款和用于家乡福利事业的资金逾1000万元。

谈话中，何志明给记者最大的印象是他兼具企业家的实干、学者的严谨和思想家的开拓创新精神。他委托记者告诉母校的同学们，要学会思考、掌握学习和自学的方法论，以极大的兴趣和满腔的热情对待学科、专业，与时俱进，终身学习，就能不断实现自我超越。

（原稿载于《上海电机学院报》2009年第17期5版）

沙利丰　成功在于不断地给自己清零与复位

沙利丰，电 8602 班校友。1990 年毕业进入上汽集团上海汽车齿轮总厂，2002 年进入上海菊缘房地产发展有限公司。现任上海菊缘房地产发展有限公司总经理。

于艰苦环境，磨砺毅力

沙利丰校友 1986 年考入当时的上海机电工业学校，就读的校区在杨浦区军工路。当时的校园比较小，可以算得上是迷你型的校园，与现在的新校区相比要小得多。那个时候由于社会环境的普遍艰苦，学校各方面的条件都比较差。让沙利丰记忆深刻的是学校的宿舍，那时的宿舍非常简陋，一般是 12 人一个房间，不大的宿舍拥挤不堪。除了床铺之外，学生们物品凌乱地摆着，没有一点美感。

那个时候没有浴室，到了夏天，便有一排同学光着膀子，用脸盆装着水，齐刷刷地在厕所里冲凉，形成了一道独特的风景。那个时候时虽然生活条件非常艰苦，但是同学们的精神生活却很富裕。同学与同学之间相处得非常融洽，他们时常结伴一起出去游玩，领略校外的美景；时常彻夜长谈，谈天论地，言古论今。沙利丰正是在这种条件的磨砺下，造就了他坚忍不拔的毅力。所谓“宝剑锋从磨砺，梅花香自苦寒来”，温室里的花朵做不得。

于学校生活，培养情商

当被问及在校期间的什么经历对他今后的工作和生活产生了重大的影响，沙利丰笑着答道：“在学校读书期间，我还是学校足球校队的队长。因为踢球的原因，我和学校的各个专业各个班级的同学都认识，并且都建立了良好的友谊。很多在学校留校的老师我也熟悉，在读书期间，我经常会晚上住在其他同学或老师的寝室，彻夜聊天品茶、阔谈人生。”

四年的住宿生活对他今后的工作产生了相当大的影响。因为是集体生活，他从中学会了团结、自立、与人交往等，而这些品质的形成也为他将来的成功奠定了良好的基础。沙利丰对足球运动有着特殊的好感，除了在读书期间是学校足球队长外，现在他的办公室内有一个专门的陈列室，里面摆满了大大小小的奖杯奖状，那些是沙利丰和他的球队获得的殊荣。或许正是因为这种对足球运动的挚爱，沙利丰的骨子里流露出一种侠义之气。在学校期间，他就常常好打抱不平，后来在国企、在创业打拼中，他都广结人缘，在朋友圈子中口碑好，人缘佳。

沙利丰校友说到要想成功，除了智商，更需要情商。大学实际上就是学生和社会接触的桥梁，通过这个桥梁，学生慢慢地接触社会，不断地培养提高自身的情商。学生在大学期间除了要学好专业知识，更要注重培养自己各方面的能力，这样才能更好地在社会上立足。

于日常工作，抓住机遇

沙利丰校友自 1990 年学校毕业后便进入了上汽集团旗下的一家变速器生产企业工作。在企业工作过程中，他不断完善自己、谋求发展、提升自我价值。在闲暇之余，他对当时的社会经济形势进行仔细地分析：衣、食、住、行是人们生活的必需品，住房对一个人来说，是提升生活质量的重要因素。他仿佛看到了一个庞大的市场商机在向他招手。机会总是留给有准备的人的，在 2002 年，一个机会让他有了跳槽的机会，他毅然决然地辞去了在国企的工作，进入了新的行业——房地产行业。访谈中，沙利丰用了“复位、清零”两个专业术语描述了十年前放弃国企工程师待遇投身于陌生房地产市场的感受。

由于沙利丰在校期间学习的专业是电气自动化，毕业后他进入工厂也从事了十几年的电气规划和电气工程管理工作，这都对他所从事的房地产开发管理起到了触类旁通的作用。

随着改革开放的深入、中国经济形势的好转、人们生活水平的提高，证明了他从事房地产行业的想法是正确的，而他本人也从昨日的一个普通的技术人员变身为今日的房地产行业领头羊。

2007 年，睿智的他察觉到房地产的冬天即将来临，果断地暂停了房地产的开发，转投到餐饮、农业、厂房租赁。歌顿咖啡就是他们企业旗下的一家连锁咖啡店。目前已经在江浙沪有 30 多家分店。

在生活中面对不同的选择，人们都会有很多的想法，普通人和成功人士的区别就在于有没有抓住机遇的勇气。沙利丰分析了当时和未来的形势，抓住机遇，促成了人生的质变。

于人生经验，诠释工作

很多同学在大学期间很容易迷茫，大都有这样一个问题：将来能否找到跟自己专业对口的工作？找不到，怎么办？对于这些问题，沙利丰答道：“每个人都希望自己将来的工作能和所学得专业对口，这样可以免去专业不对口而面临二次学习的压力和辛苦。但这个不是最主要的，关键在于要在学习过程中培养自己的自学能力和分析问题处理问题的能力，唯有这样，才能应付将来从事不同的工作所带来的压力。”

在大学学习中，我们学习的往往是不够完善的，学习到的内容也不一定在今后的工作中能使用到，但是一旦在大学期间提高了自己的自学能力和分析问题处理的能力，即使所学的知识完全没有运用到工作中，但是在大学期间培养成的能力也能很好的解决各种问题。

沙利丰说：“人要学会给自己清零、复位，要随时清扫、淘汰不必要的东西，生命里

填塞的东西愈少，就越能发挥潜能……”“忍、勤、钻”这三个字也是这位民营企业负责人的成功感悟。

2013年10月是上海电机学院60周年的校庆，母校和校友的关系是相辅相成的。学校好了，校友自然优秀；校友优秀，则是母校的一笔很大的财富。他希望母校今后越办越好。

（齐　婷　龙　建）

沈任元　一门课，一生情

沈任元，上海电机学院教授。两度被评为校“十佳师德好教师”，荣获“上海市育才奖”，2008年获“上海市高校教学名师奖”。主要担任模拟电子技术基础、数字电子技术基础的课程教学和电子技术课程设计、毕业设计等指导工作。主编多部教材，其中《模拟电子技术基础》获教育部精品教材。沈任元辅导学生参加第十届“挑战杯”全国大学生课外学术科技作品竞赛，荣获三等奖。

他，站上三尺讲台，衣着朴素，神态慈祥。他，讲起课来，一面是工科教师特有的规范和严谨，一面似魔术师般让学生感到新奇和着迷。他，32年钟情于一门电子技术基础课，辛勤耕耘，成绩显著。他便是“英特尔优秀教师奖”、上海市“育才奖”、上海市“高校教学名师奖”获得者，上海电机学院沈任元老师。

热情愿为电子技术课程燃烧

2010年7月26日，在全国高等学校电子技术研究会上，一本《数字电子技术基础》教材引起很多高校的兴趣，其中几所学校当即表示要采用这本教材以及配套的电子试验箱和教学模式。看着眼前的情景，作为教材的编者和电子实验箱的发明者，沈任元老师欣慰地说，他几十年对电子技术课程的热爱和坚守值了。沈老师还在大会上作了《数字电子技术课程的改革》的报告，并获得了实验项目开发改进及能力培养项类的一等奖。在年会上，他的数字电子技术课程改革和教学模式得到全国同行的认可。

1980年以来，沈老师一直从事模拟电子技术基础、数字电子技术基础理论和实验课程教学。虽然电子技术是电气专业的一门基础课，但沈老师始终认为，如果学生的基础知识不扎实，以后学习专业课就会越来越困难，越来越没兴趣。想让学生打好这门课的基础，教师首先必须在课程建设上下工夫，就是编写实用的教材，探索相应的教学模式。显然，这样的工作周期长、见效慢，而且不像搞大的科研项目那样，轰轰烈烈，有名有利。可沈老师觉得，从真正关心学生终生发展的角度看，课程建设对他们来说受益最大。沈老师就是怀着这种强烈的责任心，把全部的热情和心血投入到了课程建设上。

课程建设最重要的一环就是编写教材。沈老师在教授“数字电子技术基础”课时，发现选用的教材不能完全实现教学目标。教材虽然是国内名牌大学编写的，但是其中理论多，实践少；或者一本是理论教材，一本是实践教材，理论与实践相结合还不够紧密。上海电机学院是一所以培养高等技术应用型人才为目标的，“现场工程师”成长的摇篮，高职院校特别注重培养学生的实践能力，而现有的教材还不能满足教学实际要求。于是，沈老师就根据学校人才培养目标，结合自己多年的教学经验，主编了《数字

电子技术基础》(本科),是国家"十一五"电子电气基础课程规划教材。在正式出版之前,这本教材已在学校用了三届。教材在内容安排上注重理论与实践相结合,设计了一个以四相步进电机控制的项目实验,将理论知识点融入实验中,注重充分调动学生的学习积极性,让他们通过实验来学习专业理论基础知识,突出了学生综合素质和科学精神的养成,凸显高职课程的特色。

《数字电子技术基础》汇集了沈老师的教学理念和教学经验。打开它,我们会发现,这本工科教材散发着浓浓的人文气息。书的每章后面都编排了一个名人故事:集成电路发明者杰克·基尔比、桥梁专家林元培、中国半导体之母林兰英、"发明大王"爱迪生……他们以坚韧和勤奋的行为,通过长期不懈的努力,在各自的工作领域取得了杰出成就。沈老师说,这些中外名人的故事都是经过精心挑选的。他特地选择那些不是名校毕业的名人,走近这些科技大师对成长中的大学生更有启迪,也更能激励和影响他们。此外,在教材的前言之后,还有一整页"写给同学们的前言",这些话不仅让学生明白了课程学习的要求,也明白了卓越的技术应用型人才应该具备的基本素质。沈老师的"要把工程技术人员的综合素质和科学精神的培养贯穿于一切教学活动中"的教育理念首当其冲地体现在了教材中。

课程建设一直是沈老师致力工作的一个方面。2005 年,他担任上海市教委电子技术基础重点课程建设和实施负责人;2009 年,他编写的国家"十一五"规划教材《模拟电子技术基础》(第二版),获教育部精品教材;2009 年编写出版《常用电子元器件简明手册》(第二版)等。面对取得的成绩,沈老师深有感慨地说,课程建设的过程很寂寞,也很辛苦,不过他感到很有意义。

真情只为学生成长成才奉献

"我们从沈老师的课上学会了自主学习、自主思维、自主研发,也学会了怎样做事,怎样做人,我们将终身受益。沈老师既严谨认真,又幽默可亲,我们非常敬佩他。"凡是听过沈任元老师课的学生都有和陈俊同学一样的感受。

沈老师常说,课堂是教师的主战场,教书是手段,育人是目的,育人要从点点滴滴着手。在几十年的教学生涯中,沈老师对待学生就像对待自己的孩子一样,点燃学生的求知欲和自信,他通过言传身教,孜孜不倦地践行着自己的教育思想。

教授电子技术基础课的老师普遍感到,学生没兴趣,教学效果不如意。因此,探索行之有效的教学方法就成为沈老师努力的目标。沈老师认为,兴趣是最好的老师,而实验是更好的老师。于是,他开始在教具上动脑筋。沈老师拥有"便携式电工电子电路试验箱"、"两用式二键无线电遥鼠标器"、"遥控式仿真万用表"等多项实用新型专利,是个爱搞发明创造的人。他非常喜欢运用专业知识,课堂上拿出超声波遥控器、红外遥控器、无线扩音器、电子实验箱等,像玩魔术一样做些小实验演示,引得学生兴趣盎然。特别是备受学生喜爱的电子实验箱,可以用来进行模拟电子实验、数字电子实验、单片机电子实验等,而且提供了与示波器、函数发生器、直流稳压电源等设备的连接接口。这就是等于把实验室里的各种器材都装进了一只便携式电子百宝箱,不管在课堂上,还是在寝室里,学生可以随时做实验。这些"魔术小道具"在学生的学习中发挥了神奇的作用。"开学两周了,因为各门专业基础课的蜂拥而来,导致我对专业产生了消极的想法。沈老师的课改变了我。我领用了电子实验箱，完全按照沈老师说的去做，就是把电动机当作一件艺术品来对待。当我看见数码管上的数字在不断跳动，当我看见电动机在面包板上转动的时候，心中充满了成就感，体味一种发明家的甘甜。我对未来多了一份自信和期待！”陈超同学的言语中充满了欣喜。

沈老师的课堂不只是传授知识，他更注重学生综合素质和科学精神的养成。沈老师的教学宗旨是，一切为了学生的终身发展，把学生由依赖型培养成会主动思考、会行动的人才。课堂上，沈老师总是要给学生一些机会，让他们自己去体验；给一点困难，让他们自己去解决；给一些问题，让他们自己去思考；给一个团队，让他们自己去交流。经常可以看到，学生三五成群分成小组，同时开展一个实验项目。他们大胆地想象，团结合作，争先恐后地比谁先完成任务，比谁解决问题的方法更合理、更优化。实验结束后，各小组轮流到讲台上展示和讲解自己的成果。当学生遇到难以解决的问题时，沈老师又认真地解疑答惑。学生通过钻研和比较，在探索中学习，在模仿中理解，在实践中掌握。他们在体验了成功和失败之后，懂得理论指导实践的重要性。“看着同学们认真接线，热烈讨论，我真的感觉学习真好，学习之后的充实和满足是难以形容的。上大学到现在，已经很久没有这种感觉了。这门课奠定了我人生发展的基础。”高敏杰同学在学习小结中写道。

学生收获的不只是这些。下课了，学生凳子没收好，沈老师会拍下照片；实验做完了，桌子上的元器件乱七八糟，他也要拍下照片。他把这些照片展示给学生，语重心长地教导他们，凡事都要认真，要把认真作为能力来培养，否则，小小的失误会给工作造成巨大的损失。随着课程的进展，学生们很快认识到沈老师话的正确性。他们在步进电机项目实验中，要么因 VDD 没接，要么因接线时把线插在别的引脚上，要么因引脚悬空等诸如此类的小马虎、小差错导致实验失败。渐渐地，学生们养成了一丝不苟、精益求精的习惯。沈老师说，做事认真负责是用人单位特别看重的素质。

在沈老师的影响和指导下，学生科创热情高涨，捷报频传：2007 年黄鑫等 4 名学生获第十届“挑战杯”全国大学生课外学术科技作品竞赛三等奖；2007 年陈佳奇等 5 名学生参加上海市大学生创新活动计划，“拍照、语音式多功能交通指挥棒”项目获货架使用新型专利 1 项；2008 年赵泽等 4 名学生参加上海市大学生创新活动计划，“带密码的电话遥控器多路开关控制器”项目获国家实用新型专利 1 项。

因为热爱一门课，沈老师倾注了满腔心血和热情，他无怨无悔。缘于学了一门课，学生幸遇沈老师，他们学会了学习，爱上了学习，改变了思想，改变了行为，信心满满。

电子技术基础课，沈任元老师一生不了的情！

（原稿载于《上海电机学院报》2011 年第 4 期 7 版）

沈　佳　永不停步的前行者

沈佳，2007级德语专业校友，现就任于泰华施贸易(上海)有限公司。在校期间，曾任外国语学院学生会副主席。

学会适应，大学生活第一步

和许许多多的学子一样，沈佳也经历了严峻的高考，从一名懵懂无知的高中生成为一名大学生，来到了上海电机学院，这个让她梦想起舞的地方。刚入大学，沈佳也像大部分学生一样，有点不适应大学生活。毕竟要离开自己亲爱的父母和朋友们，与来自五湖四海的同学一起生活、学习，以及学习与不同的人相处。除此之外，学习上的变化也是不可忽视的。在过去的十几年里，老师灌输的都是同一种理念——决战高考。然而，到了大学就不一样了。高考的时代已经远去，在这样一个开放的环境里，更重要的是自己对生活的规划和对理想的追求。在这样宽松的环境，沈佳没有选择放任自流，没有丢掉自己的方向和目标。她很快地调整自己的心态，一方面努力融入全新的环境，另一方面明确了自己的优势和目标，开始学习将自身的优势与大学的学习氛围更好地结合起来。有了这一步，沈佳真正成为自己大学生活的主宰，更好地发挥自己的优势，更加有效地利用时间，更好地去实现自己的人生目标。

关注时事，专业学习的秘钥

作为一名学习德语的大学生，沈佳有广泛的兴趣和广阔的阅读视野，这得益于在校期间老师的帮助和指点。在她的记忆中，有一位老师对她的专业学习产生了很深的影响。她就是谷菁老师。谷老师不喜欢仅仅拘泥于课本上的知识，而是鼓励学生关注国内外的时事，尤其是外文网站上的热点事件，通过这些途径来获取信息，更加能够激发学生对德语的学习热情。在谷老师独特的教学方法的影响下，沈佳激发出更大的学习热情，而且也慢慢总结出自己的学习方法。与别人的死记硬背不同，沈佳往往不太拘泥于书本知识，她更喜欢关注新闻热点，通过阅读新鲜的时事新闻，将所学习的知识与生活中的实践联系起来。这是她从容应对专业学习的一个秘诀。她认为，这样的方法对学习语言显得更加有效，因为毕竟学习语言的最终目的还是运用于生活。

奉献世博，亮丽人生的记忆

2010的世博会是中国的一大盛事，许多大学生投身世博志愿者的行列，其中也包括沈佳。世博期间，她被选中代表上海电机学院去世博会担任世博园区管理岗位志愿者，并且被评为世博志愿服务"周之星"，她所在的团队也被评为世博志愿服务"优秀团队"。奉献世博，成为她亮丽人生的一段精彩记忆。

尽管在做志愿者的过程中，沈佳遇到一些挫折，但是她选择了就要走下去。而且沈佳一向视助人为快乐之本，从事志愿服务的决心也愈挫愈勇，更加坚定。作为学生会干部，沈佳的管理能力自然不在话下。但是通过这次担任世博园区管理岗位志愿者，她明白如何协调与同伴之间的关系，如何让自己融入一个团队，如何发挥自己的力量促进团队的发展。经过这次做志愿者的经历，让优秀能干的沈佳意识到，在自己以后的职业生涯以及生活中，光靠自身的能力和水平是远远不够的，作为社会中的一员，不可避免地都会与形形色色的人打交道，所以学会合作是重要的也是必要的。当然，这次经历也让沈佳收获了快乐，因为在自己学到知识、积累经验的同时也能够帮助别人、回报社会，一举多赢，乐在其中。她说如果日后还有机会，她还是会不遗余力地去帮助他人。志愿者这条路，没有尽头，而沈佳则选择一直走下去。

笑对压力，工作前进的润滑剂

现在的沈佳，已经走上工作岗位快一年了。对她而言，职业生涯与学习生涯最大的不同在于，工作在带来成就感的同时，还伴随着巨大压力。面对各种压力，沈佳从容以对。"笑对压力，才是工作前行的润滑剂。"她是这么说的，也是这么做的。作为员工，沈佳每天都全身心地投入其中，白天争分夺秒，晚上还要加班；作为同事，沈佳总是微笑示人，待人友善，与同事们都保持着和谐的关系。当然，她偶尔也会面临突发情况，虽然有时候让她措手不及，可是这并没有成为她放弃努力的借口，她依然微笑着前行。"努力不一定成功，但放弃则一定失败"，她告诉自己。

笑容，不仅是沈佳工作前行的润滑剂，更是她生活的润滑剂。在大学时期就形成的不服输的性格与坚韧的毅力让沈佳在工作中有着过人的承受力。社会磨去了她的棱角，却始终动摇不了她做事情的决心。让我们祝福我们的年轻校友沈佳，在自己的人生道路上，走得更远、更好。

（黄　红）

沈思明　上海餐饮业教父
沈思明的睿智人生

沈思明:工电315班校友,高级经济师。现任中国烹饪协会副会长、上海市烹饪协会会长。沈思明曾任第七、八、九届上海市政协委员,1984～1989年任上海市第二商业局副局长、局长,1989～1995年任上海市人民政府财贸办公室副主任,1995～2003年任上海新亚(集团)有限公司董事长,兼任上海冷冻食品协会会长、上海市标准化协会副理事长和上海服务标准化技术委员会主任。

沈思明长期主管上海市粮食、食品等生产供应和市场调控,为上海市场稳定、商业改革和计划经济向市场经济转化作出了积极贡献,并在上海商业、服务业、旅游业、物业管理等标准化建设方面做出了成绩。

很早就在学校校友会网站"上海电机学院杰出校友"栏目中见过沈思明校友的大名。第一次见到他本人是在"喜迎60周年校庆倒计时365天活动"上,当时的沈老在第一排嘉宾席上就坐。第二次是在东方卫视的一档新闻节目中,当时的沈老正在就"包房该不该设最低消费"的问题接受记者的采访。

针对沈老的采访也早已列入"寻找最美电机人"的日程,但好几次都因为沈老日程临时改变而搁浅。2013年3月7日的下午,我们终于在位于福州路107号的上海市烹饪协会见到了沈老。进入沈老的办公室,记者感到有点意外,不到十平方米的办公室,除了一张长椭圆形的会议桌、一张简陋的办公桌,剩下的就是橱窗里的荣誉奖杯、证书,与记者的想象差距甚远。如果不是将采访地点放在本篇主人公的办公室,也许记者就无法亲眼看到昔日长期主管上海市粮食、食品市场、领军上海餐饮业的传奇人物在担任烹饪协会会长期间的办公条件是什么样的,更无法深刻理解这位餐饮业教父的睿智人生。

怀感恩之心起航

沈思明认为,感恩既是一种传统美德,也是一种社会责任,更是一个人具有健全人格和优秀品质的标志。1954年秋,17岁的沈思明以优异的成绩考入原上海电器制造学校,成为学校第二届学生。"当时的社会,资源紧张,同学们的家境也都贫穷,在家几乎连肚子都填不饱。但是到学校以后,不仅能学到知识、掌握技能,学校还免费提供吃住。这样的学校当时在全国也找不出几所。这些对于我这个穷娃子来说,都是刻骨铭心的记忆。"虽然这已经是五六十年前的事情了,但对于沈思明仍历历在目。毕业后,沈思明揣着感恩之心,扬帆起航。那时候毕业是统一分配的,沈思明被分配到天津市原一机部第二机床厂动力设备科工作。虽然远离家乡、远离父母,但是因为怀揣着一

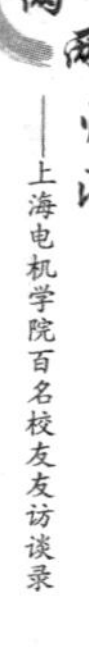

颗感恩的心，他在工作中总会比别人多几分认真、多一点积极。工作没多久，他就被提拔为科长助理，随后，又被借调到北京原一机部第五设计院工作。

1963年，母亲生病需要照顾，沈思明为了让在外地的哥哥和妹妹安心工作，毅然放弃了自己的发展，选择回到上海、回到母亲身边。“羔羊都知道跪乳，乌鸦也懂得反哺，更何况我们人?”那时候的政策是没有工作调动一说，沈思明费劲周折才找到一个愿与自己工作对调的人，这个人在上海禽蛋公司负责电机设备工作，要回天津结婚。就这样，沈思明成了禽蛋公司的一名普通工人。“虽然回到上海以后，又得从最基层做起，但我还是很感激他，如果没有他，我就不可能有机会回到母亲身边。”就这样，沈思明怀着感恩的心，再次扬帆起航。也正是这次变动，沈思明从此跨入了食品、餐饮这个行业。

“现在不少的年轻人对父母的养育缺乏感恩之心，对师长的教诲缺乏感恩之情，对社会和他人的帮助缺乏感恩之意。”沈思明语重心长地说，“现在的个别大学生还表现出冷漠和忘恩情绪，这些都不利于大学生的成长和成才，甚至是令人心寒和担忧的。可以这么说，不懂感恩的人将得不到社会的尊重，最终还可能被社会所抛弃。”

怀敬畏之心处事

沈思明还认为，人的心中需长存敬畏之心。有了敬畏之心，才能消除错误的理念，才能保持正确的方向，才能时刻自警自律，才能常修为政之德。自1984年任上海市第二商业局副局长，到1995年执掌上海新亚(集团)，沈思明历任副局长、局长、市政府财贸办公室副主任，11年间他一直在为上海市的米袋子、菜篮子、饭桌子工程风雨奔波。那时候的沈思明领导着上海消费品市场和商业系统的各级部门，调配着全市的肉、禽、蛋、鱼、菜、粮、油、烟、糖、酒，指挥着生产、供应、销售、冷冻、仓储各环节；同时，他还要调控各类票证。上海在票证鼎盛时期每户有票证30多种，诸如粮票、油票、布票、鱼票、蛋票、豆制品票、点心票、火柴票、烟票、酱油票、搪票、线票等应有尽有，大到米面、鱼肉，小到手纸、沙搪、食盐等，如有短缺都是非同小可的。但是正是因为沈思明心中长存敬畏之心，对手中的权利敬畏、对人民群众的利益敬畏，在他执掌食品市场的11年，没有发生过一起食品短缺事件，为上海市商业市场的稳定和繁荣做出了贡献。

1995年，57岁的沈思明怀揣着敬畏之心执掌新亚集团。这一次，他敬畏的不仅有人民群众的利益，还有市场这只无形之手的力量。他到新亚不久，就察觉到上海正在经历一股酒店、餐馆的资本转移运动，各种所有制企业都参与其中，一幢幢的高楼被转化为酒店、餐馆。同时，上海涉外星级酒店的客房入住率却逐年下滑，1993～1998年5年内下降了两成，年均下降4个百分点，酒店业正在酝酿着一场大洗牌。察觉到这些变化后，沈思明果断调整企业发展布局，将新亚集团的经营定位从公务消费、商务消费为主转变为工薪消费为主；将酒店投资比例由全资投资转变为控股投资，降低了资金风险；将酒店投资结构由高星级宾馆转变为大力发展连锁的经济型旅馆，还根据市场需要提出了“三小、两快、两软”等经营策略。在他的领导下，新亚集团的经济效益逐年攀升，连续6年完成国家下达的指标，“新亚股份”也连续6年净资产收益率达到11%，并成功增发了A股，为新亚集团的进一步发展奠定了厚实的基础。

“孔子说过，君子有三畏：畏天命、畏大人、畏圣人言。敬畏之心，古人有之、先贤有之，更何况我们呢？”沈思明还认为，“只有在我们拥有对生命的敬畏之心时，世界才会在我们面前呈现出它的无限生机。”

存正义之心做人

“早年还在母校读书的时候，母校就教育我们如何做人，说句心里话，由于一直从事的都不是母校教给我的专业，我对专业知识的记忆已变得模糊。但是母校对我人格方面的培养、信仰方面的影响却伴随我终生。母校育人第一，这是我对母校最深的印象。”沈思明认为，“做人就要做一个存正义之心的人。”

2003年，新亚股份与锦江集团合并后，65岁的沈思明出任上海市烹饪协会会长。在担任会长期间，沈思明的最大体会就是做人要长存正义之心。“协会是民间组织，不是政府职能部门，对协会成员没有管理职能。我们能做的就是从公平正义的角度出发，维护协会会员的权益。最终目标是让政府信赖、百姓认可、餐饮业信服。”在任何一方利益受到侵害或者发生利益冲突时，沈思明就会通过正义之心的天平先作出判断再采取相应的行动。前些年，协会会员普遍反映银行在收取刷卡佣金时对酒店存在歧视，银行收取超市的佣金是0.35%，对饭店却收取2%。为此，沈思明反复斡旋于几大银行之间，最终使银行将佣金下调为1.25%。

前不久，很多消费者对饭店包房设置最低消费提出异议。沈思明认为，从消费者角度出发，肯定是越实惠越好，但是从饭店的角度分析，包房在服务标准、成本投入方面都比大厅高，所以从公平的角度出发，我们应该支持饭店的做法。他还打了一个形象的比方：飞机还分头等舱、商务舱、经济舱，动车高铁还有一等座、二等座之分呢。这场争议最终还是肯定了最低消费标准的合理性。

十年来，上海市烹饪协会在他的带领下，先后被评为全国餐饮业先进社团、中国社会组织评级5A等级，他本人还荣获全国餐饮业特殊贡献奖。协会发展到目前共有团体会员1220家，个人会员1098人。

“真要建设一个和谐社会，最需要的是最大限度地实现社会公平正义；而一个社会要最大限度地实现公平正义，除了要健全法制，还要求绝大多数的社会成员要有公平正义之心。”沈思明最后补充道，“天地之间有正气，正义之心最美丽。”

（卿海龙）

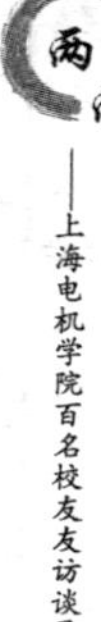

张少君　脚踏实地，收获梦想

张少君，BJ052班校友，现就职于国家核电上海发电设备成套设备研究院给煤机技术研究所。

世界或许并不完满。但是，这个世间就有这么一种人，始终坚持自己的追求与梦想，相信只要坚持一步一个脚印就能拥有属于自己的一片天空。张少君就是这些人中的一个。

高考是一份礼物

“被火烧过，才会出现凤凰。逆风的方向，更适合飞翔”。高考对于大多数人来说，是一次对身与心的考验，甚至是灾难，对于张少君来说，高考却是一份难能可贵的礼物。正是高考让他在2005年9月12日进入了上海电机学院机械制造及自动化专业（BJ052班）学习，成为了他人生重要的转折点之一。

面对着憧憬许久的大学，张少君怀着满腔的热情，暗暗发誓，一定要成为上海电机学院的骄傲，成为上海人的骄傲。于是，刚开学不久，他就加入了机械学院团总支社会实践部和志愿者协会参与学生会工作。学生会的工作让他成长很多，他学会了怎样为人处世，怎样学会忍耐，怎样解决一些矛盾，怎样协调好各成员之间的关系，怎样处理好部门与部门之间的关系，怎样动员一切可以团结的力量，怎样提拔和运用人才，怎样处理好学习与工作之间的矛盾，这些都为他融人工作岗位打下了深厚的基础。

古人说，先有伯乐，后有千里马。那么，对于张少君来说，当时上海电机学院机械学院的副院长、班主任顾建伟老师和机械学院学生辅导员尚海龙老师就是他的伯乐。顾老师把BJ052班学生都当作自己的孩子一般看待，自然，他亦是如父亲一般受人尊敬。张少君说，他觉得自己很庆幸能够遇到这样的老师，正是顾老师的谆谆教导使他在之后的人生路上少走了许多弯路。尚老师那时刚刚从同济大学毕业参加工作，所以，他不仅仅是大家崇拜的对象，更和张少君形成了亦师亦友的关系。他们不论在生活、学习还是思想上都共同探讨，建立了深厚的友谊。

青春总是有值得铭记的时刻，在大四开学不久，张少君的努力与勤奋就有了收获，他光荣地成为了中国共产党预备党员。在他的眼中，这是学校和社会对他的肯定，也是鞭策。从那一天起，他感觉自己一夜之间长大了。

工作是一种自我完善

张少君现在就职于国家核电上海发电设备成套设备研究院给煤机技术研究所。上海发电设备成套设备研究院是上海市高新技术企业，主要从事大型火电、核电设备及

其自动化系统的共性关键技术研究，开展国家核级设备材料鉴定、咨询及研究；给煤机技术研究所是专业从事SPERI电子称重式给煤机及其附属设备的技术研发、设计制造和销售服务的产业化部门。该给煤机年产量300余台，不仅遍及国内27个省市自治区的150余家电厂300MW、600MW、1000MW各类机组，而且还远销印度、土耳其、马来西亚、斯里兰卡、越南、巴西、印度尼西亚、韩国，市场占有率达30%以上。

尽管手捧铁饭碗，张少君却不改当年模样，依旧坚定自己的信仰，不断学习专业技能，加强工作能力，尽力把每一件事情都做到最好。他主要从事电子称重式给煤机产品及其配件的市场营销工作，辅助配合一些技术支持工作，并在部门担任团支部书记一职。作为一个市场营销人员，他努力用清晰的思路、生动的语言和陌生人打交道，争取在最短的时间内取得客户的信任；他对客户始终坚持愉悦服务，尽最大的可能让客户在舒心的环境下完成商谈，提高客户的忠诚度，也提高客户对自己的信任度。现在，营销人才的5种素质，即自信、理解、影响、取悦和恒定，早已镌刻在他的脑海里，实际销售中积累的经验更是让他趋向成熟。

母校是一份牵挂

宽阔的河平静，宽厚的人谦虚。从张少君的谈吐中，他表现出来的就是这样一种谦逊儒雅、体正格清的品质。与此同时，作为上海电机学院莘莘学子中的一员，他愿意也迫切希望给予母校的学弟学妹们最真诚的建议与祝愿。在学习上，张少君希望学弟学妹们抓紧学习机会，充分吸收养分，脚踏实地，为自己的将来打下坚实基础。在为人处事上，张少君希望学弟学妹们成为具有谦卑的态度、不懈的毅力以及强烈责任心和良心的人。对于应届毕业生，张少君希望他们可以有独立创业的想法和思路，但是需要有的放矢，到一些与自己所学专业相近或者相关的公司或机构实习，以增长经验，积累人脉，尽量少走弯路。对于有着深厚感情的母校，他期待母校早日迈入中国高校强者的行列。

（蒋佳炜）

张文俊　选择一种经历，成就一种生活

张文俊，汽车服务工程专业BQ061班校友。2006年毕业后到新疆支教一年。现在中国检验认证（集团）有限公司担任质检工作。

毕业在即，他放弃上海优越的就业机会，毅然决然踏上了西部支教的路途，回来后他选择了中国检验认证（集团）有限公司做一名检验员。支教的经历让他重新审视了自己的人生，让他不再浮躁地想要去达到怎样的目标，而是脚踏实地做好当下的事情。米兰·昆德拉曾经说过："往日裹在五颜六色的波纹绸里，每次我们瞧它，都会看到不同的色彩。"带着这样的思索，我们走进了汽车学院汽车服务工程系2006届校友张文俊。

遵循内心　选择支教

张文俊支教的学校是位于新疆喀什莎车县的职业技术学校，那里属于大陆干旱气候，并且交通不便。是什么让他放弃上海优越的就业和生活条件而选择去新疆支教呢？谈到这个问题张文俊笑了笑，用保尔·柯察金的话回答了我们的疑问："一个人的生命应当这样度过：当他回首往事的时候不会因虚度年华而悔恨，也不会因碌碌无为而羞愧。"人的一生是短暂的，尽量让短暂的生命拥有更丰富的经历。随后他又向我们详细介绍了当时报名支教的详细过程。整个流程复杂且紧凑，先由学校统一组织报名、筛选、体检以及培训，培训结束之后送到乌鲁木齐进行再培训，然后就是等待分配，全部流程下来差不多要三个月。张文俊说当时他们那个小组一共有8个人，交流后发现大家都是自愿支教的，"到西部去，到基层去，到祖国和人民最需要的地方去"，而不是唱高调。在他们心里，到西部去锻炼完全是他们的人生追求。

克服困难　虽苦尤甜

在新疆喀什莎车县的职业技术学校，张文俊被安排的是行政管理工作，"在那里，无论你开始是做什么工作的，到了最后你都会是一个全才，什么都能干，因为什么都需要靠自己一个人来完成。"当问起到喀什后遇到的最大困难是什么时，与我们所预想的不适应气候环境等不同，最大的困难是地区语言差异太大，沟通交流存在困难。因为语言不通，沟通不顺畅，每一次授课大家都会反复讲解、演示许多次。有时候老师和技术人员会对现场操作进行录像，然后让学员通过一次次观看录像来学习。当我们问起环境的艰苦、工作的困难有没有让他后悔过自己的选择，他却坚定地说："不后悔，人的价值的实现是在服务他人和奉献社会中体现的，在那里我真正体会到了自身的价值，

让我能够以一颗平静的心投入到繁琐的工作中去，体会到工作的充实与快乐。如果现在让我重新选择，我依然会坚定地选择这条道路。"

当问及支教留给自己最大的感触是什么时，张文俊停了一会，说："选择支教，我没有把它当作成就自己的一个多么伟大的平台，而是既然选择了就要做好。支教结束时，听着同事和学生们用并不怎么流利的汉语不停地说着"谢谢"两个字，这让我最为感动，也是我支教一年最大的收获。虽然一年的支教结束了，但是对我来说，服务社会才刚刚开始。"

重新定位　迎接挑战

一年后，张文俊结束支教生活回到了上海，此时他重新面对找工作的困难。用一周时间调整身体、适应新环境后，第二周他便投入到了投简历、面试找工作的过程中。与刚毕业的大学生相比，此时的他多了几分成熟与沉稳，更懂得收敛自己的锋芒，拥有支教的经历和基层工作体验更是让他信心十足。现在张文俊在中国检验认证（集团）有限公司担任一名质检员，他每天要到很多地方去检测其他公司所提供的产品是否符合国家的标准。他说："现在的工作虽然繁琐，但考验的是一个人的耐性和交际能力。"而张文俊在西部支教的经历令他受益匪浅，使他懂得了语言沟通的重要性、讲话的技巧性，在面对问题时学会了忍耐。有一次公司派他前往一个比较偏僻的地方进行质检，在接到任务后他就和对方联系了，对方十分客气地说会有专车接他到公司。可是当他到达指定地点后对方不但没有派车接，还矢口否认，这让他十分生气。可是他并没有掉头就走，而是继续去完成他的工作。他说这就是一个人的忍耐力，有时候退一步海阔天空。"困难或者挫折都是一种挑战，人生就是在一个接一个的挑战中走过的，挑战是一种接力，它需要长时间的努力，长时间的探索，长时间的实践。虽然时常遇到困难与挫折，时常让人感觉不如意、不称心，但它是一种磨练。心若在，梦就在。"张文俊就这样以一颗平常心在工作中如鱼得水。

感恩之心，希望常驻

采访接近尾声时，张文俊说，在大四毕业之际，当大家都在为找工作而迷茫徘徊时，他坚定地选择了去相对落后的西部进行支教。因为他觉得自己这代人的生活太优越了，没有经历过艰辛与磨练，他想通过支教的方式证明自己，实现自身的价值。正是支教的经历让他心怀感恩，让他懂得生活，体会到现在的苦都不算苦，什么困难都不再是困难。当问及他对电机学院的莘莘学子有什么期望与寄语时，他说："不要彷徨，让希望常驻于心，找准自己的目标，立下坚定的梦想，大步向前去实现。"

（汤晓婷）

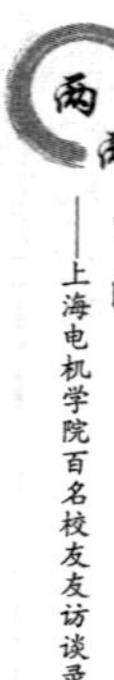

张可可　张可可同学的创新精神

张可可，H0514 班校友。现就职于上海电机学院校友会办公室，55 周年校庆、60 周年校庆办公室成员。2005 年进入上海电机学院国际教育学院就读中澳合作国际商务专业，并担任国际教育学院学生会副会长一职。2007 年凭“节能型淋浴器”获全国大学生“挑战杯”创造发明大赛全国二等奖。2007 年担任全国拜耳环境特使。2008 年留校工作。

当今世界，人与自然的和谐共存已经成为最关注的话题之一。我国能源资源缺乏，依赖大量进口；另一方面大量使用能源又危及人类生存环境。因此，节能是解决这一矛盾的关键。我国水资源缺乏尤为突出，如果不注意污染治理，不科学使用，不仅农作物和牲畜用水产生困难，连人的饮用水也发生困难。2007 年松花江和太湖水质污染，都造成了人的饮用水困难和巨大的经济损失。张可可的节能节水淋浴器正体现了这种节能意识，体现了实现人与自然和谐共存的自觉行动和社会责任。

更为难得的是，张可可将她的节能意识落实到实践中，这就需要有创新的精神。节约用水的标语口号到处都有，但由于观念上、技术上的原因，效果并不理想。而张可可同学能把她洗澡时产生的节水意识付诸行动，从技术设备的角度寻求科学的解决方法，并最终设计出合理可行的设备，体现了电机学院应用型技术本科教育定位的成果。目前，培养学生的创新意识已成为全国各高校的共识，都在课程设置、教学实训、社会实践等方面采取有效措施，使学生理论与实践、知识与能力得到有机统一。电机学院力求实践的应用型教育，要求学生不仅要有扎实的基础理论和专业理论，并且要有解决生产和管理方面问题的实践动手能力。解决实际问题的能力就意味着学生在学习过程中首先要“懂”，掌握基本知识，基本原理；其次要“通”，现代技术是多学科多专业知识的综合，学生在学习时不能死读书，要掌握各学科之间的联系，要融会贯通；其三要“动”，即不仅会动脑，还要动手。解决实际问题的能力有“懂”、“通”、“动”还不够，因为实际问题是变化的、错综复杂的，遇到的不全是老问题，还有的是新情况、新问题，书本上找不到现成的答案，这就要培养学生创新意识。课堂上学到的是前人的知识、经验，现实生活中碰到的问题是前人没有碰到的，解决问题就要“创”，张可可就具有了这种创新精神，值得推广学习。

张可可的节能意识和创新精神继承了中华民族艰苦奋斗、勤俭节约的光荣传统。节约用水不是小气，它是一种美德。但如果没有科学技术的创新，节能效果还是不显著。世界上不少缺水的国家农业生产很发达，靠的就是科学技术。

愿更多的张可可在电机学院涌现，愿电机学院的应用型技术教育结出更丰硕的成果。

后记：

张可可的事迹在《新民晚报》(2007年的6月13日头版)报道后，又被网易新闻网、中国经济网等多家媒体转载，在学校和社会产生积极反响。张可可的创新精神已逐渐成为高校大学生学习的榜样，更是激励着一届又一届的电机学子不断向全国大学生“挑战杯”大赛发起冲刺，并屡屡获奖。

(方心木)

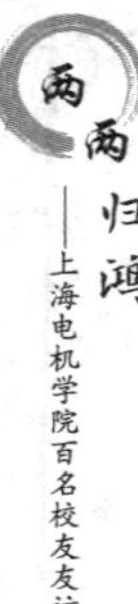

张 敏 巾帼无需让须眉

张敏，女，我校82级校友(原上海市机电一局职工大学)。1987年电器设计与制造专业毕业后，回到原国营515所(上海电控研究所)。现为上海电控研究所高级工程师。在所工作期间，参与科研项目，获得多项荣誉。

初次见到张敏，也是在去年随校友会领导走访电控研究所校友的时候。自看到她名片上“高级工程师”几个字开始，我就记住了这个名字。因为在工科领域，向来就鲜有女生涉足。拿学校现在的一些工科专业来看，班级中女生能有三五个就是不错了。更何况，上海电控研究所是一家军工企业，绝对是一片男人的天下。没想到，她这个“弱女子”不仅闯入了这片本领地，还占据了一席非常重要的位置。她为什么要选择工科专业？又是怎么在这个女性的禁地里成为佼佼者的呢？这是去年那次见面给我留下的疑问。当再次与她见面，我就直截了当地提出了这些问题。

求学初的些许无奈

张敏是1981年到所里参加工作的，那时的她是一名在生产一线从事装备工作的女工。“那个年代，男女在工种上的区分并没有现在这么显著。男人的工作女人也可以去干。”张敏顿了顿，接着说，“从某种意义上说，从事这个工作之初，是工作选择了我，不是我选择了工作。”的确，当时的张敏是为了工作而工作，不是为了更高层次的追求。但是1982年的时候，情况发生了改变。那时候，张敏所在的国营第515所归属于上海市第一机电局管辖，机电一局有自己的职工大学。职工大学面向所属各单位在职职工招生，单位也鼓励职工报考。“首先是参加全市统考，市教委承认学历，带薪读书，毕业后回原单位工作，身份由工人转为干部。”这么多年后，张敏对当时的政策仍如数家珍，“对于我们这些错失过高考机会的一代人来说，职大是非常具有吸引力的。”为了改变自己的命运，为了圆自己一个大学梦，张敏加入了复习迎考的大军。这一次，张敏是为了追求而读书。但是等到真正报考的时候她才发现，职大一共才两个专业：模具设计与制造、电器设计与制造。能让她这个装备工人报考的只有电器设计与制造。“读书是我的梦想，是我的选择。但是我没有选择专业的权利。”

上一次是工作选择了张敏，这一次又是专业选择了张敏。就这样，张敏的人生与工科结下了缘分。“读书的时候，我们班上有七八个女生，二十多个男生。”张敏回忆说，“刚开始在基础课程的学习上，我们女生并不见得比男生学得差。但是到了后面的专业课上，慢慢就能看出，女生在动手能力方面要比男生略逊一筹。”当被问及怎么克服这些女生先天的劣势时，张敏爽朗地笑了笑：“只要你比别人多努力一点点，就能成为这片领地的强者。”也许正是因为有这样一颗乐观积极的上进心，1985年张敏以优异

的成绩毕业回到单位。

耕耘中的几多艰辛

回到单位后的张敏，从装配车间的普工变成了技术员。刚回到单位的那阵子，因为有了一张文凭在手，张敏还曾有过优越感。但是很快她就发现，在一线工作，光有理论知识还远远不够，动手能力、实际操作是必不可少的。但是，这些都不是她的强项。怎么办？学校练就的那些本领已不能应对实际工作中的技术和操作难题，这是摆在张敏面前的又一道坎。难道要一辈子屈居男同事后面过当下手日子？张敏不服输的性格向“禁地”发起挑战。“多请教、多摸索、多操作，女孩子在实际操作方面也能跟男孩子做得一样好！”这是张敏的切身体会。就这样，张敏在技术员的岗位上一干就是五六年。1990 年的时候，她被调往技术部负责工艺技术。有了在技术员岗位上磨练出的肯钻研、勤锻炼的工作作风，她很快就成为这一领域的领跑者。在工艺技术的岗位上，她评上了工程师。

1999 年，张敏开始从事科研项目开发。科研部搞项目不再像技术岗位上单枪匹马地攻坚，更多的是团队合作，甚至是多个单位共同攻关。这样，张敏又将面对经常出差的困难。作为一个母亲，经常出差就意味着不能照顾家庭，不能经常守候在儿子身旁。“现在回想起来，总感觉自己有点对不住家人，对不起儿子。”说到这里，张敏跟我讲了一个发生在她身边的故事。有一回，她负责的项目需要前往北京出差，而此时北京正爆发非典。家里人都反对她在这个时候出差，但是考虑到项目已经到了最关键的时刻，而且目的地尚没有出现非典案例。张敏就反复跟丈夫做工作，在她的坚持下，家里人最终选择了妥协。但是，半个月后，当她任务结束返回上海的时候，却被告知不能回自己的家，必须在单位隔离区接受隔离观察一周才能回家与家人团聚。“那一周是我出差经历中最难熬的一段时间，都已经到了家门口，却又不能跟家人团聚。上小学的儿子在电话里骂我是骗子，出差结束了也不回家。”“如今，上大学的儿子也有了自己的专业，也能理解我这个做妈妈的了。”说到这里，张敏显得格外的轻松。

收获时的无限灿烂

“在工科，女性虽然在某些方面比起男性来有不足，但是在另外一些方面，女孩子也具有优势。比如女性与生俱来的细腻和细致，让女孩子的图纸制作、技术文件的撰写方面比男孩子强，而这些是项目中十分重要的一部分。所以，越是优秀的项目组，越是重视邀请女工程师的参与。”说到这里，张敏看了看我，接着说，“说到底，工科领域并没有男女优势论，任何优势都是相对的，任何优势都有需要互补的时候。”近年来，张敏参加过的项目攻关到底有多少，她自己也数不清了。

如今的张敏，已经从科研管理的岗位退到幕后，从事专利、标准化、成果转化申报工作。直到结束采访，我都没有从张敏那里听到任何豪言壮语。这也许是一个遗憾，但是我始终没法抹去她留给我的“女强人”印象。

（卿海龙）

陆金元　专业知识是我的第二生命

陆金元：电机7855班校友。1982年毕业后分配到上海电机厂工作。1994年辞职。1997年开始筹建自己的公司。目前是上海源盛机械电气制造有限公司董事长。

2013年3月20日，这一天的风格外大，车在通往松江的高速路上疾驶。一个半小时后，我们到达了目的地：北松公路7201号，上海源盛机械电气制造有限公司就坐落于此。走进公司，来到董事长办公室，见到陆金元的第一感觉就两个字：低调。但是经过近1个小时的交流，带给我们的又如陆金元介绍他公司目前的规模一样：震撼。1个小时里，他谈得最多的是所学所用的专业，感触最深的是在母校的求学经历。

电机专业伴我成长

1978年，陆金元初中毕业考进电校。他是班级个子最小的一个，身高才一米四多一点。那时候的陆金元完全是一个不懂事的小毛孩，几乎就是一张白纸。个性内向，不善于跟人交流。不管是老师还是同学，在人前陆金元总是很腼腆。“开学第一天，我在马桥镇汽车站遇到了一位值得我去用一辈子珍惜的朋友——夏建国。”直到报到后才知道原来同是松江老乡的夏建国和自己同班且同寝室。自车站时的相遇，再到报到后的相识、求学中的相知，夏建国一直都是陆金元最知心的朋友。时任班级团支书的夏建国对这位小个子老乡也格外关心，经常带着他长跑锻炼身体。在他的帮助下，陆金元加入了团组织。当时的学校虽然只达到中专办学层次，但是学到的知识确实非常让人受益的。陆金元到现在还记得当年在陈士怡老师数学课上学到的竟然比他后来读大专班时老师教的数学知识还要系统和广泛，以至于他在工作多年后再到美国深造时都能用到当年电校老师教授的知识和技能。班主任宋乃昌老师更是像他们父亲，严格又不失爱护，认真也不缺温情。以至于毕业后，他们班级每次聚会都会约上班主任。对于陆金元来说，学校当时的条件的确很艰苦。但远离父母的他，老师就是家长，同学就是兄弟姐妹，专业知识就是精神食粮，这一切一起陪他度过了懵懂的4年。

电机专业助我成才

1984年，陆金元以优异的成绩从电校毕业，来到上海电机厂技术开发部从事发电机设计。“和我一同进入部门的还有当年的同班同学王小弟，我们俩虽然文凭是同部门里较低的，但我们自己始终坚信工作中靠的是能力不是文凭。”没过多久，他们扎实的理论功底、熟练的操作技能就得到了部门同仁的认可，并逐步成为部门的技术骨干。

再后来，他们俩一起破格评上工程师，还都获得了新长征突击手、上海市“五小发明”等荣誉称号。1985年，单位选派陆金元到美国进行了为期半年的深造。这半年的经历，让陆金元再一次感受到如果不是在母校进行了系统的学习，在美国的深造也不会那么轻松。在科研能力上，陆金元也是一把好手。他参与过的一个项目曾获得国家科技进步二等奖（现任上海电气集团股份有限公司总裁的黄迪南当时也在这个项目组）。在取得成绩、获得一系列荣誉的同时，陆金元又利用业余时间读完了大专课程。到了20世纪90年代初期，陆金元认识到要想在专业领域取得更高的成就，光有能力还是不行，还必须有文凭作为支撑。于是，陆金元有了考研的想法。1992年他正式向单位提出了考研的申请。遗憾的是单位没有同意他的申请（根据当时考研政策的规定，在职人员报考研究生必须通过单位同意）。

电机专业促我成功

1994年，也就是陆金元考研计划受阻的第二年，他辞去了国企的铁饭碗。这一举动对于陆金元来说，不是对专业知识的放弃，而是在给自己的专业知识寻找新的发展空间。20世纪90年代中期，正值非公有制经济蓬勃发展之际。在家人的支持下，陆金元开始了自己的创业之路。刚开始的一两年，由于没有资金，陆金元就跟着亲戚朋友一起干。直到1997年，他才开始筹建自己的公司，从最拿手的发电机冷却器开始做起。由于陆金元的专业背景和在国企工作积累的经验，他公司的产品很快就得到市场了的认可。紧接着，又赶上21世纪初的电力行业跨越式发展，陆金元的公司越做越大。现在，他的公司作为电厂辅机及换热设备的专业生产厂家，与上海电气、西门子、上海通用都有着很好的合作，并且连续多年被上海电气评选为优秀供货商。成功之后的陆金元并没有忘记反哺母校，他非常重视与母校的产学研合作。前不久，陆金元就将与铁道部门的一个合作项目的科研攻关交给了学校电气学院的一个课题组。

“现在公司的年产值大约在2个亿左右。”陆金元望着与老厂房一河之隔的新厂区，“我最开心的事是看到自己的产品在同行业里成为最优秀的。公司的规模不是我的追求，能在自己最热爱的专业里拥有一席之地才是我最大的心愿。因为专业就是我的第二生命。”

（卿海龙）

陈　斌　“四五套办”的亲历者

陈斌，1989年9月考入原上海电机技术高等专科学校电机893班学习，2年基础班学习后考入学校第一届机电外贸班(9101班)。1994年毕业后进入上海振华港口机械股份有限公司(现名上海振华重工(集团)股份有限公司)。历任质管部项目主管、办公室主任、部门经理、质检公司总经理、质量安全部经理，现任上海振华船运有限公司总经理。

“四五套办”是电机学院办学史上的一个特色阶段。1985年，国家教委批准电机学院试办五年制技术专科，实行专科与中专并存，即以中专名义招收初中毕业生，学生入学后前两年只具有中专学籍；两年后，再根据学习成绩及学生志愿，择优选拔一部分学生升入专科(简称“分流”)，学习三年期满、考试合格者发给专科毕业证书；未能升入专科的学生，继续按中专教学计划完成四年制中专学业。陈斌1989年9月初中毕业后考入电机893班。或许是命运的安排，让他成为“四五套办”这一特色办学的亲历者。“入学前两年的学习压力挺大，同学们都是你追我赶。到了分流的时候，真的可以用残酷两字来形容当时的淘汰制。”陈斌回忆说，两年时间的基础课学习，同学之间建立了深厚的感情。但是到了分流的时候，大家又不得不面对淘汰制的考试。“真是一考定终身，比现在的高考还残酷。”陈斌说，高考能让不同学校的同学走到一起，但是分流考让本在同一个班级的同学又分散开来。“本是同根生，偏要再相煎。虽然我有幸升入了大专班学习，但是我并没有体会到成功的喜悦。”在他们班的分流考上，有一个同学当年还是南汇的中考状元，但是由于没有考进大专班，最终被分流到了中专班。说到这里，陈斌流露出对这位同窗的无限惋惜。

“经过残酷的分流之后，我成了学校第一届机电外贸班(9101班)的一员。”如果说分流考是残酷的，那么为分流考打下的坚实基础又是受益无穷的。有了前两年夯实的基础，再加上大专三年的专业学习，陈斌收获颇丰。他不仅掌握了扎实的机械、电气方面的专业知识，还大大提高了自己的英语水平。这些都对陈斌后来的工作有着很大的帮助。

加入振华港机后，由于工作的关系，陈斌国内外出差比较多。有时候在美国和加拿大等发达国家一待就是半年以上。“若不是当年在学校时候练就的英语，我可能会夭折在通往成功的路上。”

回忆起电校的师生关系时，他说他最应该感谢的是时任副校长马镜澄。其实，陈斌跟马校长并没有过多的交往。他之所以对马校长心存感恩，主要是因为他所学的专业和他所在的9101班。“在马校长的推动下，学校才开设了首届外贸班。我才有幸通过笔试、面试成为电校历史上第一届外贸班的25名学员之一。我们这个外贸班，开设的课程甚至包括了机械、电气方面的一些专业课。3年下来，我被锻造成了一个综合人

才，这些知识让我在现在的工作岗位上如鱼得水。”

“和母校的故事仿佛跟‘5’特别有缘。”陈斌自我调侃道，“我可能是为数不多的在电校总共学习了5年的学生，也可能是为数不多的经历过5位班主任的学生。2年基础班和3年外贸班我们几乎每年都换一位班主任。”虽然这些班主任都只在他的生活中停留了不到一年的时间，但是他们给陈斌留下的印象却是终身的。“我现在记忆最深的有两位班主任，他们是我基础班893的班主任陈红老师、9101班三年级时的班主任张鸣老师。”这两位老师之所以给他留下很深的印象，用陈斌的话说就是：“这两位老师对待学生真的是无微不至，甚至可以说他们都恨不得把自己的心都掏出来对待我们。遗憾的是，我们当年在校时并没有好好珍惜老师们的关心，直到走上工作岗位上以后，才慢慢领悟到。”说到这里，陈斌一脸的遗憾。

一路走来，陈斌的成功其实很简单。“我的座右铭是独立、坚强、自信。”陈斌略作思考，接着说，“现在的大学生，我觉得很有必要借鉴我们当年四五套办时的学习经验。如果不是四五套办，我们头两年就不会那么重视基础学习；如果不是大专的学习，我们就不会一并掌握机械、电气的专业知识，更不会重视英语知识的掌握。所以，现在的大学生，一定要珍惜当下，重视基础知识并扩大自己的知识面，不要也不能局限于有限的专业知识。”这是一位四五套办亲历者的学习经验，也是一位成熟睿智管理者的学习观，更是一位成功商业人士的成长心得。

（佚　名）

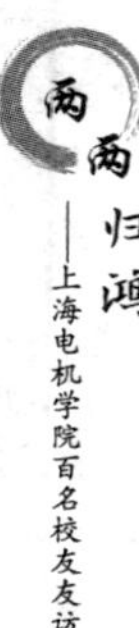

邵力伟　此情不老系母校

邵力伟，工电304班校友。1978年，创立了（香港）森源实业（集团）有限公司。后经不断发展，又相继创立六家独资公司、六家合资公司。现任（香港）森源实业（集团）有限公司董事长。

1936年出生于上海，3岁时为躲避战乱背井离乡，10岁那年回上海求学。1953年成为原上海电器制造学校第一届学生，1955年毕业后接受学校分配到西安电力设备制造公司工作。20世纪70年代中期，已到不惑之年的他前往香港打拼。如今，已近耄耋之年的他，最难以割舍的是养育了他的故乡热土、培养了他的菁菁母校。

他就是电机学院工电304班邵力伟校友。

学习踏实，虽苦亦乐

邵力伟校友当年就读的上海电器制造学校就是上海电机学院的前身。当年他所在的班级工电304班，学习的专业是工业企业电器设备。那时的学生生活和现在的生活不可同日而语。就生活条件来说，无论是饮食还是住宿，跟现在相比真是天壤之别。虽处于这种环境中，邵力伟却不畏艰苦，一直秉持踏踏实实、认认真真的学习态度，牢牢掌握专业知识。正是这些专业知识为邵力伟之后的创业奠定了基础。年轻人往往都喜欢运动，邵力伟当年也是如此。在学校期间，他每天早上5点就起床，到体育场参加田径运动。长期的锻炼也保证了他的健康，使他不因身体问题影响创业。数年如一日，坚持不懈，他的品质早在学生时期就已渐渐形成，为今后创业打下了良好的基础。

创业艰辛，虽难亦甜

成功不是一蹴而就的。邵力伟的创业之路也是如此。他毕业后被分配到西安工作，起初所做的就是普普通通的工作，后来他在工作过程中不断学习、深造，并萌发了去香港发展的念头。1976年，单位为他提供了一次去香港的机会。这个机会是邵力伟向单位提出申请的，一年8个月之后，才被批准，他也终于迈出了接近理想的第一步。初到香港，人生地不熟，邵力伟孤身一人无所依靠。在这种情况下，创业之路曲折而又坎坷，所幸他在学校学习时颇为踏实，将知识牢牢掌握；在工作期间他也接触了很多领域，学习到很多实际经验。同时，他心中有这样一种信念：矛盾总是要克服的！他怀着永不放弃的精神，恰当地处理各种关系，将困难一一攻克。他从学习时期形成的做事风格——脚踏实地，也使他的公司成为质量的保证，赢得了良好的口碑，促成了他在事业上的丰收。果真是“长风破浪会有时，直挂云帆济沧海”。

虽已古稀，此情不老

邵力伟虽然在事业上颇有成就，但他不摆架子。第一眼见到他便觉得他和蔼可亲，感觉如沐春风。最近一次他回到母校，特意在学校住了一晚感受学校现在的生活。现在的校园和他们当年比起来，无论是学校环境还是教学设备都有很大的变化。当问到对学校现状感觉如何时，他微笑着极为朴实地说了句“太好了”。作为校友，他给学弟学妹们在生活、学习上提出了不少诚恳的建议。邵力伟认为年轻人要将身体养好，要有好的体质，身体是革命的本钱。他尤其强调一定要学会“做人”，要“厚德”。大学生要学习书本知识，更要多了解社会，学习知识要结合社会发展趋势。还有便是多学一点哲学，这样对于人生才会有更多感悟。另外，对于大学生就业问题，邵力伟也给予指导。现在的大学生都有个通病，就是好高骛远，这是绝对不可取的。应在待遇尚可的条件下，先工作起来，将书本知识与实际操作结合，多加体会，不要怕苦怕累，多掌握点工作经验，随后再稳定发展。

邵力伟除了给学生提供精神上的帮助，还给予母校实质上的支持。在母校 50 周年校庆时他慷慨解囊，资助了 25 万元。2012 年春节，他又出资 4 万元给留校学生添置生活用品。说起这些捐赠，他反复诉说，当年在母校读书时，学校免费提供学费、伙食费，现在自己做的这些不过是回报母校、回报社会，给后辈们做个表率。他同时还表示在母校 60 周年华诞到来之时，还要回馈母校。在采访中，他语重心长地告诉我们要尊师重道，热爱学校。从邵力伟的交谈中，我们也获知，这些年他还给予家乡不少资助，累计达 50 万元。自 1997 年起他每年召集同学聚会多次，每次都主动承担相关费用。他说，这么做只为促进老同学的情谊。

古人云：商人重利轻别离。然而，邵力伟虽是商人，却不以利为先。事业有成后，他难舍同学友谊，重情重义，筹划出资开展同学聚会；他难忘祖国的养育，心存感恩，用实际行动支持母校、家乡的发展。他不仅告诉我们如何学习、就业，更是用实际行动教会我们怎样做人——不仅仅为自己考虑，更要心存大爱。

（於海燕）

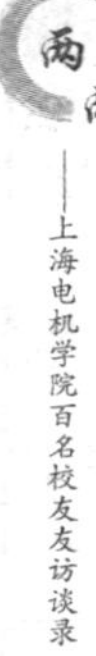

金德华　让自信为成功护航

金德华，男，1963年生。现任上海锅炉厂有限公司装备公司技术组组长，拥有高级工程师和高级技师职称。1982年毕业于上海电机制造学校。先后荣获"上海电气集团总公司十佳青年"和"上海市技术能手"、2004～2006年度上海市劳动模范、2006年全国技术能手、上海电气集团总公司"首席技师"等荣誉称号。

每个人都渴望赢得属于自己的成功。能够踏上成功的彼岸得益于诸多的因素，目标、能力、勤勉、勇气……或许还有那么一点机遇。而在金德华看来，自己之所以能走到今天，最重要的是一直持有一份自信。

1982年，当他从机电学院毕业走上工作岗位时，并没有什么明确的人生规划，也没想过自己要成为什么"家"什么"师"。但是有一点他却非常坚定，那就是无论做什么，自己一定要做得比别人好，也一定能做得比别人好。这是一份强烈的自信，也是对自己的一种要求。

同年毕业的那批学生中人才济济，金德华从不认为自己比其他同学更加优秀。他深深地替许多被埋没了的人才惋惜。但是，为什么被埋没的是别人而不是他？这应该与他一直持有的自信有莫大的关系。他认为，人一定要自信，一定要有一种舍我其谁的豪情；要有勇气告诉自己：我要做到最好，我能做到最好。自信成为他不懈奋斗的动力，他也用自己的勤勉、踏实为这份自信书写了精彩的注脚。

从一个中专毕业生，到靠自己的努力，完成了本科的学业，攻读了硕士研究生，成为同时拥有"高级工程师"和"高级技师"职称，这一路走来，在许多人的想象中，金德华的人生道路一定是充满了艰苦、刻苦、辛苦，整日与枯燥的专业书本和冷冰冰的机器设备为伴，生活毫无乐趣。事实上，除了考研那段时间，金德华平时每天看书一两小时。其余的业余时间，他也会看看电视，和亲人一起共享家庭的乐趣，并没有想象中的那么"恐怖"。唯一特别的是他把每天一两小时的读书习惯一直坚持下来，成为他生活中的一部分。

在他看来，吃苦和享乐并不是完全矛盾的。整天只知道读书学习也许不能算是乐趣，但整天玩乐更不可能是一种享受。人不可能在毫无目标地吃喝玩乐中获得成就感，那样的生活必然会带来一种不踏实的感觉，使人生陷入无意义的空虚中，最终会迷失自我。只有肯吃苦的人，才能获得属于自己的成功，才会有真正的乐趣。

金德华曾先后独立完成"波形板生产线改造"、"二号线弯管机改造"、"四米卷板机改造"等好几项国内外重大设备改造攻关项目，却从未遇到大的挫折，也没有感到丧气的时候。这倒不是因为他聪明过人或是运气好，而是每一次重要的技术攻关都是以平时深厚的知识积累作为后盾，都是以充分的自信作支撑。

有些事情连金德华自己事后回想起来都觉得不可思议，觉得自己胆子太大了点。

一次，他和同事一起改造苏联的“龙门刨床”。这个设备系统本身并不复杂，但是当时的图纸资料不齐备，参数也没有，全靠自己重新计算设计，这在别人看来是难以想象的事情。凭借着扎实的理论，金德华不断地琢磨消化，终于成功改造了设备。一次次成功的经验使他迈出的步伐更加自信，更加坚定。

金德华虽然非常自信，但他绝不是盲目的妄自尊大。作为一名享有“年薪”的技术工人，金德华是大家眼中的“成功人士”。而他面对这一称呼却是连称“惭愧”。在他看来，成功是一个不断前行的过程，而那些成绩和荣誉只不过是前行过程中的一个个港口，只是成功过程的副产品。他认为自己远远没有到达成功的顶峰，如果现在就陶醉于眼前的成绩，躺在已经取得的荣誉上沾沾自喜，那只能离成功越来越遥远。以前，他总觉得“学无止境”只不过是句套话，现在虽然所取得的成绩越来越多，金德华反而越来越深刻地体会到其中的涵义。所以，随着学识的增加、经验的积累，金德华不仅更加自信，也更加地坚定。他仍然告诉自己“一定要做到最好，一定能做到最好”。他会向着成功的方面继续前行。

编后语

有目标，肯付出，才会有回报，才会有成就感，才能有真正的乐趣。现在我们的学生中有许多人不愿意吃苦，其实是不敢付出，不相信自己的努力是有意义的，其深层次的原因是一份不自信，害怕自己的努力最终换来别人的嘲笑。在金德华身上我们看到，自信和勇气使许多在别人看来不可思议的事情变得顺理成章。

（原稿载于《上海电机学院报》2007 年第 9 期 7 版）

周至炎　把握机遇，实现梦想

周至炎：财会8101班校友。1983年毕业。曾先后就职于上海焊接器材有限公司，上海电气(集团)总公司机械基础件事业部、资产财务部，上海电气资产管理有限公司投资管理部，历任出纳、财务科科长助理、副科长，财务处副处长、处长、副总会计师、财务总监、投资管理部部长。现任上海电气(集团)总公司财务部预算部部长。

安于工作　勤于学习

1983年毕业后，他的第一份工作是在上海焊接器材有限公司当一名基层出纳。他边工作边学习，不断加深对会计专业的理解，为他以后的工作创造了更广阔的平台。他说："学习对我的影响很大，工作和学习是融会贯通的。"正因为这一点，他的业余时间几乎都花在求学的道路上，并获得了工商管理硕士学位、高级会计师职称。1983～1999年期间他一直在上海焊接器材有限公司任职，职位也稳步提升，先后担任财务科科长助理、副科长。1995～1996年期间被单位安排到南非一家知名企业担任财务处副处长职位。1996年，他荣升为财务处处长、副总会计师。

在谈及他在校期间学习状况时，周至炎谦虚地说："我在学校的时候并不是很优秀，因为开始时自己对会计专业并不是很有兴趣。"但回顾自己的专业，他又感言："可能是因为在学校时没有与实践相结合的原因，工作后才慢慢喜欢上这门职业。"他对我们大学生的寄语是"做财务要沉得下心，不能浮躁，才会有量变到质变的变化。会计到了一定程度的时候，它只是一门工具。"这段话中让我们认识到先要真正认识自己的专业，然后才能热爱上自己的专业；有了对专业的热爱，才有可能把工作做精做强。

机遇把握　拓展领域

在谈及机遇时，他说："因为公司的重组，让我抓住了这个宝贵的机会。"从1999年至今，他一直在上海电气(集团)总公司工作，先后担任了上海电气(集团)总公司机械基础件事业部财务总监兼上海焊接器材有限公司财务总监、上海电气(集团)总公司副总会计师、资产财务部副部长、财政处处长、上海电气资产管理有限公司投资管理部部长、上海机电国际商贸(集团)有限公司执行董事。在经历了多次的工作职位变动后，他也从财务领域转行到了投资领域。谈及心得时，他说："我的财务专业背景充分发挥了优势，从而使我在投资行业里能有立足之地。会计行业像是一个后台，它有广度却没有深度；投资行业像是一个前台，它有深度却没有广度。由于我一开始的职业是财务领域，让我的基础比那些投行出生的同行更加牢固，所以我在并购、收购谈判时，总

是能成功，并且能为公司赚取丰厚的利润。”他强调，财务管理是个核心，不管在工作时还是在学习时，都需要不断总结、不断学习，才能获取有效的经验；知识是综合性的，要不断积累、不断提升。

良好习惯　助力发展

在谈及就业时，他说：“平台很重要，应该找一个有潜力的公司。在这种公司中，我们能得到很好的锻炼，能学到很多知识。”在工作中，从一名基层到一名高层管理者这一路走来，他认为坚韧、仔细、谋略这些品质是很重要的。坚韧指的是做任何事情都不能有浮躁的心态，这是年轻人的禁忌；仔细指的是会计是一份非常精密的工作，需要全心全意投入到工作中去；谋略指的是要有长远的计划，本质上，谋略是一种为获取利益和优势的积极的思维过程。现代企业需要的是优秀复合型人才，所以年轻人应该勇于尝试不同行业的工作，要在实践中养成好的习惯。

对于大学生创业，他认为应该先就业再创业，这样不仅可以积累创业所需要的工作经验，同时也可以使他们对社会的就业动态有更加深入的了解。他认为，创业最佳时机是在毕业后的5年到10年之间，对于想在金融领域分一杯羹的年轻人来说更是如此。

成功的道路总是布满荆棘。最后他对年轻人的忠告是：每个人的人生轨迹都是不一样的，就好像每个人掌心的纹路是不同的。有些人的道路是平坦，但碌碌无为；有些人的道路布满荆棘，但阅历丰富。只有经历了岁月的磨练，才会有不同于他人的工作经历，才会有不同于他人的气质，才会有不同于他人的人生，而正是因为坚韧、仔细、谋略，你才会走向通往成功的道路！

（杨　春　石　力）

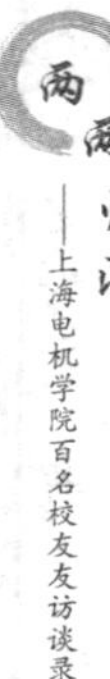

周　抗　从电气专业走出来的艺术家

周抗，电气8201班校友。现为上海摄影师、艺术家。他的作品在上海美术馆、美国旧金山艺术博物馆，巴黎大皇宫、小皇宫，泰国国家美术馆等多处参展并举办展览。法国里尔大学新闻学院文学硕士，中国首个微付网络图片库创建人之一，2009意大利佛罗伦萨双年展摄影类银奖获得者。曾出任复旦大学上海视觉艺术学院文化产业研究所、文化产业发展中心文化特别事务总监。

心中的电机——美好回忆

在电气8201班，与同窗好友们在一起生活、学习的那段时光是周抗心中最美好的记忆，那份纯真的友情至今回想起来仍然历历在目。不论是当时班里同学隔三差五相约去学校的泳池游泳，亦或是在寝室里彻夜畅谈各自心中最美好的乌托邦，都是周抗印象中最深的那幕。在他神采飞扬地诉说着那段青葱岁月时，我们发现，他的脸上洋溢出幸福的笑容，眼里也绽放出别样的光彩。如今，周抗与这些老友们还时常联系，偶尔聚聚，一杯清茶，一抹幽香，遥想当年，说说现在。

每一个成功人士的背后，或多或少有几位令他们难忘的良师益友，他的班主任便是周抗成长旅途中的良师。虽然事隔多年，班主任的姓名已经变得模糊起来，但他仍不能忘记当年班主任的谆谆教诲，若没有这位老师，可能现在的周抗会是另外一番模样。周抗回忆说，当年上学的时候，他是个调皮甚至有些顽劣的学生，经常会给班主任惹不少麻烦。但是老师并没有因为这个而给他贴上"坏分子"的标签，反而看出了他的聪敏，在很多方面给予他正确指导。虽然毕业后所从事的是与所学不一样的行业，但对于那位班主任老师，周抗心存感激。

摄影——我的理想之路

他曾是电气专业的一名学生，下工厂实习时，磨铁是他的必修课。可如今的他却是一位资深的摄影艺术家，手中冰冷的"铁块"早已变成精密的"仪器"。为何他有如此之大的转变？其实，他原本就喜爱摄影，喜欢艺术类的事物。但是父母却认为摄影不能成为事业。迫于父母的压力，他选择了当时比较热门的专业就读。但是等到毕业实习一结束，他就离开了单位，毅然走向自己热衷的摄影事业。"一个人就应该选择自己理想的道路，这样才不会有遗憾。回想起来也是一件令自己感到很值得的事。"

周抗踏上摄影之路一开始，也并没有想着将来会怎么样，而是怀着享受的心态去进行自己的摄影工作。在每幅作品中周抗都投入了自己的真情。"用心去拍摄，用心

去体会。”他说，“一幅堪称艺术的摄影作品不是随便说说就能确定的。景物之所以美，是因为它背后有故事。没有故事的建筑只是建筑，只是死物，就不会有灵魂，更谈不上美。”

人生感悟

因为执着，周抗将自己的爱好做成了事业。回首自己的摄影之路，他说：“作为一名艺术工作者，光有爱好还不够，还需要艺术方面的天赋。没有天赋在艺术这条路会举步维艰。其次，在选择走上艺术这条道路之前，要确保自己不会饿肚子。我不赞成饿着肚子搞艺术，说白了，要有一定的经济作为基础。最后也是最重要的一点，作为艺术工作者，很多时候都需要经受住巨大诱惑的考验。人们往往看到的是艺术工作者生活中光鲜的一面，殊不知，艺术这条路是非常寂寞、非常枯燥乏味的。不能冲着金钱去搞艺术，更不能冲着名利去经营艺术，真正伟大的艺术家都是为了艺术而艺术，是乐在其中的。”

从与周抗的简短交流中，我们发现他是个具有独立思想、执着意志的人，拥有一颗向往自由、享受艺术的心。他认为人生就应该大胆追求自己所喜欢的，趁年轻就应该去拼搏。“人生短暂，别在闭眼之前回想年轻的时候才发现自己什么都没做，那才是遗憾。在什么年龄就做这个年龄该做的事，过于成熟或者过于幼稚，都会让你错过你那个时代本应拥有的最美好的东西。”

（应　乐　陈　莹）

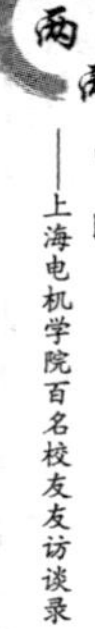

周伯明　成就每个阶段最辉煌的自己

周伯明，仪表401班校友。1962年从母校毕业后一直在仪器仪表行业从事技术和企业管理工作，见证了我国仪表行业的发展。

自建校至今，从电机学院陆陆续续走出了近8万名校友，他们中有的正在叱咤风云，有的还在默默耕耘；有的已经功成名就，有的还在艰苦创业。尽管他们的人生轨迹各不相同，但都有着一颗热爱母校的赤心。周伯明，作为一位从上海电机学院走出去的优秀校友，是一位有着丰富社会阅历的成功人士，他用自己的实际行动做到了"成就每个阶段最辉煌的自己"。

在实践中成才

1958年，也就是上海电器制造学校改名为上海电机制造学校的第二年，周伯明考入了学校的仪表专业。那个年代，国家正处于工业建设蓬勃发展的时期，急需仪表专业的人才，但当时仪器仪表类人才培养在国内还是个空白。就是在这样的历史背景下，上海电机制造学校开创了国内首个仪表专业。有了专业，却没有教材，学校老师就自己动手翻译苏联的教科书作为教材；有了教材，又没有完备的实验设备和实习场所，全靠大家进入工作岗位后慢慢摸索。

谈起当年的学习和生活，周伯明印象最深刻的是劳动实践课。在劳动实践课上，他和同学们一起为学校制造机电产品，在制造产品的同时也在潜移默化地提高自己的动手能力，这些为以后适应工作岗位奠定了基础。他对车床、磨床、铣床等的认识也是那个时候在车间实践中形成的。周伯明特别强调："注重实践并不是忽略理论，理论和实践是相辅相成的，一味地读书或是实践都不可取。只有把专业知识学好了，才能为实践奠定理论基础；也只有通过实践，才能把专业知识学透和掌握好，自身的能力才会有所提高。"这在他以后的工作中得到证实，动手能力强才能受到社会的认可和欢迎。"进入21世纪，科学技术高度发达的今天，劳动和技术工作已经密不可分了，现在的大学生更应该在实践中成才。"

在岗位上成长

谈起毕业分配工作的情景，周伯明说当时并没有考虑太多，只希望能够从事技术工作，所学有所用。在他看来，毕业后能成为发明家、科学家的毕竟是少数，大部分人可能就是从事技术工作。毕业以后，周伯明在仪器仪表行业从事技术和企业管理工作，他发现自己以前学过的很多知识与工厂实际需求不匹配。但令他感到欣喜的是，

在学校中他养成了较强的学习能力，通过不断地自我学习与提高，与时俱进更新知识，一步一个脚印，逐渐在工作中如鱼得水，成为当时国内很有影响力的分析仪器厂厂长，后来担任上海精密仪器公司副总经理、中外合资企业负责人。

几十年仪表专业的工作经历中，周伯明见证了我国仪表行业的发展，从仪表工业的起步、幼稚阶段到逐渐壮大、成熟时期，从当年面临的三重压力到现在进出口逆差的逐渐缩小。在周伯明眼里仪表行业不仅是工作，更是他的使命。周伯明说他的公司招人时，特别注重应聘者的动手和实践能力，动手和实践能力强了，才能有竞争力，才能给企业带来效益。“母校坚持技术立校、应用为本的办学方针，培养出的毕业生在动手能力方面是很有优势的。这也是我多次回母校招聘毕业生的原因之一。”

在创新中创业

周伯明退休之后仍不忘记用自己的专业头脑来分析问题，透过震惊一时的毒胶囊事件，他的视角延伸到科技创新这个问题。他说：“毒胶囊中铬的测定方法就是一个值得研究的创新问题。虽然其检测原理早在200多年以前就已经发现了，但是我们可以通过不断改进检测方法，改进检测设备结构，不断创造出灵敏度更高、稳定性更好、检测极限更低的新仪器，从而实现创新。”现实工作中周伯明虽然没有从事研究工作，但在特殊的工作岗位上使得他对创新有独到的见解。他不支持单靠个人的凭空想象来搞创新，“一定要站在别人的肩膀上搞创新，要学会借智借力。我们公司的仪器改进工作都是技术人员在现实的条件下去创新完成的”。他认为，创新和发明是建立在一定的现实基础之上的，发现问题并在前人的基础上去改进方法，需要发现，需要思路，需要理论联系实际，需要将问题回归到现实而不能凭空想象。在对比了在大学搞创新和在公司搞创新两种形式之后，他发现在企业里更好，因为企业的技术、管理等更能为创新提供基础，更贴近实际。

谈起创业这个话题，周伯明说他深刻地体会到了创业是何等的艰辛。“墨守成规是创业的大敌，不能把创业仅仅看成要你自己独立开设一个公司，更重要的是在自己的工作岗位上，不断地发现问题、不断思考发展前景、不断与时俱进，这样才能使得自己的事业发展壮大。”

在挑战中成功

周伯明在担任车用仪表中外合资企业筹建、企业营运的中方负责人时，碰到了诸多问题。比如中外双方对人员管理理念的不同、中方员工和外方高管之间的文化冲突与矛盾。为了在多重矛盾中求得中外合资企业的正常运行，周伯明校友化压力为动力，化挑战为机遇，最终取得了成功。同时在创业过程中他注重现有技术、管理工作与原有技术、管理工作有机衔接。在他看来，脱离原有的技术和管理，去搞一个自己还没有熟悉的全新产品、技术、管理不太现实。相反结合自己以前的工作或是从自身的实际经验出发，这样的创业才更容易达到成功。

每采访一个优秀的校友，我们收获的不只有他渊博的知识和丰富的社会阅历，还有足以陶冶情操、使人进步的精神食粮。周伯明校友给我们讲述的不只是他的成功人

生、优秀事迹，还有对人生的思考、成功的探寻，道出的不只有如何让自己更受欢迎的诀窍，还有对年轻人的期盼。他说，在我们身上，仿佛看到了当年血气方刚、朝气蓬勃的自己，希望我们能够脚踏实地走好每一步人生，成就每个阶段最辉煌的自我。

（殷　锋）

周昭坎　艺海中的寻梦者

周昭坎，工电307校友。1956年毕业分配到洛阳第二机厂；1958年选择支援内地建设，到安徽芜湖纺织厂。1962年10月，周昭坎成为中国美术家协会安徽分会会员，1965年周昭坎调任《安徽日报》。1973年周昭坎调至安徽省文化局创作研究室，“文革”结束后到上海人民美术学院学习宣传画创作，后转为中国美协安徽分会的专业画家。现为中国美术家协会会员，一级美术师。历任《安徽日报》美编，中国美术家协会安徽分会驻会画家，《美术》杂志社编辑部副主任、副社长，民盟中央副司级巡视员，《中央盟讯》编辑室主任。曾兼任民盟中央文史委员会和文化委员会委员、南京大学美术研究所研究员、中国壁画学会理事、香港《美术博览》杂志主编。当选第四次全国美术家代表大会代表、第六届全国美展评选委员。

“梦会开出花来的，
梦会开出娇妍的花来的，
去求无价的珍宝吧。
在青色的大海里，
在青色的大海的底里，
深藏着金色的贝一枚。”

当我们按照约定的时间来到周昭坎校友在北京居住的小区时，他已早早在楼下等候。虽已至古稀之年，周昭坎依然精神矍铄、神采奕奕。在他的带领下我们走进他位于18层顶楼的家，房门打开的那一刻，阵阵墨香迎面扑来。虽已退休多年，周昭坎仍坚持作画。他就是一个在美术的海洋里不断追求的寻梦者，当鬓发斑斑、眼睛朦胧的时候，他的梦开出娇妍的花来，金色的贝吐出洁白的珠。

追寻梦想　痴心不改

周昭坎说他从小就喜欢画画，地上，墙上，门上，可以画的地方都画上了，为此妈妈没少生气，没少打他屁股。在当时那年月，生在日本人占领的铁蹄下，家里没有能力治疗他的先天性白内障，但这并没有阻碍他对画画的热情。就读上海育才中学期间，他报名参加学校的美术组活动，看了苏联的造型艺术展览后更是一心要学画。可是父亲说当工人最光荣，国家最需要。父命难违，周昭玖于是在1953年选择了上海电器工业学校工业企业电器装备专业，成为学校招收的第一届学生。虽然此时专业与美术相差甚远，可学画的痴心未改，他在校期间成为学校美术组的积极分子，暑假在上海基督教青年会学习色彩，师从李詠森、孟光和颜文樑等当代美术界的名家，同时于孟光画室学习素描。

1956年从母校毕业后，周昭坎被分配到洛阳第二机厂仪器部。一次偶然的机会，北京化工部要来换四个技术员，他报名，于是没多久就经北京化工部分配到吉林电石厂安全技术科任助理技术员。虽然本职工作很出色，但周昭坎还是想画画，于是辞职回上海报考美术院校，决定背水一战。笔试顺利通过，面试时先天性的视力问题还是使他被当时的中央美术学院华东分院(今中国美术学院)拒之门外。周昭坎笑称为此他差点去跳黄浦江。

命运似乎比父意冷酷得多，没有退路的他只能往前看，于是在1958年选择支援内地建设，到了安徽芜湖纺织厂工作，先后在机电车间和党委宣传部任电工和干事。表面上似乎周昭坎顺从了命运的安排，安心做一名工人，但内心对画画的追求让他与命运抗争，利用业余时间参加芜湖美术馆的活动，开始画墙上的宣传画，他创作的漫画、宣传画发表在《工人日报》、《安徽日报》、《芜湖日报》，且多次参加省市展览。从此画笔派上了用场，他把他所有对美的感受都用画笔来倾泻。

为画而生　勤奋真情

1962年，周昭坎创作的宣传画《以革命的名义》先后在《安徽日报》、《工人日报》、《解放日报》发表，开始小有名气。1962年10月，他成为中国美术家协会安徽分会会员，于是开始了一发不可收的绘画之路。他的成名作是1964年创作的宣传画《全心全意为人民服务》、《越南人民必胜》，两幅作品同时入展第四届全国美展，在全国20余家报刊发表，并分别由上海人民美术出版社和人民美术出版社出版，前者为对外文委收藏，后者为中国美术馆收藏。

1965年周昭坎期调入《安徽日报》，任农村版美编。他似乎是为画画而生，如饥似渴地进行着创作，大题目画，小题目也画，甚至报上的小插图、小报花，他都画得津津有味，期间创作了大量插图与连环画发表于此报。不久，由于“文革”，《安徽日报》农村版被迫停刊，周昭坎被下放凤阳县东方红公社劳动。虽如此，他从没有放弃绘画的爱好，即使在这样艰苦的条件下仍然偷偷地画，油画《淮北老乡》的创作就是他此时的生活体验。他和没有耕牛的农民一起饿着肚子背犁耕地，因此对该县带头实行包产到户有着和农民一样的希望和欣喜，就这样画下了表现“希望的田野”的油画《淮北老乡》。

因为创作毛主席视察安徽15周年题材的机缘，1971年他被军宣队从农村借调回合肥，先后到马鞍山钢铁厂、裕溪口港和舒茶公社体验生活，用真情创作了《毛主席视察裕溪口港》和《毛主席指示我们大办民兵师》。1973年周昭坎上调至安徽省文化局创作研究室，“文革”结束后到上海人民美术学院学习宣传画创作，后成为中国美协安徽分会的专业画家。从此他的绘画领域不断扩展，水彩画、国画都有所涉猎，对油画更是爱不释手，画山画水画人物画静物，一路都画出了名堂。宣传画《没有共产党就没有新中国》入展1983年全国宣传画展并获二等奖，水彩画《雪崖》入展1990年全国水彩画大展获“金马奖”，国画《新姐妹》被送到意大利等14个国家展出，油画《团结合作创伟业》2000年入藏中国革命博物馆，油画《女记者肖像》入展2007年俄罗斯“中国年——中国当代美术作品展”，油画《傍水人家》入展1995年中国风景油画展，《质感的组合》入展第二届中国静物油画展等。

笔耕不辍　热忱敬业

除了画画，周昭坎还写文章。早在1958年在安徽芜湖纺织厂工作时，他除了创作

漫画、宣传画，多有政论杂文、散文发表于《安徽日报》、《工人日报》、《芜湖文艺》。1962年因业余美术创作的成绩，周昭坎被芜湖市文联组织到黄山休养写生25天，期间有感而发，在《解放日报》发表散文《我要画下世上美好的一切》，此文后来收入江苏省高中语文补充教材。曾在《人民政协报》发表评论《一字之改的希望》，特写《皓首不移富民志》获《光明日报》"同心谱"征文一等奖，散文《爷们和娘们》获安徽省报刊副刊优秀作品一等奖。画画与写作成为他生命的一部分。

20世纪50年代以来，周昭坎写作和编著美术史论300余万字，其中《创作自由的辩证法》、《当代中国现实主义油画的去从》、《从黄宾虹晚年变法看中国画教学》等文在美术界影响深远。而对于画家的研究，他所著的《艺为人生——吴作人的一生》和在台湾出版的《中国美术巨匠·潘玉良》卷、《庞薰琹》卷最具影响。他主编了《走过九十——画家萧淑芳》、《全国美术学院学生优秀素描作品选》、《美术学院师生速写作品选》等图书、画册。《吴作人文选》获国家出版署1979～1989十年优秀美术图书奖铜奖。

周昭坎1981年参加中国民主同盟，1998年从民盟中央宣传部的岗位上退休。期间他用近8年的时间积累，从民盟60年的档案和其他文献资料中整理、撰写了一部20余万字的中国民主同盟史。他还担任多部由中央统战部领衔组织的民主党派史的编委，还曾任群言出版社《中国图志丛书》副主编，编著陶行知、闻一多、李公朴、李文宜等民盟人物丛书。

周昭坎对美术事业的热忱与敬业也为同道称道。他曾参与策划组织85′黄山油画艺术讨论会，此次会议被誉为"中国油画家的'泾川起义'"、"油画艺术的春天"，载入史册；他挑头创办中国美协《美术》杂志社，力挽危局，延续了1950年创刊的《美术》杂志至今；他参与创办"吴作人国际美术基金会"，克服审批、注册等重重困难，于1989年5月正式成立；他建设门头沟九龙山画家村，2011年入住画家在中国美术馆联合举行"九龙山艺术展"，轰动一时；2001至2008年，他白手起家创办与主编《美术博览》杂志，独具风格，并因此获俄罗斯文化部颁制的"和平与合作"奖章。

坚强正直　心怀大志

当谈到对年轻一代的寄语与希望时，周昭坎校友说，现在的年轻人太脆弱，为了一点小事情自杀、害人，简直不可思议，现代教育应该培养年轻一代的意志，锻炼坚强的性格。周昭坎说自己这代人吃了各种各样的苦头，当年读书时母校的校舍就是在汽轮机厂里用竹子搭的简易房，每天扛着椅子、板凳去学习，虽然条件艰苦，但求学的心情非常强烈。当时列宁有句话叫"共产主义就是电气化"，那时年轻人单纯就是为了实现这个目标，为了国家需要而学习。现在听起来许多人会觉得有些乌托邦，但当时就是这样的心情，为了国家，为了人民。所以现在的孩子心里要有大志，不能只考虑自己。当然，现在社会给予每个人自由发展的机会，这是很幸福的，但还是要把国家大局放在心中，和自己的志愿与个性结合起来。我们国家有今天的发展真的不容易，希望年轻一代能够珍惜，把它建设好，正直做人，心怀大志。

（林敏芝　孙　慧）

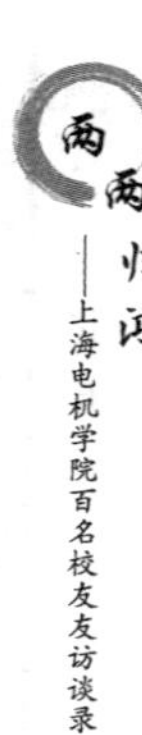

周瑞峰 为人处事的“三要”真理

周瑞峰，工电9516班校友。1998年毕业后考进公务员队伍，现任上海市黄浦区南京东路街道办事处综合治理科副科长。

对周瑞峰而言，读大专是一种机遇，为他打开了迈向成功的大门。考进公务员后，3年信访工作扎根社会基层，8年办公室副主任的经历使他明白什么是百姓所渴求的，这些都为他现在成为副科长夯实了基础。回顾过往，他并没有用华丽的辞藻堆砌他的成功经历，而是用平实真诚的语言告诉后辈青年“三要”的真理。

学习强化生存

学习，大学中的一个重要课题。当问起周瑞峰校友对大学期间学习的看法时，他似乎觉得这个问题是在意料之中。他认为，对于大学期间专业课的学习，老师只是起到一个辅助的作用，帮助学生构建专业知识框架，但学生最终吸收多少、学到什么，关键还是要看兴趣以及对新知识的学习与强化。以计算机专业为例，它本身是一个发展很快的专业，学生们需要不断地加强对新知识的学习才能适应不断变化的市场更新。学校的教材及设备基本上无法适应快速变化的市场环境，所以今后真正想要在本专业发展的同学需要自己去不断发掘新知识。

除却专业课的学习，周瑞峰特别强调了外语学习的重要性。对于以培养工科生为主的电机学院，学生专业技术扎实是找到好工作的基础和优势，而其他方面的加强则是优势的强化。他说：在大学阶段，如果有条件的话，最好要学习两门外语。现在外企在我国占有比较大的比重，拥有对外交涉和沟通能力的应届毕业生在应聘外企工作时往往占有先机。当然，掌握外语这项技能不仅仅局限于供职于外企的毕业生，即使是身处国企，也会有和外国人士打交道的机会，而这个难得的机会就是留给有准备的人了。因此，学好一两门外语对于我们而言不仅仅是一种课外兴趣，而更应该将其视作是必须拥有的生存本领。

通过不断学习强化生存技能，这是周瑞峰校友告诉我们的第一要点。

接触增加机会

大学阶段的短短4年中，我们遇到的只是芸芸众生中的一小部分，在踏上社会之后，我们会逐渐接触到形形色色的人。那时的我们会感到局促，会不安，会迷惘。这时，在大学期间多与人接触的同学往往能在同一条起跑线上占有优势。他们会拥有较好的口才，更懂得为人处世的道理，会明白在适合的场合说恰当的话、做正确的事，一

定的社交能力能让他们无论在什么场合都能以坦然、自信的心态去应对。周瑞峰校友坦言自己的工作性质需要有良好的群众基础，与群众进行面对面的沟通，帮助他们解决各式各样的问题，具备良好的社交与沟通能力尤其重要。这些能力不是先天的，而是在后天的自我培养中逐渐养成，大学期间的锻炼尤其重要。他很庆幸自己在大学期间能够得到这种锻炼，通过参加学校的各类社团和学生会活动，不仅培养了他的人际沟通、决策等能力，更是增加了他与人接触的机会，使他在与人接触中迅速地了解社会。

创造与人接触的机会，帮助自己快速成长，从而增进对社会的了解，这是周瑞峰校友告诉我们的第二要点。

坚持铸就成功

学生时代周瑞峰的一大收获是锻炼了坚强的毅力。眼前的校友很难让我们想象他曾被肥胖所困扰。一直以来他都被冠名为肥胖儿，承受着因肥胖引起的各种身体不适和同学们异样的眼光，种种这些让他下定决心减肥。减肥的道路充满了辛苦，然而他却从没有想要退缩、想要中途放弃，每天坚持跑步、做运动，足足坚持了 18 年。这份毅力与坚持不仅让他成功塑身，更成为他事业的助推力，无论做什么工作他都踏踏实实，做到最好。“不是每个人都能成功，但每个人都可以而且要试着去接近成功，坚持自己想做的事。青春转瞬即逝，我们能留住的很少，但至少我们可以牢牢守住自己的梦想，并尝试着用坚持和汗水去实现自己的梦想。超越自己，便是一种成功。”这就是周瑞峰校友想要我们做到的第三要点。

寄语母校

谈到母校，周瑞峰一再强调“技术立校，应用为本”的办学方针特别有独创性而且适合电机学院今后的发展，也非常契合当今社会就业的趋向。他说，有人认为工科技术类院校培养出的学生就业面比较窄，这是他不认同的，自己就是个例子。他毕业后所从事的工作与大学期间所学的专业并不是非常匹配，但他能够清晰地认识自我，寻找自己的兴趣点并在工作中不断学习。首先要提高自己的综合素质，要在激烈的竞争中立于不败之地；同时，对待就业要有前瞻性，提高自身可塑性，以便在适合的时机变更自己的就业取向，实现自己的价值。当代大学生就业压力大，努力发展成为一个技术应用型人才可以成为今后就业的制胜法宝。对于后辈师弟师妹，他最后说，未来需要年轻一代去开拓并不断奋进，青年人要努力、积极思考才能总结前辈走过的道路，取其精华，去其糟粕，也才能走出属于自己的不平常的道路。

（张　楠　王佳欣）

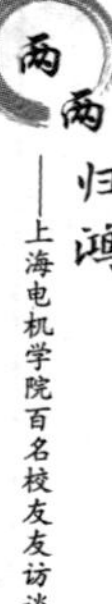

庞培利 电气工程师的商道人生

庞培利，工电7857班校友。1982年毕业走上工作岗位，从技术员开始，凭借出色的业务能力一直升至某国企技术部门骨干。从最开始通过阿里巴巴的电商平台，做西方人的强势马具商品；再到让老外厂家做自己的代工厂，把自己的马具产品打入国际市场。

我的学号是78137

也许是因为又见到了母校的来访者，庞培利开口便跟我们扯起当年在学校学习的点点滴滴。

当时，学校的设施非常简陋，食堂仍旧在长城机械厂。没有专门的教室和宿舍，大家都住在二楼的教室里。没有床铺，就睡地板上。地板是木制的，有老鼠洞。上课也是在这个教室。没有课桌椅，大家就坐在地铺上上课。但记忆中的这些日子并不感觉苦，反而是有趣、热闹，学习效率也挺高。再后来，学校将教学楼底楼的几个教室收拾出来，每个教室从中间用床铺隔开，一分为二成两个寝室，这样大家才算有了功能相对独立的寝室和教室。课间休息的时候，同学们就到行政楼与图书馆之间的空地上去踢踢球。那时的庞培利，在学校是个活跃分子，是学校广播台的播音员，还和夏庆刚、冯伟光、何志明一起出黑板报。“我的学号是78137，瞿龙祥的学号是78138。”说到兴起时，庞培利突然报出了自己当年的学号，仿佛30多年前的那一幕幕正浮现在他的眼前。

难舍同学情而放弃市区工作的“傻子”

正是在这种特殊的环境里，庞培利不仅练就了受用终身的专业技能，也收获了他人生最大的一笔财富：同学的友谊。“人的一生是一次漫长的旅行，总会不断结识新的朋友，同学之谊才是最刻骨铭心的。”庞培利是个至情至性之人。说到当年的同学之情，他跟我们说了个小故事。毕业当年庞培利被分配到市区的上海市第三机床电器厂工作，因为它地处市中心，这在当时是很多人梦寐以求的工作单位。但庞培利在那里只呆了不到1年的时间，就主动提出回到当时还是乡下的闵行。申请调动的理由很简单：“因为闵行有我们很多的同学。”为了能跟同学在一起，他做出了在当时几乎被认为是傻子的举动。他说，没有什么比跟同学在一起更重要了。当年学校条件虽然差，但是正因为有同学之间的这份友谊，他们才能无视条件的艰苦，一起办广播台、一起出黑板报、一起下学校工厂锻炼……

拥有海外代工厂仍不忘专业的"商界才子"

庞培利现在经营的上海圣聪体育休闲用品有限公司销售的产品几乎覆盖了所有马术马具用品，是众多国际顶级品牌产品在中国的销售平台。经过近10年的发展，圣聪马具已然成为中国马具市场的标杆，建立了高端诚信的品牌形象，拥有完善的门店、远程直销和批发体系。但是庞培利刚涉足这个行业时，并不是一帆风顺的。第一次做马具生意，庞培利进了4个产品，花了6个月时间才卖出去。但是正因为出于对马具这些机械产品的喜爱，庞培利坚持下来了。而真正使他拥有庞大客户群、领航中国马具市场的，是他的专业背景。每一个马具产品，在别人眼里是可能仅仅是一个马术用具，但在庞培利的眼里，它们都是一个个机械设备，是有生命的。透过产品本身，他看到的是它们的设计图纸、机械原理。为此，庞培利开发出来的马具是最有生命力的。随着市场占有率的扩大，庞培利开始委托国外的厂家生产自己开发的产品，让老外成为自己的代工厂，再把产品销售到国际市场。最近，根据自己这10年来对马具的理解，庞培利正在编写《中国现代马具实用手册》，这将是马具行业内的第一本书。"我要让自己的专业所学在马具这个领域里绽放新生命的光芒！"

（卿海龙）

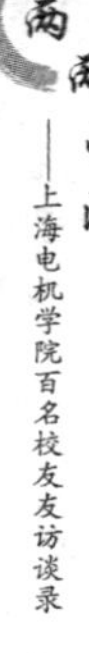

经　琪　磨砺以须，稳中求胜

经琪，1989年就读于上海电机制造技术专科学校（现上海电机学院），1992年毕业，2004年初创立上海金鹏船务有限公司，年底更名为上海金鹏国际货运有限公司。现任上海金鹏国际货运有限公司总经理、上海虹口航运商会副会长。

“小班主任”促其成长

经琪当年就读会计专业，“在校读书时，我一直是班长，那时候班长相当于半个班主任。”刚刚步入大学没有任何管理经验的经琪意识到，作为班长，不仅需要严以律己、做好榜样，更要从零开始探索如何管理整个班级，他感受到肩上重重的责任。在班主任的支持和帮助下，经琪在管理方面的天赋逐渐显现出来，班级事务被他管理得井井有条，在同学们中非常有威信，常常一呼百应。同学们都称他为小班主任，他的话有时甚至比班主任的还有效。整个班级在他的带领下表现出良好的学习氛围和精神状态，一直走在其他班级的前面。就在此时，经琪也有了要自己创业的远大抱负。

大学班长的经历是他成功路上无形的助手，他比别人更深刻领悟到管理的真谛。虽然是班长，但他从不喜欢摆架子，课余时间与同学聊天、踢足球成了他每天不可或缺的项目，与同学保持友好关系、了解每位同学成了他的职责。如今成为公司老总的他，仍能够关心每一位员工，为大家营造轻松愉快的工作环境，可以说大学时期“小班主任”的经历让他受益匪浅。

坎坷是迈向成功的阶梯

毕业之后的经琪选择去深圳发展自己的事业。初来乍到，他只能在一家公司当会计，但创业的梦想却像种子一样在他的心底生根发芽。终于，他辞掉工作，回到上海。

那时的中国货代行业正处于萌芽时期，也是个特殊敏感的行业。当时国家规定个人不能申请获得货代企业的资质，想要经营相关业务，只能挂靠到其他有资质的国有企业之下。经琪深知创业路上必定困难重重，但他努力稳住自己的阵脚。在此期间，他清楚记得，自己前后换过6次“东家”。早先挂靠的单位管理混乱、自身的运营也不正规，只能尽快主动撤离。等到好不容易挂靠到了正规企业，却因为自己的业务发展太快，又成立了独立的核算部门，“功高震主”影响到了挂靠单位的地位，不得不被“劝退”。这中间因为不了解有关政策，经琪在经营中还受到过工商部门的查处。总之，用

他的话来说，货代业在国内发展的种种坎坷，他都完整地经历了一遍。终于，2004 年 1 月，他拿到了经营资质，以 80 万的注册资金正式成立了上海金鹏船务有限公司，到年底，随着备案制的出台，注册资金达到 500 万元的上海金鹏国际货运有限公司又顺利登场。“金鹏”终于在经历数年的束缚后，展翅翱翔了。

稳扎稳打逐步前行

今天的“金鹏”以它稳健的步伐，在业界的知名度逐步提高。“金鹏”已正式成为交通部门批准的全国第 208 家无船承运人(即以承运人身份接受货主(托运人)的货载)，并通过 IS9000:2000 质量认证，主要经营国际货物运输、集卡等物流相关业务。它的经营范围也在不断扩大，从原来单一的海上运输，扩展到国际海上运输代理服务、国际公路运输、国际水上代理运输、国际快递业务、仓储、货物及技术进口业务等，从原来的小公司发展成为拥有航线部、订舱部、操作部、销售部等 11 个部门的大公司。现在“金鹏”在经琪的带领下月进出箱量 9 500 吨左右，拼箱 7 500 吨，出口货量位于整个上海市亚洲航线的前三。在“上游”船公司眼中，他是一级资质代理人，是 VIP 客户；在“下游”的两三级货代公司和不少江浙企业眼里，他又是海运进口业务的大“庄家”。如今“金鹏”依然在不断扩大其业务范围，公司员工已有 200 余名。对于未来的发展，经琪仍坚守以平稳为前提、稳中求胜的经营理念，稳扎稳打中逐步前行。

寄语学弟学妹要沉得住气

谈到自己的成功，经琪对母校尤其是当年的班主任充满感激，感谢母校为他营造了良好的学习和生活氛围，感谢班主任给予的信任，为他提供了锻炼能力的机会、孕育成功的平台。谈到对即将走上工作岗位的学弟学妹们的寄语，经琪语重心长地说：“想要成功，就要经得住困难、吃得了苦。毕业找工作不能眼高手低，凡事从最基本做起，不要有诸多抱怨，要沉得住气，逐步提升自己的专业技能，积累资本。”所有的成功都是以时间为基础，以经验为垫脚石，一步一个脚印走出来的，没有人可以从开始有梦想直接过渡到实现梦想。无论选择的工作是否是自己擅长和喜欢的，都要沉住气，耐心做下去，当成自己的事业。这样，就是成功。

(虞露露　肖　雪)

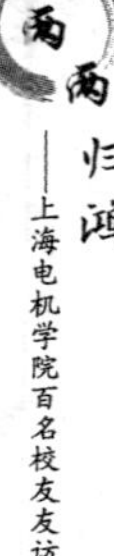

冒德华　平凡却不平庸

冒德华：李斌技术学院校友。上海市优秀农民工代表，曾荣获全国“五一”劳动奖章、上海市劳动模范等荣誉称号。

尽管已经离开上海电机学院这么多年了，但是当冒德华再次提到母校时，回想校园里的那段青葱岁月，还是有许多难以忘怀的回忆。不管是良师还有益友，在电机，他都收获到了。

对于理工科的学生而言，最头疼的莫过于那些枯燥乏味同时又让人难以理解的课本知识，冒德华当然也不例外。幸运的是，他碰到了负责机电专业课的陈老师。虽然现在已经记不清陈老师的具体名字，但是陈老师的为人、为学、为师给他留下了深刻的印象。“陈老师不仅教会了我许多机电方面的知识，也让我明白了一个道理，那就是尽管机电方面的知识枯燥难懂，但是这并不意味着就能机械地去做那些程序。相反，我们应该吃透这些原理，知道它为什么这么做，找出窍门所在。”在陈老师的谆谆教诲之下，冒德华不仅逐渐爱上了专业课，而且从中收获到了机电专业课的快乐，激发了他学习的乐趣，为他日后的成功奠定了坚定的知识基础。

学校的生活总是离不开同学的陪伴，对于冒德华来说印象最深刻的莫过于在培训过程中与自己的两个好朋友去借计算机编程序的事了。因为当时经济条件不允许，别的公司都有计算机，而他们却没有这个条件。不过他们并没有被困难击倒，相反，他们更加坚定地想通过自身的努力把事情做好。他们三个人几番周折之后找朋友借来一台电脑，一起学习，一起钻研。“书非借而不能读也，如果不是历经波折才借来的电脑，我们很可能不会珍惜学习的机会，也不会收获成功的喜悦。”这次的经历，不仅让他们学到了更多的知识技能，也让他们三个人建立了深厚的情谊。“其实，真正的朋友就是这样，一起学习，一起奋斗，一起成长，最终一起收获快乐。”如今，再次回忆起当年求学过程中的点点滴滴，冒德华还是津津乐道，仿佛这一切都未曾远去。

作为上海市农民工代表，冒德华 2004 年参加“李斌杯”技能大赛农民工专场比赛，荣获车工中级第一名。2005 年又获车工高级工证书，同年被评为电气集团第一位农民工“李斌式职工”，2006 年加入中国共产党，2007 年获车工技师证书。面对不断的荣誉，他并没有沾沾自喜、止步不前，而是依旧用心地工作。因为在他看来，工作是他的本职，也是他一直热爱的事情，所以他愿意付出时间、付出精力去拼搏奋斗。

也许有人会感到疑问，一直以来这么努力地去面对日复一日的工作不会感觉到疲惫吗？也许对某些人而言的确会这样，可是冒德华却没有这种感觉。就像他自己曾经对他的员工们说过这样一段话：“你们现在每天工作 8 小时，稍微晚一点下班你们就觉得是在加班，会认为自己的工作有多么辛苦多么累。但是设想一下，如果是你们自己做老板呢？为什么每一个老板都能承受起早贪黑的工作强度？为什么每个老板都会

全身心的投入工作？说白了，就是一个责任心问题、一个主人翁的意识。只有当你真正热爱一份工作，真正把这份工作当作自己的事业去爱护，就乐意付出自己的辛勤去换取它的成功。当然也就不会感觉到累了，只会觉得自己乐在其中。”或许，这是一个劳模的境界，一个全国“五一”劳动奖状获得者的情怀，但是其中的道理是朴实的。他是这么说的，也是这么做的。冒德华进入公司工作十几年，坚持不懈钻研技术，在生产中肯吃苦、肯动脑，开展创新改革，不断提高工作效率，不仅提高了自身的操作技能，也身体力行给员工们做出了好榜样。

评价一个优秀的员工仅仅是看他为企业创造的经济效益吗？冒德华的答案是否定。他认为一个优秀的员工不仅要对自己的公司负责，更要对广大的老百姓负责。冒德华跟我们分享了他的一个故事。有一次一家单位请他做一个产品，冒德华经过反复论证，发现这个产品安全系数不高，就算是制造出来了，也是一个存在安全隐患的产品。但是对方为了利益，无视冒德华的顾虑，依然要求他这样去做，并许诺高额的经济回报。面对这样的情况，冒德华毅然决然地拒绝了。因为他既要对产品负责，也要对消费者负责，对人民群众负责。所以，在各种诱惑面前，冒德华坚守住了自己的职业道德操守。“这些年奶粉中添加三聚氰胺、老酸奶添加工业明胶以及问题胶囊等一系列的问题，不都是企业为了经济效益而放弃了本应该坚守的道德标准吗？试想如果每个员工、每家企业，都能怀揣着对社会负责、对人民负责的态度去对待自己的工作，不论在任何事情面前都能坚定自己心中的道德底线，不为金钱而改变自己的价值取向，尊重生命，那么类似于这样的问题将会减少很多，社会也会变得更加和谐。”

没有轰轰烈烈的事业，没有惊天动地的举动，但，平凡而不平庸，或许这就是劳模冒德华的人生写照。

（黄　红）

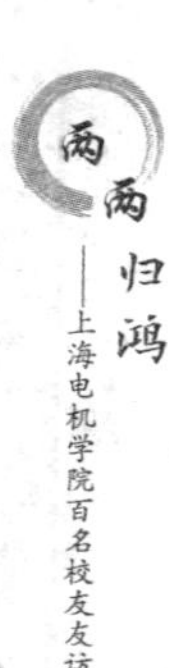

施卫平　平凡人生中的不平凡经历

施卫平，工电7959班校友。1983年电校毕业，分配至上海电机厂工作，1992年辞职。辞职后创办自己的企业。现为上海岭通电子科技有限公司销售经理。兼任校友会1979级分会副秘书长。

约施卫平的采访很顺利。但是他强调：作为校友，无论是哪一届的，你们有什么事找我都欢迎。不过你们不要把我作为一个"经理"级别的成功人士采访，那样会使我感到受宠若惊！我可以实事求是地向你们介绍介绍我的学习和工作经历，作为电校毕业生众多类型奋斗故事的一例。仅此而已！

这样，我们就有了在电机学院闵行校区的轻松交流。

童年生活和求学经历

20世纪60年代初，施卫平出生在上海市崇明县的一个农民家庭。当时，整个崇明岛上，除几个国营农场外，还都是十分落后的乡村。他家共七口人，家庭条件相当贫困，奶奶、父母和他们四个兄弟姐妹都一起住在两间破草房中。但就在那样的艰难岁月，大家都在为三餐温饱发愁的时候，他的父母却不忘将他们兄弟姐妹四个一一送进学校求学，并且严厉阻止他们中途退学的要求。

在施卫平的记忆之中，对自己就读过的小学印象深刻，那毕竟是个承载过他童年和少年梦想的地方。小学有一个文绉绉的校名，叫做"赞化学校"，是个带帽小学(以前的说法，就是还包含初中)。但是在周围的邻里乡亲中，似乎总要习惯叫它为"杨家庙"，因为那所小学的前身就是一座小破庙。他回忆道，只要在有风的日子，总能听到那扇庙门咿呀咿呀作响。而每当要上课的时候，老师敲起铜钟的"铛铛"声，清脆而悠扬，至今还常常在梦里带他进入童年的回忆！

至1977年秋，施卫平在"杨家庙"读完了7年，初中毕业。也是那一年全国开始恢复应届生高考。老师们都兴高采烈，对同学们说：读书人的机会来了！你们卖力点，再复习半年，说不定考出去了，就可以不在这里做老农民！这话听起来有点过于直白，但是真的，看到父母辈"面朝黄土背朝天，弯腰曲背几十年"日出而作日入而息地辛勤劳作，一年下来却还常常要倒欠队里经济账的生活境遇，使他很不甘心自己的未来也是这样的重复。因此老师的话给了他实实在在的触动！他于是和同班刚毕业的30多个同学一起，参加了学校一学期的补习备考。随后，在1978年的那个夏季，他一举考上了重点高中——崇明中学；同时，他又去参加了应届生中专考试。在崇明中学读了两个月书之后，他接到了上海电机制造学校的中专入学通知书。

施卫平说，那时城市户口吃香啊，能进入城市读中专的农民子弟无异于鲤鱼跳龙

门！所以，接到中专通知书的他们这些农民子弟，为了早日跳出农门，很多父母选择让他们放弃重点高中而立刻去中专报到。他回忆道：他们崇明中学那一届高一年级一共才 6 个班，中专通知书一下子弄走了两个班，大概 100 多个人。

在上海电机学院的求学经历

1978 年秋季入学的施卫平他们这一届，是“文革”后复校的第一届学生。总共 4 个班，都是从上海郊县招来的初中应届生，其中也包括现在电机学院的夏建国校长、徐余法副校长等一批满怀抱负的优秀人才。当时正值国家拨乱反正以后对大中专院校教育极度重视的时期，因此得到上级主管部门首肯的严雪怡老校长亲自动员、召集了许多电校旧部下，以及其他有志中专教育的老师、员工，开始电校的复兴之路。

正是因为当时环境的特殊，他们这一届对在电校的学习和生活经历刻骨铭心，对电校的感情也异常深厚！

他们初来电校报到的时候，地址还是在不远处的长城机械厂（即现在的三菱电梯公司）。刚开始复校筹备的电校在那里临时借了两层楼面，一层做宿舍，一层做教室和老师办公室。

课桌椅和床架进不来，同学们就在打扫干净的室内地板上坐着上课，在铺着草席的地铺上睡觉；长期废弃不用的教学楼没有水、没有电，他们的晚上照明只能用马灯、蜡烛；厕所大多不能用，男同学就只能用农村施肥的粪桶临时应付……

呵呵呵！施卫平笑道，那时条件虽然艰苦，但现在回忆起这段经历，倒是有金不换的感觉！老师们曾经激情四射的鼓励，至今还常常回响在耳边：同学们，我们现在就是当年延安的“抗大”，艰苦的条件可以磨砺我们的意志，将来你们都要成为建设我们国家的中坚力量！

历数当年的学校领导和教师：严雪怡校长、谭恩鼎副校长、海定广副校长，班主任彭老师、卞老师、郁老师和后来的焦斌老师，以及任课老师申鸿光、诸慧琴、余觉安、赵孟懿老师等，在施卫平脑海中都记忆深刻。

由于身体健康原因，1979 年时施卫平回家休学过 1 年。回电校继续学习时，他从原先的 7856 班转到了下一届的 7959 班。

“所以，”他幽默地说道，“从某种角度来说，我真是占便宜了！我现在电校校友会活动或同学聚会时，1978、1979 年都有份的！”

在电机厂的初步磨练

相对于求学经历，施卫平的工作经历可就更加丰富。

1983 年他在电校毕业后顺利地进入电机厂动力科电信班，从事的是通信设备的维护和保养方面的工作。因为那时全社会都急需经过正规学校训练、培养的人才，所以他们虽然只是中专毕业，却一进厂都作为技术干部接受再培养。他所跟随的师傅陆德张是一个自学成才的工程师，学历据说只有初中，却在纵横制交换机的维护技术方面有独到的技术成就。陆师傅不但能解决相关设备出厂家时就有的技术缺陷，为厂家的设备技术改进提供借鉴，而且受上海市电信局委托，分批培训了全国各地几百名交换

机维护技术人员。陆师傅对他要求非常严格,一切安排他从头做起,哪怕是挖电缆沟、修电缆等粗活重活,都要求他一起亲力亲为。正是由于这段工作经历,对他以后的工作有极大的帮助。所以直到现在,施卫平对师傅的感情还非常深,每年都要不时地去看看年逾古稀的师傅和师娘。

在电机厂动力科期间,他还积极参加团组织活动,曾担任设备动力分厂团总支宣传委员,参加过团市委的团代会。同时,他也曾和现在上海市组织人事报的王洪波等一起,牵头组织了厂内的一批文学爱好者,成立文学社,并主编《昭华》社刊。厂里的许多次赛诗会上,他的作品都能拿奖。

1988 年,由于工作需要,他被调入厂政工处工作。4 年后,上海电机厂作为人事改革的试点,率先实行全员劳动合同制。各部门面临人员精简,人心惶惶的气氛开始出现。衡量下来,施卫平觉得自己在政工处资历最浅,可能他被首先调到厂里的其他基层车间。说起来,他们在政工处待过,下基层的待遇应该不会很差。然而不甘于平庸的他,认为变被动为主动的结局也许更好:不如借此机遇出去闯闯,也许外面的世界还真是很精彩!

当年五月,施卫平毅然从电机厂正式辞职,并进入了厦门(香港)华昌公司上海工程部。

在私营企业成骨干

一下子从万人国营大厂进入一个几十个人的小型外资(实际就是私营)企业,对他来说还真是不适应。而更大的挑战在于生存法则的根本改变:在这里,你完全是要靠你过硬的技术、过硬的本领站住脚,来不得半点弄虚作假!而且在那种环境下,也不可能有人像电机厂陆师傅那样主动来教你!

20 世纪 90 年代初,通信领域的程控交换技术在国内还刚兴起,而华昌公司正是从事小程控设备产品的制造和销售。施卫平说,他当时是作为有相关工作经验的工程技术人员进公司的。可是,进公司上班第一天,他一拿起程控设备的电路板就晕,而且一点方向都没有。为什么?因为他原先在电机厂接触的纵横制交换机,完全都是分立元器件组成的电路,和集成电路一点关系都没有。偏偏程控设备的电路板上,满眼都是蟑螂一样地趴着一个个集成电路芯片。这怎么办?

他说,当天从公司回宿舍的路上,他真是满心的沮丧,完全找不到在电机厂曾经有过的那种一看就清楚的感觉!他甚至怀疑自己辞职的决定是否太冲动。

还好,他毕竟是在电校正儿八经读书毕业的。当时在电校受教育形成的综合素养,在这工作的转折关头产生了重要的正面影响。当天晚上,他就在宿舍反复地叮嘱自己:不能退缩,路是自己选的,刚上路就认输,那会无路可走!学校虽然没有直接教过程控交换技术,但是可以从一些基础的知识、基础的解决方法入手;再则,在厂里陆师傅虽然从事的是纵横制交换机的维护和保养,可终究应该有相通的地方。

第二天,他先试着从设备整体着手,对照相关图纸,理清各电路板之间的框架结构关系。

第三天,他又抽时间向别的工程师请教了一些相关集成电路和程控交换方面的基本原理。至下午下班,他心中已经轻松了许多:因为他知道自己能把这些工作吃下来!

从随身携带多年的几本电校教科书中，施卫平翻出“脉冲电路”的专业课本，重新温习有关与门、或门、非门、与非门、或非门、异或门等门电路知识，首先了解一些基本的开关电路、译码电路等较简单的小型芯片的工作原理。同时，他也按照自己的工作范围，抛开属于产品设计领域，只从设备维修角度，采取顺藤摸瓜的方式，逐级弄懂各部分电路之间的信号对应关系。几天下来，居然就能把设备相关电路图的逻辑关系基本弄通，然后，再通过产品出厂调试进行实践，很快就摸到了门道。

短短一个月后，他就已经开始在全国各地的用户中为公司产品进行现场安装、调试及售后维护等工作，很快成为公司的技术骨干。

投身于销售行业

1994 年的时候，可以说是他事业的又一个转折点，因为他开始向市场营销这个行业进军。这也许和他自身性格有关，因为他是一个不安于现状、有理想有抱负的人，他认为人生就应该充满挑战，在挑战中获得成就感和快乐。那年他跳槽进入杭州求精电子设备有限公司，担任市场部经理一职。

1996 年，由于他工作出色，同样是从事小型程控产品生产和销售行业的求精公司，老板为留住他共同发展，动员他成为了公司合伙人。

1999 年，他 37 周岁，因为要回上海结婚，离开了杭州。此后的几年里，他就基本以一个自由职业人的身份，采用与求精公司松散型结合的方式，继续谋求在小型程控设备市场的生存。

直到 2003 年，他终于注册成立了上海寅格电子设备有限公司，有了自己的事业起点。

然而，说到此，施卫平却深深地吸了一口气：有很多事，结果往往事与愿违！满怀希望地注册了自己的公司，以为从此自己就有了商场上叱咤风云机会、有了大发展的前途。可这一点上，他并不成功，成为了商海里的呛水者。

俗话说：商场如战场，商海里的独自打拼，远比在别人家公司里打工艰苦得多！那是一种真正综合素质和综合实力的博弈，既需要你个人的领导能力、市场把握能力及人与人之间的亲和能力，也需要公司的团队作战能力、经济实力和产品技术能力。

施卫平感慨道，实际上，像这种创业的小公司，除非一开始就有独一无二的产品和绝对领先的技术优势，否则就很难发展壮大。他总结多年来经营自己公司的经验教训，认为自己最缺乏的还是一个强有力的合作团队，其中也包括资金等深层因素。

2009 年，寅格公司因受货款拖欠而在资金上最终陷入困境。施卫平觉得与其这样硬撑，还不如转而加入到朋友公司的合作团队中去。他于是卖了自己心爱的汽车，辞退了与自己同甘共苦几年的几个员工，暂停自己公司的经营，从而放下包袱，一身轻松地来到上海岭通电子科技有限公司，作为主管该公司“子母时钟系统”产品的销售经理，去适应和发展另一种新的产品市场。

今年已经是他在岭通公司做子母钟系统市场开发的第 3 个年头。这个市场还是比较新兴，所以虽然开拓发展比较慢，但是潜力很大。经过 3 年左右的努力，产品市场前景的辉煌已经开始在他面前展现。施卫平现在又变得雄心勃勃。

不骄不满，时刻谦虚

总结学校毕业近30年来，尤其从上海电机厂辞职以后的工作经历，当被问到怎样评价自己这几十年的成就。他摇摇头，谦虚道："成就？我没什么成就！反而失败倒是显而易见。"生意场上，他顶多是一个闯江湖的，所以他现在还在为自己的养老金奋斗！相比之下，他电校的同学、校友之中，真正把自己的事业搞得有声有色、轰轰烈烈的成功人士倒是大有人在，甚至有的同学已经有了自己相当庞大的产业帝国。但是他并不自卑，乐观向上就是他的积极一面。虽然，他现在已经50岁了，可他永远是个不服输的人。只要他还能干，他就永远有斗志！

当然，他认为，人也总有情绪低落的时候，关键是要能从低迷的情绪中自我解救出来。有时候，多与社会接触，多与曾经的同学、同事和朋友联络、交往，会使你的生活变得轻松自在，从而也有益于自己的事业。

施卫平是个热心而又比较念旧的人，因而对自己曾经的校园念念不忘。同时，他又是一个十分注重诚信的人，认为那是人际交往的基础。只有讲诚信，别人才能信任你，才愿意和你交往。

对在校学弟学妹的谆谆教诲

他认为在校学生不仅要学习而且也要参加各种各样的社会活动，学习是学生的天职，同时在学校最重要的是要得到一种综合学习能力的培养。所以学生不仅要学习知识，更重要的是要掌握学习方法，因为知识是无穷无尽永远学不完的，只有掌握了正确的学习方法，才能更好地学习。学生也要参加大量的社会活动，学生最终还是要走上社会，社会就是人与人及其相互关系所组成的，因此他认为大学生现在就应该多参加社会活动为将来迈向社会做好准备。

他不赞成大学生一毕业就创业。因为大学生社会经验不足，可能在遇到挫折时抗风浪的心理能力比较弱，所受到的打击会很大。所以他建议：大学生毕业之后，应该首先选择就业，这样一方面可以多学习创业知识，另一方面可以积累工作经验，为将来创业打下基础。另外，成功的定义，也并不是只限于自己创业，更多的时候，加入到团队去一起奋斗，也不失是一种良好的选择！他还补充道，当我们工作一段时间以后最好能够继续去深造，因为这样对我们以后发展会有很大的帮助。

对母校60周年华诞的殷切祝福

当谈到母校60周年校庆时，他激动道：母校校庆是我最在乎的大事，母校和校友也是我心中最纯真的称呼。60周年沧桑巨变，60周年春华秋实。在此他祝愿母校更加辉煌！

（杨景华）

姚　凯　努力——搭建兴趣与成就的桥梁

姚凯，上海市机电工业学校1982届校友。现任航天证券首席分析师。中央电视台经济频道《市场分析室》、《第一财经》的特邀嘉宾，深圳电视台大型直播节目《中国股市》嘉宾，并常年担任浙江经济台《股市黄金档》的嘉宾。

他，是家中的长子，努力挑起家庭重担，以比市重点高中分数高20分的优异成绩选择了时为中专的上海市机电工业学校（现为上海电机学院），为弟弟上大学筹备资金做出了巨大的牺牲。在校期间，他是学校的骨干分子，是老师的好帮手。毕业后，作为学校的优秀毕业生留校担任电工老师。他，就是姚凯。

成功来自不懈的努力

1986年姚凯毕业于上海机电工业学校，由于成绩比较优秀，所以留校担任了学校的电工老师，他对这份工作并没有什么兴趣。因为年轻，他不想做一份自己不喜欢的职业，打算跳出学校追求自己的理想。他一直对金融比较感兴趣，受老教师的熏陶，在学校期间他也学习了很多金融知识。走出校门后他进入了期货公司，穿起了“红马甲”，一步一个脚印；为了实现自己的目标努力地吸收着经验和知识。但不幸的事情发生了，1998年，他遇到了一场严重的车祸，简直可以说是危在旦夕，让他足足在床上度过了1年的时间。1年中他什么都没有干，只能养病。虽然1年的康复对于身体来说已恢复了，可是对于脑袋来说真是大不如从前了，这对于他来说真是一个致命的打击。但是他不会因为这个小小的挫折就泯灭了对金融的爱好，他决定重新进入金融市场，学习股市分析。刚入门的他什么都不懂，一切东西都是全新的，他依然很坚定自己的方向。通过不断地努力与学习，担任起上海航海证券的分析师。他觉得凭借当年的努力，现在可以通过自己的专业知识给与股民一些方向，同时也可以通过上海第一财经频道的节目和大家进行沟通，这归根到底都是和当初坚持不懈的努力息息相关。

恩师教导引领成长

当姚凯回忆起在母校的点点滴滴时，让他印象最深的是他的班主任王德皓老师。他们班聚集着很多优秀的学员，有很多是区里数一数二的学生，由于家庭的种种原因，选择了机电工业学校，进了他们班。他们都非常优秀，有着各种各样的想法和个性。年仅20多岁的班主任王德皓和同学们一起建立起这个集体。他就像一个青年领袖，指引着大家向正确的道路前进，鼓励着大家实现自己的目标。在校期间，王老师给了他们很多的鼓励和支持，正是老师的鼓励和关心让姚凯在学校里培养了更多的兴趣，也正是这些兴趣在他的工作中起到了至关重要的作用。

方向是人生的重要旗帜

姚凯攻读的是电气自动化专业，但他更对金融和股市感兴趣，所以当时他就利用课余时间，和学校里同样热爱金融的学生一起组成了一个小圈子。也正因为这样一个小插曲，让他在毕业留校教书之后选择从事金融行业。从 1994 年刚开始涉足的电话报单，到后来的“红马甲”，他认为每个人在慢慢成长的岁月中选择一个好的方向是非常重要的，很多人在经历了大风大浪之后总会说：“我努力过了，那就够了。”其实不然，如果我们在人生的开始就能找到一个对的方向，努力就会让我们事半功倍；而如果一开始选择错误方向，那么很有可能在努力了大把时间之后却走不到终点。

博览群书方能手到擒来

姚凯认为现在的学生不应该把所有的经历都局限在自己所学的专业上面，如果兴趣不在这里，而且专业课没有学得很好，以后就业就会遇到很大的问题。所以他建议多看多学一点，这是没有坏处的。像他当初学的高数、英语，工作后很长一段时间都用不上了，但是英语现在又成为一个能力指标，如果想去更好的地方或公司发展，那么英语是一个必须过关的敲门砖。况且在现在外资企业居多的情况下，英语是一个与人交流的必备工具。所以他建议现在在校的学生可以多去尝试学习一些新的知识，这样会对以后有很多无形的帮助。正如他自己，现在从事的工作并非所学专业，但是就是因为在大学期间多学习，多去接触不同的事物，所以才可以让他在这个行业里得到很多。

培养兴趣才能坚持到底

姚凯觉得学生就业最主要的是需要足够的兴趣，而这个兴趣并不是只是对一件事情单纯的感兴趣。因为无论以后你从事什么样的工作，过着什么样的生活，都会有不顺心或低潮的时候，而每当人们遇到困难时，需要有足够的毅力支撑着你走过这一段艰苦的日子，如果你对所从事的这个工作有足够的兴趣，那么就会在这段艰苦的日子给你更多的支撑。当然这些兴趣也会帮助你在这个工作上一直走下去，一直坚持下去，这也是最重要最可贵的。

（艾智超　吴宇旻）

姚 俊 成功从好奇开始

姚俊，机床设计与制造81级校友。曾任上海电机厂副总经理。现上海电气集团中央研究院副院长，全国金属切削机床标准化技术委员会委员、磨床分会主任委员，中国机械工业标准化技术协会常务理事，国家高效磨削工程技术中心专家委员会委员。长期从事精密制造与磨削技术研究、精密磨床的设计开发和磨床产业化的技术管理工作。

好奇心铸就成功

当我们问起姚俊当代大学生应该具备哪些求学精神时？他思考良久才说出了三个字——好奇心。“无论是在求学阶段，还是毕业以后的工作中，年轻人都应该有好奇心。好奇心是促进一个人上进的动力源泉，也是不断自我完善、自我提升的途径。”当然，好奇心也是促使姚俊成功的重要因素。从一个见习生到领导岗位，一路走来，姚俊认为对机械设备原理的好奇心以及对机械领域的不断探索，是他不断前行的动力因素。回首自己的工作历程，刚踏上工作岗位时遇到的最大困难是工作经验的匮乏。尤其是碰到以前书本中没有见过的机械装置时，难以下手，不敢操作。正是因为有着对机械装置的好奇心才使得姚俊在面对困难的时候迎难而上，虚心向老师傅求助，去图书馆查资料、查书籍。弄明白原理之后，姚俊又借各种机会去动手操作、反复练习，直至熟练掌握操作技巧。在好奇心的驱使下，什么机器他都要亲自去操作、去研究它的原理，这样的经历让他比别人更加了解所使用的机器，也使他在机械方面的造诣不断得到提升。

但是姚俊并不满足于对既有知识的掌握，浓烈的好奇心驱使他在这一领域不断的求变创新。经过14年的深入研究和探索，他研究开发的机床不仅突破了以往的不足，还大大改进了工作效率，并且出口德国，受到国外客户的高度评价。他还不断学习国际的先进专业技术，带领着公司的技术开发团队研究出“北斗二代”激光测距望远镜。这一技术在当时可算是国际上数一数二的几十年来的不断努力、不懈探索，姚俊多次荣获国家和国际大奖，并拥有多项国家专利。

正是因为姚俊时刻保持着好奇心，不断探索创新，在工作岗位的兢兢业业刻苦专研使他从一个小小的技术员成长为上海机床厂的总工程师、副总经理以及现在的研究院副院长。谈到这里姚俊感叹道：“如果你有好奇心，那么便会发现生活中处处都有奥妙之处，从而激发出你的潜能。而且，好奇心并不是孩子们的专利，无论什么年龄，只要我们对生活充满好奇，充满渴望，就会有所收获。”

自我定位是根本

姚俊随后也谈到了大学生的自我定位:“现在很多高校毕业生在求职的时候,在用人单位面前缺乏信心,不敢施展自己的长处,最后与好工作失之交臂。也有很多毕业生自恃清高,眼高手低,看不上基层岗位。这样的人也永远找不到合适的工作。”对此姚俊建议大学生在校学习期间就要好好地规划,明确自己的优劣,找准自己的方向从而在职业道路上才不走弯路。

“个体的自我定位要明确。”姚俊认为,每个大学生首先对自身要有一个客观、全面的了解,摆正自己的位子,相信自己的实力。其次要清楚自己的优势与特长,劣势与不足,知道自己适合做什么,只有这样才能赢得竞争优势。“我们要准确地评估自己掌握的知识和技能,要善于剖析自己的个性特征,这都是大学生职业生涯规划的基础”。

“职业目标要确定。”姚俊说,许多人在大学时代就已经形成了对未来职业的一种预期,然而他们往往忽视了对个体年龄和发展的考虑。比如就业目标定位过高,过于理想化。近几年,不少毕业生在职业选择中一直强调大单位、大城市和高收入,甚至为了这些不惜放弃个人的专业特长,不顾个人的性格和职业兴趣。同样,对于那些存有“这山望着那山高”心态的学生,也是职业目标不确定的一种表现。盲目地攀高追求与选择不仅影响个人目前的就业,同样会对以后的职业发展造成不利的影响。“每一个人都应该知道自己在现在和将来要做什么。对于职业目标的确定,需要根据不同时期的特点,根据自身的专业特点、工作能力、兴趣爱好等分阶段制定。”

姚俊反复强调:“我们每一个人都应该知道自己适合做什么,应该做什么,以及怎样实现自己的目标。”

实践出真知

“实践出真知。”姚俊语重心长的说道,“当今社会,无时无刻不在发生日新月异的变化。而参加社会实践更显得重要。实践的能力强弱,决定着日后工作的好坏。同时社会实践又是我们人生的一门必修课,你们必须明白在这社会中需要脚踏实地地走好每一步。”姚俊认为,要做到正确理解和认识细节,并能按要求去做,是一件很不容易的事。他建议大学生要努力提高自身素质,自觉养成良好习惯。只有在日常生活中注重训练和提高自我的洞察力,认真做好、做细生活中的每一件事,经过一点一滴的积累,最后才能实现量变到质变的飞跃。“能做到这一点的人是智者,成功的命运之神一定会垂青于你们。”

在电机学院 60 周年校庆之际,姚俊感言:在电机学院的 3 年学习生活中,我学到的是最贴近实际的专业知识、最严谨认真的工作态度、追求卓越的争先精神。母校即将迎来 60 年华诞,我衷心地祝愿母校秉承自强不息、追求卓越的学校精神,在以后的道路中不断发展、不断强大,更创辉煌。”

(李明波)

顾为民　顾为民印象

顾为民，7856班校友。现任上海依兰亭贸易有限公司董事长。

第一次听到依兰亭这个名字，心中就充满了好奇。总觉得这个名字似乎蕴含着什么，那种感觉既熟悉又遥远。2012年底的一个周末，有幸随学校校长助理瞿龙祥、校友会副秘书长林敏芝两位老师一同前往位于徐家汇（肇嘉浜路）宛平南路75号建科大厦20楼一睹依兰亭的芳容。由于出发时路线选择有误，我赶到公司时，他们俩已经跟依兰亭公司的创始人、董事长顾为民攀谈了半个多小时。

准确地说，这里只是公司总部，不是生产车间的所在。在楼层入口醒目位置的墙上嵌着"上海依兰亭贸易有限公司"几个大字它们下面是8个稍小一点的字"衣中兰亭，领先时尚"。看到这行字，我对依兰亭这个名字的由来突然有种明白了的感觉。再往里走，就是一个硕大的商务办公室，里面的办公桌一字排开，工作人员都在忙碌着。走到尽头再往左拐，就是公司的接待室了。里面几个人正谈得兴起。见我进来，顾为民校友起身热情地与我握了握手。随后，他们又很快回到了刚才谈论的话题。其实，对于每一次采访任务，我事先都会做好功课，比如上网查查校友的信息、公司的概况，并根据这些信息拟定几个采访问题。但是，看着他们谈兴正浓，我又不忍心打断，于是就坐下来静静地聆听着。由于瞿助理和顾为民在学校学习时就是同班同学，毕业后又经常联系，所以彼此间非常熟悉，话题也很轻松。

眼前的顾为民不像一个商人，长得斯斯文文，体型不算健硕，但言谈举止总能折射出内心的纯净，举手投足也不乏权威性。他们的话题从国外高校校友会活动经验对电机学院校友会工作的启示，到民族信仰与社会主义核心价值体系的建设，再到顾为民对自己国营企业工作的追忆与多年商海淘宝的感触。不得不承认，顾为民不仅是一位商人，而且是一位儒商，他胸中不仅有一本商经，而且是一本时政商经。

或者是老同学见面总有说不完的话，亦或者是顾为民的观点深深地吸引着我，以至于我不忍心中途打断他们而转入到我的访谈上来。时间就这样飞速地流逝，很快，与顾为民约好的时间就要结束，公司的工作人员也来提醒顾总已经有客户在会客室等着了。匆忙中，顾为民领着我们到他的办公室，谦虚地说："其实我也没什么好采访的，但是你可以带一点我们公司的资料看看。其他方面，你还不如去问瞿龙祥，他对我的了解远超过我对自己的了解。"说罢，就塞给我几本公司的宣传册子。这话如果是在以前，我可能会不相信，但是自从采访过庞培利、陆金元等几位78级的校友后，我对这些老同学之间的深厚感情已深信不疑。

顾为民的办公室与其说是一个贸易公司老总的办公室，倒不如说是某个老学究的书房。在最显眼位置的墙上，挂着一副《兰亭序》，办公桌前的屏风上除了依兰亭公司全国业务网络示意图，还摆设着几个颇有文化气息的物件。唯一与办公室相称的就是那张老板椅。顾为民递给我的两本资料，一本是依兰亭公司的宣传册，另一本是光波养生菜的介绍。顾为民曾跟朋友合伙在世博会上建造过一个展示馆，专门展示这种蔬菜养殖模式。我翻着手中的两本册子，越发对这位“儒商”校友好奇了。一个工科男为什么能在纺织、服装行业做得风生水起，成为国际知名品牌在中国的代工厂？一个纺织业的商人又是如何跨越到光波养生菜这个方向的呢？这就是我第一次接触顾为民后的收获：虽没有如愿采访到顾为民，但是对他的认识从一个单纯的商人向前推进了一步。

此后，我们又通过电子邮件、电话等方式多次向顾为民提出过采访的想法，但总是被他委婉地拒绝了，对他的采访也就这样搁浅了。2013 年 3 月 19 日一早，再一次收到消息：顾为民要到闵行文井路校区参加由学校校友会、校友企业家协会、学生处就业指导中心共同承办的“2013 届毕业生校友企业专场春季招聘会”。这无疑是又一次采访的机会，于是，我们匆忙带上照相机等采访装备驱车从临港校区赶往闵行文井路校区。在车上，我们再次电话联系顾为民校友，希望在招聘会现场对他进行简单的采访。这一次顾总的答复不是委婉，而是无奈。他说上午 10 点钟他要在公司接待一个国外的客户，所以在招聘会上不会做过多停留，露个面就得闪人。虽然得到的答复很不乐观，但是我们还是抱着一线希望，守候在招聘会场“依兰亭贸易有限公司”的预留展位前。9 点 30 分左右，顾总带着几个工作人员出现在会场门口。我都已打好了腹稿，只要把他们引到展位，不管遇到什么情况，都要抓住机会把采访的问题抛给顾为民。但是，真应了那句话，“计划赶不上变化”。由于是校友企业家招聘会，会场上有好几个都是顾为民的老同学，所以还没等我采取行动，顾总已被几个老同学缠住了。几分钟后，顾总钻进小车。我唯一的收获是抓拍到顾为民与几个校友在会场上“指点江山”的镜头。

随着《百名校友访谈录》截稿日期的临近，我一度有过放弃撰写顾为民访谈稿的念头。只因为我对他的认识和了解仅停留在“印象”层次，还没有上升到理性认识以至于能对他进行文字描述。就在我为此纠结的时候，突然想起来了顾为民当时跟我说过的一句话“瞿龙祥对我的了解远超过我对自己的了解”。于是，我找到瞿助理，希望能在他这里补上一课。瞿助理问我：“你印象中的顾为民是个什么样的人?”我如实回答：“在我印象里，顾为民不是一个纯粹的商人。”“这不就对了吗？你印象中的这个人就是顾为民。”

真是一语点醒梦中人，我苦苦追寻的答案原来早已藏在心中。我印象中的这个人就是一个真正的顾为民：一个胸中藏着时政商经的儒商，一个胸中藏有大爱的儒商，一个胸中藏着悠悠校友情、浓浓赤子心的儒商。

（卿海龙）

顾国平等　友谊是我们事业腾飞的翅膀

得知我要去采访斐讯的几位校友，办公室的同事都十分艳羡。因为近两年来斐讯这个名字不时出现在学校新闻网页，斐讯三位校友的创业经历也时常被师生、校友引为谈资，广为传诵。如果说顾国平等三位校友的创业经历是一个传说，深深吸引着每一个电机人，那么斐迅公司的发展绝对是一个传奇，带给人们的除了震撼，还是震撼。

采访是在位于上海市松江区广富林路4855弄大业领地90栋的斐迅数据通信技术有限公司总部进行的。同为工贸9512班的校友，公司总裁顾国平、副总裁顾建华在公司6楼接待了我们。(副总裁汤宇实在是抽不开身，和我们打个照面后就匆匆离去)一下子面对两位传说中的"巨人"，我们一时竟没法进入采访的角色。正当我们在极力调整状态的时候，顾国平首先打开话匣子："我们三个中，当年学习成绩最好的是汤宇，其次是我，最差的是顾建华。"没想到他开口的第一句话就把坐在对面的顾建华给卖了。对于这种调侃，顾建华显然已经司空见惯，接过话茬便道："所以，我们几个高管现在的分工也与各人的性格和专长有很大关系，汤宇主要是负责产品研发以及协调美国Freecomm实验室。他就喜欢宅在公司里，不愿抛头露面。"就这样，一段轻松的调侃之后，开始了我们的访谈。

三度创业见证友情可贵

1995年，原上海电机技术高等专科学校工贸9512班让顾国平、汤宇、顾建华三个十七八岁的懵懂少年走到了一起。都是1977年出生的顾国平、顾建华同住一个宿舍，比他们小一岁的汤宇住在隔壁寝室。三人当中，属顾国平最机灵，主意多。汤宇则属于宅男一类，没事的时候总喜欢摆弄计算机。顾建华则是班级中的学生干部、活跃分子，在校期间还光荣地加入了中国共产党。他们三个虽性情各异，但都有一个共同的特点，那就是待人诚恳、好结交朋友。"如果硬要总结我们成功的原因，我想'待人诚恳、善于沟通'是其中非常重要的一个因素。"顾建华感慨道。

1998年，三个朝夕相处的同学、朋友离开母校，奔向各自的工作岗位。顾国平进入上海振华港口机械有限公司，负责客户关系工作，汤宇在一家公司信息部担任网络工程师，顾建华则在上海市南汇招商中心端上了金饭碗。刚踏入社会的那阵子，大家都一门心思的扑在工作上。顾国平对那段经历有着很深的印象："如果说母校三年的学习与生活是塑造了一个善于沟通的我，那振华港机的那两年，则使我完成了从一个善于沟通的我到一个成熟的我的蜕变。两年中，我参与了多个国际项目的运作，在取得一个个成绩的同时，也重新认识了自我，也对自己的未来有了一个新的定位。"

2001年，一直从事网络工程师工作的汤宇敏锐地发现蕴藏在通信与网络市场中巨大的商机。于是，他首先"下海"，折腾起电脑配件的销售工作。顾国平回忆当初的选

择:“我是被汤宇拉下水的,出于对朋友的信任,也出于对他在计算机网络这块专长的信任,我辞去了振华港机的工作。”2001 年的 7 月,顾国平出任上海众翔科技发展有限公司总经理,汤宇担任公司技术总监。“汤宇知道自己搞搞技术还是可以,但是这个帅印一定非得让老同学顾国平来掌。”正当我们在纳闷为什么汤宇会主动让出“一把手”位置时,顾建华一语道破个中缘由。此时的他虽没有加入到两位挚友的创业队列,但仍不忘利用自己在招商中心工作的经验为众翔科技的发展争取资源、拓宽市场。“公司早期业务主要涉及工程设计行业的系统集成项目和 IT 外包项目。”谈起当年众翔科技的情况,顾建华如数家珍。

虽然,众翔科技的各项业务开展得风生水起,但是顾国平、汤宇始终无法忘记 2002 年的一段经历。当时,顾国平与汤宇在深圳华为考察了一个月,所见所闻对他俩触动很大。但无奈当时时机和条件不成熟,通信行业的门槛很高,他们只能选择蛰伏。但是蛰伏不等于放弃,他们在等待时机。2005 年 8 月,一直在幕后默默支持他们的顾建华放弃了公务员的金饭碗,加入到众翔科技。这样昔日的三驾马车又重聚了。也正是有了老同学、老朋友顾建华的加入,众翔科技随后几年取得了跨越式的发展。在 2006 年,他们开始与上海贝尔阿尔卡特股份有限公司展开正式合作,并迅速成为阿的数据产品的至尊级合作伙伴,帮助阿在华东以及华北,东北的市场开拓和售前、售后服务。

几年的蛰伏,顾国平、汤宇、顾建华积累了一定的财富。2008 年底,他们逐渐意识到进军通信行业的时机成熟了。于是他们选择一些销路较好的设备切入。一段时间的尝试之后,发现富士康这类大厂不愿接他们这样的小单,而小厂的代工质量又难以达到质量要求。三驾马车一合计,一个更大的创业计划诞生了。他们将全部积蓄 1 亿多元悉数拿出,邀上顾国平的一位初中同学王忠华,就这样成立了斐迅数据通信技术有限公司。“当年这一决断,很多人以为是市场给予我们的一次机遇。其实不然,这种机遇恰恰是我们打拼出来的。当然,这也是我们几位互相支持、互相信任的结果。试想一下,如果不是出于绝对的信任,又有谁敢拿自己的全部家当进行一次新的投资呢?”顾建华回忆说。

事业友情两全其美

“很多人都说我们是‘朋友不能合伙做生意’谣言的终结者,也有不少人向我们讨教朋友合作的经验。其实很简单,那就是一定要在合伙人中选出公认的领头羊,确定领头羊的龙头地位。”顾建华接着向我们介绍。早在母校读书期间,三个人就因为性格互补而比较投缘,在后来的创业过程中,各人的专长和能力更是得到了很好的印证。所以,不管是在什么阶段,大家都能找准自己的定位,施展自己的才华。“我们推行现代企业管理制度,这样产权清晰、权责明确,既便于统一管理层思想,又便于形成利于企业发展的决策。”顾国平补充道。现在的斐迅,三人各有分工,顾国平负责融资和财务以及移动终端和海外市场;汤宇负责产品研发以及协调美国 Freecomm 实验室;顾建华负责公司的日常管理。

如今的斐讯已在松江建有占地 66 亩的工厂,年产能约 15 亿元;第二家工厂占地 142 亩,产值将有 70 亿元,预计 2013 年下半年建成投产。同时,上海研发总部也将在 2013 年初投入使用。截至 2012 年底,斐讯的总投资已达 10.7 亿元,其中研发就占三

分之一。研发资金的大投入，也为斐讯建立了庞大的研发团队。斐讯现已建有上海、南京、深圳、武汉、成都、旧金山、慕尼黑7个研发基地，未来3年，还将完成北京、西安、大连3个研发基地的建设。

我们很想用具体数据来说明斐迅的发展，遗憾的是，斐讯官网数据的更新远赶不上斐迅发展的速度。“只有在每个月发工资的时候，我才知道公司有多少员工。我工作中的很大一部分内容是面试新员工，当然，由我面试的只是其中为数不多的精英。”顾国平保守估计，到2013年底，斐讯在全球拥有员工数将达到10 000余人。其中，研发技术人员占60%，硕士、博士分别达30%、5%以上；年专利申请量达到1200项以上；年销售额将突破60亿元。“人才的集聚将是斐讯未来在全球竞争中的重要资本。”

面对公司迅猛的发展速度，顾国平说：“斐迅今天的发展已远远超过了成立之初我们对它的预判。当年销售额目标是1.5亿元，三年后销售额目标是5亿元。如今看来，这一当时有些大胆的预估仍算保守。2009～2011年斐讯的第一个‘三年计划’中，销售规模实现了从0.6亿、4.5亿到11.8亿元的快速发展，眼下的第二个‘三年计划’20亿、35亿、50亿元的销售目标又显得保守了。2012年我们已经实现了30亿的销售目标，2013年突破60亿已经不是问题。”目前，斐讯自我定位成为通信业内第二集团，今后的目标是冲上第二集团首席并拉开距离，最终跻身第一集团。

“我们的底气来自于市场网络的布局。”顾建华介绍说。目前，斐讯的销售服务网络已经覆盖国内市场一、二线城市，将持续覆盖三、四线城市。同时，海外市场也在紧锣密鼓地布局，当前已完成以德国为中心的欧洲市场，新加坡为中心的亚太市场，土耳其、阿联酋为中心的中东北非市场，以肯尼亚为中心的南部非洲市场，以巴西为中心的南美洲市场，以美国为中心的北美市场，以俄罗斯为中心的独联体市场。这些将支撑起公司在2016年实现100亿元销售规模的目标。

校友反哺情深感人

有人说过“母校就是自己可以骂她千万遍也不允许别人说她半点不好的地方”。在顾国平三人的心中，母校就是永远的丰碑。“虽然我也是复旦的校友，但只要一提起母校这个字眼，最先浮现在脑海的是电校。这种情感或许是因为在那里我遇到了最亲密的战友，结识了我人生的另一半；也或许是因为在那里我度过了成长中最重要的3年。”顾国平对母校的这种亲密情怀也可以从他跟夏建国校长的一次谈话中看出来。那是他刚从上海市政协会上归来，两人一见面，顾国平就迫不及待地向夏校长汇报他在政协会议的所见所闻。事无巨细、该说的、不该说的，他都不假思索、一股脑地倒了出来。顾国平当时的言谈举止，分明就是一个求知若渴的学子在向师长讨教，丝毫见不到一个跨国大公司总裁的影子。

说到校友情深就不得不提校友反哺。很多师生、校友对斐讯的认识是从“408万”这个数字开始的，在2012年底学校举办的迎新晚会上，顾建华代表斐讯校友向母校捐赠408万元支持母校60周年校庆。408万的捐款中，顾国平、汤宇、顾建华、王忠华每人100万，顾国平的夫人、我校工贸9512班校友沈佳炜7万，王忠华夫人秦叶1万。这笔捐款体现的不仅仅是斐讯校友对母校的情怀，更是斐讯公司几位创始人及他们家庭间深厚友情的见证。王忠华虽然不是我们的校友，但是作为斐讯的一份子，他也毫不

犹豫地捐出100万，可见斐讯创始人间的感情之深，可见顾国平三位校友对母校的情怀已经影响到身边的每一个人。

408万不是斐讯校友的第一笔捐款，也不是唯一一次捐款。早在2012年5月斐迅公司就出资20万元在学校设立了"斐迅奖学金"，表彰在各类文化艺术活动中表现突出的优秀学生。2012年12月，斐迅公司又与母校成功签订"蓝海·逐梦"框架合作协议，共同建立"斐讯电机学院体验中心"，成立"上海电机—斐讯通信技术实验室"、"上海电机—斐讯信息技术研究所"，同时出资20万元设立"斐讯创业创意奖学金"。夏建国校长在签约仪式中曾感言："跟斐讯公司签订框架合作协议，不仅是我校践行产学研合作中的又一重大成果，也是电机学院优秀校友反哺母校、支持母校发展引发良性循环的新起点，更是对斐迅公司重视教育、重视知识、重视人才培养的企业文化的完美诠释。"

除了这些，斐讯公司还用实际行动支持学校发展。2013年3月19日，在得知母校要召开校友企业专场招聘会的消息后，斐讯公司第一时间就反馈了参会的意愿，并提供了上百个招聘职位。2013年的5月10日，斐讯公司还承办了学校校友企业家协会一届三次会议。会议当天，斐讯的几位校友全程陪同，顾国平总裁还亲自陪同与会校友参观公司展示中心，向来宾介绍公司的现状和未来发展……

一个具有强大生命力的企业必然拥有一支坚韧务实、睿智进取的管理队伍，而对于斐讯来说，这股强大生命力的源泉就来自于他们的校友情谊。正如他们所言"校友情谊就是我们事业腾飞的翅膀"。

编后记

采访归来，除了对几位校友情深的感动和斐讯公司飞速发展的震撼，印象最深的还有他们对公司和母校的畅想。顾国平在谈及公司的未来时说："如果有一天，别人是为了斐讯这个品牌来买我们的产品，那就说明我们成功了。"在畅想母校的未来时，顾国平等几位校友说："希望母校能够越来越好，直到有那么一天，咱们子女在填写高考填志愿时，能迫切地把上海电机学院填在第一志愿栏里。"

（林敏芝　卿海龙）

钱思佳　人生六部根基

钱思佳，德语专业BW061班校友。现就职于北京外企德科人力资源服务上海有限公司(FESCO Adecco)。

在预约采访的时候我的心情还有些许忐忑，总是会时不时猜测对方是个怎样的人，好不好交往等。这份忐忑终止于电话里那个温润和气的声音。听到他的声音，好像已经看到他笑容满面地说着“欢迎”。钱思佳校友非常热情，积极配合我的采访，坦诚、实在、好脾气是他留给我的印象，然而此时深深充斥在脑海中的是他对人生的理解和感悟。

自　信

在钱思佳谈起踏入上海电机制造技术专科学校的情景时，我仍然记得那个时候他自信的笑容。他说现在的他虽然已在知名外企中小有声色，但是大学生活仍是他感慨最多的时候。那时候作为一名班长，每天要考虑班级的很多事情，努力管理好他们那个大家庭。当时他是一个表现很积极的学生，在学习上绝对不会死板，在工作中也会运用学到的知识去解决问题，并且还做到了学习与工作两不误。着实让人体会到钱思佳自信的魅力。

能　力

时光匆匆，对于已毕业两年的钱思佳校友来说，老师与同学是见证他成长的有力证人。谈到钱思佳往事，他的老师都会赞不绝口，流露出肯定的眼神。有一位老师这样说，处理事情的能力非常强，提出的解决办法既高速又有效，并且工作不会耽误他的学习，反而结合得有条不紊，在工作和学习上都有圆满的结果。在此期间钱思佳协助老师们处理了很多班级工作，能及时通知各项事情且事情处理的也相当到位，不仅提高了整个班级水平而且营造了一个团结互助的班级氛围。这就是这个大男孩给老师们留下的印象。无论多久许多老师仍记得06级一班这位有能力的班长。

友　谊

大学生活的点点滴滴，总有那么让人难忘，大学生活的来来往往，总是那么让人留恋。

临近毕业，带给钱思佳更多的是美好的回忆和难舍难分的情谊。同学彼此的鼓励，相约再会；老师的谆谆叮嘱，流露真情……最后的那一张大大的全班毕业照，与其说是这段友情的封藏，倒不如说是坚不可摧的见证。这一张张纯真的面容就是最好的印证。

提起“友谊”，钱思佳认为：伤心了，它来了，陪着他；倒下了，它来了，扶起他 ；失败了，它来了，鼓励他。于是开心了，站起来了，成功了。友谊跟着钱思佳，钱思佳也用自己的实际行动回报了友谊，这就是友谊的价值。

感　　恩

大学求学路中难免会有很多困惑的地方。在钱思佳脑海中他最想感谢的老师有很多。他说每次在他有困难、有问题的时候，总会第一时间想到宋伟老师，脑中的老师总是会站到他的立场，从他的角度出发，为他着想，并且会提示一些能够解决问题的办法给他。正是因为有了像宋伟老师这样的人的帮助，才使他能一次一次处理工作、学习和生活所遇到的问题。说起老师钱思佳学长总是滔滔不绝，紧接着就说起了他的鲍冠艺老师……在得到帮助之后，钱思佳有的更多的是一种感恩。

勤　　劳

钱思佳的学习成绩是值得肯定的，虽然他在学习上是不会死学，但是这并不代表他学得少。他说，他一直认为只有努力付出，才会收获到丰硕的果实。于是在大学期间学习德语专业的他，不仅拿到了德语专业所要求的证书，同时也学习了专业课以外的其他专业。他认为大学不仅是把自己的专业学习好，考出要求的证书，而且在学习好、掌握好、运用好的基础上有所发展。计算机证书等就是他努力的成果。

应　　变

不论大学期间，还是踏入社会后，钱思佳更多地表现了他较强的应变能力。他说北京外企人力资源服务有限公司，是中国率先为外商驻华代表机构、外商金融机构、经济组织提供专业化人力资源服务的公司，拥有悠久的人力资源专业化服务历史、丰富的市场经验以及完备的服务资质，是中国五百强企业。在了解这些基本材料后要进入到这样一个优秀的企业，可想而知钱思佳一定是付出了很多努力的。当我说他努力时，钱校友摇摇头说光有努力是不够的。在面对任何事情他都能拿出他“班长”的气势去对待问题，绝不会逃避。他明白应变能力在成功之路上也是不可缺少的。

（陆　艺）

钱璟明　闲书不闲，习惯影响生活

钱璟明，计算机应用与维护专业X0027班校友。毕业后在威埃姆输送机械上海有限公司担任质量与技术主管。

阅历提升高度

大学是一个人最美好的时光，它给予个人成长的意义。当我们问起钱璟明校友大学期间哪些经历对自己的成功具有重大影响时，他却说了四个字"闲书不闲"。"当年我在母校的图书馆看了很多闲书，学习了很多看似和专业不相关的知识，比如历史、地理、文化等，这些对我的成长产生了重要的影响。"钱璟明认为知识的学习不仅需要深度，更需要广度。他认为阅读是搜集处理信息、认识世界、发展思维、获得审美体验的重要途径。阅读的最大好处在于它可以让求知的人从中获知，让无知的人变得有知。正是因为那几年的博览群书，身边的朋友们和他在一起时都觉得他是一个知识十分广博的人，可以随时天南地北地畅聊一番。也正因为此，在讨论解决一个难题时，钱璟明总可以在同一时间比身边的人考虑得更为深刻，也更加细腻，解决问题起来也更加得心应手。钱璟明建议在校的师弟师妹们要主动拓宽知识面，多安排课外活动，多参加体育活动，多参加自己感兴趣的俱乐部，多参加校内外讲座，多参加试验和实习，以此来拓宽自己知识面，从不同的角度认识世界。

自信展现风采

钱璟明在校期间先后担任班级劳动委员、系学生会生活部部长、系学生会主席兼校学生会副主席。在谈到在校时的辉煌经历时，他只是轻轻地一笑而过。他说："也许一切只是偶然，我只是对自己更自信一点，对自己要求更高一点而已。"在繁重的课业中他总能游刃有余地完成学生会的工作，与其他只知道埋头苦读或者放任自由的同学相比，钱璟明活得更精彩，更充实。或许也正是因为他自己所说的这种自信，钱璟明才能脚踏实地克服重重困难拥有今天的成就。

在谈到如何选择适当的时机展现自己时，钱璟明认为首先要学会看清自己，找到自己特别出色的一面，明确自己的定位。这样再加上自己的独立思考以及与人沟通的能力，在时机到来时才能自然而然地展现出自己的光彩。他说每个人都有自己的生活道路，但往往人们不太清楚这条路是不是最适合自己。有些人总是羡慕别人路上的风景，但又嫌转换道路过于辛苦，继而甘于在原有的路上走下去，一辈子就这样浑浑噩噩地度过。殊不知，道路选择正确与否的关键，在于对自己的定位，在于你是否真的了解自己的性格、优势，尤其是知道自己心灵的真正所属。钱璟明感慨道，大学的4年时光，正是将自己摆放在了正确的位置上，再加上自己不断地学习，才使得他从一开始担任班里的劳动委员到后来担任了系学生会主席。

习惯影响生活

对于自己取得的成就，钱璟明一直很谦虚，他说这些微不足道的成绩得益于养成的良好习惯。他现在的工作大多与机械和管理有关，但是当初学习的却是计算机应用与维护专业。专业上并没有优势，但是在学校的4年学习时间里养成的良好学习态度、工作习惯与积极的心态对他帮助很大。钱璟明认为大学很多东西是要靠自己去寻找，靠自己去发觉。比如说应该重点掌握哪些知识，应该参加哪些活动，应该看些什么书等，可能有些时候老师和同学会给你一些这方面的建议，但是总的来说，很多东西还是需要自己去决定。至于如何决定，要考虑一下两个问题：第一个问题是你以后想做什么，第二个问题是你计划怎么安排你的大学生活，是一个为以后发展打基础的生活，还是一个尽兴happy的生活。“大学不同于中学，中学阶段的学习都是老师给我们安排好的，一切都是非常规范、非常系统，自己没有选择的机会。正因为这样一种封闭式的学习环境，可以让我们在一个快车道上疾驶。但是在进入大学之后，面临选择的机会就会很多，发展的方向也会有很多。这个时候就需要我们自己去寻找，去发掘。通过自己的选择和努力走出一条属于自己的道路来。而所有的这一切都是从养成良好的习惯开始的。”

当问到对学弟学妹们的寄语时，钱璟明深思了一下，总结道：第一是做任何事都要坚持到底，不轻言放弃；第二是要学会总结和自省，从而提升自我；第三是要保持与人交流沟通的习惯，有了良好的习惯，就能成为一个有气场的人，最终走向成功。

（王佳欣　张　楠）

徐兴康　揣着中专文凭的教授级高工

徐兴康：仪表404班校友。教授级高级工程师。曾多次获国家重大技术装备成果奖、上海市科技进步奖、上海市新产品奖，并取得多项发明专利。现任上海电气自动化设计研究所总工程师。

吃过的苦是一笔人生的财富

“我这一辈子，回头想想就一个字：苦。”徐兴康用一串爽朗的笑声为这句话作注脚。他的脸上写着自豪与满足，看不出一丝的抱怨与愤懑。仿佛那一个“苦”字，就是他人生最大最珍贵的一笔财富。

1964年，中专毕业的徐兴康分配到了研究所工作。一起分配进研究所的大多是清华大学、浙江大学、中国科技大学等名牌大学的毕业生，而且个个都很勤奋努力。天资聪慧的徐兴康在求学路上一向都是同辈中的佼佼者。此时的他，还没开始比赛，就觉得已经“输”人一等。这曾让徐兴康怀疑自己是否“进错了门”。

年仅18岁的中专毕业生徐兴康面临的是“两高”、“两大”——起点高、要求高和差距大、压力大。“不能让自己落到别人后面，不能给学校丢脸。”凭着这股劲，徐兴康一边工作，一边继续勤奋地学习。工作之外，他几乎一刻不离地捧着书本，唯一的娱乐就是和同事打一场乒乓球。1年后，同时到研究所来工作的30个电校同学有一半离开了，徐兴康不仅留下来，而且成为了其中的佼佼者。

在研究所这样知识密集型的单位工作，对于没有大学文凭的徐兴康来说，唯有用更多的成绩来证明自己的能力；而即使是取得同样的成绩，他也需要付出比别人更多的努力。有一年单位进行英语培训。一开始，英语基础几乎为零的徐兴康甚至被拒绝参加培训，但是他用“下苦工夫”的方式证明了自己。两个半月的脱产学习，徐兴康把自己关在房间里，从早上7点到晚上12点30分，天天如此。大学4年的英语课程就这样被他全部“吞”了进去，并且以优异的成绩通过了考试。

个人的成长与研究所的发展休戚相关

徐兴康现在是研究所里唯一个中专学历的教授级高工，这在全国也是罕见的。没有“本科”、“硕士”、“博士”的光环，徐兴康的“资本”就是一次次技术突破、一个个发明专利和一项项的科技成果。之所以能取得这么多的成就，徐兴康将之归结为两个字——机会。他认为，是研究所的发展为他的成长创造了机会，提供了舞台。可以说，他个人的命运与整个研究所乃至我们国家科技研究领域的快速发展休戚相关。

徐兴康刚到研究所时，正值研究所的“创业”阶段，各方面的规章制度正处在探索阶段，也为年轻人提供了更多的机会。这样宽松的工作环境不仅造就了他一个人的成功，而是造就了一批人的成功。

研究方向从“电机”转向“自动化”是研究所发展过程中关键的一个环节，也是徐兴康人生中的一个机遇。当时的“自动化”领域是一个新兴的研究领域，我国与日本等世界上其他国家处于同步发展的阶段，这方面的人才非常缺乏。这样，徐兴康就与其他人站在了同一个起点上。凭着自己的聪慧和勤奋，徐兴康崭露头角，成为相关领域的领跑人。他的论文成为同济大学等高等院校的教材。

1976 年，研究所承接了一个国家重大项目——1 米 7 轧机。由此，研究所迎来了一个大发展的时期，在岗人员从 200 人激增到 600 人。研究所也由“电机综合研究所”更名为“自动化研究所”。研究所集中了三分之一的人员、二分之一的技术骨干力量组建了第一研究室，由徐兴康担任研究室主任和负责这个项目的总工程师。

电校的培养终生难忘

虽然已是教授级高工，但徐兴康对手里的这份中专文凭仍是感情至深。谈起在电校学习的日子，徐兴康充满了留恋与感激。学校规范的管理、良好的学习气氛对他的影响很大，使他养成了良好的学习习惯并且受益终生。和徐兴康同时入学的同学都有个特点，就是年龄小、成绩好。大家学习劲头很足，学习的气氛非常好。他还记得教电子学的李老师，是位表情严肃、要求严格、态度严厉的老师。但是当他看到全班 46 个学生考出了 33 个五分时，也禁不住赞叹不已。

徐兴康在电校学习期间，正值我们国家历史上自然灾害时期，粮食供应非常紧张。徐兴康作为班里的生活委员，每天担负着为大家“分饭菜”的任务。他从来都是最后一个吃饭，也常常是吃得最少的一个。这样的环境在潜移默化中形成了他遇事多为别人考虑的风格，对他走上工作岗位后，在科技管理工作中的处事方式也产生了很大的影响。

无论是学习习惯，还是个人品格，徐兴康自认为自己身上都带着深深的“电校”烙印。这也是他多年后仍对“电校”一往情深的原因。

（原稿载于《上海电机学院报》2009 年第 13 期 7 版）

徐增豪　从装配组长到硕士生导师

徐增豪，79机床设计与制造班校友。现任上海理工大学机械工程学院实践教学责任教授、硕士研究生导师，应用技术研究所所长、校先进制造及装备技术学科群专家委员会委员，中国机械工程学会高级会员、机械工业高速精密工具工程研究中心技术委员会委员、上海理工大学武义技术转移工作站站长。

初见徐增豪教授：是在上海理工大学机械工程学院实验室里。记者进门的时候，他正在给一位研究生耐心讲解如何看机床三维设计图。我们的采访就从他指导研究生开始了。

记者好奇地问徐教授，“现在许多导师指导研究生通常都是给出大的研究方向和思路，您怎么还手把手教学生看图呢?”徐教授说，有些学生是跨专业考过来的，直接进入具体课题还有难度，需要掌握一些基础技能。此外，徐教授还根据不同学生的特点，指导他们参与科研项目，积累实际研发经验。经他指导的研究生因为从事过实际工程案例，具有一定的独立设计能力，毕业时找工作很受招聘单位的欢迎；他培养的硕士生有的已成为大企业的项目主管，有的考入名校博士生继续深造，这让他很欣慰。人才是从实践中锻炼出来的，让学生做真课题才能学到真本领。徐教授说他的教育观来自于自己的成长经历。

在实践中增长才干

徐增豪是上海交通大学附中67届高中毕业生。20世纪60年代他迈进交大附中时，校门口挂的横幅是“工程师的摇篮”，他也立志要成为一名电气自动化工程师。“文革”10年耽误了他们的学业，打碎了他进入上海交通大学求学的梦想，高中毕业后被分配到上海柴油机厂工作。工作中的徐增豪有着干一行爱一行的拼劲，不久就被提拔为万匹机装配试车组副组长，经他们精心装配、国家船检局检验合格出厂的万匹机安装在中波远洋公司的万吨轮上，他也被评为厂先进生产(工作)者。恢复高考后，30岁的他终于圆了大学梦，考入了电机学院前身之一的上海市机电局职大，所学专业是机床设计与制造。

刚入校时，校舍、住宿条件都非常艰苦，但徐增豪和同学们十分珍惜来之不易的学习机会，晚上都要坚持自修到10点30分；学习高等数学课程时，他专门备了厚厚一本数学练习簿，几乎做完了同济大学樊映川主编的《高等数学习题集》中的全部习题。刻苦的学习生活磨练了他们的意志，老师们的谆谆教导增长了他们的知识和能力。当时，学生的毕业设计题目常常就是工厂的实际项目。徐增豪作为毕业设计课题小组长与4名同学一起承担了上海液压附件二厂“卡套式直角管接头专用机床设计”项目。他们用了15周时间，完成了全套设计任务，经上海机床厂周勤之副总工程师(现为中国工程院院士)等专家评审,被评为“优等”。由于学习优秀、政治上要求进步,徐增豪在校期间加入了中国共产党并被评为上海市三好学生,毕业后留校任教;后又继续到上海交大机制专业、上海二工大机械师资班进修,获得工学士学位;20世纪80年代中被推举担任机电工业职大四分校副校长。

在专业特色上寻求突破

随着形势的发展,企业办职工大学学历教育的模式逐步淡出历史舞台,上海机电职大四分校体制撤消。1990年徐增豪调至上海机械高等专科学校,1996年机专与上海机械学院合并成立上海理工大学。徐增豪因在机械专业教学、科研方面的表现突出而担任了学校应用技术研究所所长等职。在重学历的高校环境里,徐增豪的不断进步得益于他能认清自身的专业特长,在专业特色上下工夫、求突破。

徐增豪说,专业课教师应是双师型的,既是理论授课的讲师,又是能解决实际应用的工程师。因此,他给自己的定位很明确,就是发挥数控机床及专用机械设计与制造的专长,积极参与产学研项目。他很赞成老校长严雪怡提出的“把人才类型区分为学术型人才、工程型人才、技术型人才、技能型人才”的观点。他认为,既然自己从事的是应用型工科专业,与其为了完成指标硬逼自己写一篇应用价值不大的论文,那还不如把时间用于解决企业需求的项目上,搞技术创新,重大科技项目及其对重点产业服务的成果同样是学校学科水平的亮点。

多年来,他承接了国家技术创新项目和上海市重点产品开发、生产技术难题攻关项目10余项,还跟随上海市教委科技发展中心组织的高校科技团队,走入江苏、浙江、山西、福建等省,开展技术转移和技术服务;他主持的许多项目被列为省级技术创新项目,曾获得机械部科技进步二等奖、中国机械工业科学技术二等奖、上海市科技进步二等奖和三等奖等众多奖项。他还因浙江省武义县科技合作项目中取得的丰硕成果,被武义县人民政府授予“2006年武义县企业杰出技术创新人才”荣誉称号,并被评为上海理工大学2006年度先进工作者。

对电机学子的人生寄语

面对人生的经历,徐增豪表现得很从容、淡定。他说,自己只是专心干好专业工作,努力践行着干一行、爱一行、精一行的箴言。在承担上海市技术难题攻关项目“双主轴立式车削中心”开发期间,他担任项目组长并负责机床总体设计。一次,遇到技术难题,他在睡梦中突然间闪现一丝灵感,半夜起床绘制设计图,吓得家人以为他得了夜游症。在没有国内外样机可参考的情况下,依靠课题组全体成员与合作方上海重型机床厂的共同努力,项目终于研制成功,机床造价420万元,属国内首创,并获中国机械工业科学技术二等奖。

在记者结束采访时,徐增豪寄语上海电机学院的师弟、师妹们:人的命运往往不是自己主观所能决定,但努力学习、积极工作是自己能够把握住的,干一行、爱一行、精一行,有付出就会有回报。同时,他也衷心祝愿母校有飞跃性的发展,办出特色,创造新的辉煌。

(原稿载于《上海电机学院报》2009年第19期5版)

奚家成　一辈子的“电机”人

奚家成，电机301班校友，1956年毕业。原机械工业部仪器仪表司司长，曾任中国机械设备进出口总公司总经理、党组书记，中国机械装备集团公司总裁，中国仪器仪表行业协会第三届理事会会长、第四届理事会理事长、第五届理事会特别顾问。现任中国仪器仪表行业协会名誉理事长。

他兄弟姐妹众多，为减轻家庭负担，初中毕业后选择学费全免的中技校；他家庭成分“不好”，祖父是地主，直到1978年41岁时才被党组织接纳为预备党员；他在“文革”中被带上“走白专道路知识分子”的帽子，遭到批斗、下放改造；他凭借过硬的技术和不断学习的精神，从电机制造转行到仪器仪表，再转到自动化，从工厂厂长到仪器仪表司司长，再到公司总裁。他是我校第一届学生，如今将至耄耋之年。他的成长之路曲折艰辛，但每一步都走得脚踏实地。他就是我校56届校友奚家成。

遥想当年　恰同学少年

奚家成是我校创建后的第一届学生。那时的上海电器制造学校由华东工业管理局筹办，第一届学生由两拨人组成，一拨是从工业高技分过来组成的两个班，分别为302和303班，这两个班的毕业生大多留在了上海；另一拨则是从上海中学工科分过来合并成的一个大班，为电机301班，毕业分配时基本上都去了外地。当时上海中学有工科、文科、理科、商科，奚家成读的是工科。因为家里兄弟姐妹多，为减轻家庭负担，14岁初中毕业后，奚家成选择了去读免费的中技校。当去报考国立高技时，由于个头矮够不到报名的窗口，里面的老师说“这可不行，我们将来是要到工厂干活的”，不让报名。还好上海中学让报了，于是他选择了免费的工科。一二年级奚家成在上海中学学习，三年级时电机学校成立，正赶上学校重组合并，就被分到了我校。

当时奚家成不仅个头小，而且是班级中年龄最小的两个人之一，比大多数同学小两岁，比最大的同学要小6岁。无论是生活上还是学习上，同学们都像爱护亲弟弟一样照顾他，这份同窗情一辈子让他都难以忘怀。奚家成自我评价读书时成绩一般，但是走上工作岗位后才发现母校培养的基础非常扎实。和其他学校学生相比，电机学院出来的这个“成绩一般的同学”上手非常快，且比别人干得都要好。班级中成绩好的几位同学现在都在沈阳的大学当教授。从中技校毕业的学生能当上大学教授，现在想想简直不可思议。“当时很多同学被分到哈尔滨电机厂、哈尔滨汽轮机厂等企业做发电设备这一块工作。20世纪60年代初响应国家号召，其中一批人又去了四川绵阳建设东方电机厂。后来这些同学大多成长为企业技术和管理方面的骨干，不少人走上了厂长岗位。”除了感激母校培养的扎实理论功底，在对动手能力的培养方面，奚家成也很

称道。奚家成回忆道，当时建校时校舍十分简陋，几乎什么都没有。实习是在上海中学后面一排低矮的工厂厂房。就是在那里，奚家成和同学们一起练习木工、精加工、钳工等技术。印象最深的就是自己的锉刀怎么都拿不平，为此老师没少开小灶，同学们没少偷偷帮他做。

坚定信念　成栋梁之才

1956 年毕业时，由奚家成带队的 20 几位同学被分到机械工业部大连外专学习俄文，计划学习两年，然后把他们送到苏联去。此时的中苏关系已逐步恶化，处在对抗和僵持阶段。两年学习期满中苏关系并没有好转，他们于是又学习了一年俄文，但是苏联之行还是没有成功。无奈之下，这一批人就被分到各个新建的工业仪表厂，奚家成被分到西安仪表厂。从作为出国后备人才，到被分配到一个专业都不对口的工厂工作，被问到当时是否有心理落差时，奚家成笑着说："那时的我们哪像你们现在的小年轻，有各种各样的想法。我们只有一个信念，一切听从组织安排，国家哪里有需要，我们就去哪里。"专业不对口，一切都要重新开始，进厂不久奚家成选择了在西安交通大学进修，主要学习自动化和仪器仪表有关的专业课程，比如调解原理、热工学、控制论、电子学等，边工作边学习，持续了两年时间。一心扑在工作上的奚家成在工作 6 年后顺利通过机械工业部的考核，成为厂里的第一批工程师。

因祖父是地主，家庭"成分"不好，奚家成虽然读书时思想进步，当过团总支书记，向党组织多次提交过入党申请书，可一直都被拒之党员门外。"文化大革命"突如其来，作为非党员的奚家成也没能幸免。当时所有的党员厂长、副厂长都被冠名为"资本主义走资派"，关起来每天批斗。生产眼看就要停止，为阻止这种情况发生，奚家成临危受命，开始主持厂里工作，保证了生产的顺利进行。他说自己虽然没有入党，但同样有着坚定的共产主义信念，对国家有着强烈的感恩之心。这一举措惹怒了造反派，把奚家成拉出来贴大字报批斗，戴上"走白专道路知识分子"的帽子，吊起来整整打了4 个小时。他本来身体就比较差，挨了一顿打后胃穿孔，后来做了切除手术，现在只有三分之一的胃。造反派仍然不罢休，后又将奚家成下放到陕北南泥湾改造。直到 1976 年底他才又回到西安仪表厂，1977 恢复正常工作。回忆起这段经历，奚家成非常平静和淡定，很自豪自己经受了政治考验，终于在 1978 年他被党组织接纳为预备党员，第二年顺利转正。1980 年，奚家成荣升为西安仪表厂副厂长。

服从组织　做需要之事

西安仪表厂是当时机械系统仪表领域的第一大厂。从 1979 年开始，奚家成经常往返于德国、日本、美国等国家，不断从国外引进先进技术，因此俄语、德语、日语、英语等都精通。1981 年，当奚家成正在为厂里进行技术革新的时候，正赶上国家在全国提拔干部，陕西省委组织部要在每个厂里选一个人，要求有技术，经常在国外转，听得懂外语，于是奚家成顺理成章被选中。20 年的同舟共济早已使奚家成与厂里的所有工人成了一家人，建立了深厚的革命情谊。虽不舍工人间的淳朴感情，但国家需要永远是第一位，于是他服从组织安排，调入陕西省经济贸易厅任副厅长，主要做进出口方面的

工作。一年半后，组织上重新考虑，又把奚家成调到陕西省机械厅任副厅长，奚家成也得以重新回到自己的专业领域来。

1986年，奚家成由于工作出色调入北京，担任国家机械工业部仪器仪表司司长。1993年，国家统一部署，十大工业部合并，各工业部专业局司取消，只留综合局司。于是机械工业部的仪表司、机床司、电工司等专业司取消了。由于曾经担任过陕西省经贸厅副厅长，有进出口贸易方面的工作经验，在面临选择时，奚家成再一次服从组织安排，担任中国机械设备进出口总公司总经理、党组书记。1997年，中国机械装备集团公司成立，奚家成任总裁，此时他已60岁，按规定应该要退休。考虑到国家需要，直到2000年，在选好接班人后，奚家成才从总裁位置上退下来。

退休后奚家成也没有闲着。随着我国工业管理体制改革，各大型综合性行业协会不断成立，比如中国机械工业联合会，各专业也都成立了专业协会，中国仪器仪表行业协会也是其中之一。奚家成发挥余热，先后担任中国仪器仪表行业协会第三届理事会会长、第四届理事会理事长、第五届理事会特别顾问，现在还担任中国仪器仪表行业协会名誉理事长、专家委员会主任。

寄语校友　乐做“电机”人

整个谈话过程中奚家成娓娓道来，给我们最大的印象是平易近人，勤奋踏实。从进母校选择电机制造专业，从一开始的技术工人到后来的高层管理者，奚家成一生都与“电机”密不可分。他自强不息，博学笃行，坚决服从组织安排，祖国需要他在哪里他就奉献在哪里，他用一生实践着工业强国的梦想，他是一辈子的“电机”人。

在即将结束谈话之时，奚家成寄语电机学子们：首先基础一定要好，这样将来做什么都可以，随着社会职业的多样化，现在就算是名牌大学的毕业生，工作时保持专业对口的比例也不高，这种情况下基础扎实是第一位的；其次，要想找到好工作，必须动手能力强，要会动手，继续发扬学校培养应用型人才的优良传统；第三，要学习现代管理知识，无论你将来从事什么职业，现代管理知识的学习都有利于提高你的人际交往能力及工作效率。

（林敏芝　孙　慧）

奚耀艺　截然不同的成功之路

奚耀艺，1985年就读于机械制造专业。曾担任广告公司法人，总经理。现独立艺评人，复旦大学视觉学院艺术品市场与欣赏副教授。作品常发表于《收藏》等著名艺术作品杂志。

大学时代那些事

大学生活在奚耀艺校友的脑海中是不可磨灭的。“那是我最宝贵的经历。”据回忆，他三分之二的大学生活都献给了社团和学生会，也因此积累了很多人脉，与很多同学都一直保持联系。他也接触了不少老师，现在还能清楚地描述出一些老师的模样。“虽然我读的是工科，和艺术不搭边，但专业给了我缜密的思维和细致的观察能力，这是别的艺术人无法逾越的。”正是他当时对艺术与专业别具一格的见解，才使这种常人不敢去想的专业跨越成为了成功典范。

毕业之后，他经老师推荐进入机电系统央企工作，这看似是个很对口并且不错的工作，但知足常乐显然不是正值青年的奚耀艺最终的归宿。于是，他毅然辞去了工作。1993年，担任广告公司总经理为他的艺术生涯拉开了帷幕。广告行业积累的10余年的艺术沉淀使他在广告艺术方面小有名气。然而，越是精通某个专项的人，就越是渴望铸就辉煌，奚耀艺就是这样一个追求卓越并不断鞭策自己进取的艺术人。“唯有真正的艺术能永恒，经典的，永远都是经典”，这就是他决定献身于真正的艺术而坚决放弃总经理职位的最重要原因。之后，奚耀艺为了艺术去欧洲国家充实自己，追寻属于他自己的“耀式”风格。

输在起跑　赢在前沿

再去学习艺术时，奚耀艺已经20多岁了。虽然家人不反对，虽然他从小就对艺术有某种潜在的情感，但毕竟学了10余年的工科，他深知现在才开始学习艺术，他起码要付出多于他人至少10倍的努力。可事实证明，超出常人的选择，也许是注定成功的开始。

2012年4月，奚耀艺在上海美术馆组织了两场大型画展，从前期接洽、撰写学术文章、画册印刷到媒体宣传、现场布置等，直到最后开幕，他负责了全部的工作。即使这么浩大的工程仅由他一个人完成，却丝毫没有影响到两次画展的成功。当然，这得归功于奚耀艺对艺术深刻、透彻的了解，对每个艺术细节的重视，及学生时代形成的较强的组织能力。虽然此时他已经站在艺术的前沿，在好多著名艺评类文学作品中常可以

看到他的名字，有了相当的名气，他却要求自己更上一个台阶，希望有自己独特的艺术思想，发展自己独有的艺术风格。

对学生的寄语

奚耀艺告诉在校学生，掌握一定的艺术知识是很有必要的，无论是音乐、绘画、文学，都是一种修养。同时，艺术从某种角度上也是一种谈资，促进人与人之间的交流。好多东西，随着时间的流逝会变得不再重要，而艺术，时间愈久远，愈会酝酿出纯正诱人的气息。同时，他提醒在校同学，要珍惜大学生活，除了接受知识以外，培养人生的基本价值观和在社会的生存能力也同样重要。

现在好多大学生都抱怨自己的专业，其实没有必要。奚耀艺校友告诉大家，大学学习，专业知识固然重要，却也不能忽略能力与兴趣的培养。专业知识是前提，能力发挥是武器，兴趣培养是调味剂，大学生在大学的学习中，这三项课程是为未来生活打基础的必修科目。

（虞露露　肖　雪）

高志跃　成功是一步步走出来的

高志跃，机电7701班校友。1980年毕业后于上海机电一局第二技校担任教师。1981年到上海电站辅机厂工作，先后担任技术组技术员、团委书记、第一金工车间党支部书记、车间副主任。1996年任上海克莱德贝尔格曼机械有限公司董事、副总经理、党支部书记。2004年任上海电站辅机厂有限公司党委副书记、纪委书记、工会主席、副总经理。现任上海电气电站设备有限公司上海电站辅机厂党委书记、纪委书记、工会主席。

学技能的意义就是到生产第一线去

高志跃是“文革”后第一批参加升学考试的学生，由于当时的历史原因，他选择了上中专，因为那样可以早点出来工作。“在考试之前我还是一家公司的职员呢！”两年的中专学习和一年的学校实习教学经历不仅让他学到了理论知识，还掌握了实践技能，更让他有了进一步思考人生的感悟。1981年他做出了一个重要的决定——到企业去，到生产第一线去。当被问到哪些经历对他的影响深刻时，他说有两件事一直影响着他以后的人生。第一是从学校出来之后，便去上海电站辅机厂做技术员，一干就是4年。做技术员的日子虽然工作比较辛苦，但在做好自己的工作之余，高志跃都会在厂里试验很多设备，因此学到了很多技术；第二是扎实的理论知识。他特有的活力得到了单位领导的认可，他开始担任共青团工作，这一做就是6年。在团委工作的日子里，他得到了非常充实的锻炼，除了技能水平的提高，在为人处事、社会交往、沟通能力和情商修养等方面都有了非常大的提高。

学习是一辈子的事情，更是学生生活的主线

当谈到大学生的学习和生活时，高志跃从一个过来人的视角说：“学习是一辈子的事情，更是学生生活的主线。”他认为，既然来到了大学，学习就是学生必须首要关注的。大学也许不再是象牙塔，不再仅仅传授知识，但是大学的育人功能是永远不会变的，大学就是要培养符合社会发展需要的各类人才，即能够在相关领域充分发挥才能的人。为了实现这一目标，学生必须学习。他建议当代大学生应该好好学一学老一代学生的“海绵精神”，对待知识要锲而不舍，这种学习能力会影响和助推他们的一生。当然适当地参与社交活动也是大学生活中必不可少的亮点，在注重知识的同时也别忘了培养一下自己的行为修养。他认真地说：“扎实的专业理论基础和良好的道德品行，将能在以后的工作、实践中发挥重要的作用。”

社会需要高技能人才的自我成长

高志跃在长达30多年的工作经历中，有着丰富的识才经验。他认为，目前不少大学生学习成绩很好，但动手能力却很差。如果能够尽早根据人生目标和市场需求找准自己的岗位定向，在校时有针对性地进行相关知识的补充和能力的培养，那么大学生的就业将更具有针对性。他特别主张学生参加实践教学和社会实践活动。他认为，社会实践活动一般是在比较开放的环境下进行的，在社会实践活动中，学生不再是被动的接受者，而是活动的主体，教师的指导作用也相对弱化。在这种情形下，学生的积极性被调动起来。他认为，当代大学生对现实的感觉和认识的深度、广度都不是在封闭的环境下所能培养出来的。信息时代给他们带来了丰富的资源，也可以激发他们的活力和创造力。谁身上的素质和潜能得到发挥，谁就能受到企业的欢迎和青睐。大学生有必要通过社会实践加强对社会和自身的认识与了解，找出自己感兴趣的领域。在了解自身优势的同时，发现自己的不足之处，最重要的是明确自我人生目标，即给自我定位、规划人生，明确“我能干什么”、“社会可以提供给我什么机会”、“我选择干什么”等问题，使理想可操作化，为融入社会提供明确方向，实现自我成长。

母校教我脚踏实地“走”人生

说到当年在母校的求学历程，高志跃不无激动。虽然中专比不上名校的荣耀，但短短几年的务实学习，却造就了他脚踏实地的做事风格。拿工作的事情来说，面对就业选择时不能眼高手低，别怕一步一步从底层做起。高志跃的人生经历恰恰证明了只要不懈努力，金子总会发光。“现在很多大学生都不喜欢从底层做起，整天想着一步登天。还有的人在没工作之前，就说工资没有多少不做、待遇不好不做、不是白领不做等。这些假想其实都是错觉，实践证明只有从底层做起才能不断地积累经验，只有通过积累经验才能慢慢强大，向更高的层次迈进。”他说，“慢慢去习惯和爱上自己的专业。只有爱专业才能主动学习、主动钻研，才能了解专业发展现状和前景，才能对专业岗位有深刻认识和理解，才能有动力从事相关专业的工作，才能在就业时慎重思考。”高志跃还建议，在校的大学生应该更多地去了解企业，有空的时候上网查阅一些资料，这样才会知道以后工作的企业是否能给自己提供发展的空间，是否能有展现自己特长的平台。“脚踏实地走好每一步，这每一步既是对前一步的总结，又是下一步前进的方向。”

（王振鹏）

高 越 不断超“越”自己

高越，财务专业84级校友。1987年毕业后留校，在财务处工作，负责财务会计工作，先后担任团委书记、教务副处长等职。2002年，加入上海电气实业公司从事对外投资项目工作；2007年担任启迪职业技能培训学校（现上海电气李斌技师学院）法定代表人，负责培训项目建立、再就业培训，为电气集团培养了不少优秀人才。现任上海市总工会培训中心主任、党总支书记，上海工会人力资源有限公司执行董事，上海支点人力资源有限公司执行董事。

人生在于不断学习进步

从某种意义上来说，高越校友的成功是因为她站在了超越同龄人的高度上，而这种高度，正来自于她自身的不断努力。毕业以后，她更加注重通过各种途径来获取工作所需的各种知识。“投入社会实践后，对个人本身素质的要求就更关键了。”高越校友总结了自己继续“充电”的几种方式：一是业余夜校，毕业后她报读了立信会计学院，之后又取得了上海复旦大学的自考学士学位。由于以前在校时候专业基础较好，虽然一边工作一边学习，也还算轻松的。二是自己读书读报。走进她的办公室，书桌上、书柜里整整齐齐摆放着各种书籍报刊，她微笑着说道：“它们是我珍贵的老师。”三是在工作实践中不断摸索，注意观察、总结、积累经验。高越校友现在主要从事管理方面的工作，从某种意义上讲，管理是一门宽泛而有深度的社会科学，理论知识是基础，更重要的还是实践。在每一次实践后注意反馈信息，思考成功之处，发现失败的问题所在，推敲出一本属于自己的“管理经”。四是和同事或领导交流讨论，或是经常参加社会各界组织的活动等。高越校友认为，一个人的想法总是有限的，要想丰富自己的思路就得不断地从外界获取有用的信息。与人交际则是一种非常重要的方式。“记得在我刚毕业留校工作的那段日子里，我从我的领导那里学习到了很多有关管理的思路、工作的经验以及为人处世的方法，这些对我以后的人生都有非常重要的影响，可以说是一笔无价的人生财富。”

关于“跳槽”的艺术

高越说她是一个骨子里非常好强的女人，不甘于平淡的生活，象牙塔里的生活并不适合内心里更喜欢追求挑战的她。虽然学校的工作对于她所学的专业来说是学以致用，也很稳定，但她希望拥有更大的发展空间。所以在留校工作了15年后，2002年上海电气的一个对外投资公司项目的找到了她，她果断地抓住了这次机会，使自己的职业生涯提升到了一个更广阔的发展平台上。她自信满满地说：“一个人只有在自己

兴趣所在的位置上才能充分发挥自身的价值。”

当然高越校友也谈到频繁跳槽对于刚刚毕业、走上工作岗位不久的年轻人确实是不利的。因为如果跳槽太频繁了，用人单位会考虑，虽然这个员工很有闯劲儿，但是持续性是不是太差了？在他身上进行的投资会不会没有回报呢？工作了几年以后，积累了一定经验，待到羽翼丰满了，对想从事的新工作、新视野进行过比较客观的分析和准确的预测，再作出是否应该跳槽的决策。

“跳槽不是坏事。”高越说道，“跳槽其实是接近理想的一种方式。”从社会的角度来看职场是很现实而残酷的，所以很多刚毕业的大学生就会陷入一种矛盾中，到底要不要跳槽？不能后知后觉，在校的大学生就应该有所警觉，在大学期间可以利用课余、周末、寒暑假等时间去做一些兼职，亲身体会真实的工作，从事每份兼职的时间不宜过长，但尽量多去尝试各种不同类型的工作，找准自己将来毕业后的奋斗方向，找准降落的点，这将会非常有利于今后职业生涯的发展。

经验分享

“当今时代是一个充满竞争与挑战的时代，学校能够传授给同学们丰富的理论知识，我作为一名毕业多年的老校友，能够给同学们分享的是我自己的人生经验。”

首先是要“悉心观察”。一名优秀的导师、领导会给你很多有益的帮助、指导与启示，但很多时候并不会像老师在课堂上讲课那样用直白的语言来传达，它可能是隐喻的或者是身体力行的，需要你自己去观察，体味出其中的奥妙。没有一颗细心很难发现，同时也会无意识地错失很多。

“换一种眼光看。”无论何种状况下，都不要以消极的心态来面对生活。比如你很不幸遇到一位苛刻刻薄、爱在鸡蛋里挑骨头的麻烦上司，无论你多么努力工作总是得不到肯定。换一种眼光来看，这可是自己的一次绝佳的锻炼机会，每一次被挑剔时你会以更高的标准要求自己做得更好，要知道逆境更有助于个人的成长。

“整合有生资源。”现在有些应届的毕业生在找工作时会觉得自己没有方向，一无是处，产生极度的自卑心理，一味地被动指望学校老师、父母、社会来解决自己的就业问题，这其实是没有在毕业前做足充分的准备，对自己的优势资源没有做细致的分析导致的。现在信息科技如此发达，但很少有同学真正利用信息资源。同学们应该主动去关注那些与自己切身利益相关的政府、就业信息网站的动态以及报纸、媒体的信息，同时也锻炼了自己搜罗筛选信息的能力，这在当今的这个以信息为主导的社会中是必不可少的。

寄语电机学子

人生是一部书，需要我们每个人用一生去构思，去著述，去描绘，去创造。愿每个电机学子都能以冷静科学的态度去设计，以饱满的热情去争取，以坚实的脚步去丈量，以宏大的志向去拥抱，明天的生活将会更美好，未来的人生会更幸福！

（操 宇 林 珍）

郭　凯　好习惯助力成长

郭凯，控 9802 班校友。2002 年毕业后就职于全球最大的自动扶梯供应商——迅达电梯上海有限公司亚太研发部。现为通力电梯中国及亚洲研发中心机械设计经理。

郭凯在校期间不仅学习成绩优异，还曾任校学生会主席一职务。开朗健谈，做事稳重，深得老师同学的肯定。郭凯在校期间和毕业后工作都表现得如此优秀是什么原因呢？带着疑问我们采访了郭凯。

好习惯影响一生

人们常说好的习惯会影响人的一生。郭凯认为大学时期养成的好的习惯对他大学的学习生活、毕业后的就业以及事业的成功有非常重要的影响。

首先，学习是作为一名学生最基本的工作，不论其他任何因素的影响都要扎实努力地学习，特别是专业课的学习。很多同学觉得书本上那些理论知识在今后的工作生活中发挥不了什么作用，所以不重视，郭凯却不这样认为。他说大学时候学习的理论知识是为以后工作实践打下的基础，一定要扎扎实实地学好。谈到这里，他还自豪地说自己在大学时光从没有缺过一节课，尽管任学生会主席学生工作忙得喘不过气时也从不会耽搁任何课程，只是觉得学到知识远远不够。更重要的是养成一种好的学习的习惯，这种习惯能帮助你在今后的工作生活中快速适应新的环境，不断地充实提高自己的效率。

其次，实践是促进事物向前发展的唯一途径，培养人才的最终目的是为了把社会建设得更加美好。现在很多大学生只会死读书，知识满腹但动手能力很差，没有把书本上学到的知识运用到工作实践中，到头来学了等于没学。郭凯语重心长地告诫学弟学妹，在搞好学习的基础上，尽可能多地参与社会实践活动、部门社团、志愿者等活动，在活动中锻炼自己，在活动后总结反思，领悟在书本上学习不到的为人处世的道理，处处留心皆学问，在实践中才会重新发现自己优点与不足。

郭凯也提到，如何规划分配好自己有限的时间，以达到更高的效率，也是大学生必备的能力。在同学老师的眼中郭凯是个效率很高的人，其中的关键就是规划好时间做好要做的事，学习的时间认真学习，课后兴趣爱好广泛，与同学打成一片。

此外，郭凯语重心长地说，在大学中一定要对未来有一个清晰的发展方向的设定，有一个确定的奋斗目标，清楚自己究竟想成为一个怎样的人，为此还需要自己做什么。当时郭凯学习的是机械专业，他的理想就是毕业后成为一名优秀的机械设计工程师，在整个大学生涯中他从不迷茫也从不懈怠，为实现理想不断积累专业知识，培养动手能力，使自己离理想越来越近。

慎重择业就业

当谈到毕业后是就业还是继续深造的话题时，郭凯说当时他自己也处在十字路口，但最后选择就业也是一个偶然。他毕业应聘面试官正好是公司老总，交谈过程中深得老总的赏识，工作也正好是自己的对口专业，没有考虑太多报酬问题而是看中了公司的发展前景和自己的爱好。就这样，郭凯在他的第一份工作上干了8年。“第一份工作往往是对职业生涯影响最大的。但随着社会的不断发展，一份工作干到退休的人是越来越少了。在面对如何对待工作变动这个问题时，我们一定要三思而后行，频繁的‘跳槽’肯定是弊大于利的。但是，当机会来临时我们也要毫不犹豫的抓住机会。”对于刚毕业的同学，郭凯的观点是“先就业再择业”。

当今大学毕业生就业难已是社会难题，找到一份好工作是每一名毕业生的迫切希望。在选择自己第一份工作时也应当考虑周全，慎重决定。究竟什么样的工作才称得上是“好工作”呢？进国企还是外企？月薪多少？很显然都不是“好工作”的确切标准。郭凯认为，第一，一份好的工作，一定是你所真正感兴趣的，兴趣将会是今后工作中的重要动力之一；第二，一份好的工作一定是有发展空间和竞争压力的，这将会在工作中激发你的潜在动力，不断充实完善提高自己，使自己向更高的层次迈进；第三，一份好的工作要有良好的工作背景或者氛围，在一个有深厚的文化底蕴的企业中，你能够学习到优秀的组织文化、管理文化、发展经验等许多有用的知识经验，这些对你今后的个人发展是非常有用的。

工作转折，人生二次奋斗起点

8年后，郭凯开始了他的第二份工作。这一次选择也可以说是他人生的又一个奋斗的起点。当问到为什么要放弃自己8年工作的奋斗成果而选择另一份从零开始的新工作时，郭凯的回答对我们的启迪也是很深的。敢于面对新的挑战是郭凯的座右铭。在工作中，他不断提出更高的要求。“有追求才会有所得，有付出才会有所获。安逸舒适的环境只会让人退步，逆境中才最能锻炼人的意志和能力。”在新的工作岗位中，两年时间里郭凯从一个仅仅比保安、保洁员职位高一点的最普通职员，晋升为通力电梯中国及亚洲研发中心机械设计总经理。谈到自己这两年的奋斗历程，郭凯认为“踏实”、“积累”最重要。踏实的工作态度，从量变到质变的不断积累沉淀是必不可少的。但是，踏实的工作并不是一味的埋头苦干。虽然说踏实肯干的员工到哪里都会受欢迎，但那并不算聪明的员工。“是金子要懂得适当地亮出自己，让自己的闪光点被别人所看见。”

寄语母校

上海电机学院虽不是重点名校，但为社会输送了大量的技术应用型人才；虽算不上综合性大学，但始终坚持自己的办学理念“培养技术应用型人才”，注重培养学生的实际动手能力，使学生们学到的都是真正可以运用的知识能力。学校拥有清晰的发展路线，鲜明的办学特色，一定会发展得越来越好，桃李满天下。

（林　珍　操　宇）

黄庆丰　水之简，火之热

黄庆丰，工业外贸系93级校友。现任上海振华重工集团股份有限公司副总裁，高级工程师。

李清照在《忆秦娥》中，有一句“梧桐落，又还秋色，又还寂寞”。李易安一生词作无数，总是透着凄凉和孤寂，但是却并不妨碍人们去欣赏这位女词人美丽、隽秀的文字。与之相似的是，许多名人一生都在独自奋斗，并在“孤独”中找到了钥匙，开启了成功的大门。

如今也有这么一位。他，并没有像那些流芳百世的名人一样在泛黄的历史光影中留下踪迹，但他却在自己人生中伴着“孤独”，发挥着自己的光和热。

他叫黄庆丰，毕业于电校96届工业外贸系，现任上海振华重工集团股份有限公司副总裁，高级工程师。他的人生轨迹简单而又丰富，从进入学校的前身——上海电机技术高等专科学校，再从毕业分配进入当时的上海振华港机公司工作，人生漫漫十几载，从学生到质检主管，从主管到部门总经理，再走到了今天的副总裁的职位，他攀上了人生的一个又一个高峰……

石上清泉

“在什么年龄就该做什么样的事。”这是黄庆丰工作后所在公司的总裁管彤贤告诫他的。用这句话来总结黄庆丰的学生时代，甚至是一生或许都可以。学生时代的他成绩优秀，入校两年后，因为成绩名列前茅，他从工电912班转入了当时的尖子班——专业工业外贸系，打下了他坚实的知识基础。尽管他在学校做过学生干部，尽管他在学校生活得多姿多彩，但他只是淡淡地倾诉了自己的学生时代。在那个为着未来而读书的年代，现在的我们很难再体会到其中的滋味以及黄庆丰和他们那个年代的人所经历的种种。但是可以看到的黄庆丰，是一个简单质朴的学生，在那个青葱岁月，奋斗生活，在他当时的年龄做着他该做的事情。“管总就是这么教育我们的，而我也觉得大学生活也应该只是过着学生的生活。”所以，学习，就“名正言顺”成了他的“最爱”。

热火之铁

黄庆丰的这种性格大概是与生俱来的，他简单而耐得住“寂寞”的“吃亏精神”使他从小小的质检员，后来一跃成为如今振华重工的副总裁。

但你要说黄庆丰仅仅是个能耐得住寂寞的人的话，那就是管中窥豹，目光狭隘。事实上，黄庆丰身上燃烧着一颗火热的“小宇宙”，他是个工作狂人。“尽管我现在看上

去位居高层，但我依旧是每天从早上8点一直工作到晚上8点！一周，也就在周日休息一下，放松自己。”被法律“逼着”只在法定节假日休息的黄庆丰，面对工作，绝对是伏枥的“良驹”。作为分管整个集团公司国内外售后服务、质量控制、安全管理及综合治理的副总裁，他每天日理万机，却依旧充满干劲，在国内外忙碌奔波，欧洲、美国以及亚非拉等国都留下了他的足迹和汗水。“对待工作”，黄庆丰又说，“管总对于我们的教诲就是‘努力工作，肯操心，肯着急。’”看来这位管总对于黄庆丰来说是命中的贵人，而管总也成为他黄庆丰心中的一把戒尺。爱自己的岗位，尽心于自己的工作。不管是过去的质检主管，还是如今这副总裁的位子，什么叫做鞠躬尽瘁，黄庆丰俨然用自己的实际行动证明了自己的勤恳和努力。

黄庆丰有一个体会很深的故事。“打铁匠将铁块烧得通红，当把铁块浸入冷水，那冰冷的水瞬间就沸腾起来。人就像这烧红的铁，该怎么去沸腾周身的‘水’，这就是我们要去想和要去做的。”黄庆丰就是这样去做的，所有人身边都有一桶水，只要烧红自己，拿出激情，就能把“水”沸腾起来，散发自己的“热量”。虽然只是大专毕业，但是用工作证明自己的黄庆丰得到公司的赏识，并给予了他深造的机会。而他也没有错过这些机会。如今有人会嘲讽地说道，机会像雨点般打来，我却一一闪过。但是，黄庆丰却如此“耿直”，面对机会从来不会放过。他从大专学历，到工程硕士，继而EMBA，如今他早已有两个硕士头衔了。所以，面对如今的大学毕业生如何在社会立足的现状，作为一家大型企业的副总裁，黄庆丰给出的答案就是：努力外加刻苦，像烧热的铁，去燃烧自己，沸腾旁人！

黄庆丰在电校08级毕业典礼上，作为优秀毕业生发言。他说道：“今天作为优秀毕业生进行演说，我总是认为，有远大理想，但脚踏实地地做人，能包容人，团结人，那么这样的人才有着成功的未来！”今年年初，当全国政协副主席张梅颖女士携中央考察团到振华重工调研时，黄庆丰也参与其中，一起商讨了企业如何培养人才及如今大学毕业生的未来出路和方向。而黄庆丰的那番话，可能是大学生们叩开成功大门的敲门砖，也更像是他对自己到现在这段岁月的最好总结。

现在的黄庆丰，有着成功而忙碌的事业，而他的生活也羡煞旁人！“家人从来不会责怪我为工作而不顾家里。”这些话从黄庆丰的口中述出，能体会到一股浓浓的情分。很多人说，每个男人成功的背后有着一个默默支持和付出的女人。黄庆丰很庆幸自己就有着这么一个好妻子在家中扶持和打点。有着自己家人的支持，黄庆丰也能全身心放手在自己的工作中挥毫泼墨，大展宏图。回家时又能与家人分享他在工作中的喜怒哀乐，收获点点滴滴。

（周　磊）

曹德华　一个企业家的成长之路

曹德华，工电7856班校友。现担任上海凯航酒店设备有限公司总经理。

他，曹德华，一位从上海电机制造学校走出去的企业家，一位走向成功和未来的上海凯航酒店设备有限公司老总；

他，曹德华，一位智慧且人生阅历丰厚的长者，几十年间历经人生的风雨，冷暖自知，但他却述之谈笑风生。

在学校60周年校庆之际，我们能够有机会与他接触，倾听他的心声，品读他的人生。从中，我们收获的不只有他累积的人生经验，还有心灵的震撼。

求学年代

1978年，上海电机制造学校迎来了复校的第一年。也正是在这一年，曹德华开始了他的中专求学之路。

那个年代是灰色、朦胧的，那个年代的求学之路充满着艰辛和挑战。当时的国家正处于“困难时期”，刚从文化大革命的泥淖中拔出脚后跟。可以想象此时的复校，不论是在学习还是生活上，环境该有多么的艰苦。当时，他们追崇的是一种“延安窑洞式”的生活。在这种生活背景下，他体会到了革命年代的艰难，培养了他吃苦耐劳的优良品质，更铸就了他积极乐观向上的精神。晚上睡地板，黑夜点蜡烛，跑步半小时吃饭，甚至于排泄物都要自行处理。学习条件就更加恶劣了。环境虽艰辛，感动依旧有。在求学年代，令他印象深刻是学校老师能够放弃舒适的生活与同学们同吃、同住、同奋斗。在生活上，有什么问题互相帮助；在学习上，有什么困难共同攻坚；在工作中，有什么挫折一起交流克服……温情岁月，流光轶事。那个年代的这些小插曲，培养了曹德华互帮互助、团结协作的精神。在他心中，这也是电机的风尚之一。

虽然环境艰苦，但他却从未停下追逐知识的步伐，依然坚持努力学习，提高自己的实践能力。在他看来，财富分为两种：一种是有形财富，如钱、车、房这样的物质；第二种则是他所崇尚的无形财富，例如学识和品德精神。也正是他在大学时所养成的这种优异品质铸就了他的坚强不息，为后来的成功打下了基础。

于困境中磨砺，于学习中成长。他那谈笑风生的语气仿佛让人觉得这一切是那么的自然、平淡。求学就应该如此！

工作时代

每个人的人生轨道都不尽相同，有的人选择按部就班的人生，就好像铁路哪里该

直行，哪里该转弯，一切早已计划妥当。但有的人却跳动着一颗“不安分”的心，有着特立独行的“基因”，心中始终拥有着广博的梦想，并相信梦想铸就未来。

曹德华中专毕业以后，被分配到了上海汽车公司工作。在当时，能够进入这样一个国营企业工作实属不易，更何况在那个时代这就是拥有了“铁饭碗”。但曹德华并没有满足，他渴望学习，渴望进步，渴望成就一番大事业。之后，他前往澳大利亚开始了为期3年的留学生活。在那里，他不仅学习了语言知识，增强了语言交际能力，更重要的是开拓了视野，对外面的世界的发展有了更为深刻的认识、了解。就在他回国之后，机遇给了他梦想飞翔的翅膀。当时，整个国家正处于改革开放时期，市场经济进一步发展，下海、经商成为潮流。许多成功的创业案例也刺激着这代年轻人的神经。早有创业想法的曹德华，抓住了此次机会，将自己的梦想付诸于实际行动。虽然在创业的过程中，他经历背叛和失败，但乐观的精神鞭笞着他要努力、不要气馁，“天将降大任于斯人，必先苦其心志……”这对于想要获得成功的人来说是必须经历的阶段。他凭借着如此积极向上的态度、持之以恒的精神，最终收获了成功的果实，实现了自己的梦想。

成功从来就不是一蹴而就的，成功是留给有准备的人的。从梦想的萌芽到定下目标再到凭借着自身的不断努力、坚持。如今，由他担任副董事长的华泰集团已是拥有船舶制造、海洋工程设备等众多产业和众多下属企业的现代高科技企业，每年所交税收高达几千万元。在为社会创造财富的同时，也体现了自己的价值。

2008年2月4日下午，伴着庄严的国歌，新航星集团2007年度总结表彰大会在奉贤区会议中心第一会议厅隆重举行。集团顾问、上海凯航酒店设备公司及凯航船舶设备公司董事长曹德华参加了此次会议并发表了讲话。曹德华在看到新航星集团公司发展壮大的同时，从更高层面指出做事业也是为了实现个人和社会的价值，对国家作出贡献；要成就一份辉煌持久的事业需要树立坚实的品牌，不断提高核心竞争力。

作为一名优秀的企业家，他为国家、为民族奉献着自己的微薄之力；作为一名卓越的领导者，他大力引进、挖掘、锤炼和培养一大批人才，引进关键人才，延伸产业链，追求企业精益管理，追求产品产业企业能力、能级、能量的全面提升，从而获得企业的全面成功；作为一名成功的创业者，他有着敢闯敢拼的精神，只要有目标，就奔着它奋勇向前直至成功。

是选择淡如白开水那样的平稳人生，还是选择叱咤风云那样的辉煌人生；是选择在国营企业步步为营、稳扎稳打，还是选择民营企业披荆斩棘、艰苦创业。曹德华的经历告诉我们，每个人最终的选择都不一样，但是要明白一点，无论是前者还是后者，都应与自己的梦想相符合，不管这条路是康庄大道还是充满荆棘坎坷的乡间小路。要明白一点，只有敢于为自己的梦想拼搏、奋斗的人才会离成功更近。创业应当如此！

诠释当代

在评价一个企业家有多么的优秀、杰出并不只是看他拥有多少钱、能为企业创造多大利润，还需要有一个健全的人格、能够诠释当代的优秀品质。

曹德华在与人交流的过程中，一直保持着谦虚、严谨的态度，对于自己的成功他要么闭口不谈，要么直言还需努力；在与其他公司老总或是自己公司高级管理人员合作时，他总是保持着一种真诚的态度；在与其他企业竞争的时候，他能够与时俱进，开拓创新，使企业始终领先，在竞争激烈的商业战争中立于不败之地。

不仅如此，他还热衷于慈善事业。汶川地震时，在他的带领下，公司为灾区捐款几十万元，同时他也对家在震区的员工给予相应的帮助和资助；2009年，集团响起了支援西部"彩虹行动"的集结号，他在生活上帮助了不少来沪培训的骨干教师；近几年来，在他的领导下，公司又相继参加各类教育扶贫、捐赠活动。

在大力发展企业，为企业谋求利益的同时，曹德华以他的实际行动投身于慈善公益事业，展示了一名优秀企业家必有的社会责任心、乐于奉献的优良品质，诠释了当代弥足珍贵的精神。企业家应当如此！

曹德华的人生就好像是一壶茶，需要细细品味，慢慢领悟。他诉说的不仅是他的成功人生、优秀事迹，更是他对梦想的追求与执着、对精神财富的追求、对成功的探索；他道出的不只是他人生的经验总结，更是如何让自己离成功更进一步。

采访的最后，曹德华表示他一直都关注母校的发展，同时也表达了他对母校的期望。正如电机学院的办学方略"技术立校，应用为本"，他希望母校能够办得越来越有特色，早日成为高等技术教育的强校。

（解海琳）

盛佩英　工科女讲师的两次“转身”

盛佩英，技7801班校友。1980年毕业后留校任教，担任电工基础、电子基础课的教师，获讲师职称。1995年离开学校，来到上海市静安药业公司，从办公室任科员开始，历任总经理助理、副总经理，上海雷允上药业西区有限公司党委书记、副总经理，上海雷西大药房连锁有限公司总经理，上海开开实业股份有限公司总经理。现任上海开开(集团)有限公司党委委员、副总经理，上海雷允上药业西区有限公司党委书记，上海开开实业股份有限公司党委书记、董事长。

从工科讲师到上市公司的董事长，一路走来，盛佩英感慨：“没有做过什么惊天动地的事情。自己经历过的工科讲师、执业药师、上市公司董事长，这一个个人生的驿站，虽有几多感慨些许辛酸，唯一不变的是坚毅和执着。”简洁朴实的话语道出了盛佩英一步一个脚印稳健历程背后的两次“转身”。

迫于无奈　首次含泪“转身”

1981年9月，盛佩英从原哈尔滨电机专科学校进修结束回到母校承担起电工基础、电子基础课的教学任务。那年她刚刚21岁，虽然每天有6～8个课时的任务，但因为就住在学校，也没有感觉到累。她形容当时的自己是“小老师，大学生”。在讲台上的她会认真扮演好老师的角色，传道解惑授业；走下讲台的她就是一个学生，利用业余时间继续学习充实自己。由于工作成绩突出，盛佩英荣获“上海市优秀园丁奖”荣誉称号，并评上讲师职称。后来有了家庭，盛佩英才从学校搬了出去。当时没有地铁，她每天往返在路上的时间近4个小时。评上讲师后的盛佩英按当时学校的规定还要补做班主任，而班主任的工作职责之一是在学生早晚自习的时候坐班。这样，盛佩英每天清晨5点不到就得从家里出发，晚上7点后才能到家。再后来，有了自己的孩子……。现在回想起来，盛佩英感慨：那段时间，的确很累，但不知是为什么，自己咬着牙还是坚持下来了。但到了20世纪90年代初，学校扩招，老师的课时任务更重了，很多时候需要连续在讲台上站上4个小时。慢慢地，盛佩英发现自己在后两节课的时候体力不支，站着讲课很困难。无奈之下，盛佩英含泪向学校提出辞职，放弃了讲师身份，前往静安药业公司做办公室科员。“张爱玲有篇文章叫《有些事一转身就是一辈子》”盛佩英感慨，“我这一次含泪转身，就永远的离开了我心爱的教师岗位。”

破茧成蝶　再次华丽“转身”

1995年，盛佩英成为上海市静安药业公司的一名办公室科员。进入到药业公司以后，盛佩英不再是传道解惑的学校讲师，曾经的专业知识一下子也变得毫无用武之地。每天从事的都是枯燥单一的计算机系统维护工作。但是角色的转变并没有让盛佩英放弃追求事业的信念。经过一段时间的蛰伏，她发现在药业公司不懂药是件很悲哀的事。于是，她做出了让很多人都感到惊讶的决定：报考全国执业药师资格证。这个资格证书就算是药学专业的毕业生也不一定能顺利考取，更何况一个没有受过专业学习的人。几乎没有人支持她这个疯狂的决定。但是，盛佩英就是凭借自己在学校工作中锻炼出的“学习”技能，以及那些年挤公交往返 4 个小时上班的毅力，于 2001 年拿到了全国执业药师资格证。不但如此，在这几年中，她还进修了华东师范大学的研究生课程班，走上了公司总经理的助理岗位。随后几年，随着公司的不断壮大，盛佩英的职务也在不断上升。直到 2012 年执掌开开实业帅印，成为近 2500 家 A 股上市公司中为数不多的女董事长之一。17 年的历练破茧成蝶，盛佩英终于实现了自己从药业公司办公室科员到上市公司董事长的华丽转身。

对于这一幕幕精彩和今天的成功，盛佩英非常低调。她认为能走到这一步，完全是因为自己适应能力比别人强。她也从不把自己当女强人看待，更多的时候，她就是“盛老师”。无论是在雷允上药业公司的时候，还是现在挂帅开开实业，同事们都亲切地叫她“盛老师”。或许那 15 年的教师生涯留给她的是一辈子的教师情结。

（卿海龙）

彭留祥　认真务实乃做人之本

彭留祥：仪表 6308 班校友。毕业后分配到上海电化厂变电间，历任上海电化厂的团支部书记、上海电化厂变电所的工作组长、副工段长、宣传部长等职。

毕业之后凭着优秀的成绩被分配到上海电化厂变电间，经历 30 余年，当年的上海电化厂早已转型为上海氯碱化工有限公司，而校友彭留祥，当工作单位是上海电化厂的时候他在那里，现在变成上海氯碱化工有限公司他仍在那里。30 年，这家公司改变了，没有改变的是彭留祥对公司的尽职尽责，和他认真的处事态度以及务实的工作作风。

积累经验

彭留祥于 1963 年进入上海电机学院(原上海电机制造学校)就读。当时的电机制造学校在上海是名气响当当的中专学校，而且待遇是属于同等学校相对来说比较好的，因为当时彭留祥家里也是不怎么富裕，所以考上电机制造学校就成了他的梦想。经过刻苦学习终于考上电机制造学校的彭留祥，并没有因为自己实现了短暂的目标就懈怠了，而是更加刻苦更加认真地去学习。当时的电机制造学校的学习差不多是三分制：即三分之一的时间在学校学习课本知识；三分之一时间利用学到的知识去工厂实践；另外三分之一时间则是干农活。有些人在实践和干农活的时候表现得非常松懈，但是彭留祥没有像他们一样，他总是认真积极地对待学校分配的每一件事，认真做好每一件事。认真务实从那时起仿佛就是他的做事原则。对于课本知识，彭留祥更是一定要研究明白，学深学精，掌握好知识；在实践的时候，面对实践内容一丝不苟，把实践当作是对自己学习的检验，精通实践过程中接触到的每一个机器，掌握机器上每一个按钮每一个操作单位的作用及原理，为他日后工作打下了坚实的基础；干农活，他也兢兢业业，时刻想着粮食是人民的根本，他用心地耕作，也希望自己种的粮食能长得好，可以多产粮帮助别人。

保持自我

1968 年，彭留祥从学校毕业，凭着熟练掌握各种机器使用方法和原理，迅速脱颖而出，受到单位的重视。没有过多久，担任了值班班长，并且肩负着输电的重要任务。他对待自己日常工作都很认真，几十年如一日的认真态度从来没有改变，工作一直让组织很满意。1973 年被提升为上海电化厂的团支部书记，1976 年又被提升为上海电化厂变电所的工作组长，副工段长。虽然他的职位在变，但是他那颗认真的心从没有变过,始终对工作尽职尽责。

学无止境

1982 年,在单位里彭留祥是位老中专生,他曾因认真务实,被上级领导选送到化工党校学习作为后备干部培养对象。1983 年,彭留祥觉得自己虽然有了中专文凭和化工党校的学习经历,但他从不能满足于自己的知识与学历。彭留祥通过业余时间,参加自学考试,攻读复旦大学马列主义基础理论专修科 13 门的课程,成为复旦大学该专业第一批自学考试毕业生。彭留祥早在 1981 年就是企业政治宣讲团的成员,后来长期担任政校副校长,他凭借认真的精神,研究政治理论。彭留祥的政治理论基础也很扎实,并且对邓小平理论颇有研究。他从不停止学习,毕业多年,仍一直保持探索和学习,总是说"学无止境"。

之后当彭留祥任电化厂宣传科科长。在其主持工作期间,公司在宣传、思想政治工作方面,逐渐形成了具有氯碱烙印的宣传特色,这都与他的创意和设计分不开。如干部理论学习的每月一讲、"双创活动"、三个十佳评选、企业文化建设等。在他主持电化厂宣传科工作时期,电化厂曾两次被评为上海市工业系统思想政治工作优秀企业和市级文明单位。公司先后获上海市文明单位称号、上海市最佳工业企业形象单位和上海市思想政治工作优秀企业。

1992 年上海电化厂转型为上海氯碱化工股份有限公司,彭留祥凭借其对这个公司几十年的贡献,担任了上海氯碱化工有限公司的宣传部部长。他觉得在哪里都是一样工作,不管在什么岗位,那都是责任,都应该尽职尽责地去工作,所以在职期间他努力宣传自己的公司。

彭留祥认真研究了企业的过去、现在、将来,全方位地观察企业,并纂写了一些文章。这些文章,不仅仅分析了上海氯碱公司的现况,而且还延伸到了各种企业的发展和形式。现在,这些文章在互联网和企业间广为流传,如《关于加快国有企业人才高地建设的几点思考》,《从上海氯碱的发展看企业价值观的新特点》等。

谆谆教诲

对于现在有些大学生在刚毕业的时候,只想高工资、只图眼前利益的现象,彭留祥建议,刚毕业的大学生都还很年轻,要把眼光放长远一点,以后有的是时间和机会。第一次就业,工资低一点也无所谓,只要公司有前景、有潜力即可。也不要去埋怨公司规模小,殊不知,在小公司里也能看到一些在大公司见不到的东西,也可以为今后的发展打下基础。只有这样,以后成长的路才会更宽阔。他还建议不一定像他一样,在一家公司工作大半辈子。因为时代不同了。条件成熟的时候,也要有雄心,敢于跳槽、敢于面对新的挑战,也可以自己出去创造一番事业。但是在挑战之前一定要给自己打下坚实的基础,像广大的人脉关系,丰富的专业知识等,只有这样才能让自己立于不败之地。

(张英男)

董建华　最真实的接触

董建华:机制 9006 班校友。现任宝矿国际贸易有限公司总经理。

初次见到董建华总经理的时候,一种沉稳、肃静的感觉由内而生。董总,高大魁梧,虽然严肃,但是却没有印象中的老总高高在上的架子,整个采访围绕着人生、感悟、经验、教训娓娓道来,让我这个初出茅庐的后生有一种和蔼、亲切、豁然开朗的感觉。

大学·记忆

大学的记忆总是令人难忘的,同时值得记忆的人和事也多得一下让人数不过来。而在他的记忆中最难忘的是"四五套办"时期的竞争。这一次的分流虽然看起来只是对一个班的同学进行分层教育,但实际的影响却不止这么简单。因为在当时那个环境下专科是非常吃香的,如果可以进入专科,那么人生的道路将从此被改变。所以大家对于这次的分流都非常的重视,竞争非常激烈。结果两年以后,一半的同学被留在原来的班级,继续接受着中专的教育,而另一半的学生则走进了专科的学堂,从此开始了不同的人生。现实就是这样的残酷。"当然每个人都有自己的追求,不能说我走的这条路就是对的,是正确的,每个人的人生追求是不一样的。"

积累·机遇

董建华现任一家贸易公司的总经理。这便让人好奇,为什么一个机械专业的人会从事贸易方面的工作呢?原因是积累、机遇。当年在学校,他除了完成基本学业以外,还对财经贸易方面的知识有着浓厚的兴趣,经常到学校的图书馆借阅相关的书籍,进行自学;还留意、关注有关财经贸易方面的信息。这一方面出于自己爱好,另一方面用以拓宽自己的知识面。刚毕业时,他从事的是自己的本行,后来一个偶然的机会,他获得了一个贸易部门的职位,这个职位的获得得益于他所学的是机械专业,又因为他在经济贸易方面的兴趣和擅长。兴趣和工作相互促进,大大激发了他的潜能,工作取得了巨大的成就,公司产值和规模扩大了数倍。当然,他也提到一个问题,机遇非常重要,机遇可遇不可求,做好准备才是最重要的。

梦想·远方

董建华对于当代的大学生的思想、对待事物的看法和未来的发展有着自己独到的见解。他认为,每一个人都需要有一个远大的理想,并通过一个个既定目标的实现来

逐步达到。我们不仅仅需要对4年毕业以后的就业方向进行一些规划，而且还要包括人生、理想。他说道："现代的孩子，都有一个通病，那就是缺少目标，导致大学的生活迷茫。"作为当代大学生，必须要有一个比较高的眼界，特别是对于我们电机学院的学生，在某些方面可能并不占什么优势，甚至还有所落后，因此一个清醒的认识、一个合理的目标是非常重要的。我们学生还需要以坚定不移的意志去追求梦想，不能被某些条条框框所束缚。"哪怕就是现在的我，对自己依然不觉得满足，自己并没有做到最好。"

毕业·指导

毕业以后的去向对于我们来说才是真正需要去关心的。董建华在这里也提出了一些他自己的看法。他说："一个应届大学生的第一份工作并不一定是他的终身工作，积累了经验，开拓了眼界，更高的目标就在向你招手。一次次地挑战，不断地进取，才能前行，向理想迈进。当然这绝不能用三天两头的跳槽来实现。原因很简单，跳槽后还要花费大量的时间和精力熟悉新工作、适应新环境；原公司的一些商业机密，会有被泄露之嫌，这样频繁跳槽，个人信誉会受到质疑。当新公司接受这样的员工简历时就心有顾虑，于是就不会交给你一些重要的工作了，你的发展就会受到限制。"董建华认为，对于在读的大学生来说，最重要的是努力学习专业知识，培养和提升自我能力。"我们要明白企业招人是为了用人，给企业带来收益。企业不会用那些没能力的人，所以你们现在就是要好好学习，掌握专业技术，拓宽知识面，以后的人生路才会走得更顺畅。"

采访归来，整理材料时才发现，与董建华的这次访谈，是一次精神上的洗礼，对我的人生也是一次激励。

（佚　名）

蒋玉萍　因执着而精彩

蒋玉萍：机制8209班校友。毕业后，就职于闵行“四大金刚”之一的上海电机厂。现为上海电机厂技术部副部长。

从母校1953年创办以来，走出了一批又一批优秀的人才。筚路蓝缕，沐雨栉风。在这所学校的毕业生中有这样一位特别杰出的女性校友。她就是现任上海电机厂技术部副部长的蒋玉萍。

说她特别杰出，是因为在机械制造领域——男性为主的世界里，她从一位文雅少女，渐渐地成长为一位被人誉为闵行“四大金刚”之一的大型国企的技术骨干，这其中有多少意想不到的经历、故事，又有多少不为人知的艰辛、坎坷，更有催人奋进的激励、指引。

结　　缘

1982年初中毕业的蒋玉萍，踌躇满志地踏入了上海市机电工业学校。在当时，这所学校是受大多数学生追捧的，进入这样的学校甚至可以说是一件十分幸运的事。在采访中，蒋玉萍十分自豪地说，她当时的分数考取上海中学、七宝中学是轻而易举的。然而或许是缘分，又或许是巧合，她与机电相遇，也注定了她与电机行业的不解情缘。

初入校园对于机电这个陌生的专业，对于自己将要面对的人生蒋玉萍其实毫无所知。然而她并没有因此而感到迷茫，甚或迷失自己。恰恰相反，蒋玉萍跟着老师勤奋扎实地学习。从蒋玉萍口中得知，当时的她并不是一开始就对这个专业充满着热爱，甚至对于铺天盖地的专业课还感到了枯燥乏味。然而是什么使她坚持了下来？是女孩特有的乖巧？是当时严谨治学的校园风气？是当时现实的社会？蒋玉萍的回答是那么简单而具有说服力：“不服输，不放弃。”坚毅而要强的她就靠着这样一种单纯而倔强的念头，无论在求学阶段还是工作中都没有认输过，也没有屈服在任何艰苦的工作环境中。

很快学校的生活离她远去，除了那门由于教学资源限制而成为她终身遗憾的英语，她在电机学院的求学生涯划上了圆满的句号，学校的生活也在她的心里留下了最美好的记忆。

成　　长

毕业后，蒋玉萍被分配到了号称闵行“四大金刚”之一的上海电机厂，开始了她的职业生涯。初来乍到的她在那个虽然熟识但令人感到冰冷的车间里，开始清醒地意识

到书本与实践的差距。“纸上得来终觉浅，绝知此事要躬行。”蒋玉萍说当她来到厂里，才发现自己什么也不懂，有时候连个求助的对象也没有。面对着这样的工作环境，那个不服输的蒋玉萍，有着一身执着劲头，靠着惊人的毅力，顽强地在车间里摸爬滚打锤炼了 18 年。

期间她被调去做检验员，这个职位虽然单调重复却相对干净轻松。然而倔强的她思之再三还是拒绝了，其中的缘由便从她的一个小故事中得以窥见。那还是她在学校实习时，实习要求做一把羊角小榔头。看似普普通通的一把榔头却成为了蒋玉萍职业生涯中的第一件作品，第一次挑战。日以继夜的辛苦忙碌后，面对手上的这把榔头，她觉得那是富有生命的一件艺术品，更是带给了她无上的自豪感与成就感的作品。于是她爱上了这种迎接挑战，解决挑战，获得成功的经历。

正是这种敢于迎接挑战、解决挑战、获得成功的劲头鼓舞着她回到了车间的生产一线，回到了那个在她看来可以接受挑战、成就自己梦想的地方并坚持了下来。当然要在这一行上做出成绩光靠一股冲劲是不行的。

蒋玉萍说，她最欣赏德国制造的产品，同样也最欣赏德国的理念。何谓德国的理念？便是说一是一、说二是二的态度。或许从中国文化来看这样的观念略显“刻板”。然而在制造业中这样的理念才是保证产品品质的关键，延伸至生活这也是保证一个人品质好坏的关键。可以这样说德国制造业对严谨理念的追求是近乎疯狂的。在生产中某种要求达不到标准时，以致不断试验、拆组、重复检查。这些可以用“吹毛求疵”来形容，蒋玉萍说这也是她成功的经验与秘诀。

回首过往的 26 年，迎接挑战、顽强拼搏、永不服输的蒋玉萍，从初出校门的少女已成长为担负着上海一家重要国企的技术领导的重任，并为推动和促进中国电机制造业的技术进步和创新在努力拼搏。

（褚彦昊）

蒋　洁　努力拼搏，成就精彩

蒋洁，德语BW062班校友。现任职于上海马陆日用友捷汽车电气有限公司。

当年在校园里，四处可见她穿梭于各个会议、各项活动现场的忙碌身影；学校奖学金的名单上，每次都可以找到她的名字；特奥会、奥运火炬传递的现场，依然看到她灿烂的笑容。蒋洁，一个乐观开朗的女孩，刚刚从母校毕业两年多。恰逢母校60周年校庆之际，能有机会进一步接触她，与她促膝长谈，倾听她内心的真实感触。

校园生活　灿烂辉煌

谈起蒋洁的学习可以毫不吝啬地用“出色”这两字来形容，无论是校级的还是国家级的奖学金，甚至是市三好学生都被她收入囊中。虽然所学的专业是德语，但她的英语也毫不逊色，她参加过“CCTV杯”大学生英语竞赛学校初赛及复赛、组织翻译写作比赛等，并都取得了不错的成绩。同时，她的写作能力也非常强，可以说是一位才女，获得学校“助学政策助我成才”系列征文活动一等奖，更值得钦佩的是，蒋洁在《江汉论坛》中发表论文《金融危机背景下上海大学生就业意识与就业观念变化的调查研究》，这些成就都体现了她超强的学习及写作能力。但她的可贵之处不仅在于此，她还先后担任外国语学院学生会的副主席及学习部部长。一个人不仅在学习上名列前茅，同时还能合理地安排好学习与工作的轻重关系，是非常不易的。

常言道“鱼和熊掌不可得兼”。大学4年，蒋洁清楚地认识到学生是她的首要身份，她知道扎实的基础对于语言类专业的学习是非常重要的。她学习上注意扬长避短，寻找适合自己的学习方法，这样让她自己有了更多的时间参加学校的工作。在学校工作上，蒋洁通过灵活有效的沟通技巧，使自己的工作效率大大提高。当然，她也谈到有时牺牲课余时间是在所难免的，但她微笑着说，她没有后悔和遗憾，她认为这是值得的，因为在参与学生工作的时候，也培养了自己的沟通协调能力以及面对突发问题时的处理能力，自己无形中得到了锻炼，对今后踏上社会工作很有帮助。学习与团组织工作对于蒋洁来说是相辅相成的，她的学习生活，不只是文化知识水平的提高，更有对自身社会实践能力的锻炼。

投身实践　磨练自我

社会实践经历对于在校大学生是比较需要的。校园相对于社会来说是一个比较闭塞的环境，多接触社会是很重要的，这也是为今后踏上工作岗位先预热。蒋洁的社会实践经验是丰富多彩的，不仅范围广，而且很多都是近几年的世界性的大型活动，小到与同学一起做课题，大到担任上海特奥会志愿者和北京奥运会火炬传递上海闵行区志愿者。在这些社会实践中,她挥洒自己的青春,用汗水来实现自己的价值,丰富自己的人生经历,无私地为集体、他人做出贡献。在特奥运动员身上她学习到了他们顽强的意志品质与锲而不舍的精神;在公司实习时,学会了如何尽快提高自身的学习能力以适应社会需要,以及如何与同事之间更好地相处。虽然在实践的过程中,也会遇到一些困难,但她永不言弃,依然坚持自己的信念,做着自己认为是对的、有意义的事。

成就　只因自己的努力

现在踏上工作岗位后,蒋洁更深刻地感受到了竞争激烈的社会,大学这个“象牙塔”还是比较单纯和幸福的。她更加明白了大学时代认真学习专业技能、打好基础、全面开拓各方面的技能的重要性。她现在从事汽车零部件相关的翻译工作,可以说是学以致用了。虽然她从未涉略过机械工程方面的知识,但若没有扎实的德语基础,她认为很多事也是没办法做好的。也就是说,机会有很多,但没有专业知识基础,就只能望而却步。让我们佩服的是,蒋洁尤其强调“责任”二字,即对自己及自己所做的事情负责任,对自己的未来负责任。这方面,蒋洁首先是做到恪守职责,做好分内的工作;其次,因为对机械工程不熟,她也在不断加强相关专业知识学习,在工作中边学边做,虚心向前辈学习,另外,她也抓紧一切业余时间,更多地拓展其他方面的知识,来提高自己的竞争能力。同时我们还了解到,她在工作中踏踏实实,处处从点滴小事做起,一步一步积累自己的工作经验,不断地完善自己。

母校情谊　心怀感激

大学里最难忘的事可以有很多,每个人的感触也是各不相同。我们采访时,蒋洁说,学会与同学相处是她大学四年里最难忘的事,谈起这个,她的脸上露出庆幸而又自信的表情。以前作为班长,她对于全班同学很熟悉和了解,与他们的接触时间与机会也很多。通过与每位同学的相处,无论他们是哪种性格,她都能或多或少地发现他们身上的闪光点,从他们身上学到有用的东西。

老师,亦师亦友,是学生前进道路上的指明灯。蒋洁的德语启蒙老师钱顺德是一个很优秀的教师,蒋洁和我们提起他时,充满了感激之情。从他身上,蒋洁不仅学到了专业知识,更重要的是一种与时俱进、坚持到底的精神。据蒋洁说,钱老师曾患疾病需要开刀住院,手术后,他并没有享受安逸的退休生活,而是继续投身于他所热爱的事业之中。这让蒋洁十分敬佩,我们听了也很感动,他的坚持与执着让蒋洁明白了生命的意义,对于她现在的工作也是受益匪浅。

蒋洁表达了对母校 60 周年校庆的祝福,同时也提出了学校今后在教育建设方面的希望和建议。她希望在硬件设施越发完善的基础上,能继续扩大并提升师资力量,为学生创造更好的学习条件和氛围;在应对应试教育的同时,应多举办定期的课外实践活动来开拓学生的视野,让学生接触更多课本以外的世界从而得到更全面的锻炼。最后,她也表示非常期待此次校庆活动,预祝母校 60 周年校庆的举办取得圆满成功。

（解海琳）

谢川林　勤恳铸造成功

谢川林，工电7962班校友。1979年9月留校在学校教务科工作。1986年10月公派至日本留学，1994年获日本国立丰桥技术科技大学电气电子工学硕士学位。1994～2000年在日本西岛株式会社担任电气工程师。2000年后至今担任上海小波机电科技有限公司副总、上海东波大气输送系统有限公司副总。

曾几何时，在上海电机学院的校园里有这样一个人，他在知识的海洋中尽情畅游，在青春的绿茵场上挥洒汗水，在遥远的异国他乡编织梦想。30载过去了，从前的青春少年，在时光的不断雕刻与打磨下，少了一分轻率与浮躁，多了一份稳重与成熟。百转回首，在学校60周年校庆来临之时，让我们一起走近校友谢川林，品味他不一样的人生韵味。

大学是人生的宝贵财富

谢川林曾就读于上海电机制造学校(即上海电机学院的前身)，毕业于工电7962班。在学校里他品学兼优，不仅学习成绩优异，而且热爱运动。在他担任班级体育委员期间，经常组织班级同学参加学校的各类体育活动，如足球比赛、篮球友谊赛、校运动会等，起到了良好的带头及领导作用，强壮体魄的同时更加强了班级的团队意识和团体凝聚力。

回忆起大学生活，谢川林校友说，大学是人生宝贵的财富，大学生活在一个人的人生旅途中扮演了非常重要的角色。首先大学校园良好的环境与氛围，能让大家融洽相处、快乐相处，并且能相互学习、相互提高；其次大学为同学们提供了磨练与创造的机会，是培养创造性思维、独立性思维、发散性思维以及丰富想象力的原野；更重要的是它给予我们的不仅仅只是学习成绩，更是一种全面协调的发展。比如体育锻炼，它不仅仅是锻炼了我们的身体，更培养出踏实的学习态度，吃苦耐劳、勤恳奋斗的优良品质，在不知不觉中增强了我们的自尊心、自信心和自豪感，调整我们内心一些不良情绪，鼓舞我们产生努力生活的动力，而这些对我们而言意义更重大。

海外留学把握机遇

经过大学期间的不懈努力，谢川林以优异的成绩毕业并留校，在学校教务科工作。他做事认真负责、一丝不苟，得到领导和同事的一致好评。机会总是青睐有准备的人，1986年10月谢川林获得了公派留学日本的机会。虽然当时国家实施了改革开放政策，经济飞速发展，但和其他大国相比还有很多不足，尤其在电机制造等前沿领域。谢

川林深知自己是公费选派到国外学习技术,机会来之不易,因此始终抱着学成回国报效祖国的态度。其他人或许嬉戏玩耍,惊叹日本城市的绚丽耀眼,沉溺在纸醉金迷的生活里,但他始终不忘学习,虚心向其他同学请教,克服各种困难,积极充实发展自己。

海外留学最困难的一件事就是语言不通,加上饮食习惯的不同。刚到日本的谢川林不管在学习还是生活上都遇到了巨大的困难。虽也曾有过放弃的想法,但他及时调整自己,凭借坚强的意志力和韧性克服了一个又一个困难。日语不会就从基础开始学起,一边抱着书一边每天用生疏的日语和他人交流,诚恳向别人请教,不怕丢脸,日复一日,天道酬勤,毕业时,谢川林终于能用流利的日语与人进行交流,并于 1994 年获得了日本国立丰桥技术科技大学电气电子工学硕士学位。由于成绩优异,一毕业他就直接被日本西岛株式会聘任为电气工程师,这一干就是 6 年。在这段时间,他更是深入系统地学习日本的先进电机制造技术,为日后回国做准备。

努力的品质最重要

2000 年,谢川林回到了祖国,将自己的所学应用到工作中。至今谢川林一直担任上海东波大气输送系统设备有限公司副总。他一心努力把公司打造成立足中国、服务亚洲乃至世界的知名输送机制造服务商。谢川林平易近人,面对公司新人他总是耐心引导,让他们做能够发挥特长并感兴趣的工作,做到人尽其用。结合自身的经历,他最看重的是员工身上吃苦耐劳、踏实肯干的精神。对于现在流行的各种证书,他放在了第二位。他认为这些都只是辅助,一个人的品质才是最重要的。

对于现在的青年,谢川林感慨道,随着社会的高速发展,年轻人为了适应社会快速发展的脚步,应付各种各样的事务,而急于表现自我、急功近利。他希望每一个学生在踏足社会的时候首先都要学会踏实地工作,努力地进取。也许在学校里学到的东西不一定能完全地适应工作需要,但最可贵的是我们学习了一种态度、一种为人处事的准则。人生的船舵掌握在自己手中,能否在这航行的队伍中成为佼佼者,全都是靠自己的勤奋与努力。"学习要刻苦,工作要踏实,生活要努力",这是谢川林对每一位学子的殷切希望。所以我们只有踏踏实实地工作,勤勤恳恳地生活,这样才能化平凡为不凡,为创建和谐社会作出贡献。同样他希望走过 60 年光辉历史的母校,能够为社会培养出更多勤奋好学、刻苦耐劳的应用型人才,祝愿母校的明天会更好!

(黄　燕)

蔡伟东　走出校园，依然精彩

蔡伟东，机 8501 班校友。1989 年毕业后进入申通地铁，现任上海市申通地铁集团办公室主任。

2012 年 5 月 29 日，我们如约采访校友蔡伟东。起初心情是很平静的，只是把这次采访当成与社会接触的机会，并为学校 60 周年校庆做些事情。这份平静一直持续到电话里那个温润和气的声音出现在面前，笑容满面地说着“欢迎”，一瞬间觉得心中一阵暖意。不管我们年龄相差多少，经历有多么不同，我们都曾经在那个让我们引以为豪共同的校园留下幸福与艰辛，也把年轻时代最珍贵的时光留在了那里。于是我们开始了这一次的长谈。

说起曾经　绽出微笑

我们与蔡伟东谈起他刚刚踏入上海电机制造技术专科学校的情景，他略想了想，嘴角不自禁地弯出一抹微笑，他依稀记得那个时候他的激动，因为当时报考这所学校有一个比较重要的原因：他从上初中开始就一直是文科比较好，对文学很感兴趣，但他考取的是一所理工学校，所以算是自己的一次转变。

有关当初校园的模样，在他眼里是什么样的，我好奇地问道。因为毕竟过去了 23 年，蔡伟东眯起眼睛一边仔细地回忆着，一边告诉我们，当时的他是在杨浦校区上课的，那边的交通比较发达，学校离实习工厂比较近，但是学校的宿舍楼很是拥挤，可让他感觉“失望”呢！蔡伟东开着玩笑。那时候在学校里时常会有一些体育比赛，他与同学们经常前去观看或是直接加入到比赛中去。

说起在校园生活中印象深刻的一件事情，蔡伟东笑了，也许是很久以前的事情了，回忆起来也只是片段，当然印象最深的、第一件想到的事，还是宿舍的事情。那时由于宿舍条件有限，他们男女生都是住在一栋楼上的，学校就想了一个办法，将宿舍楼中间用墙隔起来，从两边开门，这样的有趣事件让我们一起笑了起来，想一想我们现在的宿舍条件比起以前他们的要改善了很多。虽然我们感受不到当时的那个情景，但是听学长和我们分享这样的生活，我们依然可以感觉到那时的开心。

毕业了　但还有留恋

毕业季节来临了，他开始留恋上学时的好日子，1989 年他毕业了！那是毕业前的一门毕业设计课，他们的力学老师让他作为毕业设计的主要负责人，他感到特别的荣幸，老师是如此的信任他。我们很好奇地问蔡伟东的毕业设计是什么。他的脸上泛起

微笑，开心极了。他说当时他们设计的是制作棒棒糖的机器，叫做“自动糖果机”。我在一旁听了，感觉特别的开心，好似这个机器制作出来的棒棒糖给我吃了。当时他是与关系比较融洽的同学一起合作，明确的分工让他们的毕业设计完成得很好，交给老师的时候，还受到表扬，感到特别高兴！

如今的发展　只因当年的努力

虽然窗外的雨一直在下个不停，但是听着学长当年的故事，我们心中都泛着暖意。我们对他那新奇又陌生的职业也有了一定的了解。

蔡伟东在上海市申通地铁集团担任办公室主任一职，主要的职责是管理地铁方面的工作，了解掌握地铁发展的信息。

他认为交通是一项关系国计民生基础性的行业，对国家的经济、老百姓的生活起着很重要的作用。他觉得发展交通事业是比较有意义的一件事。交通与人们的日常生活紧密相连，交通的发展可以给人们带来更便捷的生活方式，让人们更好地生活。

听到蔡伟东这么说，我告诉他，我校现在在临港建立了一个新的校区，那里的环境很好，但就是交通不怎么方便。蔡伟东点点头，他们准备在2013年开通第16号地铁交通线，这样就能为从临港地区出行的人们提供方便。不过这也是有一定困难的，因为在那边的人还比较少，乘坐率可能就比较低。

交谈时蔡伟东饱含深情，我们透过他和蔼的目光感到他的热情、责任与信念。我们心中不由升起敬佩之情，感到城市的发展与他作为地铁人的责任。

当时的他在学校养成了良好的学习习惯。那时他是住校的，除了日常的学习以外，晚自习在当时学习生活中占了重要的分量。学校在管理上是严格的，每天的课程安排好，学习了理论之后还要下工厂去实习，加强了理论与实践的能力。那时候上晚自习，大家非常自觉，虽然人挺多的，但整体非常安静。做完作业后，同学们会把当天学的知识梳理一下。因为大家都在教室里，如果有问题还可以一起讨论，那种氛围特别好。

时间的磨练　成长的总结

虽然现在的工作与他当时学习的专业没有多大的联系，但是专业知识还是对蔡伟东现在的工作产生了一定的影响，以前的文科基础让他的思维比较感性，但是学习的理科又训练了惯于理性的思维，对他思考问题有极大的帮助。根据学长个人的观点，学校多培养复合型的人才会比较好，这样适应社会的能力会更强。

在这种氛围当中，蔡伟东养成了一种习惯——不明白的事情，一定要把它搞清楚；当天有问题，当天解决，这样就不会为以后的学习留下障碍。这种习惯一直延续到今天。如今工作也是这样：有什么问题，及时与大家沟通，及时解决，把事情做好，这样才能为以后打下一个良好的基础。蔡伟东向我们侃侃而谈了自己深切的体会，在他的目光中，我们又一次体悟了学长的深情教导与期待。

经验齐分享

蔡伟东不假思索地开始向我们传授经验:“在学校,学习好是一个方面。但当你真正走上社会之后,更重要的还是综合能力的发展;另外,要学会怎么做人。”所以,他觉得不要死读书——认真学习是肯定要做的事情,但是同时,要多参与社会活动,像现在做的采访活动,蔡伟东觉得就挺有意义的。这样不仅锻炼自己,也帮助自己学习如何去和别人沟通和交流。蔡伟东再一次强调了“做人”,学会怎么做人是非常重要的,因为将来走入社会之后,你时时刻刻都要和不同年龄段的人打交道,如果你过于自我或无法好好地和他人沟通,可能会影响你的事业和前途。

祝福母校

上海电机学院这几年发展得很快,在社会上名声鹊起,值得称道。作为上海电机学院的一名老校友,蔡伟东为母校的这种进步感到骄傲和自豪,希望上海电机学院能成为更多优秀人才腾飞的平台,祝愿母校越办越好!作为校友,他也希望为母校献上一份微薄之力,校庆活动都会积极支持。

(齐 婷 龙 健)

蔡德泰　平凡岗位铸就奇迹，结缘电校一生情怀

当人们惊羡成功之果的累累丰硕之时，常常会忘记当初它的枝叶所浸透的心血与汗水。荀子云："无冥冥之志者，无昭昭之明；无惛惛之事者，无赫赫之功。"正是带着这样的思索和启迪我们走进了蔡德泰的人生之旅。2013 年 3 月 29 日，一个寻常的春日，晴朗中带着寒意，我们来到了蔡德泰家，开始了愉快且难忘的采访。谈起与电校的结缘，蔡德泰感慨满怀，然而他却把自身不平凡的经历谦虚地归结为"人生中的几个幸运"。

结缘教师之路，倾尽用心之责

1959 年 7 月，时年 22 岁的蔡德泰从就读的上海电机制造学校工业企业电气装备制造专业四年制毕业，和所有的毕业生一样，蔡老师也等待着中央按需分配到全国各地去，但是后来却接到了留校任教的通知，担任"电机与电器修理"课程的任课教师。之所以会被留校，蔡老师说可能是与自己学生时代在勤工俭学活动中的良好表现有关。也正是基于此，他开始了终身与教育工作结缘的人生旅途，也成就了后来在教育改革方面一番轰轰烈烈的事业。就这样，1959 年 9 月秋季开学，没有经过任何师资培训的蔡德泰，毕业刚一个多月就十分大胆地走向了讲台，给仅比自己低一届的三个毕业班学生上"电机与电器修理"这门课。蔡德泰回忆说当时的自己缺乏教学经验，但是敢想、敢干、敢创新。

1964 年，作为一名专业课教师，蔡德泰自发响应毛主席 1964 年春节谈话中有关改革教学方法的号召，认真学习毛主席的《实践论》和《矛盾论》等著作，并将其运用到教学中，开始思考"电机与电器维修"课程的教学改革。他认为在课堂上教学生修电机，就如在陆地上教学生游泳，于是他创造了国内首个"电机修理讲习室"，采用边讲边练、理论联系实际的教学方法，大大提高了当时的教学质量。蔡德泰以毛泽东思想为指导的教学方法很快被各级领导发现和重视。第一机械工业部教育局的领导率领工作组到学校蹲点听蔡德泰的课，调查研究和总结教学改革的经验。报纸、广播多次报道蔡德泰的教学改革经验。这种教学法被称为"蔡德泰教学法"，而蔡德泰成为国内教育界的知名人物。1965 年 1 月 17 日蔡德泰在北京受到毛主席的接见，并当选为中华全国青年联合会第四届常委。1965 年 10 月，国务院在北京召开了全国城市教育工作会议，蔡德泰在大会上详细介绍了教学改革经验，之后还应邀分别给北京和天津两市的全体教育工作者做教学改革经验的报告。当我们问到蔡德泰创新改革的动力是什么时，他笑了笑说："我从来没有想过进行这样的改革个人会出名，当时只是想让学生学到真本事，提高教学质量而已。"1966 年"文化大革命"爆发，身为学校中层干部的蔡德泰也受

到牵连，而进行得如火如荼的“蔡德泰教学法”也在那个时期停止了。谈起那段时光，蔡德泰说自己感觉未来发展前景不明，而情绪也跌入了低谷。然而是金子总会发光，由于蔡德泰在教学改革方面做出的突出成绩，1969 年 8 月，蔡德泰被中央教育部应邀到阿拉伯也门共和国从事援外工作。这一去就是五年。在出国援外的五年中，蔡德泰说自己见识了世面，更是经受了锻炼。

结缘教师之路，蔡德泰说这是他人生中的第一个幸运。

续缘专技之路，倾洒创新之责

1974 年 7 月蔡老师回国，工作关系落在了上海市教育局。但是当时国内还处在“文革”的动乱之中，教育局动荡不定，专业技术出身的蔡老师主动要求离开机关到企业做些实际的专业技术工作。1973 年蔡德泰调到上海人民电机厂从事电气技术工作。据蔡德泰回忆说，当时该厂生产的支农产品潜水电泵社会需求量很大，依靠一般的生产方式无法满足需求，正在开发全自动生产线。蔡德泰一到厂即担任“潜水电泵上端盖生产自动线”的电气自动控制系统的设计、安装和调试工作。蔡德泰说：“这个自动线有五台组合机床连接构成，全长约 20 米，电机的端盖毛坯铸件进入自动线后，一路依次经过五台机器、几十道工序的全自动加工，不需要人工参与，最后成为合格的产品。”该自动生产线的机械设计由上海机电设计研究院负责，全部电气控制系统的设计、安装和调试则由蔡德泰一人负责。凭借自己在电校期间学习的电气自动控制技术和刻苦钻研，蔡德泰发明了一种运行可靠的“强电程序控制技术”，应用到自动线的电气控制系统中，使自动线运行可靠，控制系统成本降低且提高了加工产品的产量和质量，取得了极大的成功。蔡德泰说这是他人生中第一次直接从事的职业性技术工作。然而谈到这里，蔡德泰脸上却呈现了愧疚之情，他说当时正值女儿出生，但由于工作需要加班加点，无暇照顾刚刚出世的孩子，这是对家庭的愧疚。

1977 年底，蔡德泰的“潜水电泵上端盖生产自动线”和“强电程序控制技术”两个科技项目都被评为机电系统的重大科技成果。1977 年 11 月在全局科技大会上，蔡老师被评为电工业局“先进科技工作者”。1978 年 2 月被评为“上海市技术革新技术革命积极分子”，1978 年 4 月被中共上海市委、市政府授予“上海市劳动模范”称号。1981 年 1 月8 日上海科学技术出版社出版了蔡德泰的专著《继电器矩阵式顺序控制线路的设计》。和我们一起翻阅这些荣誉证书及著作，蔡德泰脸上洋溢着满满的幸福。

续缘专技之路，蔡老师说这是他人生中的第二个幸运。

开创专业培训，星火可以燎原

1978 年 10 月党的十一届三中全会决定把工作重点转移到经济建设上来，在百废待兴的形势下，蔡德泰被组织抽调到上海第一机电工业局，从事“电视大学管理”和“企业领导干部培训”两项工作，这一干就是 20 年，直到 1998 年退休。

在企业领导干部培训工作中，蔡德泰注重应用自己在教师和专技岗位上积累的成功经验，创造了“企业厂级领导干部岗位专业培训”的教育培训新模式，即按照企业厂级干部岗位分工不同分别实施培训，中心课题是学习怎样做一个厂长，1982 年初在机电一局全面开展。蔡老师说当时中央有关部门正在寻找下一步干部培训的方向，因此这个培训模式很快被当时的国家经济委员会发现并在全国推广，不久又被发展成为各行各业中各类人员参加“岗位培训”的教育模式。说到这里，蔡德泰激动地说：“真没想到我开创的‘干部岗位专业培训’教育模式的星星之火竟会在全国燎原，且历时达6年之久。”在此工作期间，蔡老师先后受到中央政治局常委、全国政协主席邓颖超，党和国家领导人邓小平的接见，1983年11月17日出任上海第一机电工业局教育委员会副秘书长，1984年2月21日出任中国电工技术学会科普工作委员会会员，1986年9月8日被中央电视大学授予“全国广播电视大学优秀工作者”称号。

开创专业培训，蔡老师说这是他人生中的第三个幸运。

关注母校发展，延续一生情缘

蔡老师说虽然电校复校之后再没有回到母校工作，但是自己一直关注着母校的发展，与母校的结缘却将延续一生。退休之后蔡老师也不断总结自己作为教师时积累下的上课经验，专门写了一篇文章叫做“上课的技术和艺术”，与我们分享。蔡老师说时代在变，教育也在发展，从学校的立场来说要以培养“能文能武”的学生为目标，而从学生的角度来说除了用专业武装自己之外更要提升自身的综合素质，特别是社交能力。

采访在轻松愉快的氛围中结束了。重新审视蔡老师的人生经历，我们发现历史的荣誉属于那些激流勇进，自强不息的改革者，他们脚踏实地，他们在平凡中铸就着一个又一个的奇迹。如今在母校的校史馆中有五个版块陈列着蔡德泰老师的教学改革成就和国家领导人接见的合影，这些也将成为展示学校发展历史和激励教育下一代的宝贵资源。

（林敏芝　张爱芹）

阚宝春　十年磨一剑

阚宝春，1985 年于上海电机学院毕业，现在为上海重型机器厂有限公司二金工车间加工三组组长，首席技师，上重公司的核心人才库成员。曾先后被授予“中国机械工业技术能手”、“全国重型机械行业高技能优秀工人”、“全国机械工业劳动模范”等光荣称号。

阚宝春，他是一名蓝领技术工人，从中国的北方，跨越长江，跨越黄河，来到这个繁华的都市，他来这里，带来的不仅仅是自己和自己的家庭，还有自己的工作经验和技术，而如今，距离他来这个城市已经整整 10 年，10 年间，他从一个从外地引进的技术工人，到现在已成为上海重型机器厂有限公司二金工车间加工三组组长，首席技师，上重公司的核心人才库成员。

他如今领导的加工三组，汇集着上重公司瓦德里西大型数控龙门铣床、36M 日本进口大型桥式铣床、6640 数控镗铣床等关键重大设备；承担着上重公司轧钢冶金设备、船用产品、大型军工化工部件、核电锻件加工以及年前已经完成的 1.65 万吨油压机、630 吨/米操作机等重要产品的生产任务。

他也曾先后被授予“中国机械工业技术能手”、“全国重型机械行业高技能优秀工人”、“全国机械工业劳动模范”等光荣称号。

宝剑锋从磨砺出，梅花香自苦寒来

作为一名普普通通的技术工人，阚宝春没有显赫的家世背景，85 年大专毕业，他就进入了一重公司工作。就像很多人一样，刚刚毕业的阚宝春也是从基层做起，从一个小小的技术工人做起。所以阚宝春也对当代大学生叮嘱：“一切要从基础开始，刚刚一毕业就想去领导和指挥别人，而不了解整个基层的工作是不行的。”

刚开始的工作生活都是新鲜的，而伴随着时间一天天的过去，日复一日的单调枯燥的重复工作，会磨蚀掉大部分人对于工作的热情。而阚宝春却没有：“当初我学的便是这个专业，而我一直对这个专业也很爱好，也很感兴趣！”因为喜欢，所以在一重的 15 年如一日，孜孜不倦地努力学习，提高自己，以饱满的热情投入到工作中，投入到技术的改进和创新当中，也正因为喜欢，他才可以克服那些因为这个专业而经受过的苦痛。

整天与机器打交道，受伤是常见的，但他从来不畏苦痛，他说：“一个大老爷们儿，吃点苦受点痛不算什么！”而这点苦包括他眼角、额头和手上、腿上的累累伤痕，尤其是腿上的伤口疤痕，直到现在看来依旧让人觉得害怕。而他只是很平静地讲道：“工作中伤到是很正常的，我浑身上下的大小伤口，我也记不清有多少了，平时受伤光是缝针最起码也得 20 来针！”受伤对于他来说就像是家常便饭，在最开始学习磨砂轮的时候，常

常会受伤，砂轮有毒，留下的伤口一般都得四五年才会好。

“宝剑锋从磨砺出，梅花香自苦寒来。”那一个个的疤痕，无不记录着他为自己的事业所忍受的苦痛和为之付出的努力。

成功人的“大气度”

“他是我们生活中的好哥们儿，工作上的好老师，在工作中他永远都是那么认真，对我们也是严格要求，而下班后，他就会和我们一起去喝酒，一起打羽毛球。他现在已经是我们厂里的首席技师，但待人接物永远是那么和蔼可亲，特别和气，不摆架子，很随和。能有这样的师傅，也是我人生中的一大幸事！”阚宝春的徒弟贺鹏是这样评价他的师父的。阚宝春在工作中永远是一本正经，他说他们的工作容不得一丝马虎。而对于自己对徒弟的培养，他会严格要求，对于徒弟的提问，他都一直是知无不言，言无不尽。

阚宝春很有原则性，纪律性很强，在每天的质量、安全班组学习中，他的小组组织得是最好的。其他的小组，员工迟到一二分钟的现象很多，而他的小组，大家都很准时，大家都听从他的管理。他自己也从来不迟到，以自己的行动来给大家树立一种榜样。

团队的凝聚力

阚宝春所主管的二金工车间加工三组，在上重公司大型冶金设备生产任务中，担任着主力军的角色，加工三组是以加工大型工件刨铣为主的一线班组，常年三班制运作，承担着上重公司大型轧钢机架、船用曲轴、万吨压机、大型核电产品等重点产品的加工任务。而对于这些大型加工工程，团队的合作是能否完成这些任务的关键因素。

他也对当代大学生提出建议，“要学会团队合作，做好团队成员之间的沟通和协调工作，使整个团队像一台机器一样，才能有条不紊地和谐运转。”对班组这个集体，阚宝春倾注了很多的心血。加工三组承担着许多重点产品主部件主要加工任务。这是一件让人既引以为自豪也是让人倍感压力的事情。阚宝春和全组员工团结一心，凝结成一股绳，一心要把上重公司下达的所有任务完成好。然而很多的时候由于生产主部件的加工技术要求都非常高，而且以前他们又没有生产过、接触过这些，经验很少这时阚宝春和员工们就需要自己去熟悉图纸，去摸索工艺制作，遇到的问题也只有自己和整个小组成员一起去思考，去发挥整个小组成员的创新能力，一起对工件加工中的每一道难关进行商讨攻关。对于在生产过程中特别难的地方，他就会把这些加工任务都留给自己。阚宝春带领整个小组，齐心协力搞改进，搞创新，在产量、质量、安全、设备管理、班组建设、人才培养等方面都取得较好成绩，因此小组也被评为“2007 年度电气系统李斌式班组”和“2008 年度上海市工人先锋号”。

“十年磨一剑”，他的这一“剑”磨的也许并不仅仅是这 10 年，这一路走来，他所付出的，他所忍受的，决定了他如今所实现的。

（李　敏）

瞿嘉晨　演绎精彩人生，绽放青春活力

瞿嘉晨，德语专业 BW062 班。现为上海领誉国际旅行社、上海领誉商务会展有限公司项目经理。

他，不高的个子，清秀的脸庞，平凡的外表下，隐藏着一颗不平凡的心。

他，平和的心境，乐观的态度，平淡的生活里，演绎着一段精彩的人生。

他，就是瞿嘉晨，外语学院 2006 级的学生，一个喜欢笑，喜欢思考，也爱好文学和旅游的人。

苦中作乐，乐在杨浦

瞿嘉晨 2006 年进入电机学院，是外语学院德语系的第一届学生，可能因为是第一届，所以学校上下也给予了特别重视。他第一年是在杨浦校区上学的，军工路旁的这个校区条件没有他想象中的大学校园那么好。校区比较小，周围的路况比较差，马路上全是卡车扬起的灰尘，除了上课，没什么课余的活动。但是校内绿化很好，长长的林荫道，秋天还会飘来阵阵馥郁的桂花香。那时候每个教室都有一台电视机，所以一到中午就是大家最快乐的时间，打开电视机看媒体大搜索。值得庆幸的是他们比较和睦，不会抢电视看。

他当时加入了杨浦校区学生会的一个部门，部门的名字已经随时间模糊了，可是有件事却记忆犹新。当时他和几位好友一起编了个小报，报纸名字叫《乐杨》，写一些自己认为偏文艺范儿的小豆腐干文章。但是后来由于各种原因，比如资金不足，所写的文章范围太窄且内容以文艺性居多，因而无法满足所有学生的需求，加之大学里同学们会忙自己的事，学专业知识、课余时间兼职等，以至于无暇阅读报纸。最后，由于报纸影响力不大，团队成员的积极性也调动不起来，因此办了几期就停掉了。然而，这对他们来说无疑是一次难忘的经历。说到这儿他感慨万千："我们利用课余时间一起讨论文章的主题，一起上图书馆查阅资料，一起去找老师帮忙修改。我们也成立了自己的创作组、编辑组及宣传组，也有自己的油印室……"在这当中，他收获了一份份纯真的友谊，也锻炼了自己的文学创作能力和组织能力。他的文章《生活中的哲理》就刊登在 2007 年 10 月 26 日的新民晚报校园直达版上。

同心竭力，共创佳绩

大三的时候，瞿嘉晨和他的团队共 5 名成员参加了"挑战杯全国大学生课外学术作品竞赛"并得到了外语学院上上下下的支持，大家群策群力，一起头脑风暴，从项目

题目的产生到项目具体的运作，领导们都给了他们百分之百的信任。

然而这也让他感到巨大的压力，他们面临的最大挑战就是缺乏经验。小组其他四名成员都是大一新生，瞿嘉晨自己也是初次接触挑战杯，所以，毫无经验的他们只能在黑暗中摸索。每一次的项目运作过程中，无疑会走许多弯路，有时甚至是歧途，会浪费许多时间去积累经验，比如素材收集、论文格式、写作规范、经费预算等，每一样都对他们来说都是莫大的挑战，稍有闪失也许就会前功尽弃，不仅枉费了自己的一番心血，也辜负了老师和领导们的期望。他回忆："说实话，我有时也会后悔接受挑战杯项目，但每次看到他们专注于电脑面前搜集资料，在开会时提出新的想法，我都会告诉自己无论项目有多么大的难度我都要做一个负责的'瞿总'，因为对他们来说，我是这个队的团长，是他们的头。"

值得高兴的是，写挑战杯申报书相对来说是成功的，上海市的领导都说这个项目不错。可是申报书的正文就有点差强人意，这一点他似乎有所预料，因为仅用 4 天的时间写出的 3～4 万字的论文，质量是无论如何高不起来的。但是他仍然很高兴，因为在这么短的时间里能把框架搭出来，除了有一定的材料搜集能力、概括能力、修改能力、表达能力之外，最重要的是团队的凝聚力，这是对他自己也是对所有成员的锻炼。当挑战杯的申报材料交上去后，许多教授和老师纷纷提出了自己的修改意见，其中包括复旦大学顾东辉教授、上海电机学院虞龙发教授和闫菲菲老师，还有彭睿睿老师和她的爱人。他激动地说，这次的挑战杯不是他一个人而是所有人在共同战斗。

难忘世博，梦想起飞

2009 年的 11 月，瞿嘉晨在网上投简历，恰好 2010 年世博会在上海召开，当时中旅体育旅行社的一个世博项目部在招人。想到自己没能参加 2008 年北京奥运会，瞿嘉晨一直挺遗憾的。他心里盘算着：能超过奥运会的大概也就只有世博会了，怎么也得感受一下吧。就这样他在这个公司干了 10 个月。

回忆起这段经历，他颇有感触："世博会真的是个很好的舞台，这段时间里我认识了很多人，每一个人都给了我一种看问题的视角，为我在解决问题的时候提供了新的途径。我觉得这个跟学校里的锻炼是不一样的。学校里有后台，做不下去了可以找老师，再不行可以双手一摊，但是社会上就不一样了，你要做别人不能做的事情，这就是价值的体现。我认为，这是一种统一。"作为志愿者，他是快乐的，每当看到游客们满脸疑惑而来开心满意而去时，那种满足感和快乐溢于言表，这或许就是奉献的意义。世博会结束以后，中旅体育推荐他去中旅总社上海分公司工作。由于某些原因，他在 2011 年的 4 月底辞职到了现在的单位——上海领誉国际旅行社、上海领誉商务会展有限公司。这是一家民营单位，但老板的创业精神使他感动，给了他很多人生启发，也给了他很多发展业务的平台，相比之前也没有许多的限制，所以他说他愿意一直在这家公司做下去。一次难忘的世博之旅，让他找到了自己的人生目标。

自强不息，追求卓越

虽然他现在从事的工作与以前所学的专业看似没有什么大的联系，也有很多人建

议他找一个与自己所学专业匹配程度高的工作，但是他觉得做一个纯粹的翻译者不是他想要的生活，可能与性格有很大关系："我这个人心不定，想法太多，当下觉得最适合自己的便是旅游了。"虽然工作到现在，在旅行社工作跟自己旅游根本是两回事情，但他觉得在旅行社能学到很多东西也是一种幸福。当谈到在电机求学的这段经历对以后工作的影响时，他毫不犹豫地说，这个影响是很深远的。他觉得，在电机学院时他应该算是个幸运儿，老师都对他很照顾，得到的锻炼机会也多，"在这点上我的同学、朋友都跟我吃醋呢，"他风趣地说。

真正对他影响最大的应该是"自强不息，追求卓越"的学校精神吧。他举了个浅显的例子，在大学里如果有很多机会让自己学会去复印、扫描、传真，简单地排除复印机的故障，那么到一个单位实习，并对这些基础工作得心应手时，你给人的印象就好，以后的机会就比别人多。机会永远是留给有准备的人的，但是这种准备，有时候是在大学里无心地积累的。在电机学院学习的这 4 年，他有了很多工作上的机会，这让他在迈向社会时能适应得更快些。他平静地说："影响就像好酒，时间越长越有味道，我想再过个 5 年、10 年，这个时候再谈起电机学院求学历程对我事业产生的影响时，我的感触会更加深刻。"

心系母校，殷切寄语

在谈到对母校 60 周年庆的建议或意见时，他饶有兴趣地说："我想你们可以以学弟、学妹的名义邀请我们这些学长、学姐，让我们一起座谈，搞联谊活动。"说到这儿他笑道，这样，我们也多了一条合适的理由来看母校嘛。他继续说："我想我们会很聊得来，毕竟我们年龄相差不大，应该会有很多共同语言，你们也可以在与我们的交谈中汲取经验，或者创造机会。校友是你们的资源，我也很愿意分享从学校到工作这样一段时期的困惑和成长经历。以前我们都靠着学院老师们的带领，现在我们毕业了，也要做一个负责任的校友，来帮助学院的老师们来领航你们。"

聊到这儿，他突然语重心长："作为你们的学长、朋友，我想对你们说珍惜好你们的大学生活，锻炼好你们的生活能力、协调能力、处事能力，这些都是很重要的，在学校里你犯了错，老师还会顾及到你的自尊，宽容你。到了社会上，没有人会在意你的自尊，千万不要以为人家会因为你只有二十多岁而宽容你，你的任何一个小失误，都可能给企业带来损失。心态要更平和一些，'高富帅、白富美'什么的，我认为这些不是很好的引导。"

人的一生就像是一首歌，在每个阶段你都要演绎出最美的乐章。

（段　慧）

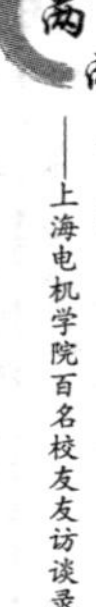

龚陈宇等 榜样的力量

在近一年多的寻访活动中，还有很多优秀的校友访谈稿，但由于本书篇幅的限制，没能全文编入，只能摘取部分内容汇编如下，将他们精彩的人生故事与读者朋友一起分享。

孔庆云：模具设计与制造专业81级校友。现任上海电控研究所(218所)资源保障部主任。

孔庆云是第一个到218所工作的电机校友，是大家眼中的大师兄。“我是1984年到模具车间从事模具技术员工作的，那时候所里的专业技术人员比较少，所以自己得到的锻炼机会也比较多。”说起这些经历，孔庆云感慨，因为在当时那个年代，有文凭的都去从事科研工作了。相反，孔庆云却在技术员这个岗位上找到了自己发展的平台。“技术员的工作其实也是蛮有意义的，它位于科研成果转化的最关键也是最后一步。看着一项项理论上的成果转化为生产力，那才是最幸福的时刻。”就是从一个普通技术员的岗位开始，孔庆云默默无闻地奉献着，直到后来走上管理岗位，才离开了钟爱的技术员岗位。

“把平凡的事做好，就不再平凡了。”

孙惠平，机制8007班校友。现任上海重型机械厂副总经理。

孙惠平激动地表达了对母校的无比热爱，感谢母校几十年来对他们这批学子的关怀。谈起在校期间的学习生活，孙惠平满心怀念，脸上洋溢出年轻的笑容。年轻气盛时的他痴狂地追逐着梦想。

毕业后孙惠平就一心投入了工作，他在上海重型机器厂奋斗直到现在，深知知识仍然不足的他，自学并自考上复旦大学来提升自我。他在企业生产线工作了十几年，从机床厂的工具车间到电机厂的工艺处理，他一步一个脚印踏踏实实走来。而后又从事党务工作多年，如今已是重型机器厂的副总经理。但他为人幽默亲切，采访他时犹如与一位资深的长辈聊天。

“大学是人生路上的一个重要转折点，也是大学生们将自己所学的知识和技能用于为社会做贡献的起点。”孙惠平如是说。

戚仁荣，机制8007班校友。现任上海第一机床厂有限公司总经理。

戚仁荣回忆说，当年他们的学习条件、住宿条件都不如现在，但是他们都在努力学习，后来的工作中他们也将自己的所学真正用到了实处。毕业后戚仁荣也一直不忘学习，不断充实自己，如今已从MBA毕业。他再三告诫我们，在学校时不能只顾学习，一定要注重实践，特别是对于机械这类技术应用型的专业，企业需要的是会动手的而不

是会背书写字的人才。

对于在机械专业就读的女生，戚仁荣有自己的认识："虽然机械这门专业对女同学来说不是非常适合，但也不见得一定做不好，只要把专业课学好，把英语学好，同时在大学里培养坚定不移的信念，走出校园后就一定能拥有属于自己的一片蓝天。不能改变社会，就去适应社会！"

采访的最后，戚仁荣很感谢母校给他真正可用的知识，无论走在创业或是就业道路上，感恩母校的那片赤诚之心总是有的，无论时间如何推移，他都不忘在母校与同学一起奋斗的生活。

严金龙，电机 8108 班校友。现在上海自来水厂工作。

采访中，严金龙校友谈起了他在电机学院最难忘的事。有一次全校性的考试，之前并没有通知大家复习，结果平时学习成绩好的，但是没怎么考好，平时成绩不怎么起眼的却取得了好成绩。通过这个事情，严金龙想告诉我们，平时的学习要踏实，并不是仅仅为了应付考试，要学得更深入些，融会贯通。严金龙还告诉了我们他成功的经历，其中很重要的一些因素，也是我们在校大学生应该学习的地方，就是踏实和责任，做事要踏实，有责任感。现在的严金龙从事党政工作，与以前学习的专业没有什么关系了。但是，严金龙的踏实和责任，让他在现在的工作上有了更好的发展。"踏实，有责任感，这样我们才能更好地在学习、生活以至于将来的工作有更好的发展。"这是严金龙校友的教诲，也是记者这次采访所取得的最大的收获！

赵昌华，电机 9512 班校友。现任企业阿克苏诺贝尔工业油漆(苏州)有限公司中高层管理人员。

1995 年 9 月 1 日来到上海电机学院，赵昌华正式开始了大学之旅。初到上海之时，他还是一个性格内向、有点腼腆的外地学生。当时的他可以说在班上是最不起眼的一个。可是又有谁能想到这个外地来的小男生，以后会变得善于交际、自信满满，甚至在两年后会成为学生会的主席、学校的风云人物。当问到是什么让他改变时，他首先提到的是在上海电机学院机械学院学习生活期间所感受到的务实氛围。他说，在机械学院不论是老师还是同学，做事情的时候总是踏踏实实的，从不会应付了事。他的班主任经常对他说的一句话是"要时刻明确自己要的是什么，然后踏实、勤奋地去追求"。在这样务实的氛围下，任何一个人都在认认真真地做好自己应该做的事。久而久之，在务实氛围的熏陶下，学习踏实、生活务实就成为了赵昌华拥有的品质和性格。他说有了务实，自然而然就会有你因为务实的努力所积攒下来的劳动成果，那么拥有自信也就水到渠成，而自信是成功的第一条件。所以赵昌华的务实精神促成了他的成功。

陈兰，信 9921 班校友。毕业后于中国电子科技集团公司第二十一研究所工作，担任行政管理、保密办副主任、所办主任助理、党群工作处副处长等职务，现主要从事单位党务工作。

谈起从学校的 3 年及工作的 10 年，陈兰觉得一个人保持一颗热诚向上的心很重要。在这个浮躁的社会中，校园生活是最纯净的，在学校里掌握丰富的文化知识非常重要，还有就是积极向上的心态。对于当前所取得的成就她却看得很淡，她说工作只是工作，谈不上成就，职务只是一个岗位，她觉得作为一个人，就应该好好地去做每一件事情，好好生活，好好工作。好好生活，为了家庭、父母、子女、爱人和所有爱的人；好好工作，为了单位、国家、事业，一切都要认真、用心。一个人要拥有良好的品格，要多看书，多交有益的朋友，要有良好的爱好。同时对于年轻人，她特别强调了一点，就是年轻人千万不要自命不凡，勿以事小而不为，其实在每一项工作中，都能学到本领，看你有没有用心，或者怎样看待每项工作内容，心态要好。

龚陈宇，汽车服务工程 BQ062 班校友。现工作于崇明县人民法院法警大队。

龚陈宇现在是一名法警。虽说是一名平凡的法警，但是他依旧保持着一颗纯朴的心，在工作中认认真真，努力地学习。他说无论走到哪里，心中母校的情节难以忘怀，并时刻地提醒自己不能给母校丢脸。

谈及大学时的梦想，龚陈宇显得十分腼腆。他的梦想是成为一名光荣的人民教师，哪怕是一名实验室的实验员。龚陈宇说，如果再给他一次机会，在大学期间他会更加的踏实，更早地明白自己想要什么，自己的梦想是什么，然后为了自己的梦想而去努力去奋斗，不管要花费多少的精力和时间，他都愿意。现在他所从事的工作是一名法警，距离自己成为一名教师的梦想是那么遥远，可是他并不遗憾，因为他说："我当老师的梦想是一颗划过理想天空的流星，值得纪念，但已逝。现在自己的工作也是自己所喜欢的，所以说两者并没有冲突，如果真的说要有什么联系的话，那就是为了自己的梦想和目标去努力，不要留下任何遗憾，坚持到底。"

黄鑫，应用电子技术专业(电 0524 班)校友。目前在上海三菱电梯工作。

黄鑫是 2005 年考入上海电机学院电气系，专业是应用电子技术。后又转入电子信息学院直至毕业。由于高考成绩不理想，于是他对于学习这件事不敢怠慢。在校学习期间他认真学习老师授给的知识，无论考试课还是考查课都认真对待，取得了五次校奖学金和一次国家奖学金。他积极参加学生社团和学生会工作，大二那年，通过竞聘成为了电子信息学院学生会副主席。学生会任职的经历，使他的各方面能力有了不少提高。同时他还担任电子信息学院科技创新团队的负责人一职。

黄鑫目前在上海三菱电梯从事电梯现场调试工作。从工作角度来说，大学里学习的一些基础知识和专业知识都对他的工作有很大的帮助，例如电工基础、单片机、检测原理等。当然除了专业上的这些知识以外，大学时代还培养了他独立思考、创新思考的能力。电梯调试过程中，常会遇到一些自己未曾预料到的问题，这个时候冷静的思考是很重要的，往往有些问题换个角度思考就可能迎刃而解。大学期间是一个获取知识、培养能力的最好时候，那些年的获取和培养，使他每天更有信心完成好手头上的工作。

蒋连明，电机 8362 班校友。现任上海雪麦工贸有限公司董事长。

蒋连明说，在校期间发生了这样的一件事影响了他的一生。在校期间由于晚上寝室有按时熄灯的规定，因此蒋连明只能在走廊的路灯下看书。有一次他被现在的校长夏建国老师看到。那时的夏建国还是一名教师，他将蒋连明带去自己的办公室，并将

自己办公室的钥匙交给了他，让他每天在办公室里看书，不论几点。蒋连明回忆说："当时，我真的很感动，一名教师将他办公室的钥匙交给我，这是一种多大的信任啊。正是这样的一种信任，让我感受到了温暖。哪怕我明明只需一眼就能看到考试的题目，可是我也没有看，因为我要回报他的这种信任。"或许很多人会觉得这只是一件小事，可是，它体现的是一种人与人之间的信任与关怀。也许我们的夏老师当时并没有意识到自己这样一个简单的举动会影响一个学生的一生，可正是这样的一种信任，让蒋连明在开办企业时得到了自己公司甚至是自己人生一辈子的信念，那就是无论何时何地也不忘信任的重要性。因此他的企业始终坚持诚信和让利于客户，坚持用自己的服务去打动客户。

当记者问及蒋连明现在的状态与他在校时对自己未来的期望的重合度有多高时，蒋连明自信满满地告诉记者：100%，当时的梦想是能够成为一名工程师，而现在他不断地努力，不断地向上攀登，从一名工程师变成了一名董事长。

裴玲，汽车运用技术(机 0526 班)校友。现在曼胡默尔滤清器上海有限公司生产统计处担任统计员。

裴玲告诉记者，她认为在上海电机学院的这 4 年是她人生中最值得纪念的 4 年，在这 4 年里交了很多好朋友，认识了很多好老师，更学会了很多知识。目前在工作岗位上的她依然很怀念母校对她的培养，依然很感激老师们对她无微不至的关怀。当记者问她："您记忆中最深刻的关于大学的一件事是哪件事，它对你有什么特殊的影响?"她回答道："大学中值得珍藏的记忆实在是太多了，令我记忆最深刻的莫过于和同学们参加学校组织校外实训的事情。"

裴玲告诉记者，在学校里实训的机会是非常宝贵的，因为正是这样的一种现场操作的机会，让她能够更加了解自己所学的专业以及未来将会面对的问题。当记者告诉裴玲目前学校还是保持着"技术立校、应用为本"的校训，每学期还是会开展实训时，裴玲听了非常欣慰，感到母校对学生的培养真的是全方面的，不仅注重课堂知识，还注重课外知识的获取和动手能力的提高。

杨扬，英语专业(BW071 班)校友。现在西马克梅尔工程(中国)有限公司工作。

"明德至善，博学笃行"这是电机学院的校训，虽然已经离开学校这么长时间了，但杨扬校友还清晰地记得。她说，其实电机学校"自强不息，追求卓越"这种精神的力量一直伴随着她，指引着她。

学校的精神作为一种力量支持着她的人生历程，而学校的氛围也让她感想颇多。她回忆说在学校的学习、生活、工作中，她时刻感受到学校像一个温暖的大家庭。每次学校开展大型的活动，从学校层面到各个学院的老师以及各位同学都会怀揣着高度的热情与动力去支持，积极筹办。学院中，每位老师并不是只关注你的学业，还常常和学生聊聊家常，在生活中开导帮助同学，提供很多值得借鉴的经验和指导。

夏晓燕，电子信息 G9716 班的校友。现任上海浦发银行南汇支行经理。

"学妹谢谢你，离校这么多年了，这是第一次收到母校的来信，也知道母校还挂念我们这些学子，我很激动……我一定好好配合你完成这次采访。"我们一听就感动了，她就是夏晓燕。像她那样担任要职、工作繁忙的学姐，对母校如此留恋，对学妹的工作如此地支持，顿时使我们的采访轻松了许多。

在轻松愉悦的氛围中我们的话匣子打开了。说起学校的生活，夏晓燕说同学之间的感情是令她记忆最深的。五年制的大学生活使那一届的他们比一般专科学生多了一年的相处时间，也使得同学间的友情格外深厚。她说就算是10年后的现在，同学们还是经常举办家庭聚会，共同话题也有很多。她说："印象最深的，我想是临毕业的日子，那时候感觉大学过得真的很快，一切都要重新再来了，像绕着操场跑了一圈又回到原点，一切归零，迷茫与坚持交织。总的来说，我很怀念我的大学生活，非常满意。如果可以的话，我还想再体验一下做学生的感觉。"

徐杰，电子信息学院X0028班校友。现在华为技术公司任测试经理。

走进徐杰，从他身上我们可以感受到：这不仅仅是一个学院毕业生的简单故事，而是一只展翅的雏鹰蜕变成长的历程。

谈起刚刚毕业走向工作岗位的那段时间，徐杰充满了感慨，他说："刚工作是对社会的探索，当时主要从事销售工作，和各式各样的人接触比较多。那会儿收入不多，还要边工作边读书，确实比较辛苦。但是当这一切都坚持下来后，你会发现你收获的往往更多。对于年轻人来说那段时间可能是人生中最宝贵的财富，年轻的时候可以毫无顾虑地闯一下。"但是徐杰也提到，一定要在一个领域钻研下去，不要频繁地跳槽，特别是在不同行业间。目前徐杰在华为公司已经工作了7年了，他认为无论是从知识上还是经历上，这就是他的一笔人生财富。

袁欣华，工电8572班校友。现为上海广茂达灯光景观工程有限公司的副总经理。

袁欣华说，一提到学校，马上想到的就是工厂实训。因为在学校里学到的那种动手能力是宝贵的，因为正是这样一种动手的能力，让她能够更加了解自己所学的专业，以及未来将会面对的问题。或许在工厂实训期间有很多人会不理解学校为什么要安排这样的一种课程，可是正是这样的课程，让学生能够真正地了解自己学的是什么，掌握的是什么。

离开学校踏入社会，社会上的历练让袁欣华能够更加全面深刻地认识我们的学校。因此，当记者问及大学期间应该更注重哪些方面的学习才对学生的长远发展更有利时，袁欣华说："学生自己应该加强理论知识的学习，并且能够与先进的科学技术接轨，在原来的基础上加强动手能力，只有这样，从学校走出去的学生才能在社会上站稳脚跟，才会有能力与其他人竞争。除了硬件的加强以外，许多的软件也应该跟上，例如考一些能够帮助自己的证书，多看一些能够提高自身修养的书籍等。"

张高文，汽车服务工程专业BQ072班校友。现在上海中科深江电动车辆有限公司技术支持任技术员。

"一间房间，四个友人，一段感情，一壶清茶，成就的不是你，不是我，而是我们之间最深的友情。"张高文跟我们说的第一件事就是他们在母校度过的第一个夜晚。

张高文告诉记者，在整个大学期间，最令他印象深刻的是进入大学的第一个夜晚，那时大家之间并不熟悉，却住在了一起。曾经一人一个房间的他们现在却要和并不熟

悉的人睡在一起，这对于寝室里的每一个人来说都是新奇而又紧张的。在相处的时间里，大家同进同出，慢慢磨合，懂得了如何与人相处，学会了包容、原谅和道歉。寝室确实是大学生相处最久的地方了，如果说寝室的氛围是死气沉沉的，是剑拔弩张的，那么住在里面的人又该如何是好呢？因此寝室同学间的相处是很重要的，这体现的不仅仅是一个生活环境是否舒适，更加重要的是彼此能否和谐相处。因为是缘分让我们大家相聚在了一起。

郑敏，97届外贸专业校友。现任振华重工质量安全部负责人，同时兼任公司工会副主席。

当郑敏回忆起自己在电机学院读书最难忘的事情时，基础部教师良好的专业水平，及外贸班自觉的学习氛围，让他至今难以忘怀，而班主任张鸣、系主任秦国庆、团委书记潘大明、电气原理老师茅祖湘等老师的谆谆教导也让郑敏记忆犹新。他说："没有老师的细心栽培就没有他今天的成就。"

当我们向他询问大学学习方法时，郑敏校友以他厚重的人生阅历给我们上了一堂重要的人生哲理课。他说："大学能学到比较宽泛的知识，但更重要的是如何养成快速学习与吸收新知识的能力。专业是否对口不是关健，要有开放性的心态及保持不断学习的决心。走上工作岗位时可能和自己所学的专业不吻合，要尽可能地多掌握技能与知识，以提高适应性。对于基础性的技能一定要掌握好，如语言、计算机等。"

如今，郑敏已经是振华重工质量安全部负责人，同时兼任公司工会副主席。面对现在的成就，郑敏很谦虚地告诉我们："谈不上什么成就，坚持脚踏实地，坚持不断学习就会使人进步。"

郑颖，BX073班校友。学校期间曾任校学生会主席。现在印孚瑟斯(中国)有限公司担任软件工程师。

他，一名来自南京的男孩，5年前的9月，他怀着憧憬与希望，带着壮志与豪情，被命运之神带进了上海电机学院。回顾过去，有收获的欢欣，有失败的痛苦，有创新的激昂。在理想与奋斗的生活中，他学会挑战，学会选择，经历了风风雨雨，辛苦付出，为梦追逐。自大一进校到专升本，5年里，有数不尽的弥足珍贵的经历，道不完的喜怒哀乐的故事，这些都将成为他人生当中宝贵的财富……

谈起他的经历是那样丰富多彩。首先，学生会为他提供了一个良好的平台展现自我，磨练自我，让他得到更好的锻炼，同时也教会他如何更好地为人处事。其次，升本的艰辛，从专科到本科，他经历了并体会到其中的不易。过去的失败并不代表什么，只要不抛弃、不放弃，不断努力奋斗，梦想终究会实现。再次，他谈到求职的不易，大四下半学期，他开始为找工作而奔波忙碌。在这真正意义上的人生职场第一步中，他跟很多人一样，很辛苦，很多份简历石沉大海。但正是有了这段难忘的求职经历，他想自己的人生才算完整。在这段看似短暂的求职路上，他收获了太多的东西，成功与失败，信心与挫折，憧憬与反思，否定与认可。最后，他也经历了"落户"之坎坷。2011年6月21日，是个难忘的日子，他终于落户成为了一名"新上海人"。结果固然很令人欣慰，但是过程却是一波三折，个中的酸甜苦辣，只有自己去尝试，去体验，去实践！

周全，G9716 班校友。现任上海瀚宣文化传播有限公司客户总监。

周全从毕业至今，一晃已经过去 12 年了，毕业至今周全一直都从事和自己专业相关的工作。他一步步地走过来，酸甜苦辣都有尝过，但是创业所带给他的成长，让他觉得这样的人生才是没有缺憾的。

在刚毕业的前 4 年中，他抱着学习、成长、体验、了解的态度，在大大小小的公司经受着各种各样的磨练、挑战与考验，同时这些工作也为他后来的发展奠定了坚实的基础。2004 年他有了一次机会尝试着去创业，刚刚开始的时候他的想法很简单，认为开办一个公司是蛮容易的，只把创业当作是对自己的营销，但渐渐发现走出的每一步都是那么的艰难，踏出的每一步都要自己思考、斟酌……直到后来他们逐步发展到了有两三名员工和规模，公司也一步步壮大起来。这个过程虽然艰辛，但他还在努力着，从没有放弃自己的想法，因为，他知道，在创业的路上他是孤独的，但只有跨过了一道道坎才能真正的成功。从 2009 年至今，他与合作伙伴一起涉足网络公关行业，直到发展到现在这个规模，他仍然觉得自己每年都有很多新的收获和成长。

金哲东，92 级校友。现任上海申威达机械有限公司总经理。

回忆母校生活，金哲东说他们当时还是比较封闭的，不像现在有那么多的娱乐活动。刚进校时金哲东自我感觉非常好，因为他是直接从初中进入电机的，不需要高考。但后来看到一些自己以前的同学读了高中进入更好的大学，拿到大专文凭和大学文凭，才发现自己的优势就很小了。但在电机学院，他学到了良好的专业技能，学校比较注重专业技能的培养，毕业之后专业知识真的对金哲东帮助很大。

对于学弟学妹，金哲东建议每个人都要了解自己的能力，知道自己适合做什么，有的人适合管理，有的人适合研究，有的人适合销售。所以学校和社会的引导都非常重要，不然一个人在企业里如果不能找到适合自己的工作，便很难发挥自己的优势。当然，技术是最好的优势，但不一定所有学技术的出来都从事技术工作。所以对于未来一定要有自己的想法，永远以学习的心态对待生活。学习成绩优异只是学习能力的体现，并不是能力的全部，更多的是要发挥自己各方面的才能，找到兴趣和自己的擅长之处。

（孙丽金　汤晓婷　陆佳俊等）

回忆篇

王顺林　祝愿学校“赢”得发展

2013年10月6日，上海电机学院将迎来建校60周年华诞。作为曾经在学校工作过的校友，今天应邀回到学校参加校友代表座谈会，感慨万千。

“传承、和谐、发展”是校庆的主题。传承，就是传播继承学校优秀的校园文化，60年来所形成的“明德至善、博学笃行”的校训、“技术立校、应用为本”的办学方针、“自强不息、追求卓越”的学校精神就是学校文化的精髓；60年的发展，其实就是一部学校文化引领发展的历史。今天，如果用一个字来表达，就是学校“赢”了，学校赢得了发展。赢由亡、口、月、贝、凡五个汉字组成，一个“赢”字，是学校文化由内而外的集中体现。

首先，学校60年的发展，是强烈的忧患意识的体现。

赢字的上部是一个“亡”，按照其本义，引申为忧患意识。中国有句古话，“生于忧患，死于安乐”，一个民族如此，一个学校也是如此。

如果没有强烈的忧患意识，60年前的一所中专学校，就不可能发展到今天的全日制本科高等院校。

如果没有强烈的忧患意识，28年前的一所专科学校就不可能成为今天在全国高等技术教育上有领先地位的本科高等院校。

如果没有强烈的忧患意识，就不可能有今天临港校区的建成。8年前，新校区的建设还是一个梦，作为一个有行业背景新升本的学校，要走出发展的瓶颈，需要有一个与学校发展匹配的新校区。电机人为之上下求索，2006年12月，在金山新校区筹建办最后一期工作月报上，筹建办的同志写出“心若在，梦就在”；2009年1月22日，在集团总公司的鼎力支持下，终于迎来临港新校区的奠基。从2005年的酝酿到临港新校区奠基，整整4年，作为当年的亲历者，这一切仿佛还在昨天，历历在目。这样一段历史，其实正是“自强不息、追求卓越”的学校精神的写照。

其次，学校60年的发展呈现的是一种全面发展。

赢字的下部，是“月、贝、凡”。“月”，在古汉语中指肉，在赢字里的月指强身健体，引申为健康与修身，学生的健康发展，是学校育人的根本。

“贝”，古代代表货币，引申为取财有道和对学生创业专业技能的培养。自1953年建校以来，学校一直都在积极探索并努力实践“技术教育”，在技术应用型人才培养方面累积经验，形成特色。从1958年当时国家主席刘少奇来校指示“学校工厂合一，教学生产并重”，到20世纪60年代“边讲边练，讲练结合”的蔡德泰教学法；从1985年在全国首批试办五年制技术专科，到2002年被授予“全国职业教育先进单位”称号，列入“国家重点建设高职高专院校”，到2004年，学校走上了以开展“本科技术教育”为主的新征程。学校始终坚持“技术立校，应用为本”的办学方针，把“培养和造就卓越的高等技术应用型人才”作为改革和发展的核心理念，适应和服务区域社会经济发展需求，毕业生中自主创业成功的案例不计其数。

“凡”，本义一，凡尘、凡间；本义二，平凡、平常。在嬴字里面，表示的是一种入世的态度。“大学之道，在明德，在亲民，在止于至善”，《礼记·大学》开篇就提出了道德修养的目标，大学教育在于彰显美德，使人达到“至善”的境界；《礼记·中庸》则提出“博学之，审问之，慎思之，明辨之，笃行之”，明确指出达到以上道德修养目标的方法。在传统文化传承中形成的“明德至善、博学笃行”的校训，是学校文化的品牌，是学校的气质所在，也是教育之根本。

因此，这嬴字中的月、贝、凡三字，正是集中体现了学校教育以学生为本，德智体全面发展。

再次，学校60年的发展是内外成功沟通的体现。

嬴字的中间是一个“口”。“口”按其本意，在这里引申为沟通。对于学校来说，教师与学生之间的沟通，达到的是教学相长；学校与学校之间的沟通，达到的是取长补短；学校与社会之间的沟通，达到的是和谐相处。

而善于在任何场合宣传自己的形象和宗旨、目标和决心，持之以恒的态度与方法，奠定了今天电机学院在上海、在全国乃至世界高等技术教育界的影响力。特别是学校连续20年保持95%以上的就业率，在社会上获得良好的口碑。

60年一个甲子，在这承上启下的关键时刻，送上这一个“嬴”字，祝学校嬴得发展，更愿学校嬴得未来。

（王顺林，曾任学校校长助理）

王　巍　忆电校生活

又一个春暖花开的季节。翻过又一张日历，时间是2013年。

望着女儿背着书包，跳跳蹦蹦去学校的背影，我联想到自己，30年前，懵懵懂懂地踏进了上海电机制造学校的校门。

沿着华银路走，从西门进入学校。当年，雨后泥泞的大操场，现已铺上了人工草皮。望着操场，我感觉自己在上面踢球，晚上在操场边的单双杠上锻炼。操场的广播喇叭在早晨5：55准时吹响起床的军号。睡在床上的人，还是一动不动。紧接有人不断催促大家起床。然后快速起来，匆忙洗漱。洗漱完毕，冲向操场。操场上是一堆一堆的人，广播里不停地放着进行曲。进行曲一停，立即整队。原先的人群，立刻变为一路一路的纵队，随着广播操进行，队伍会越来越长。当解散的口令一出，各路队伍一哄而散。

走过操场，边上是男生的寝室。一种亲切、美好的感觉油然而生。那时，我的寝室在三楼。20多平方米的房间，住10个人。放下5张双人床后，就没有多少空余的地方。然而，我从来没有感到它很小。在这里留下了许多美好的回忆。

晚上，寝室是最热闹的地方。晚上8点钟，晚自修结束后，回到寝室，各人忙各人的事。有串门聊天的，有躺在床上看书的，有抱着吉他弹唱校园歌曲的，有拉弹簧健身锻炼的，还有打牌的，走廊里喧闹不断，洗漱间里不断传出自来水哗哗的声音。熄灯后，讨论会还在继续，直到查房老师来才停止。寝室里发生的事太多太多，有友谊、有快乐、有矛盾，甚至有些谜团至今还没解开。

走过男寝室楼，右转弯向前。原来的食堂已经拆掉，原地造起一幢四层大楼。一至三层是饭厅，宽敞干净，次序井然。原来的食堂昏暗潮湿。每到开饭的时候，窗口挤满了人，次序混乱。一个人买饭是不容易的，需要几个人帮忙。他买完后，再要帮别人买好几份饭。当然，也有美好的回忆。每到期末考试的时候，每人可以免费加一个荤菜，这样的好事，会让现在的学弟学妹们羡慕不已。

继续往前走，然后左转向前，前面是一栋20世纪50年代苏联风格的三层楼房，大树环抱，显得格外稳重宁静，这是教学大楼。我用目光寻找，给我带来快乐与满足的那个地方——阅览室。当年，阅览室是在教学楼里的，座位不是很多，要看书的人很多，找一个座位并不容易。我是在阅览室里养成看书自学的习惯。是书籍让我忘记了时间，忘记了自己，是书籍给我带来精神上的满足和快乐，我要感谢这块地方。

我继续用目光寻找。透过玻璃窗，看到讲台前一个晃动的身影——我的老师。此时，更多的老师浮现在我眼前，他们中有慈祥的、有严肃的、有温和的、有严厉的，他们是令我敬佩的，是让我难忘的。许多老师年龄已经很大了，可能有的已经走不动路了，我要向我的老师深深地鞠一躬，说一声“老师，保重身体”！

我环顾四周，它既熟悉又陌生。当年，一首流行歌曲在我耳旁回响：“年轻的朋友

们，今天来相会……再过20年，我们再相会……”

30年过去了，我们经历了快速发展的时代。不管你有辉煌的人生，还是叹息命运不公，请不要忘记，我们的4年青春时光，曾经在电校驻足。

（王　巍，工电8367班校友）

王露萍　校庆感言

2013年是学校60周年校庆，是一件值得好好庆祝的事情。

1999年由于单位合并，我的组织关系也随之转入电机学院老干部党总支。当时我已经70多岁了，离休也已多年，突然要转到一个新单位，思想上难免产生一些顾虑。在和我一起来的其他几位同志交谈的时候，也差不多有类似的想法。主要是到了新单位，人生地不熟，彼此不了解，不知道别的同事如何看待我们。

上海电机学院是个老学校，社会影响不小，我原来的单位是个小单位，无论是领导层次、办学水平都与电机学院存在着明显的差别。虽说组织上是结合在一起了，思想上能结合在一起吗？或着说能在短期内融合在一起吗？所以我们多少有些不安。但来了以后，学校领导对我们十分热情，一再询问我们有什么困难和要求。支部的同志们也都是真心相待，一下子让我们心情放松了不少。通过在一起的学习，不久之后就彼此不分了，让我们觉得到了电机学院更愉快、更充实。这和学院党委重视做思想政治工作是分不开的。做人的思想工作不仅是口头上说，而且要落到实处。

举个例说，还是几年前的事了，我有一段时间身体不舒服，精神状态也差，领导知道后多次上门来看望，酷暑盛夏，不辞路远之劳。政治上关心我，生活上帮助照顾我，让我和我全家都受到教育，深受感动。我平安地度过了困难，真的是感激至深啊。回想我年轻的时候参加革命，那时我年纪小，有一股革命热情，但缺少锻炼，革命道理也懂得不多，从东北南下一直走到广东，一路上都靠领导的关心和同志们的帮助，团结一致，才度过一个个困难的。

现在我们国家已进入了改革开放的新世纪，我们学校的思想政治工作依然保持着优良的革命传统，这是可喜可贵的，我坚信继承革命传统加上改革开放创新精神，学校一定会越办越好。

（王露萍，离休干部）

卞文彪　我思念您——我的母校

我的母校，电机学院啊！
花甲之年自强不息的精华，
师生团队追求卓越的结晶。
莘莘学子磨练成才的摇篮，
家长望子成龙的希望之星，
大电气人才库的坚强后盾，
建设四化的强劲的集团军。

每当我思念您的时候，
耳旁便响起一曲委婉动听的歌声：
绿波滚滚的黄浦江岸，
红日照遍大地，白鸽在飞翔，
电气化的母亲就矗立在卫星城旁，
这就是我们的上海电校，
这就是我们可爱的校园，
……

激荡的歌声，像军号，唤起刻骨铭心的校训：
博学笃行，
努力学习，团结、紧张、严肃、活泼，
我们的作风！
明德至善，
积极劳动，勤工俭学，艰苦朴素，
我们的传统！
像战斗的洗礼，
荡涤假、恶、丑，追求真、善、美。
像生命的火花，
点燃激情，燃烧青春岁月。

激荡的歌声，像荧光屏，展现生龙活虎的画面：
看，操场上，起身号响起，人流涌动，
　　跑步、打球、做操，壮健体魄，
　　积蓄力量，时刻准备着远航。

瞧，课堂上，学子专注聆听，珍惜分秒时光，
　　博学多才的敬爱的师长在用心耕耘，
　　传道，解惑，授业，提供信息，指明方向。
听，车间里，机器隆隆，榔头、锉刀叮当，
　　技术精湛的师傅，呕心沥血，把手示范，
　　一专多能的学子，样样在行，百炼成钢。

激荡的歌声，像万花筒，伴随着无数奇迹的创造：
看，《电机制造工艺学》的编写、出版，
　　倾注了电机班学子的闪光智慧与辛劳。
　　“锻炼小组舞”的全国汇演，
　　超群的舞姿，获奖名列前茅。
　　先进集体的工电 325，首长接见，事迹上报，
　　荣获的市、全国奖章，展现荣耀。
　　蔡德泰教学法，讲练结合，犹如春雷，
　　震撼教坛，响彻云霄。
瞧，勤工俭学生产的电机产量，竟是解放初全国的总指标，
　　老校长赴京群英荟萃，怀抱硕果，向中南海汇报。
　　是啊，“红旗单位”的桂冠哟，
　　迎来了少奇同志的视察与教导，
　　领袖的指令、号召哟，
　　为母校吹响了向前挺进的冲锋号！

激荡的歌声，像精神食粮，帮我们度过难熬的饥荒：
看，三年自然灾害，同学们没有趴下，经受了天灾的考验，
　　为了度荒，我们学会了种田、施肥，结出了蔬果累累，
　　至今回味，那时吃的电校的“烂糊面”都觉得香甜、美味，
　　历经磨难的学子呵，变得豁达，富有生命力、创造力。
瞧，时年四川告急，汶川山崩地裂，
　　师生爱心如潮，捐款献血，
　　一方困难，八方支援，
　　抗震救灾，重建家园，
　　灾难，永远吓不倒英雄的中国人民！
是啊！历史不会忘记，亚运会、奥运会、世博会成功举办，
　　均有母校学子充当志愿者的奉献。

激荡的歌声，像摄影机，拍下了学子们毕业后的人生轨迹：
看，毕业了，没有一个学子提出任何的照顾条件，
　　祖国的需要，就是我们的志愿，
　　哪里有困难，就奔向哪里！

华夏大地，神州万里，
四面八方，都有母校学子的足迹。
瞧，千万学子南征北战，为国尽忠，
用才华、本领，回报和谐的社会。
是啊！可以扪心无愧地告慰母校：
您的孩子均在各自岗位上，建功立业，
用生命搏出的价值佐证，没有辜负您的栽培。

激荡的歌声，像五月的鲜花，迎来了学院春天的璀璨：
看，一切的一切在变，永恒地变，
漂亮的礼堂，挺拔的技术中心，
新型的学生公寓，瞩目的国际学院，
高新的实验设备，软硬件样样齐全。
瞧，新建的临港校区呵，面对生态的东海之滨，
傍眺蓝色的滴水湖，真是目不暇接，太美、太美，
高高的钟楼，亮丽的图书馆，
清澈的月河水，琅琅的读书声，
……
构建成占地千亩、别具一格的新校园。

是啊，一切的一切在向前，滚滚向前，
看，今天的学弟、学妹们呵，为了明天执著的事业：
建党一百周年建成小康社会，
建国一百周年造就强国之林，
正迈开大步，踏着战斗的节奏，
遨游在知识的海洋里，
像海绵吸水一样，吮吸，吮吸！
我深信，他们一定会奋发有为，出类拔萃，更有出息，
我深信，他们一定会为实现“中国梦”，奉献赤子之心，
我深信，他们一定会用科学世界观武装头脑，奏响时代的最强音，
我深信，他们一定会牢记“空谈误国，实干兴邦”的叮咛，
我深信，他们一定会用正能量托起“复兴中华”的腾飞翅膀。
瞧，高学历的院内各级领导，均奋战在第一线，
正带领师生攻占一个个教学、科研阵地。
勇于开拓的校党委正率领坚强的领导班子，
实现了由中专至专科升本科及硕士点的非凡跨越。
啊，光荣的母校，明天的灿烂正等您，披荆斩棘，奋勇开辟！

我深信，母校一定会像无畏的雄鹰，
搏击长空，展翅翱翔，

抓住重点，技术立校，
确保特色，应用为本，
誓要在高教领域，崛起、变强！
我深信，母校一定会像矫健的海燕，
在暴风雨里成长，
瞄准世界，争创一流，
书写本科院校更华丽的篇章！
我深信，母校一定会像神奇的天马，
壮志凌云，仰啸奔腾，
勇攀科研、学术高峰，
再创“电机人”新的世纪辉煌！

我是如此情真意切地感恩、思源：
感谢您啊，亲爱的母校，
我将揽一缕夕阳，化作彩虹，
把真情捧给您——我心中的母亲。
感谢您啊，辛勤的园丁，
我将揽一缕夕阳，化作春风，
把微笑呈给您——我心中的父辈，
终身难忘的母校啊，恩重如山的老师啊，
让学子用最虔诚的肺腑之言，道声：“我爱您！”

啊，我与千万学子一样，思潮滚滚，心灵欢歌，
欢庆您啊，六十华诞，
欢呼您啊，前景光辉！
亲爱的母校啊，请接受您的千万学子，
用生命的泉水浇灌成的心中玫瑰，献给您：
“敬祝您生日快乐，永远美丽！”

（卞文彪，工电 425 班校友）

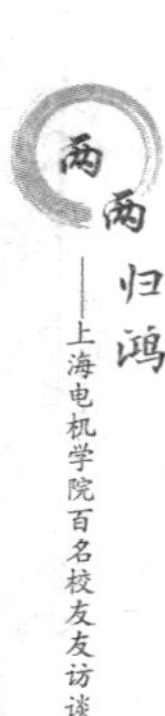

方云娣等　岁月嫣然，往事如歌

“人间自有真情在，宜将寸心报春晖”。我们工电434班的同学虽已全部跨入古稀行列，但仍然坚持每年几次聚会。大家交谈最多的是恩师风范、同窗之情、趣闻轶事，点点滴滴饱含着对母校的眷恋与思念。

刘主席的手很温暖

1958年9月我们考入电校才1个多月，有幸迎来了国家主席刘少奇视察我校的特大喜讯。我班王莲君、叶爱芬等同学如今回忆起当时的情景仍然激动万分。“可能是10月下旬，那天下午四、五点钟，我们正在电校实习工厂劳动，突然接到通知去校园内集队迎接中央领导同志。后来才看到许多干部中，走在前面招手的正是刘少奇主席!”站在前排与刘主席握过手的叶爱芬说起这事脸上挂满了幸福：“刘主席的手很厚实，很温暖。”同学们见到刘主席穿着深灰色长大衣，头发向后梳，看上去50多岁，身板硬朗，神采奕奕。在学校办公楼的一个大会议室里，刘主席在听取校领导汇报之后，在热烈的掌声中讲了许多语重心长的话，再次肯定了学校勤工俭学取得的成绩，充分强调教学与生产并重、学校工厂合一办学方向。此后不久，学校给每个学生发了两套蓝色工作服，还有一条白毛巾上面印有红字“教学并长”。同学们非常开心，再后来，学校食堂伙食也改善了，每周吃鱼、肉的次数多了，菜汤也泛起了油花。

一棵19斤重的白菜王

我们在母校度过了自然灾害困难时期。学校给每个同学发了2个吃饭用的搪瓷盆，大盆盛饭，小盆盛菜。每月定量32斤主食，学校统一发内部饭票。另有半斤糕点票，伙食标准每月12元。那时对主食按定量严格控制，先由各班生活委员统一从食堂按人数将饭票领回来，再由各组轮流选人给每个同学一一打饭。有时候到最后饭菜少了或者没有了，班干部只好饿肚子。学校给每个班级在校区划给两陇菜地，种些青菜、茄子、胡萝卜、西红柿、白菜等。同学们利用早晨和下午的课余时间，轮流除草、上粪、浇水。来自城区的同学很新奇，看到绿油油的叶子长起来，兴奋不已。出身农村的同学是行家里手，劳动委员顾福庭见多识广，动足脑筋，带领同学在河边捉螃蜞，砸碎灌进插在白菜根部的竹管里当基肥。真是工夫不负有心人，蔬菜长势喜人，有棵特大白菜女同学抱不动，送到食堂一称足有19斤重。工电434班种了一棵白菜王的消息不胫而走，一时传为校内新闻热点。各班收获的菜果按规定要全部交给食堂用于改善师生的伙食，食堂会将相应的菜价记入各班的账户，留作班级集体活动的基金。但是在那个物质匮乏的年代，看着鲜嫩可口的胡萝卜，谁不动心？谁不嘴馋？偶尔我们也悄悄

的藏上几个胡萝卜，晚上躲在宿舍里偷偷地一起品尝。在那个缺吃少穿的特殊年代，舌尖上一点点的满足，都是令人神往的享受。

班干部率先垂范

我们工电434班当年没有班主任，仅有的一位辅导员倪桂林老师负责学校整个工电年级，后由卞文彪老师接任，按照现在时尚的理念就是学生民主自治管理。同学选出的团支委、班委会干部都很自觉，尽心尽责，事事以身作则，处处带头实干。

班干部同样要上课、做作业、复习考试，不但学习成绩不能落后，而且生活、劳动都要作出表率，身体力行。无论是二年级时的军训，还是每天清晨列队出操，不论冬寒夏暑，文体委员顾万鹤总是最早起床，督促动作缓慢或者恋床的同学，甚至还哼着自编的曲子“太阳出来老高了，快要晒到屁股了，赶紧起床了”，让人忍俊不禁。班干部课余时间还要检查宿舍卫生，生活很有规律又很紧张，日复一日也是意志的磨砺。根据学校的安排，全班还去过南汇六灶人民公社学农一个月，与当地农民同吃同住同劳动。女同学在田间摘棉花，男同学挑粪担水。印象特别深刻的是4人绞绊犁，代替牲口翻土犁地，有的同学推着转圈头也晕了，仍旧咬紧牙关坚持不下“火线”。大家晴时一身汗，雨时一身泥，每天累得腰酸背疼。同学们苦中作乐，歌声、笑声，催人奋进。学农是母校教书育人的重要环节，培养了热爱劳动的感情，最重要的是对人生价值的真谛开始有了一些感悟。

张大明同学至今记忆犹新，在学农期间，有一天班长张佑娣在当时没有农具的情况下，情急之中毫不犹豫地用双手去疏通粪便。一个身材弱小的女同学不嫌脏、不怕臭的壮举，震撼了在场所有同学的心灵。又听说她是舅父一手养大的，那年舅父不幸去世，她执意坚持把工厂车间的任务完成后才请假回家。张佑娣班长吃苦在前、公而忘私，其高尚的思想境界怎么形容也不为过。她是全班唯一在学校被批准入党的学生党员，入党介绍人是海定广老师。毕业分配时她光荣入伍，在群山峻岭的国防工程中冲锋陷阵，贡献自己的力量。

团支部书记孙静玲是位带着眼镜的文静女生，学习刻苦认真，积极开展团的工作，她心里想的都是同学，唯独没有自己，在同学中享有很高的威信。她积极要求进步，成为一名共产党员是她梦寐以求的最大心愿。毕业分配时，她要求到祖国最艰苦、最边远、最需要的地方去。她利用自己的行动，兑现了好儿女志在四方的诺言，把个人的命运与前途融入党的事业。1961年她坚定豪迈地只身奔赴冰天雪地、举目无亲的北疆富拉尔基，在重型机床厂年年评为先进工作者，入了党，不仅贡献自己的青春和才干，还在北大荒留下自己的子女继续耕耘。她一辈子为了共产主义信仰、为了国家的机电事业奉献了全部的心血，无怨无悔。她无愧于母校的教育与培养，她是母校在北疆的一颗闪亮明珠，是母校的骄傲。十多年前孙静玲同学回上海探亲，同学们相聚的心情难以言表，大家泪眼朦胧，深情相拥，依依不舍。

如今我们常常想起亲爱的班干部，想起远在各方的老同学，心潮起伏，感慨万千，然而更多的却是一种牵挂，还有一种由衷的敬意。

同学们都是好样的

同学们聚在一起谈到自己工作岗位上的业绩都很自豪，深深感到能够学以致用，很快适应工作，动手能力比较强，得益于母校紧密联系实际的教学与生产劳动的磨练。在实习工厂里同学们掌握了电机嵌线、翻砂、造型、浇灌、电焊、锻造的基本技能，学会了铣、车、磨、刨各种车床的基本操作，还参与各种专业工艺设计，进行了一些技术革新。在各位老师辛勤指导与帮助下，将书本理论转化为知识技能，提高了创新实践能力，造就了一批又一批的应用型技术人才，优秀典范不胜枚举。

谢仁康同学分配在大众汽车的前身原上海汽车制造厂工作，他淡泊名利，工作认真，一丝不苟，对技术业务精益求精，担任动力科长、高级工程师，擅长工艺流水线的设计、动力配置、机械维修保养，成为全厂业务技术的中流砥柱。

远在哈尔滨轴承厂的李兴邦同学，退休前是特大型企业设备动力部部长，下属员工近千人，业务与技术千头万绪牵一身，扎扎实实干了一辈子，为东北重工机械行业的建设与发展呕心沥血，用自己的青春和智慧谱写人生的光辉篇章。

俞泉法同学毕业时品学兼优留校当教师。“文革”中学校解散了，他在上海华明机械厂技术科工作，由于技术过硬、业绩卓著，被破格晋升为高级工程师，他精于包装机械电气设计。众所周知，最早人们日常洗漱用品牙膏均是铅锡管的，该厂大胆创新在全国牙膏行业率先改革搞成铝管包装，大大降低了生产成本，节省了稀缺资源，取得了巨大的经济效益与社会成果。俞泉法和几位同事荣获国家科技进步三等奖。他在制胶行业、化妆品行业一些专用设备的电气设计，又荣获上海市科技进步二等奖。

此外还有朱虹、谈进为、孙宗懋、陈林森、顾福庭、方云娣等许许多多的同学都在各自平凡的工作岗位以勤奋严谨的态度、精湛的技能，默默奉献。平心而论，虽然全班同学大多数没有显赫的地位与耀眼的光环，但是几乎人人都是工厂与单位的骨干、精英、领军人物，是不可或缺的佼佼者，都有良好的口碑和骄人的业绩。平凡其实不平淡，同学们各自都有人生精彩的闪光点，彰显了母校高水平的教学质量，如群星灿烂托起了母校的辉煌。

时光荏苒，我们迎来甲子轮回60年。时间无情，同学们过七奔八垂垂老矣。但是我们欣喜地看到朝气蓬勃的母校不断发展壮大，红旗鲜艳高扬，薪火相传常青。我们谨以此文抒发对母校的感恩之情，对激情岁月的怀念，对母校历尽艰辛造就辉煌的回顾。热切期望一代又一代的电机人肩负时代重任，承上启下，继往开来，发扬母校的光荣传统，与时俱进，开拓创新，自强不息，追求卓越，坚持技术教育特色，继续谱写新篇章，大力开辟新领域，永远攀登新高峰。我们热烈庆贺母校60周年华诞，电校明天更美好！

（方云娣、王莲君、俞泉法、张大明、叶爱芳、朱志仁等，工电434班）

方　芳　品茗电机

电机学院，一个虽简单而抛弃浮华的名词，却塑造了无数的绚烂人生，它以一个甲子的风霜，迎来另一个甲子的光明……

60年，似长，亦短！电机，它像苦茗需要慢慢品尝，因为它还会走很远，从电机走过，有人错过，有人失去，但也因为错过而争取，因为失去而珍惜。这是电机人成长的经历。

他们明白黎明不会因为鸣鸣而苏醒，鲜花不会因为赞美而芬芳，没有喝彩的征程，才能使人真正体验心灵的磨练，而那些廉价的夸奖，甚至谄媚，只能使你快行的脚步放慢。电机创造了成长的风雨，也与你携手寻找藏在风雨背后的彩虹，走上心灵的朝圣之旅。

如果人生理想的实现，总要以生命的垂死挣扎和日趋枯萎作为代价，那么人生的终极目标又是什么呢？如果平静和幸福总是对立的，快乐和美满总是那么的无缘，那么为人类寻求的完善是否仅仅只是虚无？诚然人生价值实现是生命与理想的等价交换，是绝望和觉悟作出的殊死博斗，失落和彷徨只是一种逃避，最终挽救我们的只能是顿悟和觉醒，让我们重新仰起脸，作出积极的应答和选择。就算再失落，再无助，只要在这里，电机陪你度过，你就不再孤单。

是信任与寄托，给了电机一种被相信的责任，再次的相信伴着它走过下一个完美的60年，总想说一句，电机，我与你同在。

当成长与领悟有了交点，当发现与体会随着时间交轨，当希望与成功相约，你会发现，电机的付出历历可见！那一切的一切，都记在我们的心头，因为您的付出，让我们变得坚强，拥有力量。

时光荏苒，弹指挥间，临近毕业的前昼，心在轻微地疼。曾天真地以为来日方长，倔强地注重及时行乐，一不小心坠入时间的涅槃，滴嗒嘀嗒的声音提醒着我们离别并不遥远，人生并不漫长。一个转身，一个逗留，可能就走到生命的尽头，轻而易举就看到了故事的终点。与人为邻，矛盾不可避免，有些事情衔接得太紧，最后把自己禁锢在一个圈子里动荡不得，只好冷观旁人的喜怒哀乐，然后突抹眼泪，假装坚强，最后连上天都无法忍视，轻手一点，茅塞顿开，误会消散。其实谁都没有错，是我们把别人想得太欠缺，把自己想得太坚强，退一步海阔天空，退一步风轻云淡。阳光总会穿过阴霾直达心海，不要让乌云成为永远的障碍。当栀子花铺满了视线，世界在一片和谐中寂静如初，远处车水马龙，人影晃动，不久之后在路的转角处留下一连串的脚印，如同青春的齿轮压过的痕迹，渐行渐远……

不知不觉电机已走过很长的一段路，喧闹声响被抛弃在望不见的彼岸，身后留下一串长长的脚印，系着脚下，牵着昨天，连着下一个60年！

电机，虽然您已60高寿，但您从不因年龄而缺少对您儿女的关怀，您用您百般的呵护关怀着您一代又一代的子女，培养他们走向一个又一个的岗位，锻炼他们走过人生的各个艰难。

（方　芳，X0716班校友）

尹忠义　在电校的许多“第一次”

最珍贵的永远都是“第一次”，而我那许许多多“第一次”全都是电校带给我的。虽然中专毕业以后又到其他学校念了本科、研究生，但对上海电机学院的母校情结，却永远挥之不去；也许是怀旧，也许是这段值得珍藏的历史，至今我还习惯叫上海电机学院为电校，毕竟在4年的学习和7年的留校工作生涯中，人生中太多的第一次都发生在电校，我的青年时代就是在电校度过的，对母校的那份眷恋，那份亲切，终身难忘。

30年前的今天，秋高气爽，我们第一次远离父母，脱去了粗布衣裤，第一次穿上了“的确凉”，从农村来到了城市，各自怀着对理想的憧憬，开始了为期4年的中专学习生活。那份欣喜，那份激动，难以言表！

第一次住集体宿舍，24位同学挤在一个宿舍里，热闹非凡，半夜里同学们的梦话此起彼伏，成了第二天被嘲讽的话柄；也有同学因睡姿不当，半夜里从上铺滚落到地上，还好学校的木质地板比较有弹性，该同学一看四周无人，赶紧拍拍屁股一骨碌又爬回了床上。当时大家的卫生习惯尚未养成，美丽的孙义芳老师看到我们的宿舍后惊讶道“我家的地板都比你们的桌面干净”！后来，在班主任周家裕老师、张圣勤老师的严格管教下，我们寝室的卫生状况在每次评比中都名列前茅！周老师检查卫生有几个高招：关注“被横头”，让女同学上台宣布卫生检查结果，而且指名道姓。

第一次学说“上海话”，羞羞答答，缺乏自信！周末回家，奉贤、金山一带的同学只要乘上闵行老街的摆渡船，就恢复一口地道的家乡本地话，直至周日晚上返校，惟恐父老乡亲说你变质、忘本！当初就流行“一年土，两年洋，三年不认爹和娘”这一说法，指的就是某些从农村来的学生一到城里就看不起原来家乡的人和事。其实我们到现在还依然保持着那份朴实的心，养育之恩，当效犬马之劳。

第一次穿“喇叭裤”，大家比着谁的裤脚更宽（12寸以上才有型），希望引起女同学的注意！第一次在寝室里偷着抽烟，班主任周老师闻到了烟味，但不知是谁抽的，只能无奈地告诫道“这个东西是有瘾头的”。

第一次做实验，手忙脚乱，激动且紧张。因为电校注重培养学生的实际动手能力，我们常常泡在实验室里七手八脚地接电路线，连接电压表、电流表，焊接电阻、电容、电感，安装二极管、三极管、可控硅，检查着频率、脉冲……偶尔不经意间会碰到女同学的手，感觉软软的……但瞬间就停止继续往下想的念头，因为老师经常告诫我们学生时代要以学业为重，个人问题不该考虑！想当初的学生们还是很纯洁的啊！第一次想主动接近女生，却苦于没有机会，只能在锅炉房泡开水时假装偶遇，开场白往往是：“啊？你也泡开水呀？”女生哪里会知道我们其实是把室友泡的开水倒掉后有意再泡一次的，目的只是想和她说句话而已！

第一次拎着“四喇叭”，带着蛤蟆镜，烫着长发，听着邓丽君的甜美歌曲，自我感觉超好！迈克尔·杰克逊的摇滚乐、太空舞让我们如痴如醉，以此为时髦。第一次学跳

交谊舞，紧张！也许是因为第一次搭上女生的背，也许是因为炎热的夏天，手心直冒汗，心在蹦蹦跳！少年的心泛起了阵阵涟漪。在寝室里抱着拖把拼命练习快三、快四，以便在周末舞会上不至于让心仪的女生尴尬。舞会上漂亮的女生总是不缺舞伴，在他们周围始终围绕着蠢蠢欲动的我们，而长相普通的女生却要面对冷板凳的煎熬。

第一次鼓起勇气给暗恋的女生写信，紧张得忘了贴邮票，苦苦等待，女生却没有一点反应！直到两个月后女生拿着那封信说是在邮局的墙外橱窗里看到了寄给自己的信，我才意识到投递了一封没有邮票的信件。那时的我恨不能地上挖个洞！

不要误解我们的学生时代只有玩乐，上述的第一次都是在课余时间发生的，其实我们在学校里更多的是以学习为主，课堂上的许多第一次让我一辈子受益匪浅，至今历历在目。电校之所以有今天的成就，除了有严雪怡老师、夏建国老师为代表的学校新老领导班子的宏图大略外，更因为有了无数耕耘在教学第一线的老师们的无私奉献。他们的谆谆教诲，犹在耳边。

我当时一直纳闷，语文周家裕老师写字时总是一笔一画，字体工整，速度也太慢了吧，现在我明白了，那不正是他为人师表、严谨治学的写照吗？数学汪剑虹老师那不急不慢的语速、严密的逻辑令学生不敢怠慢；而陈鸣飞老师的二阶以上导数、微积分方程仿佛把同学带进了数学王国；物理范景华老师那张富有特色的小嘴巴将牛顿的三大定理解释得天衣无缝；化学徐文庄老师把复杂的“摩尔”定律演绎得通俗易懂；英语包志尧老师掌握的庞大词汇量让人肃然起敬，由此爱上英语，终身受益；体育王林芳老师让我们拥有了健强体魄，成了我们日后为事业拼搏的本钱；章明达老师的哲学，女同学私下直嘀咕，怎么像“天书”？一学期下来，总算恍然大悟，太有哲理了！郁振民老师的政治经济学，让同学们明白了社会主义制度确实比资本主义制度优越；卞文龙老师的中共党史，把同学们带进了那激情燃烧的岁月；计算机褚文奎老师那会说话的小眼睛、敏捷的思维看起来就像电脑；宋乃昌老师那标志性的捏粉笔的手势，让同学们展开了丰富的想象力，平面图、三视图、立体图、剖面图、装配图尽在脑海中；龙光全老师的理论力学硬是通过他那不十分清楚的口齿将理论联系到实践；顾伯良老师那伟岸的身材，恰好验证了材料力学中悬臂梁的应力集中；电工基础袁兆熊老师极具成熟男人的风度，以至于没有一个女生在他的课堂上打瞌睡，足见魅力；机械基础高永昌老师用并不十分标准的普通话让我们这些读电气专业的学生对机械产生了浓厚兴趣，从此一辈子和机器打交道；孙义芳老师的模拟电子技术，男同学们的瞳孔都被三极管组成的放大器给放大了好几倍，互相猜测孙老师的女儿肯定很漂亮吧？柯节成老师的数字脉冲技术，使同学们心潮澎湃，心里像脉冲一样欢动；电机原理郑国安老师教我们用右手握线圈来辨别电流和磁场的运动方向，虽然考试时感觉有点晕，但我们还是弄明白了电动机是如何转动的，发电机又是如何工作的；电气测量陈铸声老师，把看不见摸不着的电气信息测量得精确无比；电力拖动海定广老师那睿智而自信的目光，仿佛告诉我们没有电力也可以拖动世界，现在看来现实又何尝不是如此呢？当然，王桂英老师的工厂供电，又给了我们前进的动力，推动着同学们在各行各业不断进步……

啊，前辈、恩师们，谢谢你们的指引！因为你们，我们才有了今天的成就；因为你们，我们才少走了许多弯路！我们为有幸聆听老师的教诲而窃喜，我们是无比幸福的一代。

我们敬爱的谭恩鼎老师、申鸿光老师，你们可在天堂看到学生们如今正用你们所

教的知识，用可控硅连接知识的电路，勇往直前，继续创造辉煌！想必你们正在朝我们微笑，为你们的学生骄傲！

亲爱的母校，您是中国技术教育的一面旗帜！我们为有您这样的母校而感到无比骄傲和自豪！祝您青春永驻，续写绚丽篇章！

敬爱的老师，您从事着阳光下最崇高的职业，您教书育人，点燃了自己，照亮了别人！我们为有您这样的老师而感到无上荣耀和幸运！衷心祝愿您健康长寿，幸福美满！

（尹忠义，工电 7961 班校友）

曲守铭　母校的“地标”

母校上海电机学院60周年庆典扑面而至，勾起校友们多少如烟往事。

难忘那黄浦江畔老校区的“东大门”，简朴而不失伟岸。风风雨雨60载，是它第一个笑迎入学的莘莘学子，又是它最后一个目送完成学业的同学走上社会，迈出新的起点。

记得多少个清晨，我们“冲破”黎明，奔跑在操场上晨练，足球场上也少不了同学们那少年英姿；中午，汽轮机厂传来汽笛声声，我们知道下课在即，赶紧把课本塞进桌兜，心早已奔向饭厅；下午，男同学们被女同学们“赶”到校园外的池塘，在没膝的水中打捞着猪草……

用一个“赶”字，似有夸张，但当年团支书余云祥、班长宋文娟倒是真能把大家团结在一起，班里的工作搞得很有声色。直到近十多年来，他们俩依然饶有兴致地组织班级同学聚会，未有间断，延续了同学间年少时的相互关爱。如今，老班长已移民澳洲，回国探亲时，仍不忘参与校友活动，探访同学。她难忘的不正是那曾朝夕相处的睡上下铺的姐妹，还有那同桌或未曾同桌的兄弟？

离开学校多年后，不论身在何处，无尽的回忆，常留心间。

仍然记得在那些个迷人的傍晚，西边的太阳几近落山，校广播台播完了最后一句台词，随后，传来了结束的乐曲，那是聂耳《金蛇狂舞》中的一小乐段。日复一日，每每走在校园的小路上，望着晚霞，听着那不知听了多少遍的欢快的乐曲，心中偶尔亦会泛起几缕莫名的思绪，那是一种懵懵懂懂对明天的纠结与渴望。

昔日的“明天”，已然化为今日的“当下”，从黄浦江畔老校区的“东大门”，到东海之滨新校区的钟塔，60年的风雨，铸就了今日母校的辉煌。我们不会忘记母校创办者、已故老校长严雪怡的身影，他陪伴着一届届学子度过了多少个春夏秋冬。终于，历史的传承，浓缩为“技术立校，应用为本”的办学理念。

母校的发展硕果丰盛，母校的前景分外诱人，那坐落在校园草坪上隽刻着八个大字的山石，无疑是我们心中无以忘却的母校的“地标”。

校庆之夜，我们何不杯酒在手，醉歌一曲《同桌的你》。

（曲守铭，电机436班校友）

朱军明　饮水思源，感恩母校

再次收到来自母校的消息，感到非常亲切，一股感恩之情涌上心头。虽然我已毕业 9 年，但时刻关注着学校的变化。

母校从闵行校区占地面积只有 200 多亩，到现在临港新校区 1000 亩的巨变，从上海电机技术高等专科学校到上海电机学院的转身，更是迎来了快速成长期。记得临港校区刚建成时，我情不自禁地来到临港新校区，由衷地感到高兴。当年学校在闵行校区建设技术中心大楼时，由于资金紧缺还向银行贷了款；而现在实现了当年提出建设 1000 亩校区的梦想。一幢幢崭新的教学楼和实验室矗立在我面前，我心中无比自豪。

10 年间沧海变桑田，母校华丽转身，同样我的人生，也发生了巨变。2001 年，跨入新世纪，20 岁青春年华，但对我而言，却是人生的最低谷。父亲刚去世，母亲患病，懵懵懂懂的我，怀揣 5000 元钱和全家的希望，来到了母校。在报到处，遇见了当时学生处的陆老师。他热情接待了我，使我顺利地申请到了第一批国家助学贷款，开始了我的学习生活。

从高中的紧张学习到大学的自主学习，我感到有些不适应。刚开学的两周，有些迷茫。我每天都在思考，并寻找答案。我在想：3 年后，自己凭什么找工作，我的努力方向在哪里，如何改变和提升自己？这三个问题，始终萦绕着我，使我很快进入奋斗阶段。从那时起，我每天过得非常忙碌和充实。为了争取获得一等奖学金，我在体育方面加强了锻炼。晚上 9 点半，图书馆闭馆后，就跑步 1000 米。图书馆对我而言，不仅是汲取专业知识的海洋，也是开启我思想的启蒙“老师”。我以“实际工作所需要的知识面”这一高度，学习所有专业课和实训课。记得有一次机械制图期中我考试得了 70 多分。我深刻反思，这是一门非常基础、有用的专业课，于是暗下决心，一定要学好。在之后的 2 个月内，我把图书馆里关于机械制图的所有书籍看了个遍。工夫不负有心人，期终考试得了 92 分。还有电工学，由于班里同学普遍不理解，大家推荐我晚上给大家补课。这样不仅使我与班里同学的关系得以融洽，也以优异成绩获得了一等奖学金。回忆两次一等奖学金、两次三菱奖学金、一次国家奖学金的获得过程，我感慨万分。感谢母校老师，也许你们的姓名我不能一一记住，但您们传授专业知识的认真态度和对我的教诲，培养了我刻苦钻研、艰苦奋斗的学习态度，使我终生受益。

进入母校前，我的性格很内向，工作能力也较差。改变和提高自己，路在何方？母校为我们提供了各种舞台，有学生会、团总支、还有各种社团等。最初我报名参加了机械系团总支的组织部。两年期间，从一名干事，到机械系社会实践部部长、团总支副书记，策划组织了许多活动，如机械系的演讲比赛和辩论赛等。其中，在闵行区启智学校的迎“六一”活动，电视台也作了报道。暑假里，母校为我们提供了各种挂职锻炼的机会，有居委会和上海市教育委员会等课外实践。这些实践活动，充分提升了自己的能力，同时也改变了自己，使自己能够独立分析、判断事物，认清自己的能力，培养了坚强刚毅、求真务实、永不言弃的品格，形成了科学的人生观和价值观，使我成为“校优秀学生标兵”、“校优秀团干部标兵”、“上海市优秀毕业生”。这些宝贵的荣誉是母校师生对我成长的一种鼓励，也是对我学习工作的肯定。

回忆在母校的3年学习生活，点点滴滴的成长，都离不开母校老师孜孜不倦的教导。当时团委书记王小丽、机械系副主任卞一明、机械系团总支书记余维薇等老师，有的给予我工作上的指导，有的帮助我提高工作组织能力，有的或许是一篇文章修改，一次谈心辅导……对老师的感谢，无以言表。

2004年，我毕业了。通过母校的培养，带着厚厚一叠的荣誉证书、技能证书和全面提高的能力，踏上了社会。经过层层筛选和面试，最终进入上海三菱电梯有限公司，从事数控设备维修工作。踏上工作岗位后，才发现书到用时方恨少。由于离母校较近，每天下班后，我就“潜入”学校图书馆，钻研数控维修方面的知识；同时，在众多前辈们的指导和帮助下，维修业务水平有了较大提高，得到了领导和同事的认可。有一次，公司人事部长巡检时，看到我说：“以后，我们公司就要招像你这样的学生干部、中共党员，肯吃苦、肯钻研”。听完此话，我很欣慰。因为通过我的努力，在工作岗位上为母校赢得了好口碑。如今，我已是部门中的业务骨干，在各级技能竞赛中，取得了较佳的成绩。

饮水不忘挖井人，怀揣着对母校的赤诚感恩之心，我从2007年开始资助西部贫困大学生，至今未间断，我要让更多家庭贫困的学生能够读得上书，能够好好读书，将为社会奉献的精神传承下去。

（朱军明，机0112班校友）

朱志义　难忘母校,祝福母校

在母校60周年校庆之际,我们作为校友的特殊群体回忆往事,感概万分。

我们是1961年9月考进上海机械学院中专部汽轮机专业的学生,在国家"调整、巩固、充实、提高"八字方针指导下,重新部署技术专业教育,于是我们在1963年9月并入上海电机制造学校继续就读,改为涡轮机制造专业,直到1965年7月毕业。

我们虽然在母校只学习了两年时间,却是处在专业教育与实践培养的关键阶段,学校的教育使我们毕业后能很快融入社会,适应工作。特别是厂校合一、勤工俭学锻炼了我们学以致用的动手能力,受益终身。当年正值国家度过困难时期后的恢复阶段,教学与生产任务都很繁重,校办工厂发展很快。记得校办工厂生产的产品有电动机、砂轮机、滤油机,还有民用产品手动和面机等。母校的成就举世瞩目,曾经得到国家主席刘少奇的充分肯定和赞扬,是我国技术教育半工半读的典范。

印象中母校的校园是美丽的,一草一木皆有情,直到现在我们同学还保存着当年在大操场雷锋像前的合影。雷锋精神激励了我们这一代人奋发上进。最有意思的是我班有4位同学原来在机械学院图书馆前合影,后来又在电校雷锋像前拍照留念,毕业后40年的2005年,四位同学又相聚在南京夫子庙照相。三张照片记录了学校的历史瞬间,也追忆了我们在母校教育培养下,成长为祖国建设的有用人才的历程。同学们百感交集,国家在崛起,母校在发展,我们在成长,感恩母校,难忘母校!

我是涡轮6106班毕业的学生,毕业后分配到北京七机部部直机关(后改为航天工业部),在1971年响应党的号召,投身重庆的深山丛林中为国防三线建设贡献力量,多次被评为优秀团干部和优秀共产党员,曾被推荐为共青团全国第九次代表大会代表。改革开放后,我于1984年10月调入江苏省常熟市机关直至退休。期间我们经常关注母校的发展,在1993年校庆40周年时,我班有24位同学从全国各地来到学校,我用照相机记录了难以忘怀的盛况。在2003年校庆50周年之际,我又和同学们相聚在校园内,参观了学校的校史陈列馆,并将我们当年全体同学的毕业照留给了校庆办。

随着国家现代化建设与社会发展需要的加强,学校紧跟时代步伐,无惧挑战,迎难而上,在浦东临港新城建设新校区,向更大、更高、更强的目标迈进,我们作为学校的莘莘学子更是欢欣鼓舞。适逢母校60华诞,特写此文以资祝贺,并将告知更多的同学积极参加校庆各项活动,让我们共同祝福母校坚持特色办学、技术立校、应用为本、发扬传统、自强不息、开拓进取、勇攀高峰!

祝上海电机学院的明天更美好!

(朱志义,64届涡轮专业)

朱志仁　难以忘怀的母校情缘

无巧不成书，世界之大，茫茫人海，我们家庭竟有5人有幸在不同阶段与母校结下情缘，在母校这个温暖快乐的大家庭中工作、学习与生活；在母校宏伟博爱的怀抱中锻炼成长，共度艰辛，共享荣光。这份来之不易的珍贵情愫在我们心中与日俱增，绵延不断。

我是1958年考进上海电机制造学校工电专业34班，那年刚满15岁。一名懵懂少年在那激情燃烧的年代，以学文为主，学工、学农、学军，教学与生产劳动并重，渐渐懂得了人生的真谛，第二学年便光荣地加入了共青团。我的大弟，1961年就读于上海机械学院中专部汽轮机专业，两年后由于国家重新部署技术教育格局，母校拓宽办学领域，他们这个专业的学生全部并入电校，改成涡轮机专业继续就读。他于1965年毕业分配到中央七机部工作，曾被派驻苏丹传授技艺，帮助建厂，为国争光。1995年，承蒙新老校领导的关怀，我的老伴从西安调入电机高专任教。那时学校刚成立经济工程系，万事开头难，大家齐心合力，从专业设置、课程内容、模拟实验都作了积极地探索与改进。根据国家经济建设的需要，学校面向社会开设了工业外贸、市场营销等专业，母校从传统单一的工科院校，向综合性、多元化发展，以工为主，文理兼容，为升格本科创造了条件，夯实了基础。我的女婿是机电工业学校1997年财会专业的毕业生。该学校位于黄浦江边的军工路，也是一所历史悠久颇具特色的国家级重点中专，施行“双证书”教学模式。女婿中专毕业的同时，也通过了大专的考试，第二年获得大专文凭。该校2002年也并入电机高专，整合优质教育资源，母校如虎添翼，扩大了教学规模，增添了竞争实力。我还有一位侄子，在北师大毕业后应聘到电机高专工作，他刻苦好学，踌躇满志，肩负行政与教学双重任务，从高职教育到升本，为母校向更高层次地超常发展努力工作，乐此不疲，倾注青春和心血。

我们家庭的每位成员为作为母校一员而无比自豪，我们与母校息息相关，同舟共济。我们身上流淌着电机人一脉相承的血液，秉承着电机人百折不挠的性格，在各自工作岗位上“自强不息，追求卓越”。

忆往昔，我们感慨万千，母校从无到有，从小到大，从中专到高职，从本科到研究生教育，是60年春华秋实的峥嵘岁月，是60年波澜壮阔的光辉历程。我们全家是母校三个发展里程碑的参与者和见证人。一是建校成长阶段。20世纪50年代母校忠于党的教育事业，在艰难困苦的环境下创业，以敢为天下先的理念，筚路蓝缕，披荆斩棘，创造条件，大力开展半工半读，教学与生产劳动相结合，探索厂校合一的途径，成为勤工俭学的先进旗帜闻名全国。二是复校壮大阶段。“文革”之后，母校在千疮百孔的基础上涅槃重生，全体师生同心同德，以泰山压顶不弯腰的精神，发扬传统，艰苦奋斗，开拓进取，坚持特色办学，积极教改实践，从中专到高职，成为全国技术教育的楷模，享有盛誉，名扬四海。三是升本发展阶段。母校顺应历史潮流，适应高等教育大众化、普及

化、多样化的趋势，以“知难而上”的大无畏气魄，挑战机遇，奋力拼搏，激流勇进，提升内涵，拓外延，在成功升本之后接着又办研究生教育。“天外有天，山外有山”，母校一次又一次登上更高峰，不断创造新辉煌。如今，无论退休与否我们都在各自人生征途上满怀信心，用真诚和勤奋迎接美好的明天，收获幸福的未来。

望未来，我们欢欣鼓舞，热烈庆贺母校60周年华诞。母校从黄浦江畔到东海之滨，风雨兼程，永无止境，犹如蛟龙出海，向更快更强拼搏；又如旭日东升，向更高更大腾跃。

衷心祝福我们母校的明天阳光更灿烂，前程更美好！

（朱志仁，工电434班）

乔银平 又到毕业季

又到毕业季，看着案头电机学院的几份简历，透过那几张年轻的脸庞，我看见的分明是自己当初的模样，岁月如梭，离开母校已近30年了。

30年前，青涩无知的我带着个性和张扬，怀揣青春与梦想。感谢母校带我步入知识的殿堂，我不仅学到了时至今日仍受益无比的专业知识，更懂得了做人处事的道理，让我由曾经的张扬逐渐走向稳重。当年意气风发地毕业，开始规划自己的人生。虽然在人才济济的公司里，当时我只是一个太不起眼的员工，但是秉承着“明德至善，博学笃行”的校训，我知道一步一个脚印，踏踏实实走好每一步的重要性，除了埋头苦干，更坚持“是金子总会发光”的信念。我从基层一个个台阶走来，其间的艰辛坎坷已不足道，始终觉得人生就是一场与自我的博弈，除了机会与能力，更需要的是自我坚持，打得好、用得巧，人生就会出彩。每个人的人生不可能一帆风顺，遇到任何风浪都需有一颗平常心，只要记住这一秒不放弃，下一秒就会有奇迹。跌倒时相信你周围还会有朋友，那些和你一起在足球场上高高跃起的身影，那些在学校大礼堂里一起燃烧激情的同窗，那个严肃地罚抄你的老师，那些慈爱可亲的笑容。

岁月变迁，所有的人与事都在不断向前，在这激进的年代所有的人都被带着一路狂奔。懂得把握自己，懂得调节自我，我想这是我们现代人必须要认清的。人生有时亦如品茶，必先静下心来，才能品出自己的“味”来，不急不躁，把握自己的人生节奏，在内心永远留一盏给灵魂指路的明灯。

“海不辞水，故能成其大”。在这里要深深感谢我的母校及师长以无私的胸怀与付出，让我们找到了自己的人生方向。

60年来学校培育出了各种各样的人才，您的60岁生日到来之际，我衷心道声感谢与祝福。同时也告慰您——我的母校，您的学子没有让您失望。

（乔银平，8361班校友）

阮益丰　母校对我的教导和爱护，让我终身难忘

人的一生有许多值得回忆的事情，也有许多难忘的经历。至今，我感到最值得自己回味的经历就是1982年9月至1985年7月，在上海电机学院（杨浦校区——原上海机电一局职工大学）全日制大专的3年学习时光。每当回想起这段令人难忘的校园生活，就会想起军工路1100号校园里的一草一木和那通往教室的弯曲小径，想起老师和同学们的音容笑貌，想起愉快而又艰苦的学习生活，想起振奋同学们精神的校园之歌。

记得进校第一学期，我们是在由旧宿舍改建而成的简陋的教室里上课。教学条件差，老师上课靠一块黑板、一支粉笔。但是，老师和同学们不管是严寒酷暑，还是刮风下雨，都能聚精会神上好每节课。大家对读书的热情和求知的态度远胜于干其他任何事情。同学之间、师生之间的纯真友谊也不同于现在，那真是为了一个目标：为祖国现代化建设，让自己快快掌握科学知识。

当时，读大专班的同学与读中专等学科的同学不同，是很难得的。首先，要经过工作单位的审批（这里不知道被拦掉了多少有志青年）才能参加入学考试。其次，参加全市统一考试，录取比例仅为报名人数的十分之一不到。还有，同学们已经工作了数年，深知自己知识的匮乏，感觉将跟不上企业和社会发展的需要。因此，能进入大学深造，对同学们来说真的是非常不容易，所以大家倍加珍惜这来之不易的读书机会。

记忆中，让我印象最深的是我们班的班长，一个回沪知青，已在工厂里当了3年磨工再考进来，离30岁还差一个月（那年，上海市规定满30不能报考）。他是班里年龄最大、唯一已婚的同学。为了读好书，他做通结婚不久的妻子的工作，坚持读书期间不考虑要孩子；他每天学习到深夜零点，除了星期天，他每晚住在校舍里，他说这样省时间。我记得，市统考物理时，他全班第一，获得了单科奖学金，他很高兴。

那个年代，我们对科学知识，是渴望、是追求，把能上大学读书看成是人生的一件大事，很多个人爱好都被暂时搁置起来了。那时几十人住的大宿舍，每间屋只有一台电视机，同学们没有时间看电视。有段时间播放电视连续剧《霍元甲》，万人空巷。但是，同学们为了学习，自觉地不去看。

为了完成学习任务，同学们互相关心、互相帮助。尤其到了一门课程将结束前的复习迎考阶段，该课程的授课老师、辅导老师都会与同学们一起挑灯夜战，随时为学生答疑解难。老师的耐心指导，学生的认真练习，保证了每一位同学通过需统考的课程。因为当时的基础课、专业基础课的考试都由市教委有关部门统一命题。母校的老师们充分发挥他们各自的智慧、才干和教书育人的负责精神（其中有6位授过课的老师，后来担任过校级或分校级的领导），使我们每一位同学都能准确掌握有关知识并取得较好的成绩，从而使学校的教学质量一直排在全市各系统职工大学的前几名。1985年秋，全班31位同学都取得了由市教委和学校签发的大学专科毕业文凭。

对我来说，母校不仅是为我提供了学习文化知识的地方，同时也培养和锻炼了我其他各方面的能力，比如组织、管理能力等，更重要的是培养了我的创新精神和在压力面前乐观进取的人生观。母校的爱国主义和法律道德教育也深深地影响了我的道德准则——国家利益高于一切。政治辅导员、学生科科长谢老师的言传身教让我深受爱国主义的教育。她是印尼华侨，新中国刚成立不久，她就抛弃优越的生活条件，离开父母投奔祖国的建设事业，经受多年的磨难她仍无怨无悔。有爱国主义的精神和情操，就不会被任何利益诱惑而迷失方向。

我在母校读书期间加入了中国共产党，在老师和同学们的支持信任下，担任校学生会副主席，分管文体、宣传等方面工作。我多次成功策划、举办大型（含大专、中专、技校）学生活动。记得一次，借虹口区工人文化宫举办全校师生联谊游园晚会，我们学生会负责的地方都被布置得构思新颖、独特，很吸引游客们的眼球，内容、形式丰富多彩，寓教于乐，有奖知识竞猜等活动让大家流连忘返，很多师生在晚会结束时还久久不愿离开。为了配合学校教育，丰富学生的校园生活，我们学生会动了很多脑筋，其中成立的校集邮协会和举办的邮票展览等活动，在校园内外集邮爱好者中产生过一定的影响。

毕业时，学校为了要我留校工作，与我原先工作单位协商并做我的工作。几经周折，最后用校中专毕业的两位男生和一位属计划分配的男生与我原先单位对换（那时大、中专学生很吃香，能分到一位中专生已很不易了）。留校工作期间，学校还同意我参加市政府有关部门委托有关大学举办的“上海市首届公共关系经理专修班”的入学考试和半脱产学习，并支持我日常的工作，让我取得了合格证书（相当于现在的EMBA）。母校对我的教导和爱护，让我终身难忘。

后来我进入中外合资企业从事管理工作。我结合国际上的要求，经过自己的努力，把管理服务水平做到了领先于当时上海的五星级酒店的水平。为此，我被一些著名外资企业重视，曾经代表所在企业成功经营管理上海国际高尔夫乡村俱乐部（即上海第一家国际合资的高尔夫球场）的有关部门。我所建立的管理模式及团队，至今还在承包管理该球场和后来开业的上海汤臣高尔夫球场等。

改革开放初期，有一年，我在代表外商与地方政府谈判批租土地事宜时，将不利我国地方政府的合同圈套及时告诉了当时青浦县委主要领导，使青浦县提前采取了有效的应对措施。后来我又当面向当时的市领导汪道涵汇报，使我国其他地方也免遭类似损失。虽然我个人为此损失了很多收入，但是我感到没有辜负母校的教育和培养，很值得。

60年，一甲子，母校从无到有，从小到大。得知母校2012年已在培养硕士研究生，作为学子，我们感到无比欣慰。今天，借助庆祝母校成立60周年之际，我要把回忆化作感恩，感谢母校为我提供了学习、锻炼、提高的机会，感谢母校的老师们给予我教育指导、给予我知识，感谢母校的同学们给予我帮助、关心和配合。最后，祝愿我们的母校不断地成长壮大，取得更好、更多的丰硕成果，祝愿我们的校友拥有更加幸福和美好的生活。

（阮益丰，职大82机床设计制造班）

严雪怡　我校50年前的"勤工俭学"

1958年,学校开展了轰轰烈烈的勤工俭学活动,取得了很大成功,得到全社会的重视,中央领导同志刘少奇、张闻天先后来校视察,周恩来总理也派来秘书来校视察慰问,全校受到极大鼓舞。勤工俭学的成功,首先来自上级的正确领导和全校师生的冲天干劲,也由于难得的机遇,终于写就学校历史上光辉又难忘的一页。

一、勤工俭学的起因

主要是学习苏联办学经验,虽然取得一定成绩,但也存在严重缺点。

解放初期,我国按照苏联教育体制建立了一批新学校,上海电机校是其中之一。学校的专业设置、教学计划、大纲教材几乎全部照搬苏联。有些过去没有开设过的专业课,专门请苏联专家到哈尔滨工业大学培训教师,海定广校长当时是参加培训的教师之一。为了提高教学质量,学习苏联最先进的生产技术,又把最先进、最好的设备首先分配给学校;在教学中,课堂教学、实习、实验、课程设计、毕业设计都请苏联专家来指导,完全照搬苏联做法。毕业生大体适应了当时的需要,但也暴露出一些值得重视的缺点。

关于学习苏联经验,周恩来总理在1957年全国人大会议上的《政府工作报告》中说:"教育部门在实行教学改革的时候,也发生过若干偏差,主要是否定旧教育的某些合理部分,对解放区革命教育的经验没有作出系统的总结,加以继承,并在学习苏联经验的时候同我国的实际情况结合不够。"机械部工教司提出存在的主要问题是:①专业范围太细,学生所学知识范围和业务范围过窄;②基础知识不够巩固,操作水平低;③学生负担过重。

针对这种情况,1957年"五四"青年节时,周恩来总理给《中国青年报》题词,要求青年"努力学习,参加劳动,热爱祖国","准备作为一个体力劳动和脑力劳动相结合的知识分子"。第二天,《中国青年报》发表提倡勤工俭学,"一面劳动,一面读书"的社论。学校在这一年,根据教师的建议,向上海电机厂购买了100套电动机的零部件,让学生装配成电动机;学生装了又拆,拆了又装,虽然兴趣很大,但毕竟不等于正式生产。

二、难得的机遇,冲天的干劲

1958年1月,《人民日报》多次发表社论提倡勤工俭学,上海高教局领导提出学校到西安航空技工学校学习勤工俭学经验的建议。去西安的有学校附属工厂主任宋锡钧、高教局一位同志和我,在农历除夕返回学校。经过党委讨论,认为群众对开展勤工俭学有积极性,设备条件基本具备,决定上马。正在这时,教育部发出《关于大力支持团中央"关于在学生中提倡勤工俭学的决定"的通知》,更增强了我们的决心。

于是我打电话给机械部电工局准备去北京接受任务,因为当时实行计划经济,生

产任务由国家统一安排，钢材、矽钢片、铜线等物质由国家统一配购。结果电工局说我们不用去北京，有一位部长助理正在上海电机厂安排工作。第二天，我找到了部长助理周建南，说明来意，他立即表示支持，而且马上决定将上海电机厂的部分任务拨给我校，因为他正在布置上海电机厂上马大电机生产，原来的中小电机转给其他工厂。学校不仅当天接到任务，而且和周助理找到电机厂的材料处长，当时就配给我校一批物资；在上海电机厂向我校交接任务时，把完成任务所需要的工具模具也作价卖给我校，还有少量半成品，这些都减少了生产准备工作。

即使这样，生产准备工作还是十分艰巨，包括成立适应生产的组织机构，添置生产必需的冲床、烘箱等设备，寻找学校暂无条件加工的翻砂、电镀、铸铝等工种的协作单位，为参加劳动特制的工具、量具，采购生产所需要的材料、工具；学生生产前的基本训练等，可说是千头万绪。但经过全校教职工，特别是工厂老师傅的共同努力，在不到1个月的时间内，就奇迹般地完成所有准备工作，在3月1日正式开工。

三、初战告捷

开工的那天，红旗招展，锣鼓喧天，气氛热烈。走进车间，学生都全神贯注地进行生产，和原来的下厂实习完全不一样。学生为能亲手制造国家需要的产品感到自豪，有的要搞好勤工俭学为学校争荣誉，有的要使自己成为合格的劳动者，多种愿望汇成一条心，把生产搞上去。虽然90%以上的工作量由学生承担(技能要求很高和有些特殊加工件由老师傅承担)，但废品率很高的情况并没有出现。面对这样的热烈气氛，我多次下厂也不能袖手旁观，也找一些辅助劳动，例如搬运一些加工半成品之类，助他们一臂之力。奋战两个月，终于完成首批产品——电动机100台。在劳动节前夕，我校团委组织同学敲锣打鼓到市委报喜。

1958年的5月，上海市委为了推动勤工俭学，曾组织两次较大的活动。先是在我们学校召开现场会，全市中专学校都来了，大小车辆停满校园，盛况空前。过不久，刘季平副市长召开全市高等学校校院长和党委书记会议，由学校介绍开展勤工俭学经验。北京和上海的报纸都做了多次报道。

就在这时候，党中央召开八大二次会议，提出“鼓足干劲、力争上游，多快好省地建设社会主义”总路线，进一步鼓起了群众的干劲。这一年暑假没有休息，而是全力以赴搞生产。

在勤工俭学之初，曾经提出的经济指标是“全年经费自给”，也就是生产利润达到学校1957年全年经费总开支55万元。当时没有完善的成本核算，劳动力不计入成本，不需要交税，也不算设备折旧，水电等费用则只计算比过去超出部分，因此这个指标比较容易达到，经过一个大干的暑假，这个指标已经实现。经过党委讨论，又把经济指标提高为全年经费的300%，即165万元。

四、教育与生产劳动相结合

1958年9月，中共中央国务院发表“党的教育工作方针，是教育为无产阶级政治服务，教育与生产劳动相结合”。在这之前，已经有几位领导谈过这个精神，因为马克思早已讲过：“从工厂制度中产生了未来时代的教育的萌芽，这种教育是每一个超过一定年龄的儿童把生产劳动跟上课和体操结合起来，这不仅是增加社会生产的一个手段，并且是

培养全面发展的人的唯一方法。”事实说明，学生参加生产劳动，不仅增长了知识，提高了动手能力，还全面提高了思想素质。在这同时，生产劳动又推动了多方面的教学改革。

生产劳动后，学生必然遇到许多实际问题，向教师请教；有些专业课教师兼任工厂技术人员，经常要解决发生的技术问题，因此首先是专业课教师必须与生产劳动相结合。他们自觉参加生产劳动，不仅从书本上备课，也到生产车间备课；他们自觉地和老师傅交朋友，相互学习；他们自觉地到其他工厂，向外厂技术人员学习实际经验，如何解决各种技术问题。随着专业教师实践经验的增加，生产实际情况（包括外面工厂）不断丰富，为教学改革创造了十分有利的条件。

教学改革首先从课堂教学开始，在教育方法上创造了到车间上课的现场教学等新方法，在教学内容上逐步改变了苏联教材脱离我国实际的状况。然后深入到各个实践性环节，试验如何结合生产，课程设计、毕业设计如何采用生产实际课题，实习要求如何结合生产，在生产环境的感染和专业课教师的启发下，基础课和文化课教师也研究如何结合生产，如何为生产服务；除了讲课中充实很多生产事例外，作业内容也创造了很多结合生产实际需要的新形式；化学教研组还创办了电镀车间，承担所有电镀加工和制作铭牌服务。

五、受到中央领导的重视

由于学校勤工俭学活动在报纸上被多次报道，来校参观的人很多，不仅有本地的学校，还有外地的机关学校，当时接待任务很重。来访者中也有中央领导，例如张闻天同志，他对学校实现经费自给给予很高评价。周恩来总理的秘书也来了，参观后评价很高，并向全校师生表示慰问。

1958 年 10 月 26 日下午 3 时左右，学校迎来了国家主席刘少奇同志，由上海市副市长和其他很多领导同志陪同。上级决定，由上海市中专党委书记张超和我负责接待。我们先参观工厂，当时只有实验馆后的老车间和一些零星房屋；接着，我们到办公楼二楼会议室汇报。当我汇报到学生一半时间学习，一半时间劳动时，刘主席说：“到共产主义也是这样，在共产主义社会，生产力高度发达，工人每天的工作时间不像现在那么长，多下来的时间就用于学习。整天学习，脑子疲劳；整天劳动，手疲劳；一边学习，一边劳动，可以相互调剂。”这时电机局长肖卡插话，要把我校和电机厂合并，成立人民公社。刘主席说：“不要并，那边是电机一厂，工厂办学校；这里是电机二厂，学校办工厂；都要试验工厂学校合一，教育生产并重。”刘主席接着又说；“你们这里又是学校，又是工厂。”指着我说：“你又是校长，又是厂长。”又指着窗外教室说：“他们又是学生，又是工人。”

当我汇报到由于实行勤工俭学，学校完全可以实现经费自给，今年利润可能达到 1957 年全年经费的 300％时，刘主席问：“学校赚这么多钱，学生知不知道?”我答，学校师生都知道这个奋斗目标。在刘主席知道学生没有任何报酬时又说：“学校赚这么多钱，学生没有提出任何要求，这是很好的态度，越是这样，领导越要关心他们。可以读书不要钱，吃饭不要钱，还可以发一些学习和生活用品，还可以每年吃几次肉，让大家高兴高兴。”会议结束前，刘主席一再叮嘱：“要对‘工厂学校合一，教学生产并重’好好试验，取得经验。”

在刘主席离别时，出现动人的一幕：当时正值学生下课，全校学生都来看刘主席，办公楼后的马路上挤满了学生。当刘主席在门口出现时，全场欢呼，刘主席也向大家招手致意。但接着，后面的同学看不到就往前面拥，前面学生站不住，直朝我们挤过来。我赶快前去阻挡，但哪里挡得住，反而把我挤进冬青树丛内。这时几个保安同志一边保护刘主席，一边指挥车辆慢慢往后倒，一直倒到办公楼门口，刘主席才安然上车离去。事后，刘主席还关照市里同志给我电话，不要为这件事责怪学生。

六、奋斗两个月，完成全年生产计划

刘主席的到来，不仅报纸广播大量报道，新闻电影制片厂也来学校拍摄纪录片《是学校，又是工厂》，在全国放映，给学校极大鼓舞。在我们向学校传达刘主席的指示后，大家纷纷研究如何贯彻，这对今后如何生产劳动、如何组织安排、教学改革如何进行都产生深远影响。

当时主要问题是生产任务很重。大家认为，生产任务指标已经向刘主席汇报，必须努力完成。有几位老师傅干脆把铺盖搬进车间，日以继夜地干。车工吴茂芳，在车床上用筷子插一个馒头，边啃边干，真正做到废寝忘食。那时实际上已经没有星期天休假，休息时间就是大干生产的时候。学生一到下课，都到车间了解生产情况，人人关心生产任务已经完成到什么程度。学校中的“生产能手”更是一下课就到车间报到，接受任务。当时领导的任务，早已不是动员大家积极干；而是面对很多红红的眼睛、疲劳的神态，劝他们回去休息。

在全校的积极努力下，终于实现了165万元的生产指标，在年终举行全校师生庆功大会餐。大家群情激昂，度过了一个欢乐的晚上。

除了进行工业生产外，为了培养学生不怕脏、不怕累的艰苦精神，学校给每个班级分配了一块地，利用课余时间种植蔬菜。由于精心栽培，所生产的蔬菜还用来供应市场。

勤工俭学的主要缺点是生产指标过高、生产劳动过多，不仅影响了群众的健康，还在一定程度上影响了教学。不少学生的课余时间都用在生产，有些“生产能手”甚至在上课时间也到车间加班劳动。这种现象在总结经验后都陆续得到纠正。

七、1958年后有关勤工俭学、半工半读概况

1958年的勤工俭学，特别是刘少奇来校视察，对今后工作影响深远。

1959年学校所生产电机以千瓦数计算已经达到1949年全国全年的产量。从这一年起连续4年经费自给，还每年上交10万元给上海市财政局。

1959年师生合作，编写《电机制造工艺学》代替原来苏联教材；出版后，不仅中专校采用，有些高校也采用，工厂技术人员也纷纷购买。从这一年起，毕业设计全部采用工厂实际课题，实现又一项重大的教学改革。

1960年学校被评为全国先进单位，出席全国文教群英会。会议期间，教育部组织一个小型报告会，向到会学校代表介绍电机学校勤工俭学和刘主席来校视察情况。

这几年，为了利于教育与生产劳动相结合，每个专业都选择自己的产品，除电机制造专业生产电动机外，电器制造专业生产接触器、工业企业电气装备专业生产龙门刨床控制屏、仪表专业生产开关板仪表，机器制造专业生产滤油机。

1961～1962年，全国人大的部分代表组团来学校视察调查。上海沪剧团工作组来校一段时间，打算编写描写勤工俭学的沪剧，但最后没有完成。

1962年,学校复归机械部领导(我校原属机械部,1958年下放给上海市)。

1963～1964年,毛主席发起工业学大庆、农业学大赛、全国学习解放军运动,全校各教研组出现一面学习、一面教学改革的热潮,成为以后形成蔡德泰教学法的基础。

1964年,机械部决定设立学校为半工半读试点单位,并派工作组长期在校蹲点。在这一年,教学改革取得很大进展,几乎每个教研组都有新成果。同年11月,教育部刘季平副部长带领包括两位司长在内的工作组来校蹲点。在蹲点期间,刘部长对青年教师蔡德泰的"边讲边练,讲练结合"教学法进行了充分肯定。机械部也树立蔡德泰为教学改革标兵。在大量宣传蔡德泰教学法后,前来听课的人非常多,当年来的人中有当时的教育部长何伟、华东师范大学校长刘佛年和该校的专家教授数十人。

1965年4月10日,《人民日报》发表教育部调查组的文章《蔡德泰活学活用毛主席著作改革教学的经验》,刘部长亲自写了编者按。在这一年,上海市高教局局长姚立也带领工作组来校蹲点。

1966年文化大革命开始,学校被诬为"刘少奇的黑样板",受到批判。学校遭到严重破坏,1970年被迫解散。

八、勤工俭学,半工半读,改变了学校面貌,取得了丰硕成果

1. 锻炼提高了师资队伍

勤工俭学前,教师由于缺乏动手本领,往往不敢动手,束缚了从事实践探索的能力;如今从事新产品试制和科学研究的能力都得到提高。丁钦浩老师等为工业电气化专业开发的产品"龙门刨床控制屏",成为与济南第二机床厂配套的国家产品,这在当时是自动化生产比较复杂、全面的控制系统。曹源康老师与中山医院协作试制成功心脏除颤器,经过临床试验成功并经试生产后,正式生产一千多台,这在当时是国际先进产品。

工厂指导师傅的技能也有很大提高。勤工俭学后兴起了学习理论知识的热潮,这既为指导学生的需要,又为解决生产中实际问题的需要。他们在开展生产劳动后,设计制造了很多工具量具和专用设备,突出的有附属工厂主任宋锡钧设计制造的压力铸铝机和1.2米立式车床。

当时还出现理论课教师和工厂师傅结对相互学习形式,成为一时美谈。

2. 学生不仅提高了动手能力,也养成了高尚的、优秀的思想品质

(1) 勤俭节约,爱惜国家财产。过去参加实习,虽然也学到一些本领,但实习中消费了很多材料物质,学生并不考虑这些问题。进行生产后,受到了节约原材料和一切物资的教育,特别是自己参加工农业生产后知道一切物资来之不易,就自然养成勤俭节约、爱惜物资的习惯。在勤工俭学期间,有一天突然降雨,恰好隔天卸下的水泥还堆放在露天,未及进库;几个学生路过这里,纷纷把身上穿的雨衣脱下盖在水泥上,自己淋在雨里奋力挖排水沟,保证水泥不受损失。

(2) 一丝不苟,认真对待工作。有部分学生原来在学习和工作中漫不经心,经常出小的差错,参加生产后,认识到必须达到国家标准,只要有一个差错就是废品,逐步养成"全神贯注、一丝不苟"的良好习惯。

(3) 艰苦朴素,吃苦耐劳。当时毕业生实行统一分配到全国各地,由于有些地方经济落后,生活条件很艰苦,所以每一次毕业生分配工作,总有人来说情,要求留在上海。勤工俭学后,学生经受了锻炼,以"不怕艰苦,吃苦耐劳"为荣。每次毕业分配前,所有

学生都表示，到祖国最需要的地方去，甚至有学生主动提出到最艰苦的地方接受锻炼。宣布分配方案那天，情绪高涨，气氛热烈，学生们高高兴兴走上工作岗位。他们到了工作岗位，不管安排什么任务，不管当干部还是工人，都尽力做好工作。很多企业欢迎电机学校的毕业生并不是偶然。

(4) 重视实践，求真务实。勤工俭学不仅提高了学生的动手能力，还培养了他们重视实践的优秀素质。重视脑力劳动，轻视体力劳动；重视书本知识，轻视生产实践，这是几千年来很难转变的旧观念。而“重视实践”这种新观念，却是蔡德泰教学法的一个重要思想基础。蔡德泰1959年从我校毕业后，留校担任“电机电器维护检修”课程教师。学生在课堂里学习如何维修，虽然能读能背，却并没有养成维修能力，他把这比喻为站在岸上学游泳；于是把教室改造成为既能学习书本知识，又能培养实践能力的“讲习室”，全面改变了原来的教学方法。正因为重视实践，蔡德泰不仅向老教师学，也向有维修经验的老师傅学，懂得了哪些是日常维修中的常见问题，哪些是没有多大实用价值的理论。

条件差首先是校舍狭窄。1978年11月复校开学时，学校全部面积只有1000多平方米，约为1953年第一次建成校舍的十分之一。全校教工、学生的教室、宿舍、办公室都挤在一所楼房内，没有饭厅，没有实验室、实习工厂，更没有运动场地。

生活条件也差，特别是复校初期最艰苦，1978年入校学生和班主任一起抬粪桶的情景使我永远不能忘怀。在这样艰苦的条件下，200个同学没有一个发出怨言，勤奋学习，努力协助学校建设，并在艰苦的学习和生活中得到锻炼。这一年级的毕业生，如今都已成材，有国内外高等学校教授，有领导干部，也有企业家。

经费少是指上级拨款比教育系统下属的同类学校少得多。学校归业务部门领导，有利于校企结合，工学结合，办出特色；但经费少得多，至今仍然如此。30年的发展就是在过紧日子的情况下取得的。

尽管这样，我们还是站了起来，开始阔步前进，并夺取一个又一个的重大胜利。

经过全校共同努力，奔走呼吁，终于收回原有校舍，为学校的发展提供了必要条件。1980年2月，国防科委、国防工办、七机部、八机部和上海市5个部门联合发文：“新中华厂厂址归还电校。”

此外，通过勤工俭学，培养了团队合作精神，密切了教师、工人师傅和学生之间的相互关系。很多当时参加勤工俭学的老校友说：“参加勤工俭学，影响我的一生。”

（严雪怡，上海电机学院前任校长）

李文忠等　一切为了学生,为了学生一切

原上海市机电工业学校是一所具有一定规模的全国重点中专,以为社会培养中等应用型技术人才为办学宗旨。学校创办于1951年,具有悠久的历史。近年来,随着科学技术的不断发展和市场经济的逐步成熟,人才市场的竞争日趋激烈,用人单位对人才也越来越"苛求"。如何使学生毕业后能找到一个既能适合自己又能胜任的岗位,并能证明自己具有不断发展的潜能,从而为社会做更多贡献,这是学校的责任。为此,校领导班子和广大的教职员工从"一切为了学生,为了学生一切"的理念出发,做了很多努力,形成了自己的特色。

自我加压　创建市级文明单位

从1995年开始,校党政领导提出了要争创上海市文明单位的目标。通过层层发动,全员参与,努力营造教书育人、服务育人、环境育人的氛围,树正气、创新风,把学会做人、树立社会主义价值观放在第一位,从美化校园环境、养成师生良好行为习惯入手,努力提高教师的育人责任感和学生奋发向上的学习热情。在全校师生的努力下,校风校貌发生了巨大的变化,并在1995～1996两年一度的市文明单位评比中,拿到了学校历史上第一块市文明单位奖牌。此后,学校继续努力,不断进取,蝉联每一届的上海市文明单位。在那时,其他学校获得此称号的屈指可数。

以创建文明单位为契机来持续推进校风校貌的改变,这是学校通过实践总结出来的办学经验,它也成了培养高质量毕业生的有效途径。

紧贴市场　根据需求设置专业

市场对人才的需求是变化的,必须主动适应。20世纪90年代,校领导提出"以销定产"来设置专业,学校在原来开设的机械、电气、企管、财务等专业的基础上,提出随着经济的不断发展,要开设更能满足市场的专业。在上级领导的支持下,在广泛调研的基础上,学校紧贴市场需求,增设了计算机应用、数控技术、机电一体化等专业。其中,数控技术专业是上海市重点专业,学校投入了大量人力物力,使其成为王牌专业,受到学生、家长的喜爱,在全国范围内都小有名气,来参观的上级领导和兄弟学校络绎不绝。

此外,为了使专业更加对口,校领导提出了"3+1"的教学模式,即以三年时间学习大专业课程,再用一年时间根据市场情况考虑"专门化"方向,以求与市场"无缝对接"。

围绕发展　合理安排各类课程

专业设置是否能真正满足市场需求，具体要体现在课程设置中。在实践中，学校感到，原来的培养目标已不太适应变化的形势，当今社会最需要的是“智能型操作工”、“具有创新能力的新一代技术人员”。为此，学校明确，专业要特色鲜明，课程要设置合理：基础知识以“必需、够用”为度，专业知识则以相关主干课程为主，同时强化实践环节。此外，学校还开设了大量的第二课堂，如文学社、摄影、书法、艺术体操、合唱团、管乐队等，陶冶了学生的情操，丰富了学生的业余生活。校合唱团多次在市级比赛中获奖，为学校争得了荣誉。

注重实训　强化实践教学环节

强化实践性教学环节的教学是学校的一大亮点。早在20世纪80年代，程益良老校长就提出“双证书”(以后发展为一张文凭、多张证书)的教学理念，这在当时是相当超前的。为了强化实践性教学环节，学校着重培养两支教师队伍：双师型的专业(实验)教师队伍和高质量的实训教师队伍。学校积极创造条件，让教师参加学习、进修，到同类学校参观、交流，广大教师刻苦钻研、奋发向上，取得了一定得成果。在上海市机械复合加工技能比赛中，学校的实训教师团队囊括个人、团体冠军。

学校还建立了一套完整的实训设备，如各课程的实验室、各学科的专业教室以及大量多媒体教室和计算机房、数控技术实验实训操作室、机加工实习工厂、大型钳工工场、电专业等级工实训基地等。学校强调，老师要教会每一位学生完成理论与实践相结合的大型作业，要完成与专业相关的等级工的实训并参加市劳动局考核取得合格证书。这样，学生走上社会后，能在工作岗位上独当一面，发挥应有作用。值得一提的是，作为学生实训基地的校办工厂既培养学生动手能力和创造能力，又生产市场适销的6025平面磨床，真可谓社会效益、经济效益双丰收。

学校在半个多世纪的办学过程中，共向社会输送了两万多名合格的毕业生，特别是学生的就业率一直很高，得到了众多用人单位的好评，不少学生已成为优秀人才。这也是对学校的最好回报。

（李文忠　胡际菁）

肖　薇　我的母校，我的青春

中国的语言博大精深，把老家叫故乡，把客居地叫他乡，把曾经就读过的学校称为母校，这也说明母校在我们每个人心目中的地位如同母亲一样重要。在我的记忆中上海电机学院——我的母校，是我心中永远抹不去的那一缕思念和牵挂。

高耸入云的大厦，车水马龙的繁华，地铁站川流不息的人群，城市里些许陌生而冷漠的目光，在那个酷热渐渐退去的季节，上海电机学院就这样令我向往地闯进了我的生活。2007年第一次来到上海这个城市读书，这是我在火车上颠簸了十几个小时，第一次踏上上海这片土地，这个城市留给我的最初印象。第一次离开父母的身旁，第一次独自身处异乡，第一次乘坐地铁，第一次……怀着期待的心情，怀着多年对大学校园的憧憬，许多感慨就在此时一起涌上心头。那晚我第一次住进了母校的宿舍里，想家的眼泪不自觉的就流出来了。

"这是一所小学校，但是有人爱着她"。我所就读的闵行校区不大，就是在这样一所小学校里，凝聚了我太多关于成长的欢笑和泪水，承载着我们那一群年轻人永不褪色的青春记忆。熟悉的教室、老师和同学，闲暇之余的社团活动，志同道合的老乡，臭味相投的闺蜜……最有感情的建筑要属那栋不大的图书馆了。上课之余的时间多数在图书馆度过，几个好友坐在一起，做做作业，背着管理员小声地聊聊班级八卦，偷偷吃零食……每逢考试前两周，就得早早起来抢座位，站在图书馆门口吃早饭等候开门，然后全部窝在图书馆"临阵擦枪"。还曾记得大一时跟着学长们去杭州电子科技大学交流学习，大二时自己带着社团去七宝古镇游玩，大三带着学弟学妹去KTV鬼哭狼嚎，大四毕业聚餐时跟班主任一起酣畅淋漓……生命中那些朝气蓬勃的日子，谢谢你们曾陪伴在我的身旁一起共同度过。日子就这样在平凡而平淡中一天天地过去，走过乍寒还暖的春天，走过烈日炎炎的夏天，走过秋高气爽的秋天，走过万物萧瑟的冬天。2011年的夏天，怀揣理想和抱负，我们离开母校，追寻最初的梦想。那些伴随风雨吹打的青春记忆，深深地植埋于心底；校园里桂花淡淡的清香似乎还在飘逸……

现今，电机学院已经60岁了，也许不太出名，但很出色。她总是用自己的方式努力着，奋斗着，为每一名学生、每一位老师谱写一段绚丽的生命。建校60年，在众多学校中是年轻的，因为年轻，我们还需要不断努力和完善；因为年轻，我们更有激情创造辉煌；因为年轻，我们敢于创新、追求遥远的梦想；因为年轻，才使这所学校充满着无限的希望。一批又一批的学子，怀着希望而来，在这片土地上，洒下汗水、留下欢笑、付出努力、获得成长，最终将搏击苍穹、乘风破浪。秉承"明德至善、博学笃行"的校训，母校将不断走向辉煌！

（肖　薇，BX074班校友）

邱永甫　岁月如歌

1959年9月11日，红旗招展，锣鼓喧天，一批风华正茂的青年汇集于闵行一机部上海电机制造学校。48位同学被编入电机专业科大专机104班(后调整为电机433班)，攻读电机制造专业。光阴如水，50年一晃而过。2013年，电机433班校友毕业50周年，正值母校60华诞，我们相聚母校，回忆往昔，岁月峥嵘。

半个世纪来，我们从激情奔放的青年，经历了艰难奋进的中年，进入了和谐理性的老年。50年生涯，风雨兼程，岁月如歌；50年情怀，如诗如画，令人难忘。为见证50年如歌岁月，记录50年人生足迹，全班动手，人人参与，以350余张不同时期的学习、工作、休闲等照片为基础，编印了《难忘的50年——上海电机学院电机433班校友影集》，并编写班史，以志永忆。

知识就是力量　学习锻造人生

电校是全国职业技术教育的标兵，宗旨鲜明，校风严谨。学校要求学生既攻读理论又重实践，做到德智体全面发展。电校为祖国培养了大批专业人才，当之无愧成为我国电气装备业工程师的摇篮。

电机433班同学大部分是以高分考入电校的应届毕业生，也有来自工厂企业求学深造的调干生。同学们带着父辈的嘱托和祖国的期望，肩负历史的重任来到了电校。我们在课堂上学知识，在车间里练技能，在文体活动中益智强身，在社会工作中训练才干。我们珍惜分分秒秒，努力培养献身电气化事业的基本功。电校是一座大熔炉，我们刻苦学习，我们顽强拼搏，我们要在有限的时间和空间里，把自己锻造成为国家建设的有用之材、栋梁之材。

为了加快部队现代化建设，1961年初，国家在大中专院校招收学生兵。一声令下，我班徐金宝、张勇初、林仲良、奚光祖和王敏5位同学毅然投笔从戎，光荣入伍，为祖国的强盛和人民的平安艰苦奋斗、贡献青春。

1960年起，我国遭遇连续3年自然灾害。我们经历了喝粥吃烂糊面、种菜挑粪打猪草的艰苦。全班同学同心同德，共度难关。这些难忘的经历磨炼了我们的意志，也增强了我们的历史责任感。

我们班级的足球队在学校是小有名气，每逢比赛，女同学送茶水递毛巾，男同学呐喊助威，队员出场，士气高涨，一场校园友谊赛凝聚了433班的汗水和友情。在63届毕业文艺会演中，我班表演的《大型盘子舞》有近30人上台，鼓笛齐鸣，气势磅薄，载歌载舞，场面恢宏，给全校师生留下了深刻印象。

电校4年，从基础课、专业基础课、专业课到毕业设计，我们先后学习了22门课程。学校领导和20多位任课老师为我们“传道授业解惑”，引领人生之路，班主任沈祖炎、

徐小莽老师更是体贴入微、悉心指导，我们永记在心，终生不忘。

1963 年夏初毕业前夕，毛主席号召向雷锋同志学习，学校组织全体毕业生在闵行剧院观看了任桂珍主演的歌剧《雷锋之歌》。学雷锋见行动，全班同学热情奔放、整装待发，决心听从党的召唤，奔赴祖国最需要的地方。

紧张、充实、快乐的学生时代结束了，1963 年 8 月，电机 433 班同学圆满完成了全部学业，告别令人怀恋的母校，告别敬爱的师长，满怀豪情踏上了人生道路新的旅程。

爱岗敬业　争创卓越

电机 433 班校友被分配在发电设备、重矿机械、电机电器、机床设备、轻化机械和标准件等行业的 20 多个工厂和研究所中。随着科技经济的发展，不少同学单位调动、岗位变更，更有董爱珠、陆荣勇、周惠良、卢云法、余绵庠、余雪瑜、何君佐、刘飞等同学支援了三线建设，但绝大多数同学直到退休还是在机电领域从事专业技术或经营管理工作，没有脱离专业，没有脱离本行。

我们在单位里主要从事科研攻关、产品设计、工艺及装备、试验测试、动力设备、技术和经营管理等工作。我们爱岗敬业、努力工作；我们尽心尽力、争创卓越；我们用辛勤的劳动为社会主义大厦添砖加瓦，以拼搏精神描绘着人生道路的绚丽画卷。有一分热发一分光，电机 433 班同学在平凡的岗位上创造着不平凡的业绩。

我们的同学大部分都已成为所在单位设计、工艺、设备、测试、经营等方面的骨干，为企业的产品创新和技术进步发挥了重要作用。有 10 余位同学评上了高级职称。李邦协同学已是教授级高工，享受政府特殊津贴，成为我国电工行业标准化技术的专家。分配在上海建设机器厂的江春孙同学，1985 年携三人团队下海创业取得成功，被光荣评为上海市劳动模范。之后，他审时度势组建了合资企业，提升了产品档次，并与时俱进完成企业转制，使公司踏上了新一轮的发展轨道。江春孙成为重机行业一位成功的企业家。

还有复员回来的徐金宝同学是公安系统的一名骁将，市公安局戒毒所所长；林仲良成了中纺机的会计师、财务科长；张勇初担任了上海市职工医学院的专业教师；奚光祖先后担任液压气动公司和机床工业公司党委副书记，他们在各自的岗位上，发扬革命军人优良传统，为国家建设作出了重要贡献。

常聚常新　友谊长青

电机 433 班伴随我们走过了半个世纪，我们珍惜这个集体，我们爱护这个集体。从 1987 年到 2013 年，电机 433 班举行了 10 多次聚会，班级聚会已成为全班同学探讨人生、交流思想、互帮互学、增进友谊的平台。有同学表示，只要 433 班还有人在，我们的聚会一定会继续下去。不少人早已当上了爷爷奶奶、外公外婆，但同学相聚时依然热情奔放、活力四射；同学间性格不同、爱好有异，但我们相处时融洽快乐、毫无隔阂；我们兄弟义重、姊妹情深，求同存异、不离不弃，共同维护着电机 433 班的集体荣誉和长青友谊。

岁月峥嵘，春华秋实。我们付出了艰辛，也得到了收获。可以自豪地说，我们没有虚度年华,我们以不懈的努力在时间的沙滩上留下了我们的足迹。作为专业人员,我们在本职岗位上,尽心尽责,为社会主义建设作出了应有的贡献;作为电校学生,我们牢记师长的教诲,以不同的方式为母校赢得了荣誉。

50 载风雨兼程,50 年如歌岁月。忆往昔,峥嵘岁月稠,不负人生,历史可为我们作证;望未来,夕阳无限好,壮心不已,我们还在继续前进。

(邱永甫,电机 433 班校友)

何士林　我的梦想从这里起航

每个人都有自己的梦想，随着环境的变化和经历的积累，梦想也会有所变化。

我儿时的梦想是脱离农村，成为一名城里人，因为那时农民太苦了，一年到头面朝黄土背朝天，辛辛苦苦的结果是种的粮食连自己都不够吃。依稀记得每到逢年过节父母为了养家糊口，总要偷偷摸摸地拿着自家母鸡下的草鸡蛋到老闵行城里与居民户去更换粮票，一个草鸡蛋换一斤粮票。当时以闵行发电厂的高烟囱为标志的我家的西北方向，是无数农家孩子心目中向往的地方。终于，这种机会在 1979 年的夏天来临了。在全国恢复高考的第二年，我和一小部分同龄孩子一起以优异成绩考取了上海电机学院。虽然只是中专，但当时的中专录取分数线要远远高于重点高中录取线，而对于农村孩子来说，最大的吸引力是可以从农村户口转为居民户口。这是我人生第一个梦想的兑现，也是人生的一个最大的转折点。感谢国家给了我们农家孩子改变命运的机会。

4 年寒窗，我们经历了许多，也见证了母校的恢复和发展，从长城电梯厂艰苦的走读开始，到 20 几个人一间集体宿舍的生活，从大食堂的喧嚣，到课余时间在简陋的大操场上三五成群的业余活动，在这片通过全体师生争取回来的土地上我们展现青春的激情，享受生活的快乐，传递人间的友情。在这里我们不仅收获知识，更主要的是学习生活，因为我们都是第一次离开家庭，第一次享受城市生活，第一次成为电机学院这个大家庭的一员。我们还收获了深厚的友情。4 年同窗使我们同学与同学之间、同学与老师之间从相识相处到相知，有的还相恋，使彼此成为终身受益的良师益友。电机学院的 4 年经历，是我们这群农村孩子在人生道路上的一座驿站，是即将远航的人生之舟的一个加油站，在这里我们从少年成长为青年。

人生道路上的第二个梦想，那就是走上社会，成为一个对社会有用的人。在 30 年前走出校们时，我的梦想是成为大型企业里的一位高级工程师。在过去的 30 年里，我从事过最基层的车间数控设备维修，成为一名合格的电气工程师；从事过企业设备管理和能源动力管理，成为一名称职的企业中层干部；从事过企业党务、工会和行政管理，成为一名国有企业的党务工作者。与 30 年前的梦想相比，似乎有点偏了，但是回顾这 30 年的经历，我无怨无悔，因为人生的使命和意义在于创造价值，为社会、为朋友、为家人。人生的长度是有限的，如何在这有限的长度里创造最大的价值，这是每个人必须思考的问题，每个人的经历不同、环境不同，机遇也会不同，当个人兴趣偏好与环境相一致时，容易创造最大价值。但大多数情况往往不是这样，环境和机遇不会因你而变，要想成功，你只有因需而变，从这个意义上来说，我们人生的梦想也应该随着环境和机遇的变化而不断改变，而评价的标准就是是否创造价值。

有位智者说过，人生有四重境界：30 岁以前认为一切“理应如此”；30 岁以后感觉“并非如此”，40 岁以后历经过人生波折再回首往事，顿悟“原来如此”；60 岁后，千帆过

尽，“不过如此”。当30年前我们走出校门刚踏上社会时，怀揣着心中的梦想和青春的激情，一心想要干一番大的事业，看任何问题都是从理想出发。经过一段时间工作，渐渐地认识到社会的复杂、人生的艰辛，看到许多问题表象背后并非如此。有的人带着个人的梦想远赴他乡，有的人为着青春的激情而自主创业，这些人中有成功，也有失败，成功的大多数是那些有理想，有机遇而又执著追求的人；失败的可能是那些有理想，也有追求，但机遇不好的人。还有第三种人，例如我就是有理想、没机遇，但是能够随需而变的人，因为我相信这个世界变化是绝对的，不变是相对的，个人相对于整个社会来说，是渺小的，人只有先适应环境，才有机会创造价值。到了40岁，这个世界在我们的眼中渐渐清晰，理想回归现实，激情回归理性，我们对身边发生的一切表现得更加淡定了。从马斯洛需求层次理论来说，已经到了第四、第五个层次了，也就是自我价值实现的需要，这个年龄段的许多成功的校友是社会各界、各个领域的精英和骨干分子，他们活跃于各类事业的舞台上，成为校友的亮点，也成为母校的骄傲。到了我们现在的年龄，从我个人的人生体会来看，名誉、地位、成功、失败都已难以成为焕发激情的激励因素，而真正重要的是你能为这个社会、为家人、为朋友做点什么。与此同时，随着年龄的增长，在回顾人生道路时，越来越对事业的出发点有一种怀旧，那就是我们的母校——上海电机学院。当我们看到在历届校领导的努力下，电机学院由中专一步一步建设成为本科院校，跻身于国内专业院校应用工程类先进行列时，我们感到欣慰和骄傲；当我们看到许多成功校友遍布政府、企业领导岗位，许多校友成功创业，成为行业数一数二的民营企业家时，我们也可以这样说，昨天，我们以学校为荣，今天，学校以我们为荣。

如今，电机学院的发展规模和行业地位与30年前比已不可同日而语，我衷心希望她是一座梦工厂，培养、激励更多的有志之士为共同打造中国梦而努力奋斗。

（何士林，工电7960班校友）

沈志平　人生有限，努力无限

一晃从母校毕业已26年了，我也从青春少年步入中年。

1987年7月毕业后，我即进入一家市机电局下属的国有机械制造公司，先在车间干了一年半，从事总装装配、设备维修工作，与纯机械打交道。1989年1月恰逢公司新建分厂，分厂欲引进技术开发生产电磁调速电机，我就毛遂自荐去当技术员，给公司外部聘请的工程师当助手，负责厂内制造工艺兼出厂检验。一年多后电机生产出来了但却销不出去，我又毛遂自荐当销售，后来还兼了出纳（不懂财务知识，我自费业余上立信会计大专）、工艺及出厂检验，反正厂小人少，领导让干啥就干啥，后来成为事实上的厂长助理（不懂管理知识，我自费业余参加上海市企业管理专业自学考试）。

我认为是金子总会发光，由于在高层领导位置的竞争中失败，但我自认为是个人才，1999年底从原单位辞职，2000年1月创办上海神农食品机械有限公司。前半年是光杆司令，没钱没人没办公场地也没业务；半年后租了一个小机械厂的一间接待室当办公室（与人合用），成为只有3个人的一个皮包公司，当年实现250万销售合同额，靠的是些原来熟悉的客户。一年后老的客户资源用完了，但我还停留在原来国企的思路，只想接单笔金额100万以上的合同，没有看清自己的实力。错误思路导致2001年上半年合同业务额为零，没有生意，聘用的技术人员也离我而去。痛定思痛，找原因，业务是讲究门当户对的，小的业务才适合微型企业做，微型企业最应该考虑的是生存问题。想明白了，我调整思路，2001年年底起公司进步很明显。2002年年初独立租用厂房，两年多时间里生产场地从800多平方米扩大到2000多平方米，定位了主营产品，也开始了一些新产品的开发，成为一家小型规模企业。2004年，恰逢我原来的国企停产，我抓住机会吸收了几十位技术骨干，购买了原企业的一部分废弃资产，整合成立了上海神农机械有限公司，从此企业逐步步入发展正轨。

毕业这26年，最大的感悟是年轻时多干多学绝对值。在国企时，我经常无偿加班到全厂最后一个下班，不干完手头工作不下班，实在干不完了带回家继续干，一人干三人的活，从不考虑今天是不是休息天，从不计较个人得失，也不要各种荣誉表彰，领导让干啥就干啥，曾经有不少同事说我爱表现、傻帽、神经病，笑话我，但今天他们成为了我的下属。还有一个感悟是，拥有强烈的自信心太重要了，别人干不了的我能干，别人能干的我一定可以干得更好，年轻人应该敢于为领导分担重任，敢于毛遂自荐，只要领导给机会，试一下无妨，即使失败也不怕。最后一个感悟，抓住机会，机会只留给预先有准备的人。

（沈志平，电机8361班校友）

宋又廉　我心中的校园紫藤花

2003年，我由同济大学来到当时的上海电机技术高等专科学校，时值学校即将升格为本科院校，到2013年60周年校庆，我恰好70岁，又走了10年的教书育人之路。

本科初创，千头万绪，百事待举，工作繁忙；然而夜深掩卷沉思，时时浮上心头的却是图书馆东首的那株紫藤。2003年初夏，我第一次进入校园时，尚稀疏地挂着紫色残花的紫藤架就吸引了我。急促地赶路，走得有些冒汗了，我不由自主地走进浓阴遮蔽的棚架，在石凳上稍事休息。这是我初识校园的紫藤。不久随机械学院迁往西校区，但只要来本部，总会到紫藤棚下看看古拙盘结的满架藤枝。

紫藤是落叶大型藤本植物，原产华夏，在长江、黄河流域以及广东山区均有野生。紫藤4～5月为花期，花多为紫色，亦有开白花的品种。她翠叶茂密，繁花婉垂，清香宜人。李白有诗赞曰："紫藤挂云本，花蔓宜阳春，密叶隐歌鸟，春风流美人。"紫藤又是长寿的，苏州拙政园有一小院落，内植紫藤一株，为明朝江南才子文征明手植，已有600余年的历史。闵行亦有一棵近500年树龄的紫藤，仍在学院附近的古藤园中展示着勃勃生机。

每逢暮春初夏，校园中的紫藤绽放出串串紫花，优雅斑斓，清香满园。但我要赞叹的却不是这花的美丽，而是她的纯洁、平和、安逸和恬静。葱郁的叶撒下一片阴凉，三五学子围坐在石桌旁，读书、切磋、议论；青春的笑靥点缀着校园风光，如花一样地安逸、恬静。然而紫藤又是顽强的，她不需要呵护，不需要施肥、浇水，她在自然的日照风雨中默默地攀援，枝干虬曲、盘绕若龙。她的根深深地扎在土壤中，坚实的藤干向上，向四方不断伸展、探索，只要能找到支撑的地方，她就延伸过去，留下片片翠叶和串串紫花。烈日下，蝉鸣阵阵，藤架下一片浓阴，一片宁静；驻足棚下，能听到不远教室中传道解惑的声音。入秋，收获的季节到了，毕业的学子们已告别校园贡献社会，紫藤棚架下代替春花的是一排排丰满的荚果，荚果上银灰的绒毛在斜阳下闪着柔光……

苦旅人生70年，这么近距离地亲和紫藤，这么近距离地观赏紫藤，这么近距离地品味紫藤却是从未有过。将离开这片电机的老校园了，它虽小，却如紫藤般自强，如藤花般优雅。待到一串串紫色的藤花又挂满棚架时，我会再来看你。

（宋又廉，机械学院退休教授）

宋仪侨 读史·明志·兴业

电机学院即将迎来60华诞。60年的风风雨雨留下了许多历史积淀,值得我们去回顾和思考,以史为鉴,温故知新,明志兴业。近日,有机会到临港新校区参观学习,所见所闻,感慨良多。抚今追昔,感受到的是:三次创业,两种心情和一种坚守。

三次创业,彰显了一代又一代电机人的可贵精神

最近,我在阅读校友会刊《电机人》时,对“六秩回眸”专栏中的文章颇有感触。回望电机学院60年的发展历程,既是一部建校、复校、兴校的发展历史,也是一代又一代电机人的三次创业史。

建校:电机人的第一次创业

为顺应第一个五年计划,满足对经济建设专业人才的需求和配合苏联技术援助以及项目建设的需要,中央要求“建厂同时育人”、育人与生产相结合。在这种历史背景下,原中央第一机械工业部决定筹建专业技术学校。1953年,学校开始边建设、边招生、边办学。当时的电校人克服时间紧任务重的种种困难,当年筹建,当年招生。第一届招生时,在3500名报考者中择优录取了250名学生,开设了“工业企业电气装备”和“电机制造”两个急需专业。再加上从原上海工业学校、原国立上海高级机械职业学校、上海中学转来的学生,一共820人,借上海中学礼堂举行了首届开学典礼。次年,即1954年,全校师生搬至了闵行新校舍。当时,条件简陋、困难诸多。如:水塔里的水含镁严重过量,又苦又咸,不可食用。学生每天就去电机厂拉运淡水,教职工则自提热水瓶,到校外“老虎灶”打开水……。在这种艰苦的条件下,师生们毫无怨言,教师认真教书育人,学生埋头认真学习。就这样,电机人凭借顽强的创业精神,使学校从无到有,走上了最初的发展之路。此后,20世纪50年代刘少奇主席的来校视察、60年代蔡德泰教学法的出现等都在学校发展史上留下了精彩的篇章。

复校:电机人的第二次创业

文革中,学校被迫解散。文革结束后的1978年,学校开始了复校之路。当时学校已经面目全非,校园野草丛生,熟悉的跑道种满庄稼,篮球场挖成了养鱼水塘,门窗破损,课桌椅全部散失,土地被多家单位占用……。复校谈何容易。如果说,建校是从零开始,那么复校就是从负数开始。面对困难,当时的电校人一切服从复校开学的需要,无论领导干部,还是教员职工,齐心协力,有条件的事抓紧办,没条件的事创造条件千方百计克服困难努力去办。比如,没有钢材指标和缺少木材,就设法去借旧铁床、木材;缺少教学设备,能自己动手解决的就自己解决;水电设备不能运转,老师们就自己动手排除故障;没有体育设施,体育老师花了一个月自建篮球场和篮球架……。3个月之后,学校如期复校并开始上课。上课之初,学生都席地而坐,在膝盖上记笔记,晚上

点煤油灯，厕所堵塞就用粪桶，大家白天轮流负责倒粪桶……。现在的学弟们是想象不出当时这种景象的。但这都是母校历史上的事实。当时的电校人，又一次战胜了比建校更大的困难，赢得了“复校”战役的胜利，为学校能得以继续发展创造了条件。

兴校：电机人的第三次创业

第三次创业是在改革开放的新时期到来的。处在这一时期的学校领导团队和教职工是幸运的，但同时也肩负着重要的历史使命，面临着时代赋予的机遇和挑战。如何创业，谋求新的发展？这是对新时代电机人智慧和能力的考验。庆幸的是学校领导团队在总结分析两次创业实践的基础上认准了发展的方向，把握住了发展的机会，适时地为学校绘制了新的发展蓝图，进一步明确了“技术立校，应用为本”的办学方针。事实证明，一代又一代的电机人用60年的时间探索出了一条包括产学研结合在内的高等教育的发展之路。2011年，经国务院学位委员会批准，获得专业学位硕士研究生的培养资格，2012年成功通过教育部本科教学评估，这些都是社会各界和教育主管部门对学校办学成果的充分肯定和高度评价；同时，要诚挚地感谢各方面领导的帮助和各位专家的指教，没有他们的热情支持，电机人阶段性的梦想是难以实现的。今天，学校的学科专业有实质性的拓展，办学层次有了跨越式的飞跃，办学方法、办学内容日益丰富而且多样化，硬件设施更是发生了巨大的变化。第三次创业，使电机学院走上了稳定而可持续发展的兴业之路。

三次创业都是在学校发展的不同阶段的重要节点上发生的，也充分体现了电机人的精神和风格。这种精神和风格是在曲折发展中历练形成的，其内涵值得研究和概括。我认为至少包含着执着的精神、创新和实干的作风以及对卓越的不断追求。

临港新校区的落成，就是对电机人创业精神的最好诠释，是具有里程碑意义的事件，值得庆贺并永久载入电院的史册之中。

两种心情，使电机人为母校自豪

到闵行和临港两个校区，心情会有些许不同。

漫步在闵行校区，总会联想学子何以选择跨进电校大门的。当年，对青年学生有吸引力的是学校的办学方向和国家政策的支持。记得20世纪50年代，在国家的建设蓝图上，把努力实现电气化作为重要任务之一，而创建学校的目的就是要为祖国加快培养急需的电气化方面的专业技术人才。这是国家的需要，同时也符合广大青年的愿望和理想。另外，招生的时间安排在普通升学考试之前进行，有些青年就多了一次选择机会；还有学校免学费、免生活费、发工作服，三年困难时期甚至糕点票也免费发放等。在当时的同类学校中，电校还是比较难考的，但有这方面理想、学习成绩较好的青年学子，由于家境十分贫寒，非常希望到这样的学校学习，既能实现自己的愿望，又可以尽早减轻家庭负担。本人就是其中之一。虽然，我在中学担任过学习委员、班长和少年先锋队大队长，但中学毕业后我选择了电校并以较好成绩被录取。除了这些联想，漫步在闵行校区的时候也会在校园里寻找学校最初的容颜：熟悉的布局、教学楼、宿舍、实习工厂、林荫小道、风雨操场、跑道……也会浮想起专业科主任和班主任老师的关怀、各位老师上课的不同风采；还有，夜自习包括节假日同学回家了，我留在学校看书学习的情景；也常会记起同学间特别是班级团支部书记夜晚约我在校园里散步谈

心，鼓励我积极上进争取入团等许多美好的情景。当然，我也会发现闵行校区有了许多新的发展变化……此时，泛起在心中的是一种岁月的沧桑和对母校的深深眷恋。

而身处临港新校区时，则有另一种心情。眼前浮现的是当年学校领导为新校区项目立项四处奔波的身影和各级领导莅临新校区奠基典礼的场景等，尤其是在钟楼上鸟瞰新校区美景后，感受到的是生机和活力，是一种鼓舞、振奋和欣喜的心情。

两种心情有所不同，但融合在一起，就点燃了电机人为母校而自豪的情怀。

一种坚守，增强电机人对发展道路的自信

60 年间，电机学院有了许多变化，但变化之中也有始终不曾改变的东西，这正是我经常关注和思考的焦点。

如：学校把教学与社会需求的实际相结合，作为自身发展和改革的出发点和落脚点，这一点始终没变。20 世纪 50 年代，学校强调把教学与生产劳动相结合；70 年代复校后，推出“校厂协作”的办学的思路；改革开放后，“升本”不“忘本”，坚持“适需对路”，提出“大专业小专门化方向”和“三多四强”等办学方针。

又如：母校毕业生在社会实践中适应性和动手能力比较强，所培养的务实作风和虚心学习的精神广受企事业单位的欢迎，这一点几十年来也没变。

再如：高等院校毕业生就业矛盾突出，而电机学院毕业生的就业率一直名列前茅，这一情况也始终没变。

回顾办学道路中这些基本不变的，正是 60 年坚守的一种精神和结果。它告诉人们要坚信“应用为本”的育人理念和办学方针（特别是专业技术类院校）是符合规律的，是正确的，从而一定要增强对这一发展道路的自信。而这种自信和坚守对后来者尤为重要。因为，有些人认为，作为高等院校过于强调“应用”似乎会在理论学习的深度上不够。应该说，这在认识上是不全面和不准确的。特别是在改革开放的新时期，我们许多人都有过赴境外（如美国、欧洲等）学习一段时间的经历。因此，对中外教育的比较研究，较之于过去要丰厚得多。我国教育有自己的特点和优势，但是在培养学生理论联系实际的能力和实践动手能力上始终是突出的短板（特别是专业技术类院校）。在这一点上，电机学院以 60 年的实践及国际视野分析观察，给我们许多更深刻和更明确的思考。只要坚持对发展道路的自信，只要坚持传承和发扬三次创业的精神，电机学院就一定能够逐步发展成为专业技术类院校中的名校。这，不仅有条件，而且有需要，因此也有可能。这也是我对电院 60 年回顾后的一点初浅认识。

电机学院从事的专业技术类教育是一项有起点而无终点的恒久事业，需要一代又一代人的不懈努力。学校团队以建校 60 周年为契机举办活动，回顾历史，温故知新，坚定发展信念，一定会为学校的进一步兴旺发展注入新的动力。我为电机学院深深地祝福。

最后，要感谢以严校长为代表的老一辈领导团队和教职工，感谢历任的特别是现任的书记和院长为主要领导的领导团队和教职工，你们不辞辛劳地为一批又一批的学子创造了学习成长的条件，这些年轻人的人生之路都从这里起航；而学校的领导团队和教职工们则点亮着别人，燃烧着自己。我相信所有的学子都会永远记着电机学院和老师们，不会辜负他们对学子的培养和期望。

衷心祝贺上海电机学院60周年华诞。

作者简介：

宋仪侨，工电439班校友，曾长期在工业系统从事技术工作、经济管理和行政管理工作并担任仪表局局长。1992年之后宋仪侨先后担任中共上海市委副秘书长兼市委办公厅主任，市委常委、市委秘书长兼市委办公厅主任，政协上海市第十届委员会党组副书记、副主席。

张　令　初恋时我们不懂爱情

已经不记得上次提笔写文章是什么时候了，感叹时间过得真快啊，自己也已经到了退休写回忆录的年龄。今年是我们入校30周年，学校老师来了好几次电话，要求写一些当时在校时的趣闻趣事，努力遥想，忽然发现那段时期的记忆黑匣子经过岁月的冲洗有的只是一个轮廓，而依稀残留的记忆刻痕只有那青春时期的懵懂情感，依然那么清晰。

现在年轻人的交流方式很多，有短信、微信、QQ、MSN、SKYPE等，还可以通过个人网页了解自己想了解的他(她)的生活、思想、兴趣爱好……而那时的我们有的只有传纸条和写信来表达自己对某个人的爱慕。记得那时，辅导员每天会从学校门卫那里拿到一些信件，然后交给同学发放给大家。大多数信件是来自高中时期的同学，互相转达在现在学校的一些情况。发放信件的时候，我们也会从发件人的名字和发件的频率来判断、猜测他们彼此之间的微妙关系。记得有一次，一个男同学收到了一封信，信上没有署名，也没有邮局的印戳，同寝室的男生马上判断，这封信应该来自同班的女生。在晚自习前，他们早早地坐在教室里，观察每一个进入教室的女生的目光。他们发现只有一个女生，一进入教室，目光就投向了那个收件男生的座位，在大家地穷追猛逼之下，收件男生默认了……可惜的是没有开花结果。之后这个故事也一直成为聚会时的保留节目，大家也很为之惋惜。

在当今看来，在校园里恋爱是那么自然，而那时在校恋爱是严令禁止的。原本很美好的初恋，因为禁止而被强压制在内心深处，对异性的好感只能成为暗恋。

记得那时，我们是12人一个大寝室，每天晚上在规定的时间要熄灯，而熄灯后的那一段时间是最活跃的时刻，我们女生会聊谁最帅，谁最讨厌，谁和谁好像有故事；男生也同样会聊一些这方面的主题，经常也会做些拉郎配之事。有时就这样聊着聊着进入了梦境。有一次，第二天一大早醒来，寝室的室友，不约而同地问某一个女生，你昨天晚上不停地叫一个人的名字，而且是男的。女生很茫然，一脸无辜，可能睡前聊的太起劲了……

"给你一张过去的CD，听听那时我们的爱情，有时会突然忘了我还在爱着你……"这首歌特别深受我们这个年龄的人喜爱，因为在我们的内心深处有着太多的曾经……

(张　令，8301班校友)

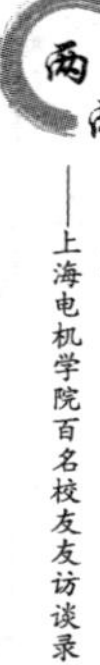

张良栋　回溯历史，改革发展

在欢庆上海电机学院建校60周年的日子里，作为上海电机技术高等专科学校、上海机电工业职工大学和上海机电工业学校三校合并的见证人，一个执教50多年，长期从事专科、本科教育的参与者，回顾改革变迁中学校的发展历程，感慨万千。

艰难岁月中办学

1978年党的十一届三中全会后，我国进入了改革开放、以经济建设为中心的新的历史时期。当时最缺乏的是人才，在高等教育资源极度匮乏的历史条件下，1981年5月，当时的上海机电一局系统办起了机电一局职工大学，局所属的电器、冶金矿山、石化通用、轻工机械、电机线缆、轴承、机床、汽车拖拉机行业都办起了职工大学。可以这样说，20世纪80年代初职工大学如雨后春笋蓬勃发展。成人高校发挥了补缺人才的作用，也使千百万失去学习机会的青年重新接受了高等教育。

历史性的跨越

20世纪80年代中期，随着全国经济的恢复和发展，普通高等教育事业逐步走上了正轨，招生规模逐年扩大，职工大学生源相应逐年减少。1986年12月，原国家教委等5个单位联合召开了成人教育工作会议，确立了成人教育是教育的重要组成部分的地位，同时还把成人教育的主要任务确定为岗位培训、成人中、高等学历教育和继续教育。当时的机电局经过调查研究和充分酝酿，大胆地做出了对局系统所属职工大学进行组建的决策。1987年经上海市人民政府(1987)第75号文批准重新组建一所培养具有机电行业特色的应用型技术和管理人才的上海机电工业职工大学。重组后的职工大学实行总校和分校二级管理，改变了办学体制，发挥联合办学的优势和特色。学校围绕提高教学质量和办学效益，按照国家教育部关于成人高校“应以学历教育为基础，岗位培训为重点”的要求，加大了转轨的力度，即重点由学历教育转向岗位培训，不断调整和完善，使学历教育和非学历教育都取得明显的成效。教学体制布局是：

(1) 学历教育设有机械系、动力系、电器工程系、热加工系、管理系等5个系，30多个专业。在市教委和上级有关领导部门的关心和支持下，开展高等职业教育试点、各类应用技术等级证书以及第二专科的学历教育，并不断调整和开设新的专业以适应机电行业和社会的需要。

(2) 非学历教育分为干部培训和技工培训两部分。建校以来开展各级各类培训达五万余人次，其中干部培训达一万七千多人，计算机应用能力、职称评审外语等达二万余人次，高级技师等共办了五十五期，培训达一万多人次。

(3) 师资状况。师资是办学之本，机电职大得益于机电系统丰富的教育资源和师资力量，长期以来形成了一支热心于职业技术教育的优秀稳定的教师队伍，采用了以资质审核和教学评估相结合的“教师聘任制”。机电职大教职员工总数为825人，其中专职教师403人、高级职称32人(副教授30人、高级工程师1人、高级政工师1人)、中级职称118人。师资队伍具有较强的基础理论和实践能力，能积极参与社会和机电行业的新技术、新工艺、新产品的研制和开发，能根据国家教委、市教委的有关要求每年参与编写20本以上的各学科成人高校教材，同时有计划地在撰写学术著作和各省市学术刊物上发表论文，从事科学研究。

唤起记忆的社会评估

机电系统、机电职大、电机高专、机电工业学校教育思想先进，教育方法灵活，教育手段多样，教育组织形式丰富多彩，深受社会赞许。机电职大不断提高职工队伍素质，为机电行业各企业输送了较多的专业人才。自1978年以来，学校已培养了7183名毕业生，其中大专生6851名，中专生252名。这些人才在机电工业系统发挥了重要的作用。

职工大学的培养补充了普通高校输送人才的数量和质量的不足，缓和了技术人员缺乏的矛盾，使企业提高了适应科学技术日益发展的能力。培养了一批行业急需而高校又没有的具有行业特色的专业人才。由于学校设置的专业有一定的行业特色，使这些企业的技术队伍得到了补充和更新。例如线缆、轴承、模具、轻机等专业性很强的专业，大专院校毕业生很少，很难满足各厂的需要。学校还输送培养了一批中、高级技工、技师、高级技师和类专业的管理人员。

有不少学生带着自己的毕业设计成果回到工厂，转入生产图纸设计并投产，使工厂企业收到了一定的经济效益，尝到了培养职大学生花钱少、见效快的甜头。许多工厂反映职大毕业生有一定的理论基础，熟悉工厂实际，上手快，动手能力强，比刚分配到的普通高校毕业生具有更强的适应能力，因此，许多职大毕业生很快进入了工厂的工艺、设备、管理技术人才的队伍。

从机电系统职工大学毕业生使用情况调查统计可以看出，有90%左右的毕业生承担技术和管理部门的工作，有相当数量的毕业生被提拔为厂、车间、部门的领导。机电职大由于办学成绩显著，多年来获得市教委认可的优良院校等多项荣誉称号。

充满生机的转型

随着时间的推移、改革的深入和高等教育的发展，校领导十分重视结构多样化、教学科研生产一体化、教学国际化等办学思路。从成人高等教育的发展来看，成人高校长期以来面临着学校规模小、生源锐减、办学总体效益不高等问题。机电职大面临着与日俱增的生存危机，总校和各分校的领导都千方百计地寻求学校的生存和发展之路。

2002年1月6日，上海电气集团总公司决定，将电机高专、机电职大、机电工业学校等三校合并。经过实质性的合作期，2004年9月14日经上海市人民政府批准组建上海电机学院。

翻开机电系统高等教育几十年的历史长卷，今天的转型发展是从未看到的变革，它是高等教育事业崛起和发展的又一象征，是机电系统几代教育工作者的企盼。这是一个节日、一个力行进取的机缘、一个新的辉煌的起点。在规划建设临港新校区等各项事业里，剖析学院专升本后如何建设合格的本科院校，如何秉持办学传统，如何发挥在机械制造、电子、电气等方面的优势，逐步形成“技术立校，应用为本”的办学理念，当然这更需要一代又一代“电机人”坚韧顽强地投身到电机学院的大发展中，珍惜今天，充满激情地迎接学校更美好的明天。

（张良栋，原机电职大副校长）

张国强　母校，让我们毕生难忘

案头一张旧照片，黑白的，是我们82班师生合影照。照片上一个个充满活力、亲切、熟悉而久违的身影，将我的思绪再次拉回到20世纪80年代。

1982年9月，我们82班31位同学，分别从机电一局下属的十几家国企的生产第一线，考进了坐落在军工路1100号的上海电机学院(原上海机电一局职工大学)，就读于机床设计与制造专业。通过整整3年全日制的住校学习，近千个日日夜夜的苦读求索，使我们这些原本只会单一操作的工人，成长为各单位既有理论知识，又有实践经验的生产骨干或管理人员。如今我们中的大部分同学已成为各部门的工程师、经济师、讲师……3年的校园生活，母校不仅为我们提供了接受良好高等教育的机会，也为我们后来几十年的工作实践打下了扎实的科技知识基础。

每当我回忆起当年大学的学习生活，一股感激之情油然升起，发自肺腑、由衷地感谢培养和教育我们的母校和老师。

记忆中，当年的师生关系是十分融洽和谐的，老师和学生可以说是一条战壕里的战友。我们学的是工科，当年的课程设置完全按照全日制工科大学专科的教学大纲实施。《高等数学》、《普通化学》、《物理学》、《理论力学》、《材料力学》、《机械原理》、《液压传动》、《电工学》、《大学英语》、《机械制图》等均采用全国名牌大学编写的教材。除了第三年的专业课，大部分课程都要经过市统考(任课老师是不能给我们出试卷的)。这就决定了当年职工大学的一道特殊的风景线：在每学期的临考前一个多月，学生和老师一起复习迎考。学生复习到多晚，老师会陪到多晚。晚自习时，任课老师还会来解题答疑。那时，有一本同济大学樊映川老师编的《高数习题集》，每个同学或买或借了这本习题集反复做反复练，好些同学把它从头到尾做了两三遍。几个成绩好的同学经常充当小老师辅导同学，如高数基础好的赵幸福、董建华；物理、电工基础扎实的王建敏；英语基础功底厚的扈蕙芳；机械基础理解能力强的沈海平等都热心帮助同学一起进步。

记忆中，我们的老师非常敬业，上课时从不会东拉西扯，跑题“讲故事”，而是紧紧围绕教学大纲，一丝不苟地认真讲解。比如教高等数学的郭宁培老师，一节大课90分钟，她深入浅出地讲解，步步紧扣地演算，总是牢牢地吸引住全班31双眼睛。当4块黑板(左右各2块，上下2块可以交换位置)被写满最后一行空白，例题刚好演算到最后一步，郭老师的最后一句话音刚落，下课铃声恰巧响了。每次课都是这样准确无误，可见郭老师备课的用心程度及授课艺术的高超。今天我也踏上了教育岗位，回忆起当年听郭老师的课真是一种享受。教理论力学的陈老师记忆力极好，理论力学的题目尽是大题，每次陈老师在黑板上解例题，从不翻教案，几十个步骤的演算，他可以精确到小数点的后面三四位，答案丝毫不差，令大家佩服不已。还有教画法几何的金老师，研究点、线、面，涉及空间想象能力。这门课很难讲解，作为学生，我们都有好几年的接触零部件的工作实践，但一旦上升到理论，也还是难以听懂和理解。金老师总是不厌其烦地启发、引导我们，边教边比划，并举了不少我们熟悉的例子，帮助我们弄懂、弄通。期末统考，全班同学全部通过，金老师不愧是一个负责任的好老师。

那个年代老师教得认真，学生也学得刻苦。那时我们是这样安排作息时间的：早晨5点左右，一个个就会悄悄地起床，拿着课本到黄浦江边，背单词、背课文，在阵阵朗读声中迎来了朝阳，迎来了江边的喧哗。7点左右回到宿舍，洗漱、早餐，准备上午8点开始的4节课学习。那时上课几乎没人会迟到。没有课的下午，各自坐在自习教室里，静静地，或在看书，或在解题。晚饭前适当活动。晚8点，又一个个坐进教室。除了加辅导课，大多数时间又在埋头苦读，常常到夜里11点，同学们才拿起饭碗，和夜班工人一起吃夜宵（当时我们在上海机床厂食堂搭伙）。我常常吃一碗5分钱的肉丝烂糊面，然后洗刷就寝。

那个年代，政治辅导员、班主任配备齐全，学生的党团活动开展得有声有色。记得担任我们班一、二、三年级的政治辅导员、班主任分别是刘广福老师、谢可群老师和徐增豪老师，他们具备了多年党群工作的丰富经验，无论是在政治上、学习上，还是生活上，都十分体贴关心学生，课间、课后常可以看到他们在找同学谈心，做思想政治工作。假期、休息日他们还进行家访，及时把学校、学生情况与家长沟通。每天的卫生值日，每周的学生讲评课，每月的大扫除、更换黑板报，每年的运动会、文艺汇演，还有社会实践活动、公益劳动（如参加森林公园建园植树）等，在班主任老师的帮助指导下都搞得像模像样，有些活动还获得了学校的表彰。扈蕙芳、阮益丰两位同学在学生支部培养下进步很快，毕业前光荣地加入了中国共产党。

更值得一提的是我们的徐增豪老师，他是高我们三届的学长。由于他刻苦学习，门门功课成绩优秀，在学生中有很高的声誉，毕业后留校，成了我们的班主任，同时也成了我们最亲近、最现实的学习榜样。我们很敬佩他。徐老师同时还兼任我们工艺学的教学。由于他的知识全面，经验丰富，他讲的课贴近实际，通俗易懂，深受同学们欢迎。如今，徐老师在上海理工大学机械工程学院应用技术研究所任所长，是教授级高工，带教硕士研究生。

回忆母校3年的学习生活，紧张、辛苦，有收益，更愉快。3年里，我们82班没有一个同学掉队，都顺利地拿到了大专毕业证书。我们庆幸在那个上大学机会十分难得的年代，自己进了一所教学严谨、办学规范、学以致用、学用结合的好大学（且不用自己付学费，还能带薪，全脱产念书），遇到了一群可亲可敬的好老师，度过了一生中最值得回味的好时光。

（张国强，职大82班学生）

张　朋　1969年的冬天

冬天的校园一片静寂，明亮的阳光洒满了枯黄的草地和光秃的树杈。路上没有行人，更显得校园的空旷。昔日的喧闹已经远去，原先学校的主角红卫兵小将们早已分配走了，绝大多数的教职工被赶去农村。承工宣队的照顾，我和陆首联等4人留校值夜班，担当夜间巡逻的任务。我和老陆都是从"牛棚"中刚走出来不久，受此重任，倒有些受宠若惊之感。夜间巡逻就是半夜在校园里四周转转看看，谨防歹徒之类实行破坏。听起来这任务挺重要，也应该说挺重要，但实际上作用已经不那么重要了。因为经过"文革"的洗礼，房屋损坏严重，残破不堪，学校早已空空荡荡了，什么值钱的、有用的财物早已分给某些单位了，校舍只剩下一个空架子，没有什么可担心贼的惦记了。但思想可不能放松警惕啊！

开始我们的巡逻工作十分认真，一趟走下来要两个小时，大家都不说话，保持肃静，生怕闹出什么声响，让坏人先逃跑了。后来日子一长，夜夜平安无事，大家就有点松懈了，说话也多了。尤其是老陆，他是个诙谐的人，爱说笑话，逗得大家乐呵呵的，手里拿的那个棍棒东敲敲、西打打，声音在夜空中特别大，我想这不等于向坏人发信号吗？可是谁也不在乎，反而觉得夜间出来走走挺有趣似的。我在学校教了十几年书，从来不曾深更半夜在校园内走动过，现在每夜出来巡逻，东张西望，看到了不少过去未曾见过的景象，即便是过去熟悉的东西在夜深人静之际，见到了感受都不一样。因此，不免想法就多起来了。首先觉得夜间月色挺迷人的，"月白风清"、"残照当楼"的意境不就在眼前吗？值得细细欣赏。其次又想到这所我长期工作的学校被弄得如此残破，又面临着解散的厄运，难免有些伤感。

我们的夜间巡逻工作到了次年春节前就告一段落，教职工也纷纷返校。但是这种折腾的结果是人心乱了，散了。学校要解散之风越传越真切明朗。团结一起克服困难的12号早已不提了。"各人心思各人谋"这是京剧《刺王僚》里的一句唱词，如今用来形容当时人们的心态是最恰当不过的了。果然到3月份，工宣队宣布学校解散，"老九"们下厂当工人。上海电校从此就从上海中等专科职业学校中被抹去了。昔日老师们此时此刻想法多多，但似乎有一点是相似的，即以喜以忧。喜的是可以解脱了，"文化大革命"对人的伤害也是很深的，让不少老师寒心，灰心。离开教师岗位，岂不是解脱吗？然而也有不少教师忧虑。学校没有了，以后年轻人要学习文化科学知识到哪里去呢？毁了学校，不是自毁前程吗？

早春三月，尚有几分寒意。教职工就纷纷离校，彼此道别，互道珍重。在校门口我偶然碰到严校长，他即将去"五七"干校，大概是来送别吧。我向他道别。此时无言胜有言。然而他终于开口道："看来破坏一所学校是很容易的，要建设一所学校挺难的。"他说得相当平静、理性，但听起来不免有几分酸楚。我和严校长都是1953年建校之初进电校的，他起初是基建办主任，后任校办主任、教务副校长。对电校的建设和发展，他承受过许多困难，付出百般的艰辛，可谓满腔真诚和热情。电校寄托着他的希望。如今就这样被解散了。可以断言，他不甘心，他接受不了这个现实。

如今40多年过去了，祖国的历史早已掀开了伟大的篇章。电校重生了，新生了。然而谁都明白，从电校复校到今日电机学院的新建，从寄人屋檐下到临港新校楼馆的恢宏，其间的艰辛用披肝沥胆、栉风沐雨来形容大概不为过吧。现任校领导中有几位同志都亲身经历了全过程，他们的感受比旁人更深，更有发言权。办好一所学校，功在当代，泽被后人。在校庆60周年之际，愿学校办出特色，再创辉煌。

（张　朋，离休职工）

张　炎　叶对根的回忆

风起，拂过树梢，树冠上成千上万翠绿油亮的叶子，迎风刷啦啦飞舞。此情此景，让我想起了那个如同这棵大树一般的母校：技术立校、应用为本的办学定位，培育出无数的优秀学生；自强不息、追求卓越的母校精神鼓舞着一代又一代的电机学子。

当我褪去满脸稚气步入社会的时候，周围每一个瞬间都告诉着我，我已经离开了母校。但岁月的流逝并没有冲淡我对母校的记忆，我思念着她的每一个美丽瞬间，回味着她每一段历史气息。在母校的生活就像一张张照片，定格在每个时段，让我挥之不去……只缘于曾在那里的人，曾在那里发生的事，曾在那里挥洒的激情。难以忘怀的老师、课余时间的图书馆、排队打饭的食堂、挥洒汗水的操场等。今年母校即将迎来60华诞，60年书香翰墨，60年风雨沧桑，60年薪火相承，记录着师长的师德风范，记录着学子的青春誓言，记录着学校改革、建设与发展的风雨历程。

五年前的2008年9月，我怀着激动的心情从校园西门进入上海电机学院，绿树环绕是我的第一印象。穿过操场，路过明德堂，来到第三教学楼前。一路上我被各种欢迎横幅包围，多位志愿者为我们提供咨询和帮助。在这个处处充满爱的校园里。我的大学生活拉开了序幕。

记得一起为高等数学拼搏的日子。为迎接一次次的模拟考试，让我们回到备战高考的日子，颠覆了我们之前对大学生活的美好憧憬。也正是那段辛苦的时光至今成为我宝贵的回忆。记得在烈日炎炎下一起度过的军训生活。汗水浸湿了我们的衣服，烈日晒黑了我们的皮肤，但是在我们之间依旧充满着欢声笑语，我们从陌生到熟悉，最终融合成一个团结的集体。记得每个学期的精工实习、课程设计。我们相互帮助完成复杂的电路连接，一个个软件系统在我们共同讨论与多次修改后实现运行。记得……记得……在这个共同了生活4年的校园里，处处都留下了关于我们的故事。

天高任鸟飞，海阔凭鱼跃。母校不仅给予我理论知识和专业知识，同时也有各种学生组织、社团活动为我们开展交流和锻炼提供平台。

作为新生的我带着新鲜和好奇加入到了社团活动。地铁站志愿者，让我对地铁运行工作多了一份了解，也多了一份理解。帮助他人之后的一句温馨的谢谢、一个浅浅的微笑，更是让我备感甜蜜，心中的自豪跟喜悦油然而生。敬老院义工活动，让我第一次走进孤寡老人的生活，了解他们的内心。第一次将爱心传递，为他们的记忆新增了一份美好。

学生干部的经历不仅使我自身能力得到了锻炼和提高，更重要是使我懂得责任和付出。学院各位老师对我们的培养让我学会做人，学会感恩，学会认认真真地学习、踏踏实实地工作，给了我一个展示自己的舞台，给了我一片自由翱翔的天空。在每一个需要帮助的时刻，给我最热情、最耐心、最毫无保留的指导。不经意间看到以往的照片，想到我们每次围坐一圈开例会，共同迎接新一周挑战的情景；想到我们为每次活动分工忙碌、力争最好的情景；想到新老学生干部聚会，为今后更好地相互配合而干杯，为相互支持和鼓励而加油的情景，曾经的画面都在时光的流淌中化为只属于我的温馨记忆。

回望母校，不尽依依。离开母校快一年，但母校的景色在我记忆中依旧美好，母校的人们在我的记忆中更加清晰，母校的精神将永远鼓励我前行。时光如水，斗转星移，但唯一不变是对母校的思念之情，这犹如一杯甘醇的酒，历久弥香。我想从心底对母校说一声：感谢您，我的母校！

（张　炎，BX0801 校友）

张浩然　大学，那些人；那些事

曾经无数次走在校园的水泥马路上，无数次通宵唱歌打游戏，无数次叫嚣着食堂菜饭如何如何难吃，甚至无数次在课堂上打瞌睡……这一切仿佛就在昨天，但现在只有在梦里才能感觉到真实。然而梦醒时，这种感觉已渐行渐远。

4 年前我们相聚在这里，慢慢熟悉着这里的一切。四年后我们从这里毕业，留下的是无尽的流连与惆怅。步入社会后，每个人都在为自己的梦想努力打拼，昔日形影不离的同学和亲密无间的老师，也少了些联系。校园里的那些人、那些事，也似乎随着时间的流逝，变成了灰色。唯一不变的是存留在记忆深处的淡淡涟漪：写习题的时候偶尔发现自己笨得简直像块木头，但一想到菜市场讨价还价时用不上二次函数才释然；有时候因为沉迷一件事、一个人，表情表现得很享受很白痴，在这些不切实际的幻想下才发现原来生活还真的别有一番风味；有时候我们明知道学校是为了我们的成长成才，但仍会埋怨学校的各种制度……

现在很多时候，总是想着回学校看看：去一次阶梯教室，再坐一坐曾经的课桌椅；去一次图书馆，再翻一翻曾经百思不得其解的高数题；去一次学生寝室，再体会一下大学宅男的滋味；去上一次课，聆听一下师长的谆谆教诲；去参加一次同学聚会，痛痛快快地醉一次；去踢一场足球，尽情享受那进球后的兴奋……

夜深的时候，我总会不停地问：学校专为考研准备的通宵教室，考期过后一定没有多少人了吧？每下大雨就会“水漫金山”的水泥马路，现在一定好了很多吧？吃饭时间明德堂的排队长龙，自新校区建成后应该“瘦身”了吧？西门旁的绿茵草坪上还有足球比赛吗？我们最尊敬的老师们，你们的工作都还顺利吗……

有时候总是在想：

如果大学可以重来，我一定找个女朋友好好谈一次恋爱；

如果大学可以重来，我一定不再睡懒觉，好好珍惜大学的青春；

如果大学可以重来，我一定认真听好每一堂课，然后不再挂科；

如果大学可以重来，我一定好好学习英语四六级，把能考的证书都拿到手；

如果大学可以重来，我一定会换一种生活方式，将那些美丽的时光在指间捏成我们梦想中的样子……

终究这一切只是如果罢了，大学生活总归会有遗憾，亦或是我以前太过粗心，但是生活里的美好往往不容易察觉，只能在经过时间的酝酿，见着了诸多事情之后，在被触动的某个瞬间才突然觉得：“哦，原来这儿很美！”

脑海中总是不经意地想起：要求严格但却始终处处为学生着想的陈献忠老师；从进校门那天起就给我们无微不至关怀的辅导员潘苏苏老师；带领我们专业走过 4 年风雨、顺利通过新专业检查的专业负责人胡静老师；总是能以“不正经”的言语让我们清楚地记住一些“非常正经”知识的苏庆刚老师……很多时候，您在我们的心中并不仅仅

是老师，更像是朋友和亲人一样，在授予我们知识的同时更教会了我们如何做人和做事。

总是能记得开学第一天的自我介绍；总是能记得班级活动上同学们的精彩表演；总是能记得足球场上为了班级荣誉狂奔的身影；总是能记得买了电脑之后，没日没夜地一起DOTA、RPG；总是能记得某某说的梦话和咬牙声；总是能记得选修课上老师点名有人帮忙圆谎的情景；总是能记得一起出去吃饭、逛街、唱歌、看电影……

我们每个人都是幸运的，因为在这里遇到了最好的老师、最可爱的同学，并建立了最纯真的友谊；但我们又是不幸的，因为幸福到了最后终究还是要自奔前程。如今我毕业了，无论在学校表现如何，走入社会都会为自己的梦想而奋斗。我也坚信，经过自己的努力必定会成为有用的人，因为我是引以自豪的“电机人”，因为我们从来没有忘记母校的校训“明德至善、博学笃行”。

都说大学生活是白色的，因为象牙塔是白色的，整个生活就像他折射的光芒，纯净而自由；而我们用整整4年时间谱写了一段最为纯真的回忆，这些回忆必定化作人生中最为宝贵的财富。大学，那些人、那些事也将永远驻留在每个“电机人”的心里生根、发芽。

（张浩然，BX0806班校友）

张 望 在我记忆深处

星转斗移，时光如梭，转眼离开母校已30年。30年在人生旅途中是个很漫长的时间，许多事情已经随着时间地推移而在记忆中逐渐淡化和忘记。但是回想30年前在上海机电工业学校的学习生活，许多情景却记忆犹新，仿佛就在昨天。印象最深的是三个方面：

一是专业很受益。20世纪80年代初期，我国改革开放刚刚起步，国门也没有现在这么开放，信息技术和信息量完全无法与现在相比，国内许多改革都在摸索和探索中前行。但是无论改革进行怎样，任何一个企业都需要会计工作和财务管理，即便是处于从计划经济向市场经济转轨的过程中，企业的效益和经营状况变化往往也能很直接地从企业财务状况反映出来。所以，虽然那时学的工业会计专业，学习的资料和内容没有现在这么丰富和深奥，但是却让自己在国内改革开放初期，较早了解和掌握了企业财务管理和企业经营管理方面的基础知识，并在毕业后直接在企业财务部门工作，对增加微观经济的运行认识和理解提供了很好的实践本领。后来，自己的硕、博专业虽然转变为金融和货币银行学，工作岗位也转变到金融管理部门的宏观经济和政策研究，但是以前学习的基础企业财务管理知识和实践，给自己认识宏观问题提供了很好的帮助。另外，很久以来，中国的企业会计工作都是手工笔录，都是珠算计算。20世纪80年代初期，在国内连小型计算器都比较少见的情况下，大多数企业的会计工作需要手工珠算完成，所以当时我所学习的会计专业特别开设了珠算和书法课程，训练学生的珠算和写字水平。每当珠算课时，满教室一片算盘声，声音虽然嘈杂，但是现在这种声音已经难觅踪迹，所以回想起来我感到那时的算盘声真的非常美妙。而书法课则是一片安静，大家都认真努力领悟老师讲解的书法要领，埋头自己的毛笔字功课。这种学习场景和氛围，现在学校大概已经很少了。当时印象中，一些同学的毛笔字写得很好，很令自己羡慕。自己的毛笔字虽然一直写不好，但是却养成了一个习惯，工作之余，用毛笔抄写一些哲学智慧格言，既放松精神，又锻炼毛笔字水平。

二是老师为人好。母校毕业后，自己先后在香港中文大学、上海社科院、首都外经贸大学学习或者进修，教过自己的老师很多，但除了硕博的导师和一些主要课程的老师外，其他留下深刻印象的并不很多。时光虽然过去了30年，回想机电工业学校的学习生活，学校各课程老师给我印象依然深刻，尤其是教过我的老师为人都很好。那时的学习环境和教学条件都没法和现在相比，为培养我们那一届学生或者说那一代学生，老师们付出了很多精力，也对我们寄予了很多期望。我们的班主任是曹建华老师，戴深色眼睛架，个子不高，目光深邃，说话扼要，教了我们许多做人的道理。作为我们的班主任，同学们都很敬佩曹老师，认为他是当时学校班主任中最有水平的。教我们工业会计专业的金国裕老师，年纪很轻，是当时毕业留校的，戴金色眼镜架，英俊潇洒，与同学们交流轻松愉快，如同学们的兄长。尤其是金老师写得一手好字，每次上课，黑

板上金老师的讲课提纲往往给人带来美的享受。教授毛笔字的是书法家费稳山老师，稳重儒雅。每次上课，费老师经常会手把手纠正同学们运笔姿势和方法。班上不少同学在费老师的指点下，毛笔字水平进步很快。还有教授外语和体育的老师们，都是科班出身，专业水平很高，为我们提升外语能力和身体素质带来很大帮助。很多老师经常与同学们交流，从学习到社会，再到工作感悟，教我们做人做事的道理，师生之间感情深厚，关系融洽。

三是同学情谊深。在会计班就读虽然只有两年的时间，但这两年的同学情谊却是很深。记得 10 年前，我们会计班的同学搞了一场全班聚会，虽然当时已经毕业 20 年，但每当同学到场，所有人几乎异口同声叫出这同学的名字，每位同学到场都是一片欢呼雀跃。至今，由于不少同学的工作和生活环境发生不小的变化，经常和自己联系的不多，但是，当时的班长和留校的同学还经常把最新的同学通讯录发送给大家。每次看到新的通讯录，同学们的名字依然那么熟悉，他们的面容依然如昨天一样浮现眼前。很奇怪的是，自己离开母校后在各个大学院校学习阶段，几乎没有能记得住所有一个班、一个系或者一届的同学和师兄弟姐妹。而在机电工业学校同班的这些同学却难以忘怀。或许是当时朝夕相处的学习生活方式，或许是当时社会的生活学习节奏没有现在这么紧张，或许是当时生活学习条件没有如今这么优越，或许是当时的社会关系不如现在这么复杂。虽然自己也没有非常明确的答案，但同学们的情谊却是真挚的。每逢有同班同学来电话或者短信，自己都感觉非常亲切，期盼着每次的同学聚会。

转眼间母校已经走过 30 年了，这些年母校适应我国改革开放的步伐和新形势的需要，在改革创新中不断发展，学校功能有了很大的转换和提升，为国家和社会培养了一批又一批人才，进入了风华正茂的年华。作为母校较早培养的学生，我们不会忘记母校留给我们在做人做事方面宝贵的精神财富，保持艰苦奋斗、探索追求、勤业严谨、求是创新、好学善思、自强自信的良好学风和工作作风。我们一定把在学校学到的知识和老师们教导的做人道理作为基本功，融汇于与时俱进的社会实践，作为我们工作的动力，清白做人，认真做事，不辜负母校对我们的期望。

（张　望，财会 8102 班校友）

张琪赟　那些年，那些记忆

2005年的夏末秋初，我迎来了一个新的开始。伴随身后的拉杆箱发出的摩擦声，我第一次跨进母校的大门。

从与素未谋面的新同学们第一次寒暄，到毕业季和生活4年的同窗好友离别。我难忘期末和战友们挑灯夜战的“攻坚岁月”，也回味熄灯后推心置腹般的彻夜长谈；前一刻我们还在为了一个观点争辩得面红耳赤，下一秒我们又围坐在食堂餐桌大嚼大咽；刚刚还在和同伴豪情满溢、仰天长叹“美眉几时有”，随即便被羞答答的“四级”成绩单拉回残酷现实。那些年，无论美好还是苦涩都是一帧一帧我脑海里不能忘却的画面。

还记得当年有几个严肃古板的师者，一般情况下总一本正经地喋喋不休，偶尔的一句玩笑话几乎能颠覆我们的三观，但他们不经意的一点关心竟让我们备感温暖；还记得那时候某个她曾悄悄走进我的世界，天真的我还以为命中注定就要与此人相依为伴，于是忧喜相关，愿意舍却万千世界，直到毕业又不得不和平离散；也记得那时候还有这么一些人，他们不是亲人却胜过亲人，一切琐碎都可倾吐，那是不分你我的坦然……

那些年，那些记忆，翻开一张张老旧照片，垂柳嫩芽，芳花细草……那些笑脸，那些留恋，情深缘浅，顿然感悟。那时候总认为学校课程很无聊，毕业后才知道原来无知的是自己；那时候总想着去逛逛东方明珠，去看看舟山渔岛，去穿行每一个可以到达的角落，毕业后才知道有些地方只有留着憧憬中才是最好；那时候总在计划自己的未来，幻想着会和谁，会在哪里，会干什么工作，但是还没等我完全计划好就匆匆毕业了……

校之四季总有个小角落让我惊艳，春有被绵绵细雨浸湿的林间小道和“自强园”乔木长出的嫩嫩细叶；夏有宿舍楼里淡淡的花露水清香和三五个好友在足球场上的挥汗瞬间；秋有铺满梧桐落叶的石子小路和清晨拂过耳旁的一缕微凉；冬有傍晚和室友们一同在食堂里点上的那份火锅和提着五颜六色热水瓶排队打水的彩色长龙。让我们再走一走昔日的石子小路，和不言的它说说悄悄话；让我们再坐一坐操场上的台阶，手里捧一杯奶茶想想梦中的她；让我们再回头望一望熟悉的课桌椅，记录年少的快乐……

大学，我的大学，一生中最最美好的时光。我要感谢那间小宿舍，让我和最好的你们相聚，不知去日苦多；我要感谢那幢教学楼，让来自五湖四海的我们相逢相识，共同远航；我们要感谢那些老师，兢兢业业，宽容慈爱，为我们传道解惑，虽只一技，却足以安身；我还要感谢那座图书馆，最温柔的阳光，最渊博的书山，充实而美好。我要感谢那些年的那些人那些事，让我不再一无是处，让我学会了感恩、学会了宽容、学会了坚强、学会了舍得、学会了与人为善以及善于为人。我不想说你是我心里永远的圣地，但我会常回来看看，我想为你的昨日和今天做个见证。那时我就那样走了，不曾为你留

下什么，如今我也是这样悄悄地来了，空空一身。我想，这样最好，可以心无牵念地徜徉，在这岁月静好的时光……

美好来之不易，也去之匆匆，当从相互寒暄到道句珍重，回首那4年仿佛还在昨天。于是我遗憾时间真是太短，没有来得及再让我听一次课，也不给我再一次抱怨食堂饭菜的机会。

6月离歌，能说的话不多，但是每一个经历过的人都不会忘记，都无法忘记。那曾经的过往，却在我的心中犹如一颗尚未萌芽的种子，带着寄托与希望，伴随我在人生路上越走越远……

（张琪赟，BX051班校友）

张慧颖　愿母校越走越辉煌

60年风雨沧桑，60载桃李芬芳。我的母校——上海电机学院，即将迎来60华诞，在此，送上我最诚挚的祝福。

10年前，学校50周年校庆时，作为学生干部的我，活跃在学校各个庆典的舞台上；10年后，我远渡重洋，在美国定了居，但是我依然忘不了在电机学院学习生活的点点滴滴。

作为学校专升本的第一批本科生，我亲历了学校所有师生为专升本付出的努力和辛劳。为了培养我们第一批本科生，学校引进了最好的师资为我们上课，为我们辅导论文。我要感谢学校给了我们这样好的际遇。如果有人问我，在电机学院，你学到了什么。我想说，我受益良多，而最重要的是我获得了自信和成为一名有理想的乐观主义者。刚进大学，由于同学们的信任推荐我为班长，我把它当作是一种责任。学生干部，首先是学生，其次才是干部，当时分管学生工作的林敏芝老师经常这样告诫我们。所以，我要求自己的学习成绩一定要名列前茅。林老师经常说学生干部没有什么，只是多了一份为同学们服务的机会。林老师身体力行，起早摸黑地为同学们服务，作为学生干部的我，从她的身上学到奉献、团队精神和实干，而这8个字也成为了我的行动指南，并在今后的工作中一直鞭策着我。

在念书时，我认真学习，掌握了扎实的专业技术知识，屡次荣获国家和校奖学金。在课余时，作为商学院（当时还叫经济管理学院）的学生会办公室主任和班长，我热心地为每一位同学服务，为此，我拥有一定的管理经验。因为有了这些，在毕业时，我顺利进入上海图书馆工作。如今，我仍然凭借着在学校里掌握的知识和本领，在纽约华尔街从事着教育工作，全心全意地为每一位留学生服务。

“自强不息，追求卓越”，学校的校训始终激励着我不断前进。我为自己曾经是电机人感到骄傲。每当看到学校不断壮大、不断发展，我都乐在心中。念书时，我们经常会说这样一句话，今天我以电机为荣，明天电机以我为荣。

莘莘学子情牵校园，虽然我人在海外，但始终牢记故乡和母校的培育之恩。十年树木，百年树人，我希望我的母校能培养更多的人才，灿若繁星。

（张慧颖，BE031班校友）

张　毅　感恩那一方沃土

作为一名2011届的学生，在告别大学生活两周年之际，我怀着十分喜悦的心情迎来母校的60华诞。激动之情难以言表，思绪飘浮感慨万千。此刻心中充满着感恩，感恩母校呕心沥血的培育，感恩始终关注我成长进步的老师，感恩所有关心帮助过我的同学。

回想在校期间，我曾是班级最腼腆内向的农村小伙子，但师生们的悉心呵护和关爱给予我莫大的鼓舞。所以我极为珍惜每次难得的机遇，抓紧一切时间努力学习专业知识，拓宽自己的知识面和视野，同时以乐观向上的良好心态积极参与学校各项活动。我担任学院团总支学生干部，与老师、同学们和睦相处，打成一片，深得全体师生的厚爱。在短暂珍贵的大学生涯中不仅学业有成，而且积累了一定的社会阅历，并于2010年6月在学校光荣地加入了中国共产党，为我今后的发展道路打下了坚实的基础。

两年来，我先后从事过银行前台柜员和银行后台数据处理工作，“自强不息，追求卓越”的精神时刻警醒我要对事业兢兢业业，勤勤恳恳，无论是在哪个岗位，无论工作职位高低，始终做到爱岗敬业，精益求精。在从事银行柜员工作期间，自己踏实肯干，真诚待人，努力学习，得到了单位领导和同事的好评，更得到了广大客户的认可。经过一年多的基层锻炼，我成功进入一家金融单位的总行后台从事数据处理工作。而每一次的进步和跨越不仅仅是自己不懈的努力和追求，更应感恩于大学时代在母校奠定的坚实基础。每一份果实，都浸透着母校恩师们当年为我洒下的辛勤汗水，都凝聚了他们的谆谆教诲，更表达了我多年来对母校厚重的感恩之情。

蓦然回首，我惊喜地发现，我们曾经生活和学习过，曾经熟悉的校园，也发生了重大变迁，变得更有生机与活力，变得更加美丽与新鲜。教学设施日益完善，教学质量逐年提高。60年的历程，母校从一个中专院校发展到大专院校，再发展到可以培养研究生的本科院校；60年的历程，电机学院从一个校区发展到了三个校区！可以说电机学院的发展与新中国机械工业的发展历程血脉相连，这是学校党委正确领导和广大教师艰苦奋斗的丰硕成果，是母校师生长期不懈、自强不息创造的宝贵财富，也是我们引以骄傲的资本和发奋进取的动力。

60周年校庆既是展示学院历史成就的重要时机，也是迈向新征程、开创新辉煌的重要机遇。60周年了，在欢欣鼓舞之际，让我们共同祝愿母校事业蒸蒸日上，硕果累累，灿烂辉煌！

（张　毅，BX071班校友）

张燕宾　我毕业于上海电校

因为出版了几本较受欢迎的书，每逢出席一些全国性学术交流会议时，总会有人把我奉为“权威”，在恭维几句之后，便常常会问我是哪个大学毕业的，而我总是坚定而自豪地回答：我毕业于上海电校。

1952年暑假，我考入了上海中学的机械科。第二年，上海中学电机科及机械科一年级和国立高等机械学校的电机科合并，成立了上海电机制造学校（即上海电机学院的前身）。上海中学的机械科一年级改学工业企业电力装备专业，其余都是电机制造专业。1952～1955年，是我们全身心埋头学习的三年。由于工业企业电力装备专业的课程门类较多，我们的第一年学的又是机械专业，所以，二三年级的学习就异常紧张，没有周末，没有休息，当时的《解放日报》和《文汇报》都曾发表过《上海电校的学生没有星期日，只有星期七》的长篇报道。

紧张的学习生活为我们打下了坚实的基础。毕业后，我被分配到长春第一工人技术学校当教员，任教的课程叫做“电修工工艺学”。当时，全长春市只有我一个人讲这门课，而我在学生时代又没学过。教材是哈尔滨电气技工学校编写的油印本，油印的质量很差，基本看不懂，我处于一种“无依无靠”的状态。我只得凭借着学生时代学过的知识，又从图书馆借了大量的参考书，通过边学边教，较好地完成了教学大纲所规定的任务，也使我练就了“现炒现卖”的本领。

1958年，长春第一工人技术学校和长春汽车制造学校（都是前苏联援助下和汽车厂配套的学校）合并，成立吉林工学院。工学院设立了电机系，同时招收中专班和大学班。当时电机系的师资力量十分薄弱，仅有四位教“普通电工学”（为非电机专业开设）的老师、一位电工学老师、一位刚从技校毕业的实习教师，再加上我。由于我被认为基础比较扎实，又能够“现炒现卖”，较受学生欢迎，所以第一届中专的主要课程都由我承担，先后教过的课程有电工基础、电机学、电力拖动、电工测量、工业电子学。后来大学班要开设“电力拖动”和“电工量计”课，一些刚刚毕业分配来的新老师居然都不敢教，于是我又被推上了大学的讲台。

1969年下半年，在“文革”的影响下学校被迫解散，我被调到湖北省宜昌市轮胎厂当电工。由于我态度端正、工作出色，更重要的是有电机方面的知识，1974年便从轮胎厂借调到宜昌市科委的“电子技术推广队”。一方面，我从一个厂的维修电工变成了全市的维修电工，接触到了更多生产机械的电力装备；另一方面，还要名副其实地推广电子技术，先后为业余培训班主讲了半导体技术基础、脉冲数字电路、数控技术等课程。“文革”结束后，宜昌市自动化研究所成立，我转入到研究所，直至退休。在此期间，我的全部精力都集中在做科研项目和工程项目上，开发成功相序指示器、电容降压缺相保护器、整流式电压表、强力制动器等产品。

1978年我还“阴差阳错”地学习了日语，曾获得日中友协的日语作文奖，翻译了一

篇日本小说，并先后五次为日本专家担任口语翻译。从1980年起，我开始为各种杂志写稿，至2013年共发表文章218篇。

1997年，我出版了第一本书《SPWM变频调速应用技术》，由于较受欢迎，被出版社“抓住不放”，又先后出版了十余本书，在全国各出版社每年的“自动化类丛书前100名排行榜”中，我的著作多次名列第一。2006年和2011年，我先后两次被机械工业出版社评为“金牌作者”。

几十年中，我从一棵稚嫩的小树苗，渐渐地成长，开出了一些花，结出了一些果，这无疑是母校的园丁们精心培植和浇灌的结果。饮水思源，我要骄傲地大声说：“我毕业于上海电校，我是电机人！”

（张燕宾，工电302班校友）

陆伟达　忆复校初期二三事

我与电校有缘。

进电校前，常听太太不无怀念地说起她在电校工电6349班五年的求学生涯，她的那些可敬的老师们和可爱的同学们。故此，我对电校往昔辉煌而悲壮的身世较为知悉。电校1953年建校，桃李芬芳、扬誉国内，却于1970年被迫解散，落得个楼空人去，校园荒芜。1978年电校复校，当时我正在上海重型机床厂，1980年秋，电校来函商调我。

甫进电校，正逢电校刚从蜗居了两年的航校校舍胜利回迁原校址。师生员工欢声笑语，浑身干劲，着手清理野草丛生、蛇鼠出没的校园。记得在2号教学楼南大门前铲除泥堆杂物时窜出来一条4、5尺长的青蛇，纪岚老师神定气闲，手捏7寸，将其擒获。当晚，大家聚在纪老师的狭小宿舍里，围着小小的煤油炉子，就着搪瓷茶杯，喝黄酒吃蛇肉，侃电校的未来。此景此情，至今犹历历在目。

1981年春，一天上午谭校长找我去，笑吟吟地说："有个在上海访问的美国教育代表团，应严校长邀请今天下午要来我们学校参观。你去弄个英文欢迎标牌之类的东西。要热情大气、不亢不卑，具体内容你和其他老师商量着办。"这是历经"文革"十年浩劫，电校复校后接待的第一个国外教育代表团。闻知此消息，大家很激动，但如何写英文欢迎词，写在何处，大家面面相觑。时任高教研究室主任的杨惠文老师提议写最普及的英文欢迎词"Warmly Welcome"，获一致赞同。拉红布横幅已经来不及，于是我将楼下用于出版露天壁报的两块大黑板和搁架扛上楼来，一笔一画地用彩色粉笔书写了斗大的美术体英文欢迎词"Warmly Welcome to Our School!"

下午1点多，载着代表团的面包车驶入校园，缓缓停在办公大楼东端北门前。车门尚未打开，车窗已经一扇一扇摇下，来客们指着端立于门口道旁的欢迎黑板，惊讶中夹杂着喜悦，大声念道："Warmly Welcome!" 这一批怀着忐忑之心踏入中国境内、原以为会看到一片口号红海洋的美国教授们却意外见到了以他们的母语书写的欢迎词，似乎有一股暖流注入他们的心田。下车后，他们挽起迎上前去欢迎的严校长、谭校长、海校长和杨惠文老师的手臂，站在黑板前，满面笑容竖起大拇指一个个轮番留影。

以严校长为首的学校领导，以独到远邃的理念带领电校在上海职业教育界率先向世界打开了大门。事后，代表团的一位美国教授回国后给杨惠文老师来信，在信中感慨地说起在电校看到的一切，认为(大意)：电校师生在承受了"文革"如此惨烈的折腾后，在如此艰难简陋的条件下坚忍不拔地办学，前程一定辉煌。

1982年，严校长出访欧洲，带回来一批先进工业国家职业教育的资料，学校组织教师员工着手翻译。后来这些资料被广泛分发给国内职业教育界，有力地推动了我国职业教育的改革发展。

1984年，学校组织全校组室负责人到上海兄弟学校访问。在向接待方介绍时，严校长指着夏校长说："这是我校新任命的副校长，也是上海中专系统最年轻的中专校长。"纪岚老师是20世纪80年代初期学校的"文胆"，当时他低声发表一番评论："后生可畏，后继有人；凤凰涅槃，浴火重生。"

1985年，电校升格为大专院校。这一年的暑假，我陪着回国探亲的年迈姑妈沿黄河、长江两岸观光。在九华山，祇园寺第48任主持仁德方丈（已故，原安徽佛教协会会长）得知我在上海一所大专学校工作，就请来在九华山祇园寺佛学班执教的一位年届九旬的老法师与我相见。老法师目光睿智、法相慈祥，听我聊起电校的"文革"苦难史、复校后的兴旺，他微微抬眼抚视佩在我胸前的校徽"上海电机技术专科学校"，沉吟着缓缓说道："术有专攻，本为苍生。善哉。"

2004年9月，经上海市人民政府批准，电校升格为全日制普通本科高校。在全校庆祝大会上，夏建国校长在他的发言中豪情万丈地说："将来有一天，我们的学校会叫作'上海电机大学'"。

此时此刻，我想起已故纪岚老师的话：后生可畏，后继有人；凤凰涅槃，浴火重生。

此时此刻，我想起30年前那位美国教授的话。

此时此刻，我想起九华山老法师深含禅机的慧语。

上海电机学院，滴水湖畔的美丽凤凰，"技术立校，应用为本"，前程必定璀璨辉煌。

（陆伟达，退休教师）

陆福全　师恩永难忘，同学情常念

提起笔来，真是心潮逐浪高。

1954年，我在《解放日报》上找到自己的名字，从此成为电机学校的一名学生，开始了中专3年的学习。我进入学校后，由走读生转变为住读生，生活方式及学习方法全都改变了。一开始我很不习惯，被安排坐最后一排，而我听力又差，功课跟不上。关于听力的问题我还闹了个笑话，一天下午去初中同学家，回校时急了些，经过校门时，门卫喝止也没听见。结果被门卫尾随到寝室查看我的学生证。后来校领导在大会上专门讲了此事，说招生招了一个聋学生。感谢师恩，没勒令我退学，还让我在教室最前排继续学习。

那时我们吃住在学校，不花家里一分钱，全由政府补贴。整整3年多，是党和政府养活了我们，此恩怎能忘？

3年的学习经历至今仍历历在目。清晨我们起床，然后操场上跑7圈半，再练单杠、双杠、爬绳……锻炼结束后是早自修，然后早餐。老师教我们要学会自主学习。课前预习和课后复习，预习是为了"带着问题学"，复习是为了巩固知识，还要学会循环记忆法及触类旁通。记忆中，老师们都非常敬业、知识丰富。印象中教学的陈士治、理论力学毛家源、材料力学王清达、电机和电器修理刘肇龙、理论电工林理文、电工及绝缘材料陆覆泰、变配电设备申鸿光、政治高昆等老师，都能将深奥的知识深入浅出地教给我们。特别要提到电机309的数学老师沈鲁瞻，我曾向他请教过规尺几何作图题，学习了分析问题的方法；了解拿破仑单用圆规将圆圈分成四等分(多种方法)；试做《数学通》报的题目，再投寄《数学通》报社，接下来一期的《数学通》报上就会刊登陆福全解出哪几题。除任课老师外，卫生室老师(医生、护士，我们统称老师)也平易近人。实习工厂的师傅们手把手教我们做正方体，怎样开铣床、车床，做活络板头。食堂的师傅们为我们三餐辛劳……师恩难忘啊！

每周六午饭后可以回家，但周日必须参加晚自修。学校离闵行老街约有50分钟的步行路程，刚入学那阵子因想家及与初中同学交往，所以常回市区。那时只有沪闵线，从闵行老街开到安庆路，单程需6角5分车资，为省下车资，我曾和穆树人(电机309学生，初中同学)相约沿沪闵线步行回市区。数着电杆往前走，直到徐家汇分手。他回安园路，我一直到西康路新闸路。第二天就乘沪闵线回校。

3年学习期间，我们同学之间相处融洽，放电影、跳交谊舞、文娱会等活动丰富多彩，还组织了去拓林海滨游泳、去曹溪公园野营、去机械制造学校联欢、与船校象棋比赛。校运会我参加跳远比赛，成绩是5.4米。领奖台上三人拍照，我这个冠军站台最高，但人却比第二名矮了半个头。

同班49位同学，现在能找到的已不满半数了。但是同学之间情深意浓，陈霖同学曾作词为证，奉上以作结语：

还记初来电校后，师生共处情浓。
梅花三见笑东风，朋情剪不断，相记铭心中。
今朝同学分手处，不论南北西东，
鹏程万里气凌空，愿君多努力，知识本无穷。

（陆福全，工电 313）

陈晓婷　心怀感恩，情系电机

60年沧海桑田，60年澎湃不息；60载春华秋实的硕果，60载桃李天下的盛誉。回眸60年，卓然不凡；弹指60年，桃李芬芳。60年璀璨，聚焦多少远眺的目光；60年雄视，生长无数奔放的诗行……当时间走过了60年，我们又回到这里，回到我们心灵的港湾，共同庆祝我们可爱的母校——上海电机学院的60载华诞。

众所周知，大学是我们人生中最美好的时光。是您，为您的学子提供了丰富的学习资源，让我们在人生中最美的时光里，不仅欣赏美景，还丰富了我们人生的内涵，让我们从懵懂的中学时代醒来，为我们适应社会生活提供了更多的经验。您知道吗，您越是这样无私地为我们的未来改变着，我们就越无法将您忘怀，您给我们的丰富知识，更好地使我们望向未来挑战。请您放心，相信在不久的将来，我们也会像老一辈校友一样，带着辉煌的成就，来给您祝寿。

60年沧海桑田，愈挫愈勇。60年来，您的成就铸造了您的成功。您成长的艰辛历程，将成为我们奋勇前进的不懈斗志；您就像母亲一样，哺育着一代又一代的莘莘学子，成就他们的辉煌；您就像水源，为我们提供源源不断的生命之水，让我们在大学的海洋中自由荡漾；您是大海里的灯塔，时刻为您的学子指引着前进的方向。

60载桃李芬芳，薪火传承。60年来，您的辉煌见证了您的成长。博大的胸襟是您的秉性，您无悔的执着，谱写出了一页页的光辉，您用瘦弱的肩膀为祖国的教育事业肩起了沉甸甸的担子；您自强不息的精神，激励着一代又一代的大学生前进，我们想用心声来表达对您最诚挚的爱意。

60年辉煌拼搏，度过风风雨雨，铸就百万精英。望母校发扬"自强不息，追求卓越"的优良传统，继往开来，薪火相承，再创明日辉煌。回顾历史，让我们骄傲，展望未来，使我们昂扬。60年的电机，播撒知识，传承文明；60年的电机人，英才辈出，谱写风流。让我们为电机而歌，让我们为电机而舞，让我们每一个电机人为学校的建设和发展贡献自己的心智和力量。

不忍提起的，是60年走过的风雨征程；

无法忘却的，是60载铸就的光荣与梦想。

60年风雨洗礼，冲不走的是电机学子对母校永恒的情愫；

60年斗转星移，减不淡的是电机人对母校虔诚的祝福；

60年点点滴滴，忘不了的是母校对电机人无私的贡献。

60年的风风雨雨，可曾记那一路走来的淡然洒脱；

60年的杨柳垂条，可曾记那依稀辨认的缓缓人影；

60年的飒爽英姿，不再见的是你犹如初见时的面容。

我心中的电机，何止是60年来一路走过的欢喜果敢，它更是一份寄托，一份祝福，一份希望，一份期待，一座所有电机儿女永远的精神港湾。

我骄傲，我是一名电机人，我更幸运，陪母校一起共度第60个生日，能和您一起享受这辉煌，让我们一起大声欢呼：电机，我爱你！

（陈晓婷，BX065班校友）

金煜龄　向实践学习，增长才干

1953年9月，我考入当时隶属第一机械工业部的上海机床厂技工学校。学校座落在军工路1146号，学制两年，分设车、铣、刨、钳、铸、锻等工种，以培养中级技术工人为主。

我们上学的那个年代，国家不仅免费提供食宿，毕业还包分配，除此之外每月还发零用钱。当时的校舍比较简陋，除了几个大铁棚子外只有几间简陋的平房。每周6天课，4天实践操作课、2天理论课。实践操作课的上课地点就是那几个大铁棚子，冬冷夏热。冬天冻得手都不敢碰铁摇把，夏天走进操作场就像是进了大蒸笼。理论课的教学点是在简陋的平房里。晚上睡觉时在10平方米的房间里挤7个人。虽然物质条件比较差，但师资力量并不弱。教我们实践操作课的老师都是上海机床厂技艺高超的老师傅，理论课的老师都有大专以上文凭。印象最深的是当时我们的教务主任樊鹏老师，不仅理论知识深厚，而且还能够指导我们实践课，他后来调到沈阳机电学院（现名沈阳工业大学）任副院长，拥有教授、博士生导师头衔。由于理论密切联系实际，一年半的学习为我们打下了扎实的基本功，为我们今后发展夯实了基础。

1955年4月，我们毕业离开学校。那时正值国家第一个五年计划建设高潮，同学们被机械部分配到北京、上海、天津、武汉、长沙、济南、无锡、沈阳、齐齐哈尔等全国各地各重点机械企业。那时的同学们，凭着年轻人的一腔热诚，怀着一种美好的幻想，奔赴全国各地，也从此告别了上海……

我被分配到北京，在北京第一机床厂当工人。该厂是国家第一个五年计划时期156项重点建设项目之一，毛岸英曾是这个厂的党委副书记。到工厂实习半年后，我转为正式职工。我当过工人、施工员、段长、车间主任、主管生产和技术的副厂长，一步一个脚印。由于几十年来都坚持在车间生产第一线，向实践学习，积累了丰富的实践经验，又有在母校打下的良好基本功，因此我在处理现场出现的那些设计、工艺、施工、质量等具体技术问题上，非常得心应手。参加工作后我一直坚持业余学习，将在实践中碰到的那些具体问题，用技术理论进行总结和提高，再指导实践。长期在基层，可以学到在书本上学不到的知识，能促进和加深我们对技术理论的学习和理解。

对学工科专业的人来说，坚持向实践学习，增加才干，是很重要的发展途径，然而我在担任技术副厂长这一职务时颇为踌躇。我的前任，都具有名牌院校的学历，如叶选平同志（叶剑英元帅之子，后曾任广东省长），他是留学苏联的，曾在我厂担任过10多年的技术厂长。而我这个第一学历是“中技”的人，任一个万人大厂的技术负责人，感觉压力非常大。但是我坚持走向实践学习、增长才干的途径，较好地完成了各项工作，完成了工厂的“八五”技术改造计划，受到厂内外一致好评。1996年我被评为北京市经委系统的优秀科技领导干部。1998年在技术副厂长岗位上退休。

毕业后，同学们虽然被分配到全国各地，但是我们无时无刻不在想念培育我们的学校和师长。60 年来，我们多次回母校。第一次是在 1991 的时候，母校(原上海市机电工业学校)40 年大庆。那时学校已是“中专”，校区里还能见到我们在校时的一些痕迹。第二次是 2003 年 9 月，我们参加了 53 届校友进校 50 年的纪念活动。那时学校已成“大专”，校区已是旧貌换新颜，新的教学楼和实习工场已建起，旧的铁皮房子作为纪念物保留了下来。第三次是 2005 年 4 月，我们参加 53 届校友毕业 50 周年纪念活动，学校已升级成“本科院校”。如今，学校搬迁到临港新校区，已经开始了专业硕士研究生的招生。学校一甲子的沧海桑田，真是日新月异。

现在的我已是耄耋老人，回首自己的成长和收获，离不开学校和老师们的谆谆教诲。我们这一届的同学，大部分都成为了各单位生产、技术、经营、管理的骨干。再回母校时，我们可以自豪向母校和老师说:“您的学生没有给您丢脸，谢谢您，老师。”

最后，我也要祝愿在校学习的学弟学妹们，你们是风华正茂的年龄，要珍惜在校学习的时机，要为能成为电机大家庭的一员而感到光荣，愿你们成材。

（金煜龄，1953 级车甲班校友）

周　全等　那些珍贵的记忆

60年,是一种成长,让上海电机学院这棵不起眼的树苗长成大树,枝繁叶茂;60年,是一种沧桑,让电机学子几经沉浮后笑迎新世纪的挑战;60年,更是一种坚守,一代又一代人就这样为莘莘电机学子贡献出毕生的精力。可能他们的名字早已淡出电机行业的各种会议和活动,也可能有的人再也不能和我们一起回忆当年所有美好的故事,但那些历史,那些曾为电机倾其一生的人,却永远不会被我们遗忘。

60年时光,在历史的长河中,只是短暂的一瞬,但是,60年的时间,可以历练一所学校,走过艰辛,在困境中追求突破,在璀璨中点亮斗志走向辉煌。回顾60年风雨历程,我们感慨万千:办学条件逐年改善,师资力量稳步提高,教学业绩引人瞩目,更引以为豪的,是培养出了一位位杰出的校友。

抚今追昔。美国莱斯利集团上海公司首席代表、原工电7856班班长施大钟情深意切地说:"母校由中专升格大专,定型全日制本科院校,使几代电机人的梦想成真。历史记载了母校艰难的历程,也秉笔直书了上级领导的关爱支持和母校的业绩贡献。"

钟灵毓秀,美在人文。上海东方大讲坛特邀讲座学者、上海新航星集团董事长、复校首届毕业生何志明引以为豪地讲:"在党的培养下,夏建国是我们82届校友中的杰出代表。他精力充沛,贵在实干,矢志博弈,与时俱进。牢记教育家陶行知先生的教诲'学高为师,品正为范'而苦心深造,功底厚实,获博士学位。他爱业、敬业、专业,荣任本科院校校长,是我们学习的榜样。"

常言道:千金难买好名声,传统是最好的广告;有口皆碑的品牌效应是金不换的。

毕业多年,那些青涩的记忆,早已经被封存了起来,看着橱窗里毕业照片上稚嫩的脸颊,仿佛昨日一般。叹息年轻时没有珍惜当时的时光,仿佛一切都走得太快,就像是沙子,握得越紧就流失得越快。

几经沧桑后,回想起当时在学校的日子,恬淡中不失理想;慵懒中不失奋斗;激越中不失思考,那段记忆,我常拿来与家人分享,快乐难忘。

每每与校友晤叙母校甲子庆典,他们都动情地表示,一定返校恭贺,共享母校60周年华诞大团圆欢乐的氛围。时光荏苒,作为一名老校友,我首先祝愿学校60岁生日快乐。其次,我也希望在学校里学习的学弟学妹们,珍惜现在的学习机会,把握好周围的每一个值得你珍惜的人和事,尽情地享受自己美好的大学时光,这将是你们最美好的回忆。最后祝母校魅力永驻,培养出更多的人才新秀,桃李芬芳满天下。

(周　全　卞文龙)

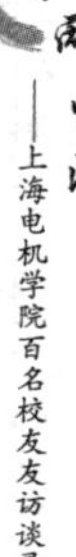

周庠怡　特色之路成就卓越之果

上海电机学院自1953年建校以来，至今已走过了整整60年的路程。在60年校庆之际，我回顾自己的三段经历，对电机校注重学生实践能力的育人特色和自强不息、追求卓越的办学精神的认识，也经历了一个逐步深化的过程。

第一段经历是1968年到1980年。我作为师范院校的66届毕业生分配到上海人民电器厂工作。时间长了，发现厂技术部门的骨干大多来自上海电机制造学校，其中我熟悉的林治峰、王书成、顾庆涛、孙朗元和糜国栋等均是20世纪60年代初的电机校毕业生，当时已是设计科、工艺科、质量检验科、中心试验室或总工程师办公室等技术科室的科长或主任。他们经常走动在工人中间，每逢星期四都会穿着工作服到车间同工人一起劳动。工人如碰到技术问题，他们会主动地帮助解决，受到工人的广泛好评。至今，我离开人民电器厂30多年了，但对电机校业生注重实践、动手能力强、受工人欢迎的印象一直深深地留在记忆中。

第二段经历是1980年底到1998年底。1980年底，我有幸调到职工大学，实现了成为人民教师的梦想。其间，职大内部体制几经变化，我有将近五六年的时间负责面向机电行业各企业的岗位培训工作，而当时机电局以及后来的电气集团公司教育处分管培训工作的领导，正是20世纪60年代在上海电机制造学校创造“蔡德泰教学法”的蔡德泰老师。在举办诸如车间主任、技术科长、设备科长等培训班时，从培训计划的制订、教材的选择到任课教师的聘任等，蔡老师都要仔细过问，各种培训班的绪论课，他只要有时间都会亲自主讲。他强调培训要有针对性、实效性，要充分运用案例进行教学，做到“学而有用”、“学以致用”，任课教师既要有一定的理论水平，更要有丰富的实践经验。正因为如此，各种培训班的效果比较好，不少学员反映“培训与不培训大不一样”。在经常同蔡德泰老师打交道的这段时间里，职工大学的发展正面临着新的“瓶颈”，而电机学校已经国家教委批准试办五年制技术专科，更名为上海电机制造技术专科学校，不久又更名为上海电机技术高等专科学校，生源比较充裕，显露了蓬勃的生机。从蔡德泰老师再联系到在人民电器厂接触到的电机校毕业生，我看到电机校之所以能迅速发展壮大，重要的原因之一就在于电机校着眼于社会的需要，强调理论与实践结合，重视实践性教学，从而使毕业生具有上手快、动手能力强的的特色，广受用人单位的欢迎。

第三段经历是2001年底至今。2001年底，上海机电工业职工大学和上海市机电工业学校一起并入上海电机制造技术专科学校。2004年9月，经上海市人民政府批准，学校升为本科院校，更名为上海电机学院。我从2004年12月退休至今已有9年了。在这9年里，因组织关系从属于老干部党总支，所以能很荣幸地与电机校历年离退休的老同志一起学习、娱乐，继续为学校做一些力所能及的事，有机会经常聆听到老校长严雪怡和海定广、赵春华、马镜澄、彭同昌、袁澄、张朋等多位老领导的发言，每年

都有几次听到在职校领导对学校发展情况的通报。从他们的发言中，我逐步清晰地看到了电机校发展的轨迹，从而认识到电机校的办学特色是电机校几代人长期探索和实践的结果。

自1953年建校以来，以严雪怡为代表的校领导班子就一直进行职业技术教育模式的探索。经过初期的探索，逐步形成了一套具有特色的职业技术教育思想，其核心就是培养有较强的动手能力和组织能力的职业技术人才。因此，在教学计划的安排上突出确保实践环节的教学质量，从基础课的实验到课程设计、毕业设计都有明确的课时要求。在具体做法上，大力倡导“勤工俭学”、“半工半读”，在学校里建工厂，将课堂搬进车间，一方面要求专业课教师到第一线参加生产劳动，另一方面又从企业选聘优秀专业技术人员来校任教。1958年刘少奇同志亲临学校视察，对电机校“学校工厂合一、教学生产并重”的办学模式大加赞赏。后来风靡全国的“边讲边练，讲练结合”的“蔡德泰教学法”正是“教学生产并重”的产物。2002年学校荣获“全国职业教育先进单位”称号并列入国家重点建设高职高专院校行列。2004年专升本后，学校确立“技术立校，应用为本”的办学理念，明确“培养和造就卓越的高等技术应用型人才”的目标，做到升本不忘“本”，办出特色，办出水平。如今，学校已经形成了较完善的适应本科教学需要的实践教学体系，以及企业、学校、社会共同办学和培养人才的创新机制，如强化师资队伍建设，采取“教授去当总工，老总来当院长”的方法，青年教师要去企业和科研院所挂职“拜师学艺”等做法，在部分实践性较强的课程领域推行“项目驱动法”，持续开展大学生创新活动等，使得“学校工厂合一、教学生产并重”的办学模式在新形势下得到了延伸和发展，在社会上产生了广泛的影响。多年来，电机校的毕业生广泛受到用人单位的好评，毕业生一次就业签约率一直在同类型高校中名列前茅。2012届非上海生源的本科毕业生，有10多位因获得用人单位青睐、得到留沪加分，从而成功把户口落在上海，成为名符其实的上海人。这一切表明电机校的办学特色已经成就了令人振奋的卓越，而且必将成就更加辉煌的卓越。

(周庠怡)

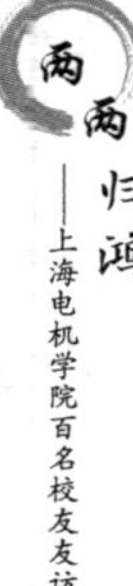

郑　浩　我心目中的电机学院

“今天我以电机为荣，明天电机以我为荣”，这是我从电机学院毕业3年后，印象最深的一句话。我的母校电机学院虽不像复旦、交大那般声名赫赫，但她也享誉上海；我的母校虽然占地面积不大，但她也足够我们茁壮成长。

我毕业于电机学院原经管学院，专科是国际航运管理专业(E0518)，本科是国际经济与贸易专业(BE0891)，现在在一家世界500强公司，担任华南区销售工程师，福利和报酬都不错。

回想起在电机的5年时光，不禁感慨良多。电机学院给了我步入社会前足够的锻炼，我尝到了汗水与泪水的滋味，我明白了付出与收获的关系，我懂得了爱情与友情的差别。我们从五湖四海相聚在电机学院，而又在毕业那天，脱下学士服，摘下学士帽，渐行渐远。我们不忍分离，却不得不离去，去追寻我们各自的梦想。电机学院给我们的保鲜期只有这4年或者5年的时光，我们终将步入社会，长大成人。但我们对母校深深眷恋，即使相隔千里，工作忙碌，琐事繁多，也不曾间断。提笔写下这些回忆，我激动，我感慨，我思绪万千……5年间经历的一幕一幕，就像回放电影一般在我脑海里闪过。

入党后，我们每个党员都义务接了一个班级，做班级辅导员。我第一次走进新生班级，就听到有些学生在议论：“电机这么破，这么小，从南走到北5分钟都不要，西区嘛就像个工厂，还不如我高中好，教室嘛更不用说了，还不如职校来的好……”我看了一眼他们，走上讲台，大声说：“同学们，我知道你们对电机很失望，你们费劲千辛万苦，10年寒窗苦读，到头来进的却是这么个破烂象牙塔，其实你们只看到一些表象的东西。首先，我们的就业率每年都在95%以上，是上海高校里面名列前茅的，特别是机械、电气类专业用人单位都抢着要人；其次，我们电机学院目前定位是二本类的，上海师大、上海二工大、上海应用技术学院，大家都一样，出来都是二本的，用人单位都把我们归在一类里面。如果你们认为自己有能力，那好，完全可以去考一本学校的插班生，给自己一个证明的机会。其实大学都一样，师傅领进门，修行靠个人。大学就是个大染缸、小社会，起决定作用的是你自己。你们要自信，充分相信自己，相信电机学院，面试工作的时候，请大声告诉考官，告诉旁边的人，我就是上海电机学院毕业的，展现自己自信的一面。要知道，电机学院的学生出去很多用人单位都知道，学生能吃苦，要求不高，自信自强。最后，大学不像你们之前的初中、高中，只有考高分，考更高分。你们要认清自己，大学就是你进入社会的一块跳板，你们现在不仅仅是要学习好，还要参加社会实践、社团活动、与人交往、融入团队、强健身体、培养兴趣爱好等。只有把这些都培养好了，你才可以在跳板上奋力一跃，在空中展现美妙的姿态，入水干脆，你们的“跳水”成绩最后都要得到社会这个“评委老师”的打分。所以大家不要再怨天怨地，不要再郁闷了，要开始自信起来，多学点对今后工作有用的东西。”我说完这些后，下面的学

生不再议论了，他们若有所思，我认为他们是听进去了，事实也是如此，我毕业 2 年后，我当时带的那个物流班级的班长跟我通电话，他告诉我说："学长，我也入党了，带了一个班级，我把你当年那堂课讲的那些话，都讲给了我的学生听。"听到这里我欣慰地笑了。

这就是电机学院，没有其他名校那么光鲜的外表、那么多声名赫赫的校友。但是，请相信我，其他学校该有的电机学院都有；其他学校能教的，电机学院也都会教，甚至其他学校没有的，我们电机学院可能都会有。电机学院的确是一个务实培养"社会人"的学校，我们的毕业生踏实肯干、认真负责，学校的名气并不能代表学校的全部，能从学校学到自己所需要的才是最重要的。相信自己，相信我们的电机母校。今天我以母校为荣，明天母校以我为荣。

（郑　浩，BE0891 班校友）

郑　颖　感谢源于那份恩情

1953年的一个决定，让上海电机学院从那时开始慢慢成长，至今已将近60个春秋。60个春夏秋冬，足以让一个孩子成长为一个饱经沧桑的老人，60年建校复校兴校的历史可以写就多少老人的华章。毕业至今，谈及母校，我依旧有一种难以言喻的情愫，是感恩，是数不清的回忆，也是人生的历练。

感动的时候说不出“谢”字，只能沿着记忆的道路再走一遍，看一看那时的母校，看一看那些曾经或匆匆而过或长久驻足的图书馆、教学楼和食堂，看一看那些稚嫩的花草。母校的每条道路每个转角，都留下过我的气息，那些看上去硬邦邦的水泥路面其实已经深嵌下了我的脚印，有时扁扁有时圆圆，带着或低落或高涨的心情。当自己思想和实践都得到学校领导老师认可并获得一项项荣誉的时候，当拿到奖学金的时候，当夕阳下篮球场上能肆意挥洒汗水的的时候……我知道我已经从母校那里收获太多了，一项项锻炼，一次次提高，一点点进步，一天天成长，从专业的知识深化到广泛的业余爱好拓展，审视、雕琢、塑造，一层层地填充着我的青春。

感念大学这段时光，师恩是我从不曾忘怀的感动。季羡林先生曾说过：“恩师是人不可缺少的机遇。”感激曾在我刚刚步入校园青涩迷惘时为我指路的老师；感激那些勤恳工作、奋斗在教育教学第一线的辅导员老师；感激带领我们一步步走向毕业走向未来的教师……我的成长哪一步没有恩师的指点关怀？

而今的我已踏上工作岗位，现在的生活会面临重重的压力。然而我始终遵循在大学阶段学到的做人原则。首先，是要学会如何为人处事，想要融入这个社会，就必须学会“先做人，后做事”，要带着生活中悟出的道理踏入社会。再者，要有一定的抗压能力。承受压力意味着成长进步。有人说他的路走得很顺，他说自己只是一步一步，少走弯路，其实，他曾经历过几个非常艰难的时期，每一天他都会面临不同的挑战。人生不会是一帆风顺的坦途，应当把挑战和压力视为常态。面对压力，需要保持阳光心态，以坚定的意志，正面接受挑战。

回望来时的路，我收获的是经历与经验，而如今无论我身在何方，母校永远是我心中最深的牵挂。我愿将这一段岁月深深埋藏在记忆里，化为我勇敢拼搏，自强不息的源泉。

（郑　颖，BX071班校友）

赵春华　从闵行校区建筑变迁看学校发展

金秋十月，桂花飘香，上海电机学院将迎来建校60周年华诞。建校60年以来，学校在提升办学层次、拓展专业门类、扩大办学规模、师资队伍建设、学科建设、产学研结合、提高科研水平等方面都取得了很大成就。

浏览闵行校区后可以发现，校园内既有两栋南北呼应的12层现代化高层建筑、多栋青砖外墙、坡顶黑瓦的平房和多栋外形美观的六层楼宇，又有外墙经过整修的2、3层的老式建筑。校园内新旧建筑共存的现象，既见证我校悠久的历史，又证明了我校的与时俱进、不断发展。

校园内众多建筑按建造的年代可分为三个阶段：

一、1953年建校～1966年"文革房"

这期间的建筑均为三层以下，外形特征是青砖外墙、坡顶黑瓦，总建筑面积32365平方米，其中一层建筑物面积是15022平方米。20世纪90年代中期，由于办学规模不断扩大，陆续将26间总面积10666平方米的旧建筑拆除。让出土地用于建设房屋、扩大运动场地，植树种花美化校园。现存建筑总面积21699平方米。主要建筑有1953年建造的一、二教学楼，实习工厂（现社团中心），三栋学生宿舍，1954年建造的试验馆（现就业中心），1955年建的行政办公楼，1959年建造的实习工厂（现校史展览馆），1960年建的卫生所小楼。为适应现代化教学需要和改善师生工作学习生活条件，1998年开始对现存的建筑外部进行修缮，内部进行改造和装潢。

二、1978年复校～1995年建造的

这时期建造的建筑物总面积是10076平方米。拆除1698平方米，现存8378平方米。主要建筑有1987年建造的单身职工公寓、1991年建造的图书馆。

三、1996～2005年建造的

20世纪90年代中期，我国实施了科教兴国战略，经济建设进入了快速发展期。社会对高等职业技术人才的需求不断增加，学校也逐步扩大办学规模。由于原有的建筑容量和功能已不能满足办学的需要，所以在校外设立教学点的同时，加快了校园内基本建设的步伐。

这时期每年都有建设项目开工和竣工，既有多层又有高层，外形美观现代，内部装潢时尚。主要建筑按建成年份分别是——花岗石贴面的南校门、学生餐厅、本三教学楼；一期学生公寓、香樟苑、浴室；二期学生公寓、体育化艺术中心、技术中心（12层）；三期学生公寓（12层），总建筑总面积为69564平方米。

另外，为了拓展校办产业，完善校园功能，在华宁路121号地块上建设了昂电公司

办公楼、生产车间等，总建筑面积 2465 平方米。昂电公司整体搬迁后，原占校园总面积 1846 平方米的生产用房全部拆除，于 2003 年建设了“自强园”，极大地美化了校园环境。

综合上述三个时期看：1953～1995 年历时 43 年建设 42441 平方米的建筑（已拆除 12364 平方米）；1996 年～2005 年仅用 10 年就建设了 72029 平方米的建筑，学校的基本建设也和学校的其他方面一样突飞猛进。

闵行校区占地不足 250 亩，建筑密度已经饱和。为了今后有更大的发展空间，学校在临港开辟了新校区。相信环境优美、占地近千亩的临港校区全面建成后，学校的发展前景更加美好。

（赵春华）

俞佳靖　难忘的世博志愿行

时光荏苒，转眼离开母校已经两年了，每每想起大学里的点点滴滴、同学们的欢声笑语、老师们的谆谆教诲，历历在目，回响耳畔，犹如昨天。特别是2010年我作为一名光荣的世博志愿者，在世博园区工作的情景，更是常久萦绕心头，清晰如昨。

“欢迎光临中国2010上海世博会。我叫俞佳靖，来自上海电机学院，是一名志愿者，负责内宾接待。”每一次相同的开场白，每一次绽露同样的笑容，一次次地接待不同的贵宾。这就是我的志愿者工作，国内VIP的贵宾接待。

校内面试，世博局面试，一关关考察通过仿佛就是昨天的事，经过严格的四月的演练，转眼已是六月。

从培训到试运营直到正式开幕，我见证着世博园区一天一个样、天天大变样的奇迹般变化。从起初的一片混乱，到后来井井有条，从起初的生疏、紧张到如今的胸有成竹，应付自如，这所有的所有都浸透着太多太多人的汗水。

志愿者一天的生活是这样的，每天5点多起床，6点左右出门坐地铁5号线转1号线转7号线再转公交车，从浦西抵达浦东的世博局，然后等待礼宾官和任务单。而一天工作的结束则往往取决于我们当天所带的贵宾们的兴致如何，看个演出、游个夜景，很快就到深夜。一天下来，人目困体乏，但心里始终那样愉快。

也许有人会觉得我们很轻松，不需要在园区里站岗，不需要面对大批参观群众，可以跟着贵宾们走VIP通道，吃吃喝喝玩玩，多好的差事呀。但是，你们想错了，一切如果能像看上去这么美好就好了。

记得正式穿上“白菜服”工作的那一天，我体会到了什么是明星的感觉。所到之处都会被参观群众拉住问路，如潮水般涌动的人流，倏然间向你的身边汇集。但当我们被参观者问倒的时候，只能默默接受白眼一再致歉并且不停地说“不好意思”，然后以最快地速度奔回自己的团队。因为我们在为期一周的入园培训中，没有带我们去认几号门在哪里、几号停车场在哪里，但是因为穿着白菜服，我们就代表着志愿者。所以，不是十万个为什么，也要变成十万个为什么，就要负责所有区域。于是，园区导览图、场馆介绍、各类资料一一摆在我们的床头，每一晚都在背诵，每晚都在默记中进入梦乡。

记得在世博轴上一路狂奔，用最大的嗓音呼叫找不到团的贵宾，仿佛是在拍电影。所有的游客看着你狂奔，对着你指指点点，同时还有人不时拦住你问路……叫哑了嗓子是家常便饭，不时还兼有脚痛、起泡等。

世博园的绚丽多彩的异国风格建筑和各式布展总让人忍不住拿起相机，贵宾们自然想把这番美景留在自己的相机中。作为志愿者，我们不可以催促他们快点跟上队伍、不许拍照，我们能做的只是耐心等待，带着微笑，随时和礼宾官保持联系，及时带领他们归队。贵宾团的成员有老有少，行动速度不一致。所以，我们所带的团经常会拉

开好几米的距离。不过很幸运，从试运营到正式开园，我带的团没有少过一个人。的确，这是锻炼记忆力和耐心的最好方法。

也许看着混乱的人群很无奈，也许偶尔遭遇白眼会很委屈，可是每次贵宾们亲切的问我们辛苦不辛苦，每次贵宾们主动给我们递水，真的很让人感动。每一次目送着他们离开，看着他们的微笑，听到他们对我们一天服务报以热烈掌声，这个时候的内心又是那么欣慰并感到满足，就好像当时培训的老师说的，虽然很累，但是累并快乐着。

从第一批、第二批、第三批，一批又一批的志愿者们来了又走了，刚认识的，认识的叫不出名字的，不认识的，所有的志愿者，都用自己的青春、自己的汗水在世博园里留下了一个个感人的故事、一页页宝贵的经验。每次送走一批志愿者，总会有些淡淡的感伤，为了离别，也为了感谢。

终于，渐渐习惯了这种生活，这种忙碌、劳累、充实、满足的生活，听到志愿者们被流传的故事。我，与所有志愿者一样，努力，为了自己，也为了我的母校——上海电机学院！

难忘的世博会过去了，这是一届成功、精彩、难忘的世博会。但作为“世博”志愿者的亲身经历更是我大学生活的一段最美好的回忆，一种难得的历练，使我的人生永远受益。

（俞佳靖，BJ075 班校友）

祝建林　30年，不变的同窗情怀

30年前，刚进电校那会儿，还是十五六岁的青春少年，偶尔写起作文，记得常以“时间飞逝”之类的文字来起头，抒发本没有多少的感怀，这样的文章显然是没有创意又落入俗套的。而30年后，进校30年返校活动，班级召集人再三约稿，实在拗不过，左思右想，提起笔来，却还是那几句关于时间飞逝的套话窜上笔头，想来自己还是那个不会作文的俗人。可见一些习性，一些特质是不会轻易改变的，只是这一次，是真的有了很多感慨。

30年前，电校的大门偏置于整个校园的东南角，一块白底黑字竖立的校名牌挂在铁门边的水泥柱上，深陷在一片农田民舍之后，从江川路上是难以看清校名的。30年后，电校几经扩建、合并、升级，已经成长为颇具规模的高等学院了，更是有了多个校区，想必都有气派的校门和显眼的校牌。只是我们83届，作为最后一届的中专优先录取生，还是属于那个曾经引以为豪的中等专业学校。可见一段经历、一段人生是无法改变的。

30年前，填报电校是没有专业志愿的，我们50多位同学，也不知以什么样的标准被安排到了一起，组成了机制8311班，开始了4年的机械制造专业的学习。据说当时学校根据各科成绩判断我们是可以学好并从事这门专业的。30年后，除了一部分同学还坚守在原本的机械制造专业，很多同学已分散在各个行业，想来这30年的变迁是多么巨大，但总是会隐隐地感慨，命运之神把我们拴在了一起，促成我们相处四年的缘分，就是让我们在各自的心中留下不可改变、也不会磨灭的4年电校生活的美好印迹。

我想，同学们和我一样，一定不会忘记我们的三任班主任，年轻潇洒的陆伟民老师、高挑精干的杨若凡老师、亲切敬业的龙光全老师。还有那些可敬的各具特色的任课老师：严肃板正的制图老师，颇幽默的物理老师，还有那个我已经记不清教什么课程的留着童花头的文静的女老师……

我想，我们还一定会记得学校里的点点滴滴，教室里的寂静，寝室里的喧闹，读书时的笃定，考试前的慌乱，操场上奔跑，食堂里的争先，更不会忘记毕业时难分难舍的拥抱和惜别时的眼泪……除了这些，我总是想起用桌椅的间隙夹住前排女同学马尾辫的恶作剧，想起那次睡懒觉被老师从被窝里拖出的尴尬，想起那次翻围墙出校抓小龙虾的欢乐，想起那次从上铺摔下的悲惨的经历，以及被同学半夜送往医院的感动，想起那把工堂间里一锉一挫用心制成的小锤子，想起那个睡在上铺的兄弟和他聪明透顶的脑门，想起那个模样清秀的学妹和她脸上浅浅的笑靥……

30年，一段漫长的岁月，或许真的改变了我们许多，以至于班级召集人在收集照片的短信上，还不忘关照写上各自的名字以便识别。但在同学联系的过程中，你会发现，再变化的声音仍能辨出那腔属于我们青春记忆中的尾音，再发福的模样仍能记起属于我们青春记忆中的形象。

时间飞逝，真不能相信已经过去了 30 个春秋。30 年，改变太多，不变的正是我们共同的同窗情怀。

（祝建林，机制 8311 班校友）

贺晓婧　母校点滴回忆

5 年前，当我踏入校门的那一刻，就注定了我和母校千丝万缕的联系。直到如今，我驱车经过学校的时候，在电视上看到关于母校新闻的时候，听到别人谈论母校的时候，我都会想起在大学美好的时光。

刚刚进校的时候，是我第一次离开家过集体生活。夜晚，躺在床上，我和室友们开始了第一次“卧谈会”，那是一个多么美好的开始啊！之后，我从一个什么事都不会做的人，变得独立起来。大学的时光既丰富又愉悦，丰富的是各种社团活动以及同学间的各种业余活动，愉悦的是每天寝室—教室—图书馆三点一线无忧的生活，使我乐此不疲，而这些时光，离不开每天陪伴我的室友们。都说大学里的朋友会是一生中最重要的朋友，这个一点也没错，他们陪你度过了人生最重要的 4 年，这是你成长的 4 年，也是你怀念的 4 年。现在，我时常回忆起大学寝室的时光。大一的时候，我们一起在图书馆疯狂借书，每天都看到半夜；大二的时候，突然流行起十字绣，回到寝室的第一件事就是“开绣”；大三的时候，每周二下午，我们都会去“欧尚”逛一圈，空闲的时候，我们还会去自由港高歌一曲，这似乎成了我们的保留节目。

直到后来，在我大学的最后一年，离开了充满回忆的闵行校区，来到了临港新校区，那又是另一番风景。新校区造得非常漂亮，现代化的图书馆、美丽的月河、崭新的寝室都让我耳目一新，我们不用再每天跑去打开水，也不用争先恐后地抢厕所，新校区的一切都本着以人为本、以学生为主的理念，带着这份舒适感，我过完了在大学的最后一年。

毕业之后，我回过三次母校。每当走出 5 号线华宁路站的那一刻，我突然很想哭。一路走进校门，在体育馆想起了我打乒乓球的样子，在排练室记起我拉小提琴的情形，在超市看到我买零食的样子，在食堂看到我吃饭的样子，在教学楼看到我上课的样子，在宿舍楼看到我……这一切都仿佛是昨天，走在一教和二教的走廊，想着过去每天会走好几遍的路，我突然很想回到母校再过一次大学生活。直到现在，我还会想念学校东门的鸡蛋饼、食堂二楼的盖浇饭、5 宿阿姨的笑脸，我认为那是我最快乐的时光。

看着母校日新月异的变化，临港新校区的建立，母校正在一步步走向更高更远的地方。我相信，上海电机学院一定会成为一所极具特色的优秀学院，而我，会骄傲地告诉大家，我毕业于上海电机学院！

（贺晓婧，BW0801 校友）

秦志尚　母校情怀

我们是上海电机制造学校(现为上海电机学院)电机305班同学。当年,同学们来自华东各地,生源主要有三个地方:华东各地基层青年团干部;上海市工厂企业的在职青年工人;在校就读的青年学生,调集后于1952年秋先进入原国立高机(现上海理工大学)学习。1953年院系调整时,转入本校。半个多世纪过去了,母校情怀,一直在我们心中萦绕。

那时由于闵行校区基建还没完成,我们先在上海中学内过渡学习一个学期。1953年秋,闵行校区初步建成,我们连同上海中学的部分工科班级,一起搬迁到闵行新校区上课。那时学校总共才两个专业,即电机制造专业和工业企业电器装备专业。九个班级约300多名学生。初迁入时,学校的主体建筑虽已完成,但部分配套设施还没跟上。如教学楼前的两块场地,还是一片荒草,是同学们用课余时间的劳动开辟成两块运动场地的;大食堂则兼作礼堂和放映厅。

中华人民共和国成立之初,国家经过3年经济恢复时期后,中长期建设已提上议事日程。尤其是第一个五年计划开始实施,其中的156项重点项目尤为突出。建设开始,人才先行,这是经济发展的规律。加速培养各行各业急需的技术人员,已是刻不容缓、迫在眉睫。在这样的历史背景下,当时的华东工业部和教育主管部门通过青年团华东团工委从华东各省市青年团基层组织中抽调了一大批在职青年团干部,送到各类学校进行培养。我们这些人就成了幸运儿,成为母校唯一的"调干生"班级——电机305班。大家同窗3年,学习上取长补短、互相帮助,生活中彼此照顾。60年来建立的深厚情谊始终不渝。虽然有的同学现在已定居海外,但我们还是保持着联系。

1955年,我们毕业了。在"一切服从组织分配"、"到祖国最需要的地方去"的号召热潮中,我们班的同学被分配到各工业部门所属的工厂企业、文教单位。上海、北京、江苏、湖南、广东、云南、黑龙江、辽宁、山东,乃至新疆等地,到处都有我们班同学的身影;也有部分同学留校任教,有一位同学继续升学就读,真是天南地北,四面八方。实践证明,我们这些同学走向工作岗位后,都能很快适应岗位工作,发挥了各自的聪明才智,为祖国的经济建设、工业建设、国防建设、科技发展做出了应有的贡献。有的同学担任单位中部门领导职务,还有的同学担任过市级机构的领导职务。

母校一甲子岁月的建设和发展,成绩斐然、硕果累累、变化巨大,教学水平快速提高,不仅稳立国内,而且跻身国际。建校初期学校开设两门专业,共9个班级300多名学生;现在的临港校区有11个专业,本、专科生近12000名(2012年数据),以及成人教育本、专科生3000余名。师资队伍庞大,水平上乘,实力雄厚,教学设施、文体条件和生活环境堪称一流。

临港校区一期建成开学后不久,我们曾到校参访过一次,感触很深,真是今非昔比。我们在惊叹之余,对学弟学妹的学习、生活环境更是羡慕不已,甚至有点"嫉妒”呢。

现在我们这些同学已是赋闲在家、含饴弄孙之人，但对母校的发展和成就时刻关注着。母校建立校友会时，我们中多位校友参与了筹备工作，校友会成立后也担任过多届副理事长及理事之职。只要有人看到媒体上报道母校的有关消息，都会及时相互转告。

母校的建设发展已届花甲之年，我们这些校友也步入了耄耋之期。半个多世纪来，大家的阅历、处境都有很大变化，但有一点没变，那就是对母校的感情没变，时时心系母校。值此母校60华诞之际，我们经过商议，拟以电机305班校友名义，送一架钢琴做为对母校60周年校庆的贺礼，以志留念。

祝母校繁荣昌盛，隽才辈出！

正是：

苍穹宇宙星斗移，心如日月映琉璃。
人生八十方开始，耄耋期颐不足奇。
老骥伏枥志犹在，夕阳正红挂天际。
百岁畅饮金樽酒，再聚母校抒胸臆。

（秦志尚，电机305班校友）

袁　澄　一位退休教师给校庆的献礼

退休后还能为社会做点事，我感到很愉快。教师是人类灵魂的工程师，学校是为社会培养人才的摇篮，我为能从事伟大的教育工作深感荣幸。

电机学院是教育界主力军的一员，60 年来为国家培养了数以万计的人才。从主力军退役下来的我作为教育战线的一名游击队员，为社会上的教育事业做出些拾遗补缺的工作。每年给社区讲课二三十场，年听课人数约一千五六百人次。20 年从未间断，算来总有三四百场，两三万人次。以此作为向校庆的献礼。

我的教职工龄 43 年，期间的 26 年生活在部队里，其中有 3 年在抗美援朝战争中，9 年在海防炮战中，1 年在援越抗美之战中。战争之惨烈，战火给人类带来的灾难，我深有体会。从战乱的越南回到国内，一下子像换了人间。听不到爆炸声，闻不到火药味，到处是一片太平景象，和平的生活真美好。可是和平是要以强大的实力才能保卫住的呀，美国凭啥称霸世界？还不是靠以科技支撑的实力。从部队转业后不多久，我十分有幸，能到学校工作 11 年直到退休。每当接受一门课的讲课任务，我都欣喜地去准备，准备时不觉疲倦，讲课时似在享受，和学生们在一起很愉快。

退休时我和碧江街道筹备开办了老年心理活动讲座，又报名参加闵行区科普讲师团。在老年心理讲座上看到听课的老人们一个个聚精会神、全神贯注，那神情比学校里的年轻人还要专注、认真。他们不断地和我交流，使我讲课更有劲，每次去讲课我都觉得像赴宴会一样的高兴和轻松。虽然讲课是义务的，但听课者的赞许是无价的。在不断的接触中，我了解到社区中的广大居民对时事很关心，并希望能在这些方面听到些解说，于是我便扩大了讲座内容，并且把讲座灵活地放到居民委员会去，只要有电话相约，定好时间和题目，我便准时上门讲课。

教书的人常说，没有一桶水是卖不出一杯水的，脑袋空空站在讲台上能讲什么呢？根据我在野战部队多年的生活经验，和基层群众打交道，切忌官腔官调、空话、套话，哪怕宣传中央文件中的大道理，要用群众通俗易懂的通俗语言，最好举出他们身边发生的实际事例。我在居住的小区里，无论是征地搬进来的老农、扫地的清洁工、保安、退休的老伯大妈，还是牛肉拉面馆老板、卖鱼卖虾的小商贩，我都会和他们攀谈闲聊。

为了充实自己，不因退休而落后于客观形势，我自费购买、借阅各种报刊杂志，固定的有十七八种。可惜我年纪大了些，视力差了很多。但我不埋怨、不生气，面对现实，视力差也要努力读书看报，每天用于读和写的时间不少于 5 小时，重点内容随手摘抄，过一段时间就归纳整理，逐渐在脑子里形成一个观点，再通过阅读报刊书籍等材料加以充实丰富，许多时候还烦请我的女儿们帮我在网上查找资料。我自己的手边也常备许多工具书，供及时参考。

我宣传的课题涵盖了卫生保健、营养与饮食卫生、老年心理健康，重点是每年一次全国两会（人大、政协），五年一次全国党代会的精神学习，除此之外还有当前的国内外

时事形势，如海湾战争，伊拉克、阿富汗、伊朗等时局，美国的次贷危机，世界金融形势、爱国主义、学习方法、文明与文化等。讲课对象除社区居民之外，还有民办企业、小学的退休教师、暑假中的中小学生、区老年科技学会等。如果说电机学院是教育界的主力军，60 年来为国家培养出大批人才，那么我退休后至少算是个游击队员，配合主力军在教育方面起个拾遗补缺的作用。

社会职业有退休的年龄限制，为社会服务、为人类做些力所能及的事是终身的，没有终点的。我觉得社会还需要我，我的微薄贡献还能受到人们的欢迎，就心满意足了。

（袁　澄，退休教师）

夏文庆　电校记忆

一声呼召，像一把钥匙，打开记忆的阀门，所有和电校有关的记忆就流淌出来，恍若昨日。

入学第一天，装好蚊帐铺好床，目送父母兄长远去的背影，15 岁少年的心里涌起一股莫名的情感。这种感觉依然无法用文字表达出来，哪怕是在 30 年后的今天。

在随后的 4 年里，和一群与自己一样的少男少女们朝夕相处，在一个大大的围墙里，学习、生活、经历人生中诸多的第一次；30 年后的今天，当年学到的知识也许已被后来不断更新的知识覆盖，但那些年少轻狂的青春岁月，却在记载着我们人生体验的年轮里烙下不灭的痕迹。

整个 20 世纪 80 年代是内心躁动的年代，一切都似乎在为未来 30 年里发生的巨变酝酿准备，但却又被约束在原来的运行轨迹中。平静的校园成为各种思想的聚集地。从金庸、梁羽生、琼瑶，到培根、黑格尔、弗洛伊德，各种书籍在我们的手上传阅；一本名为《春耘》的校内诗刊让文艺青年们找到了拼凑文字、抒发少年情怀的园地；刘文正的歌声、普拉蒂尼射门的英姿让很多男生找到了心目中的偶像，琼瑶小说中的形象高大、粗旷的男主角们则成为女生们神聊的话题；校园里开始流行吉他，浴室、洗衣房里充斥者各种好听不好听的歌声；广播室的每周一歌，一号路上的旱冰场、录像房，十号路上的菜汤面，闵行饭店的小酒吧，闵行街头到处是三个专业不同颜色的运动“校服”……这一切是我们记忆中的电校。

十几岁的我们开始讨论“未来”。我们的“未来”中没有宝马、奔驰和赚多少钱，我们对未来唯一的担心就是“未来分配在什么地方”。即使如此，这种担心往往也是转瞬即逝，当我们抱起吉他，唱起歌，捧起书，相约走在闵行街头的时候，对未来的担心随风而逝……

毕业时节，校园中的广玉兰开得正盛，教学楼前的桂花树尚未吐露芬芳，新的教师宿舍楼正在打地基，那里会住进我们留校的同学，还有未来成为校领导的年轻教师们，当时他们也不过比我们大了四五岁。挥手作别时，我们不知道何时才会相见，什么样的未来在等待着我们。

那本小小的蓝色毕业纪念册静静地躺在抽屉里，那里有同班同学和各个专业的师友留下的祝福及与他们每个人有关的记忆，不去翻阅，很难记清谁当时说了什么，唯有班主任郁振民先生九个字的留言一直让我记到今天：“成功需要扎实的基础！”

毕业已经 26 年了，每个同学都有自己的生活轨迹。但当我们走到人生尽头，也许我们会更在乎此生我们体验了些什么。回首电校的 4 年时光，从课本上学到了什么？有没有挂科？对于今天的我们已经不再重要，但我们在这里学习了很多人生的第一课，而这一切将成为我们“成功做人”的最重要的基础！

谨此缅怀那些已经永远离我们而去的同学！也让我们一起更加珍惜曾经拥有的电校岁月。

（夏文庆，工电 8368 班校友）

钱秋根　期待相聚在一起

2012年10月19日是我们7962班同学相识33周年的日子。

33年前的这一天，我们从四面八方走到一起，应着祖国的召唤和父母的期望汇聚闵行，迈进了母校“上海电机制造学校”的大门。从此，50张陌生的脸熟悉在一起；50颗澎湃的心跳动在一起；50个青年激扬在一起。

人生旅途诸事多，学生时代是积累知识、为人生道路夯实基础的重要时期。从小学到初中，从初中到电校，从电校毕业到工作岗位，又在工作期间参加了成人高校继续学习深造。上过了那么多的学校，有过那么多的老师、同学，其中令我印象最深、感觉最为熟悉和亲切的还是电校的老师和7962班的同学。是4年朝夕相处的学习生活，是青春沸腾的热血，是共同的理想把我们连接在一起。从此，我们献身工业电气自动化事业，共同的职业生涯，相同的人生追求，让我们分外珍视那份纯洁的同学之谊。毕业后，我们虽天各一方，不能常常相见，但我们依旧心心相印，彼此牵挂。时间的流逝，磨不掉我们的记忆；不息的浦江水，冲不淡我们的友谊。

光阴似箭，年华如水。一晃，从我们第一次见面算起已经30多年了。30多年来，我时常怀念母校尊敬的老师、亲爱的同学，还有那4年的电校学习生活。那难忘的1400多个日日夜夜啊，曾勾起过我多少遐思、沉吟，引起过我多少感慨、兴奋。母校的每一条道路，留下了我们匆匆的脚印；每一扇窗户，留下了我们抹布的擦痕；每一个夜晚，留下过我们睡前的讨论……

记得30多年前，当我欢欣地拿着录取通知书来到母校时，没看到自己的校门，没看到自己的操场，只看到萋萋芳草掩拥着的几间破旧的教室和临时租借的场地。这就是电校？我火热的心被眼前的景象浇凉，继而又被老师火一般的热情温暖。开学，我们在“长城”上课；假日，我们加入了拓荒者的行列，修剪绿化，整理教室、实验室，青春的歌声伴着书声在校园回荡。经过拓荒，我熟悉了校园的大道小径，如同熟悉我掌心的每一道指纹。它布满了我生活的足迹，记录着我前进的旅程。因为参加过绿化修剪，我留恋校园的每一处花草树木。它们曾听过我的晨读晚诵，和我一起度过了每一个冬夏春秋。

我怀念用心血哺育过我们的前后两位班主任和每一位老师，是你们教会我如何掌握电气知识，勉励我要为建设祖国勤奋学习，为电校添光彩。在那葱郁的树丛里，我们走过斜斜的小道，来回“长城”和老电校；在木桥上，我们曾顽皮地晃荡过，吓唬胆小的同学；小河边，我们还集体出动，收获过几大盆小龙虾的“战果”。

东教学楼前当年还是泥地的排球场上，留下我们的欢呼和掌声——集体观看实况比赛为女排喝彩。西教学楼最远端的实验室里，是我摁下的按钮，并网发电实验成功的喜悦久久不能自已。

多少个阳光灿烂的早晨，雄壮的乐曲把我从酣睡中叫醒，我们集合、早操，开始新的一天；多少个朗月高照的夜晚，我们在清澈的环校小河边漫行，迎着清幽的晚风，伴着潺潺的流水，畅谈着事业、理想，讨论着实习的内容，憧憬着未来的工作。

曾记否？穿着印有“安全生产”四个字的制服，开关台实习与变压器绕制，向校办厂工人师傅学习技能。工人师傅那精湛的技术、纯朴的情感、无微不至的关怀，给我留下了难忘的印象，使我们收获颇丰。曾记否？毕业之际难舍难分，同窗之谊刻骨铭心。一本记事本满载着同窗的嘱咐与祝福。背好行囊，车站离别，泪眼朦胧。一次握手，三声珍重，惜别依依多联系！

一别 30 载，旧景恐难寻。今日的母校，已是沧桑巨变，过去的电校已经今非昔比，人才辈出。长江后浪推前浪，我们的学弟学妹们好多已走到了我们的前面，好在我们都在不停地努力，都还在继续学习。

毕业 30 年来，我们活跃在各自的岗位，为建立行业标准奔走在各大骨干工厂；为设备的安装和调试，我们奋战在风雨中、寒风里、钢花前、骄阳下。走遍大江南北，飞跃黑夜与白昼。新的生产流水线从我们手里诞生，传统老设备被我们赋予新的生命。我们把自己的青春、理想、事业、追求和宝贵的人生，都奉献给了各行各业的技术进步，奉献给了祖国的建设，工厂自动化之花在各行各业开放。

这一切的一切，留给人多么深刻的记忆，又多么牵动人的心神！可惜，我不是画家，没有泼墨成景的技能；我不是作家，没有挥笔成章的本领；我不是诗人，没有即兴抒怀的豪情；更没有歌唱家抑扬顿挫的优美嗓音。我只能用这浅陋的文字，来表达我对母校的一片深情。正是因为母校的培养，才使我拥有了这些才能，为祖国做了一些我应该做的事情。

观浦江之奔流，叹人生之须臾。伴随改革的历程，我们都顺应潮流融入到市场经济的洪流。岁月的风霜在我们面额刻下了一道道无情的皱纹，当年风华正茂的我们，已变成了白发斑驳的中年。青春虽逝，雄心犹存；志士当年，壮心正酬。愿我们未来的日子过得充实、愉快，永远充满笑声和阳光；愿我们的同学之谊长存！

（钱秋根，工电 7962 班校友）

徐向图　美好的岁月，永恒的怀念

退休已近十年，时常会回忆起那逝去的几十年风风雨雨。无论是成功还是失败、悲伤或是欢乐、进步或者后退，无论何时何地，最能激荡我心灵深处浪花的依然是我在母校度过的那5年岁月，这是我一生中最美好的时光。5年的日日夜夜虽然没有辉煌的战绩，也没有炫目的荣光，但它是那么的温馨、亲切和真实，这是我一生中最值得留恋、最令我回味的岁月。

说来也巧，母校是1953年创办的，而我则在母校成立5周年也是本人15周岁时考入的。经过5年的在校学习，在我20周岁那年暨母校成立10周年时毕业了。2013年母校将迎来60周年大庆，而本人也恰值70寿诞，也正好是我从母校毕业50周年。可以说，本人与母校特别有缘。

回想55年前的1958年，我，一个贫穷家庭的男孩子，从市区来到了陌生的闵行，进入了当时全国著名的上海电机制造学校。看到那宽阔的操场、明亮的教室和舒适的宿舍，心里真是激动和兴奋。从此我将有宿舍住、将有书读、将有球踢、每天更能吃饱饭、吃上肉。需要特别说明的是，我们5年里全部的学费都是免费的，食堂里满满的饭菜也是免费供应的，对于一个刚满15岁的贫穷家庭的男孩子来说，这就是幸福。5年来，我从一个什么都不懂的幼稚、鲁莽、冲动的孩子逐步成长起来，在母校老师们、辅导员们和同学们的教育和帮助下，最终成为一个能自立于社会的劳动者。

在我的记忆中，母校是全国五年一贯制典范学校，学习氛围浓郁、教学质量过硬、师资力量雄厚。5年里，我们接受了非常正规的基础理论和专业技能教育，全面系统地学习了大专院校学生应该接受和掌握的全部专业知识。我们这些学生中后来有不少人成为大学教授、研究所的研究员和重点企业的高级工程师，这都得益于在母校打下的扎实基础。5年中，我们还在校办工厂、南汇农村、崇明海堤、上钢一厂等工厂农村参加实习锻炼和接触社会，在学习书本知识的同时，也懂得了很多终身受用的人生道理。也是在这5年中，我们这些学生完成了从懵懂少年到知识青年的蜕变，树立了我们的人生观和价值观，有了自立于社会、自谋生计的能力。可以说，没有母校5年的扎实功底，就不可能有我后来40年对社会的发挥和贡献。

回想在母校度过的5年生活，是甜蜜的、欢快的。那时正值国家自然灾害期间，但在母校这个温暖的大家庭，我们通过勤工俭学，生活依然过得丰富多彩。我清楚记得当我们班级足球队荣获全校冠军时通宵欢庆，也没有忘记我们班级民乐队举办全校第一届音乐会时轰动了周围工厂，当然我也记得本人曾在校内举办过瞿秋白革命一生的故事演讲会，还有在我们自己开挖的游泳池里学游泳，后来还参加了横渡黄浦江游泳比赛……每当回想起这美好的一幕一幕，我的心里总是激情澎湃、心潮翻滚。我总会想起那些可亲可敬的恩师和我那些聪明活泼的小伙伴们。那时候，因为我在班里年龄最小，常常犯错误，可是老师们总是耐心开导我，我的小伙伴们总是帮我掩盖过错、逃避惩罚。我记得我私自采摘过校园菜地里的黄瓜，在课堂上看小说，抄同学的笔记。现在想想真是太任性，太不珍惜那宝贵的光阴了，太对不起那些对我苦口婆心的老师们了，太对不起那些为我承担过错的小伙伴们了。如果能再来过的话，我一定要做老师的好学生、同学的好伙伴……

一切事物都会老去，人和自然界都是如此，但是纯朴的感情则不会老化，也不会淡化，我们这批已是"重工老者"的学子，对母校的爱将会随着时光的流逝变得更挚烈、更醇厚、更真诚。时光的流逝让我们真正明白是母校的培养奠定了我们的人生之路；是恩师的教诲成就了我们的事业财富。衷心祝愿我们亲爱的母校永远年轻！

（徐向图，电机 502 班校友）

徐　冰　那些我们歌唱的青春

在曾经规规矩矩的体制下成长的我们，对圣人的语录是诚惶诚恐地根植于价值观体系中的，生怕考试为此丢了关键的几分。譬如有人说“三十而立，四十的不惑，五十而知天命，六十而耳顺，七十从心所欲而不逾矩……”

我们都50了。所谓知天命的年份。是吗？

每一次同学聚会，免不了听到亲爱的学友对当今看不懂的社会抱怨，市井式的唠叨。酒杯扬起时的那份洒脱，似乎也携带着很多难言之隐的信息。那么多岁月所累积的不公平和委屈，多少也散落到彼此的身上。50，真的要这样知天命了？除了皱纹与白发，举手投足之间的犹豫。

但是啊，当夜色来临，卡拉被你OK时，分明还是看到了你的那些意气风发，年少轻狂梦想般的笑容……旁边的合唱与起哄，烘托当初的你的光彩照人。这些催化出青春气息的旋律，见证了我们的青葱岁月，也曾开启了我们懵懂的情思。此刻，心思还是那些心思，只是换了场景和年轮。

其实，我们从来也没有失去过主流的风光。今年最火爆的潮流节目《我是歌手》，你听见记载着自己成长记忆的那些声音和画面，无论《大约在冬季》、《烛光里的妈妈》、《你的眼神》、《酒干倘卖无》……抑或去年风靡一时的《中国好声音》，你也会为刘欢、那英、庾澄庆的那些与自己同时代歌者的真情感染。每年跨年的电视演唱会，你起码可以与罗大佑一起《童年》，与张学友合唱《吻别》，与老狼一起“那时候天总是很蓝，日子总过得太慢，你总说毕业遥遥无期，转眼就各奔东西……”迄今为止，大家都认为还是当时的邓丽君的歌最优美最好听，还是那些校园民谣最清纯最梦幻。当看到那么多学生，还有草根打工仔，甚至失业者活在歌声里的那份自信与张扬，何尝不是一种实在的拥有。你，就是坐在红转椅上的那个评委呵。

所以，别以为青春在与我们躲猫猫。或许是你的歌唱停顿许久了。如果你与你的孩子一起唱起《因为爱情》、《我的歌声里》、《千里之外》……你照样活在自己的25岁里。如果我们能够歌唱，我们一定正青春。见他的大头鬼的五十不惑！杨振宁都超过90了，依然执著地做着益壮与弥坚的证明题。唱自己的歌看自己的青春志吧。

为自己心底的那些青春之歌而致敬。

（徐　冰，工电7961班校友）

徐洪泉　母校情·师生情·校友情

我们为母校自豪。电校为国家输送了一批又一批的电气装备专业的栋梁人才，在祖国的四面八方遍地开花结果。老师辛勤教导了我们，我们也为母校赢得了荣誉。校友们相互勉励、关爱，在事业上做出了许多成绩。岁月峥嵘，转眼我们的母校已60华诞，我们也毕业50周年了，步入了幸福的晚年。我们与母校同庆，祝母校的教育事业越来越兴旺发达。

追溯1994年12月，工电439班的36位校友在上海中联造纸机械联合集团公司进行的一次聚会，我们邀请了母校的副校长申鸿光、班主任诸文奎及时任上海市办公厅主任、市委秘书长的宋仪侨，他们在百忙之中抽空与大家相聚。许多同学多年不见，感到格外的兴奋亲热，有数不完的心里话，互致问候，频频介绍各自的工作、生活情况。会上作为东道主的刘汉臣发表了热情的致词，欢迎大家的到来，副校长申鸿光和诸文奎先后发言表示感谢大家热情的邀请。宋仪侨发言说："母校何老师辛勤的教育使自己能走上领导岗位，不辜负党和人民的期望和重托，勤恳地做好工作，全心全意为人民服务。"聚餐时大家共叙了母校、师生、校友的深厚感情，最后大家拍照留念，相约再聚。

回忆2001年12月，全班又在母校相聚。我们很荣幸地邀请到了83岁、德高望重的退休老校长严雪怡和副校长海定广、申鸿光及时任党委书记夏建国，副校长徐余法、孙兴旺，校长助理翟龙翔及班主任老师诸文奎、洪雪娣、李林昌等。

老校长给与会的师生生动地讲述了建校初期的艰辛，回忆1958年10月26日国家主席刘少奇来校视察的情景，肯定了"勤工俭学"的成绩，并为学校题词："学校、工厂合一，教学、生产并重。"全校师生受到极大的鼓舞。

但在"文化大革命"期间，学校遭到毁灭性的打击，1970年被解散。直至1978年11月8日才复校，到1985年改制为上海电机制造技术专科学校，1992更名为上海电机技术高等专科学校。严校长语重心长地说："电校能发展到现在，确实不容易。"接着夏建国书记，为大家介绍了学校今后的发展规划，"专升本"的工作正在积极的运行。在场的师生听到后感到分外的欢欣鼓舞。校友们争先发了言，深有体会地讲了在母校4年的学习、生活中，不仅学到了许多书本知识，还锻炼了我们的动手能力，使我们一踏上工作岗位，就能很快地适应工作环境，发挥各自的特长；政治上要求上进，许多同学入了党、走上不同的领导者岗位，这些都是母校、教师辛勤培养的结果。联谊会还向每位与会者赠送了一块手表作为纪念。

会后，我们参观了曾经勤工俭学的车间和住过的学生宿舍，勾起许多美好的回忆，接着参观了现代化的实验室和新建的科技大楼。学校为校友们准备了丰盛的午餐。师生们共进午餐，乐意融融。大家分手时，真是依依不舍，相约母校50周年时再聚，与校领导、老师、校友，共同度过了一段其乐融融的美好的时光。

2011年12月4日，我们又一次相聚在中国有名的文化古镇——上海高桥。我们

邀请了上海电机学院副院长徐余法，校友会林敏芝老师和已退休的班主任诸文奎、洪雪娣、李林昌老师及学长香港醇轩公司董事长邵力伟先生。那天一早就有不少校友来到高桥印家花园海高二居委会议室，只见室内，灯火通明，一片欢声笑语。前面紫红色的绒布墙上，挂着鲜红色的几个大字“工电439班校友迎新联谊会”，格外夺目。校友宋仪侨也从上海慈善基金会会后赶来参加。联谊会由徐洪泉主持，首先由校友刘汉臣代表工电439班联谊会及校友向前来参加聚会的校领导、班主任老师、学长表示热烈的欢迎和衷心的感谢，接着发表了热情洋溢的致辞，收到与会者长时间的热烈掌声。接着校友宋仪侨讲话：“自己的成长与母校和老师的辛勤培养分不开的。首先要感谢母校的老师们的培育之恩。现在大家都步入了老年，要保重身体，祝愿大家健康长寿。”副院长徐余法介绍学校的发展概况。他带来了上海电机学院报，分发给校友，用投影仪详细地介绍了临港新校区的情况，并欢迎校友们去新校区走访，还告诉大家2013年是学校60周年校庆，届时热烈欢迎大家的到来。

会后大家在印家花园“望江亭”前面合影留念，个个春风满面。用餐后，校友们参观了古镇的仰贤堂、高桥绒绣馆、高桥人家及钱慧安纪念馆等。说来也巧，钱慧安还是校友钱德成的曾祖父。钱德成在2012年台历上留下了“昔日同窗今日聚，欢声笑语满堂春，数十年间为家园，各领风骚在人间”的诗。钱德成为我国的塑机行业发展做出了巨大的贡献，由于他在技术开发工作中成绩显著，曾被上海市经济委员会授予1988年优秀科技工作者称号，2001年获得上海科学技术进步奖三等奖。

另外，校友钱志昆曾是上海砂轮厂的副厂长、总工程师，为我国的磨具、磨料事业发展立下了汗马功劳，曾出访过15个国家，考察引进技术合作、投资建厂等项目，1993年获得上海市技术委员会颁发的科技成果第一完成者奖；1998年又获上海市经济委员会及技术监督局颁发的重点工业产品质量攻关成果主要贡献者三等奖。

通过几次聚会，真正体现了深厚的母校情、师生情、校友情，愿这片情万古长青，代代相传。

（徐洪泉，工电439班校友）

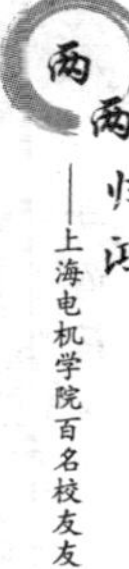

徐增豪　记机电职大79级机床班毕业设计

我是上海电机学院前身学校之一上海市机电局职大79级“机床设计与制造”班的毕业生。我们这一届是1977年国家恢复高考制度后，上海市经委职教系统通过成人高考择优录取的首届大学生，1979年入校，1982年毕业。班上的同学有的来自机电局所属系统，有的是老三届中学生，也有20世纪70年代初的中技生。

经历了10年动乱，大家十分珍惜重返学校的机会，学习非常努力。学校规定不论住家远近，全部住校就读。我们每天6:30准时起床参加晨练和早操，一天上课6～8学时，晚上还进行夜自修，不到晚上10点，没有一名同学肯回寝室休息。

机电职大教育的特点是注重工作实际能力培养。我们79级的机床、液压、刀具、工艺课程设计学时安排有6周。专业主干课机床课程设计内容是车床床头箱设计，4周时间必须完成床头箱部件装配图和箱体、主轴、齿轮等零件图，这些设计图的幅面有几张是0号图。当时计算机刚起步，我们学的计算机课是“ALGOL60算法语言”，没有条件上机，只能在从国外带进来一个具有函数计算功能的计算器上运算（现在这种计算器已是中学生必备工具了）。当年的设计图纸不能像现在这样坐在电脑前用CAD绘制打印，而全部是用图板、丁字尺、三角板与HB铅笔手工绘制。一张0号床头箱装配图，有经验的设计人员绘制要用一个星期，对于初学者来讲难度不小。记得班上有一名女同学因身材矮小，绘制0号装配图时，连图幅上端的轮廓线都够不上，这名女同学干脆脱去鞋子扒到图板上一笔一划地画，一天下来脸上、手上、衣服上因沾上铅笔芯粉而发黑变花，大家看到哈哈大笑……经过苦学苦练，我们绘制的图纸机械结构布置合理，图面粗、细线条清晰，尺寸、公差标注准确，而且人人能写上一手端正的仿宋体字。设计白图从图板上揭下时，从图纸背面看，绘制的线条凹凸分明，甚是好看。

我们的毕业设计选题大都采用工厂实际项目真刀真枪地做，设计项目直接应用于企业，这样对学生的锻炼很大，设计的责任也很重。同学们都视毕业设计是综合能力和成绩的最终检验，都非常重视毕业设计环节。

我所参加的毕业设计课题是“SJZ-H01异形体管接头加工专机”，项目提出单位是上海液压附件厂，指导老师是学校上“机制工艺学”主干课的马志均工程师和“机床液压传动”专业课的钱韵秋讲师。他们原就在上海机床厂从事机械设计与工艺工作，带教毕业设计经验丰富。液压附件厂是一家专业生产液压管接头的标准件企业，其管接头产品原来采用普通车床、铣床、钻床、轧丝机组成的多道工序加工。这种生产称为“工序分散”方式，动用的机床和人力较多，生产周期长。如果工序中有一道出了问题，产品就可能报废，造成前道工序损失、生产成本增加。因此工厂希望研制一台专用设备，专门用于一个系列品种的卡套式异形体管接头加工。这种能在一台机床上完成车、钻、轧丝、锪、铰等多道工序的加工称为“工序集中”加工方式。这样用一台专机替

代原来的多台机床，既可减少机床台数和人工，缩短加工周期，又因为在一台专机上完成工件全部加工，有利于控制产品质量。此课题由工厂与学校共同立项，企业对此十分重视，专门在工厂技术科腾出一间设计室，供我们进驻企业现场设计。

我们五位同学组成一个课题组，从第三学年的第二学期伊始就入驻上海液压附件厂。首先是项目设计方案制订，在听取工厂和学校指导老师建议后，经过分析零件的加工工艺过程，比较了机床几种布局方案，最终将此项目确定为"回转工作台八工位组合机床"，其第一工位是上下料，第二至第八工位分别是套车外圆、打中心孔、车端面、钻孔、滚夹螺纹、锪凹孔、粗/精铰。组合机床的优点是可以选用预先设计制造好的标准化及通用化零部件组成一种"特殊的"机床，它可以同时从多个工位采用多把刀具对一个或几个零件进行切削。我们设计的此台专机能同时加工 7 个工件、生产节拍 47 秒，是实现工序集中和提高生产率的有效途径。国内有专门工厂生产组合机床的通用部件，我们只要针对机床总体布局、工件夹具、机床电气、液压、润滑、冷却、排屑系统进行设计，选择配套适合的组合机床通用部件，便可集成一台组合专用设备，对于非机床制造企业，有利于实现设备自主制造以及日后的维护。

为了选用合适的组合机床通用部件，我们进行了大量调研，走访了多家组合机床专业制造厂和使用企业。我们去过的单位有上海第十机床厂、上海柴油机厂、上海内燃机厂、江苏盐城红旗组合机床厂，跑得最远的是大连组合机床研究所（它是我国机械工业部组合机床方面的行业所，从事组合机床及其自动线技术与研制，负责起草组合机床国家标准）。我们凭学校介绍信到访这些单位，均受到热情接待，技术人员提供我们动力滑台、单轴动力头、多轴动力头和液压回转工作台参考图纸，并仔细回答我们选型中的各种技术问题。记得 1982 年 4 月我们毕业设计小组赴大连调研，第一次乘坐"长绣"号海轮，这是当年上海造船厂制造的最新国产客轮，用"锦绣河山"命名，有"长锦"、"长绣"、"长河"、"长山"四艘。我们乘船从上海公平路码头出发，途经东海、黄海、渤海到达大连港，途中时间 36 小时。4 月的中国海，春风拂面，海浪轻轻摇曳，海面像一幅巨大无比的绿色绸缎在舞动；日出和日落时太阳光洒落在海面上，绸缎被染成了红色；海鸥舒展宽阔的翅膀，一路尾随，护送我们远航。调研过程中同学们聚在一起讨论课题中的技术难点、解析部件设计中的关键结构，不亦乐乎。现在回想起来，此景此情依然历历在目。

我们课题组 5 名同学分工明确，我担任毕业设计小组组长，负责机床总体设计及电气部件、润滑系统设计；另 4 名同学：赵建平一负责机床液压系统、车削动力头设计，李宝明负责工装夹具和滚夹螺纹头，薛若凰负责八工位回转工作台，王肇源负责钻、锪、铰动力头。当然分工不分家，小组成员间互相配合。例如，随行回转夹具与工作头的等高对中、其尺寸链各组成环的公差分配、电气部件与液压系统的衔接、先后动作程序的编排、工件夹具与动力头刀具发生干涉、部件零件修改、各部套设计与总体设计之间的协调等，大家都能各尽其责、齐心协力解决。我们用了 15 周时间，完成了从机床方案制订、组合机床多工位工艺过程卡编制，到机床总装图、部件图和零件图的全套设计任务，完成设计图表 190 张，并且撰写了各自的设计说明书。

79 级机床班是机电局职大通过成人高考的首届毕业生，学校组成了阵容庞大的答辩委员会检验教学质量。我们小组的毕业设计课题被列为 79 级公开答辩题目之一，答辩委员会主任委员由上海机床厂周勤之副总工程师（现中国工程院院士）担任，副主

任委员是上机厂童义求副总师、上海交通大学曾宪章教授和机电一局职大卢桢奎常务副校长；委员中有上海交通大学李德庆、李云璧、张建寿、翁世修、包伟弟老师（后来均是交大的教授、博导），上海机械学院黎永明老师（后是上理工教授），还有上海机床厂磨研所的工程师、机电局职大的专业课老师和上海液压附件厂的李锦康工程师。

答辩在上海机床厂厂部大楼一楼的教室中进行，我们课题组抽到第一个上场，由我代表课题组介绍机床总体设计、工艺过程卡编制、各工位功能分配、加工节拍、机床电气控制等内容。介绍后开始经过专家提问，起初我能对答如流，后来有位上机厂液压设计室工程师提问有关液压回路中一个液压锁的保压持续时间问题，因为液压系统由另一位同学设计，我事先没有准备，停滞了一下赶紧回答说可向那位负责液压的同学了解。但作为一名机床总体设计负责人，必须熟悉机床各部件的每个技术环节，说明我总体工作还不够到位。

由于我们这个毕业设计课题符合“机床设计与制造”专业要求，课题中包罗了机床、工艺、液压、夹具、刀具、电气等学科知识内容，选题切合企业需要，具有应用价值；并且课题组每位同学工作勤奋、有独立工作能力、图纸数量和质量符合要求；撰写的设计说明书内容正确、论证合理、数据处理及计算准确可靠；答辩资料准备充分、论述清晰、回答问题正确、专业知识应用好，答辩委员会经过认真评审，一致评定我们小组的毕业设计成绩为“优等”。

此次毕业设计令我以后的学习极其受益。我在20世纪80年代进修交大机制专业和上海二工大机械师资本科班时，将机电职大完成的毕业设计图、编写的加工工艺过程卡和设计说明书提交专业指导老师评阅，他们审查后认可我在机电局职大的毕业设计已达到本科教学要求、成绩有效，使我在大学本科学习阶段的毕业设计课程获得免修。

我们毕业设计小组同学毕业后在各自岗位上均取得显著成绩：赵建平担任了厂级领导，李宝明从事产品设计，薛若凰任设备部管理员，王肇源出国深造。我本人于1982年留校执教，担任过机电局职大机制专业科副主任、机电职大四分校副校长，分管实践性教学，其中一项重要工作就是负责毕业设计。我将自己的毕业设计经验毫无保留地传递给学生，引导他们与企业项目紧密结合。后来我调至上海理工大学担任硕士生导师，将承接的上海市重大技术装备研制专项和企业技术难题攻关项目作为研究生学位论文课题。这些研究生毕业后受到用人单位的欢迎，宝钢宝信公司连续3年指名招收我的研究生，三名研究生进入宝信公司后都能很快熟悉和上手公司的研发项目，有的已成为公司项目主管。这一切都要归功于他们在校期间的毕业设计（学位论文）与工程项目紧密结合，培养了工程实践能力。

今天的上海电机学院是在原上海电机技术高等专科学校基础上由上海机电工业职大、上海机电工业学校等合并组建而成。上海电机学院将办学方针定位于技术本科教育，面向先进制造业及先进服务业，注重培养在工作现场从事技术应用、技术服务和技术管理，解决实际问题的“现场工程师”，并获批成为教育部第二批“卓越工程师教育计划”试点高校，凸显技术应用型人才培养特色。

衷心祝愿母校有飞跃的发展，办出特色，创造新的辉煌。

（徐增豪，79级机床设计与制造班校友）

奚国强　母校的荣耀

30年的时间如光影一般，瞬间流逝。如今的我已是私企上海强威塑胶有限公司老板，企业虽不大，也算是小有成就。工作、生活、家庭一切都顺利，快乐并幸福着。能有今天的成绩，走上这条康庄大道，全靠母校给予我的知识、智慧和技能。

回想30年前的往事，我是多么向往进一所理想的高等学府，但那个年代，尤其对农村的孩子来说，又是何其艰辛和困难。偶然的机会，让我一个在社会上已工作三年的青年，来到梦寐以求的母校——上海机电工业学校，重新回到知识的海洋，吸收新的知识和技能。在社会工作三年中，我一直想做一个电气工作者，因为在农村乡镇企业中，像样的电工都没有。为此，在两年的学习生涯里，我把全部精力放在学习上，母校的老师也很关心我们，认真地传授给我们知识和动手技能。记得教我们电工基础的曹莉莉老师，讲解条理清晰，思路通俗易懂。秦老师的电子课，先易后难，电路中二级管、三级管，以及数字电路，一学就会。还有工厂供电课的老师，从原理到实际的教法，使我们在社会上工作过几年的学生，能很快读懂、理解和动手操作。还有其他老师不能在此一一例举。总之，在母校学到的知识让我回到工厂后做了12年电工，得心应手，操作老练，还解决了实际工作中的很多疑难杂症。后来辞职自己创立公司，到今天我所取得的成就，从内心深处想，都离不开在母校所学的知识。

知识就是力量，知识就是动力，知识就是财富，在我毕业30周年以及母校60华诞之际，衷心地感谢母校以及母校的老师们孜孜不倦地耕耘和教导。愿我们的母校更加根深枝茂，繁荣壮大，培养出更多优秀的人才。

（奚国强，电气8302班校友）

唐可平　梦想从这里起航

桃花盛开，满目芳菲的四月，我带着无尽的怀念，来到了新迁到临港滴水湖畔的母校，参加进校30周年纪念活动。一草一木，都牵动出绵绵不绝的回忆；一砖一瓦都激起了内心深处的感动。思绪仿佛飞到了30年前，激情燃烧的大学生活、同学间的欢声笑语、老师的谆谆教导，似乎都在耳边响起……这其中，有说不出的酸甜苦辣，有道不明的人生体会。

1983年的初春，我进入了上海机电工业学校，成了电气自动化专业8302班的一名正式学生。记得刚入学时，自己还是个懵懂的青春少年，是校长悉心的教诲、各科老师潜心的教导、辅导员老师亲切的关怀，点燃了我的激情与希望，放飞了我的梦想。是你们，塑造了我的灵魂，把无私的爱和全部精力倾注在我们身上；是你们，用心灵的清泉滋润我们理想的花朵，用知识的甘露孕育出鲜美的果实；是你们，孜孜不倦地教诲，让我遨游在知识的海洋里流连忘返。在这里，我可以静下心来努力学习，为理想不断冲击，执著追求，永不放弃；在这里，我可以感受学习着博爱，为社会奉献自己的一份力量；在这里，我可以领悟到敬重的含义，为人生设计方向，告别平庸；在这里，我学习认真，为人生开辟道路，迈向成功。

两年的大学时光转瞬即逝，1985年我取得了上海机电工业学校的毕业证书，怀揣着青春梦想，带着我的骄傲和自信，踏上了人生之旅，进入了南汇区国家税务局。

斗转星移，岁月沧桑。30年艰苦求索，30年拼搏奋进。税务系统，是一个与我所学专业完全不同的领域。刚踏上工作岗位，无论风吹雨打还是烈日当空，我总是骑车挨个走访企业，了解和掌握户管企业的经营状况，力争解决其税收方面的种种问题；晚上，潜心专研税法知识和财务知识，弥补理论知识的不足，同时也为白天收集的问题找到解决的方案。我的敬业和专研得到了领导和同志们的一致肯定，我晋升到了领导岗位，成为了一名副所长。收获荣誉的同时，我也感到了肩负的责任和使命。但无论我身在什么岗位，支持我不断提升自我的始终是母校培养我的那份认真和执著。

如今，新的教学区建了起来，新的教学楼盖了起来，新的教学设施安装了起来，母校正在用新的气象为学生创造先进的学习环境；正在用新的教学要求来兑现她务本维新、厚积薄发的承诺。对此，虽然我们已经毕业，但仍然感到无比的自豪，因为我们的成长得益于母校的发展壮大；母校的成长永远激励着我们不断进步。

母校让我的生命里充满了理想和信念，充满了爱和温暖，母校给予我做人的启迪和方向；明志厚德已经延续在我的精神和事业中！是母校，激起了我对知识的渴望，增加了我知识的储备，助我成材，助我飞翔。今天，我不再是稚嫩的雏鸟，不再是轻狂的少年，而是已展翅翔翱的雄鹰，即将托起更加美好的明天。

有一种铭记，是怀念！有一种心灵，是感恩！我们因为有母校而骄傲；愿母校因我们而自豪。衷心地祝福母校的明天更美好。

（唐可平，电气8302班校友）

唐景欣　回忆过往，恰同学少年

1954年8月的一个炎热夏日，一列火车从上海老北站驶出，行进在沪宁线上。列车中间一节硬座车厢中，围坐着20几个青年人，他们个个神采奕奕、气宇轩昂，一起回忆着刚刚告别的校园生活，然而更多的则是兴高采烈地讨论和憧憬着未来。他们是从建校刚一年的上海电机制造学校毕业的首届毕业生——电机301班部分同学。列车在南京下关车站被分段拉上轮渡过长江，再在浦口车站连接后开出，继续驶往东北的哈尔滨。漫长的旅途中车速多次减慢，还经常要被迫暂停。大家从车窗望出去，铁路两旁竟是一片汪洋，成片成片的庄稼被洪水淹没，大家的心情变得凝重起来……我们的国家现在一穷二白，正需要像自己这样的有志青年去建设，大家深知此行任重道远。经过四天三夜的旅程，终于到达目的地——由前苏联援建的国家141项重点项目之一的哈尔滨电机厂。

就在此后的几天内，同班的另外20几位同学，也奔赴沈阳的高低压开关厂、变压器厂、吉林的长春第一汽车制造厂、天津传动研究所等国家重点建设单位。还有几位同学进入大连俄专进修俄语。仅有5位同学留在上海，他们是被上海船舶设计研究所和江南造船厂要去转行搞船舶电器(军工)的。就这样，从此大家各奔东西，在建设祖国的不同岗位上贡献青春与智慧。

我们电机301班同学是1951年8月考入上海中学二科的学生，1952年9月并入正在筹建中的母校电机专业学习。因为校舍尚未建成，暂借上海中学的教室、宿舍就读，到1953年9月才搬回到新建成的闵行校区。当时专业课程没有现成的教材，老师们都是自编教材给我们上课，比如谭恩鼎老师的电机学课、肖志英老师的电机设计课、张国安老师的电机制造工艺课，还有丁庆浩老师的工业企业供电课等。老师们都要求我们尽量多掌握一些专业知识，所以课余作业的压力很重，晚上自修的时间不够用，就放在星期天、节假日做，大部分同学甚至一个学期只回过一两次家。当时学校实习工厂还没有造好，校领导就联系到了上海电机厂，让我们到各个车间去实习……这些上课、实习的情景到现在我们都还记忆犹新。在学校领导和老师们的谆谆教导下，母校逐步把我们培养成为能把电机技术专业知识与生产实践相结合的应用型人才。我们在参加工作之后，抓紧业余时间进修学习，不断充实自己的专业知识，所以能在几年以后，在各自不同的工作岗位上脱颖而出，成为各个专业的主力。如胡鉴清同学，他在大型直流电机的研制过程中曾有过重大的贡献；张坤泉同学在水轮发电机、大型汽轮发电机的出厂试验中有突出表现；席德鉴同学在电机行业被誉为“绝缘专家”；邱伍昌同学的水轮机薄壳结构设计获得大奖；朱光正同学因防爆开关设计获得了沈阳市“劳动模范”的称号；孙师南同学在船舶电器的设计研究方面颇有成果，被评为教授级工程师，并著书传授学生；桂伟麟同学在汽车电器方面造诣很深，后被长春第一汽车集团公司提升为副总经理，还有像陈宪传(教授级专家，东方电机厂副总工程师)等5位同学

都是电机行业、仪器仪表行业很有声望的专家。

弹指一挥间，半个多世纪过去了。现在我们电机301班的同学都已是8旬的老人。除了奚家成还任中国仪器仪表行业协会理事长，其他人都已退休。但是每当我们聚在一起、回首往事的时候，我们总会对母校和教育过我们的老师充满感激和怀念之情。

值此母校即将迎来60周年校庆之际，我们深切祝愿我们的母校——上海电机学院繁荣昌盛，学校所创导的“技术立校、应用为本”的办学方针将成为具有中国特色的高等技术院校的先锋而大放光彩！

（唐景欣，电机301班校友）

海定广　我亲历的教学改革

1987年,原机械委根据全国中专改革座谈会的精神,批准原上海电机技术高等专科学校中专班级选择工电专业进行教学改革试点。按照这一要求,学校组织教师到工厂、企业等单位进行调研,根据社会对人才的要求,针对课程体系、课程结构、实践等教学环节,进行了一系列改革和探索。很荣幸我全程参与了这一探索。

(1) 优化组合课程体系和课程结构以提高教学质量。按照培养应用型人才的要求,对传统"三段式"(文化课、技术基础课、专业课)的课程体系进行剖析,可以看出理论安排比较系统,但也有弊端。比如学生接触专业太晚,较长时间缺乏专业意识,难以调动学生的主动性和积极性;再比如实践教学处于从属地位,缺乏系统性,难以培养学生实践动手能力。因此要去除"三段式"课程体系的弊端,提前开设专业课和实践课,使"三段式"转变为理论、实践和能力相结合的螺旋上升的课程体系。

(2) 用模块式改革课程结构。针对原有课程结构存在的问题,学校组织教师分析讨论,并参阅了英国TEC(技术教育委员会)和BTEC(商业和技术教育委员会)的教学计划和教学单元以及日本等国的教学资料,结合我国国情制订模块课程结构,可以根据社会需要进行组合,也可以根据需要进行更新,带有一定的灵活性,以满足社会对多规格高质量的人才需要。比如在工厂供电讲练室里,讲练结合,使学生对原来感到枯燥的课程产生了兴趣,调动了他们的学习积极性。实践证明,学生提前接触专业,可增强职业意识。

(3) 改革教学内容。改革教学内容的核心是更新和精简。随着新技术、新工艺的发展和应用,学科交叉与综合势在必行,为了扩大专业面,将电机制造专业进行调整,增加应用方面的内容,如电气设备控制,做到制造和应用结合、机电结合、强电和弱点结合等,有利于培养复合型人才。

(4) 改革实验教学,建立实验教学体系。为了使学生得到比较系统的专业教育,对整个专业的实验教学提出总体要求,并分阶段模块螺旋上升,逐步做到规范化、系统化,并围绕这个目标进行改革探索。第一,单独开设实验课,从1985年开始先后开设电工基础、电子技术、物理、电力拖动、交直流调速系统实验课,基本实现了从基础、专业到综合的实验体系的确立,克服了实验从属理论,学生不重视实验教学的倾向。而实验课独立考核计分,列入成绩册,学生很重视,考核很认真。这项改革很快在职教系统的兄弟学校里得到推广应用,以实践教学为突破口,推动整个教学改革。第二,调整和更新实验内容,特别是在专业课实验中删除陈旧、脱离实际的部分,增加结合生产实际应用的内容和推广新技术内容。在实验课中向学生介绍有关生产的实际知识、新技术及产品市场信息等。这样做不仅加强了基本操作技能训练,还能做到实验教学面向生产实际,开拓了学生知识面,提高学生兴趣,调动学生积极性。第三,制定各种试验大纲,明确每个试验段目的要求,编写实验课教材,从基础实验再到综合实验,在整个学习期间不断线地进行。每学期对实验课单独考核，不及格的要重做、补考，经补考不及格者不能毕业。第四，开设实训课，把理论、实验、学习三者结合起来，在讲习室里将讲练结合进行，如工厂供电、照明设置，电度表安装组合接线。

(5) 改革外语教学，提高外语水平。一方面重视外语教学，增加外语教学时数，打破只学两年的旧框框，外语学习不断线，一直到学生毕业。并且规定前两年为口语教学，后两年为科技外语，从教学时数上保证了外语能力的培养。另一方面，为了确保5年制大专前3年口语结束转科技外语的顺利过渡，要求学生必须掌握一定的词汇量。学校要求各门课程(语文、政治除外)应用外文词汇，使学生掌握本门课程专业词汇100～200个。在试题中也要包括词汇考核内容，分数占5～10%。有些课程的部分章节或全部采用外文教材，如机械专业大专班(液压传动)课程全部采用英文教材，使学生外语水平得到了很大提高。课程设计结束时，三分之一学生能用英语写课程设计说明书。

这次教学改革规模庞大，参与人数众多，历时一年之久。经过改革，学生的学习积极性和主动性提高了，教师的教学热情也被激发出来，学校试点非常成功，在我校的教学改革史上留下了浓厚的一笔。

(海定广，学校原副校长)

谈五琴　迟到的大专毕业证书

上海电机学院迎来建校60周年华诞，在此，我对母校表示由衷的热烈祝贺。

母校60年来在上级领导及社会各届人士的关心支持下，走过了曲折而不平凡的道路。从建校初期作为上海一所中等专业学校——上海电机制造学校，至“文革”前为国家培养了一大批急需的电气技术中专人才，之后，挂牌为上海电机技术高等专科学校，今天的上海电机学院已成为全国具有一定声望和地位的本科高等院校。

事实上，早在1958年校领导就筹备将学校升格为电机学院，并进行了具体部署。作为试点，学校连续招收58级、59级、60级3届共7个班级电机专业大专班学生。本人有幸成为60级学生之一，也是这段历史的受益人与见证人之一。

然而当年国家经济严重困难，学校已很难再支撑59级、60级完成大专学业(学生学杂费、生活费是全免的)，所以我们只能作为中专生提前走上工作岗位。让人可喜的是1993年初，学校为我们落实教育部(83)007号文件，换发了期盼近30年的大专学历证书。迟到的大专毕业证书，那是何等的不易呀！

回忆我刚进校时，心情是非常愉快的。与现在相比，我们那时的生活是比较艰苦的，勤工俭学，在校办工厂劳动比较多，每年支援农村“三秋”，政治学习也不少。我们是大专班，同学们格外地努力，学习自觉性特别高，对知识的渴求、专研精神至今历历在目。

毕业后，我被分配到解放军工程兵防护工程研究所，多年从事核爆模拟实验电子量测工作。为了获得大专文凭及因工作需要学习电子专业知识，我曾进部队院校学习，也参加中央电视大学有关专业的学习。1987年，我转业到上海隧道工程公司研究所工作，曾参与延安东路、大连路、复兴路隧道和地铁9号线的施工建设及其他技术管理工作。

尽管大专毕业证书的迟到，令我稍有遗憾，但自己的成长与点滴成绩离不开母校的培养，离不开校领导与许多老师的辛勤培育与无私付出。

(谈五琴，电机436班校友)

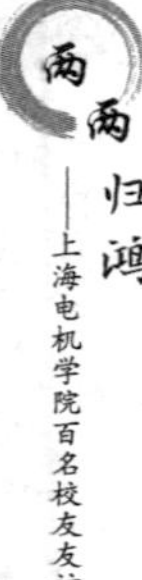

陶建川　母校打造了我创业的翅膀

谁说失去的将永远失去，谁说花谢了不再开放，母校情、师生情、同学情会地久天长。2013年春末夏初，我跟许多校友一样应邀从四面八方赶回来，前往新迁在浦东临港滴水湖畔的母校参加进校30周年纪念活动。今年又恰逢母校60华诞，看见师生相见、同窗重逢的热闹场面，我心潮起伏、感慨万千……

"30年光阴弹指一挥间"，忆想30年前，仿佛就在昨天。1983年的初春，未满20岁的我经考核，进入了上海机电工业学校，成了一名电气自动化专业的8302班正式学生。刚入学时，由于自己对电气自动化专业知识一点不了解，加上又无实践经验，所以在老师提问时经常回答不出问题。是老师为我们这些学生传道、授业、解惑，是机电工业学校哺育了我们茁壮成长。抚今思昔，过去的一幕幕依然历历在目：校长平易近人，待人和蔼，作风开拓进取，为我们创造了良好的学习生活环境；老教师治学严谨，乐于奉献，课堂上诲人不倦；年轻教师与我们亲密无间，经常进行无障碍沟通，他们既亲切又有活力；班级辅导员更是循循善诱，动之以情，晓之以理，言传身教，成为我们学生的知心朋友，所有的这些都潜移默化地陶冶和塑造着我们。在两年的学习中，他们精湛的课堂讲授为我们打下了扎实的理论基础；同时还有校内外的实践活动，让我们在实干中增强了专业技能，提高了动手能力。特别是学校的领导和老师们教给我们的不仅是知识和技能，更教会了我们爱岗敬业的职业精神和一丝不苟、脚踏实地的工作态度。快乐的学习生活使我褪去了刚进校门的无知幼稚，慢慢打造了我德才兼备的创业翅膀，为我放飞生命、实现自我价值积聚了正能量，奠定了好基础。

经过两年时间的紧张学习，我与班上的大部分同学一起以优异的成绩获得了电气自动化专业的毕业证书。学成归来，我回到了家乡——盐仓。当时正值改革开放初期，乡办企业对人才的需求很迫切，我立刻就成了各厂争抢的对象，后来在乡政府的统一安排下，我被分配到唯一从事机电行业的乡办企业——上海四通电力设备厂。从此我与电器自动化专业结下了不解之缘，谱写着自己的人生新篇章。

辛勤耕耘，必有收获。30年的学习，30年的努力，30年的拼搏，我从母校的一位莘莘学子，逐渐锻炼成长，从企业的一名技术员成长为工程师、销售经理，从一名共青团员成长为共产党员和党总支书记。经过15年的艰苦创业，到2000年，企业发展成为上海四通电力设备(集团)有限公司，并一跃成为年销售产值超亿元、利税超千万的明星企业、上海市文明单位、上海市非公企业五好党组织、上海市先进民营企业等，企业的产品成为上海市名牌产品、著名商标。这些荣誉的获得，充分显示了企业在理论与实践相结合、理想与奋斗的践行、事业与责任的奉献方面的良性发展轨迹。

我的努力也得到了党和政府、企业、职工的充分信任和肯定，我先后被评为上海市十大杰出青年星火带头人、全国青年星火带头人标兵、浦东新区优秀共产党员、上海市劳动模范，并在企业里担任党总支书记、副总经理和工会主席，还连续四届当选为区党

代会代表和区劳模协会理事。每逢我获得荣誉和嘉奖时，总是首先想到：这些成绩的取得离不开母校和老师们对我的培养。

绿叶对根的思念，流水对江河的恩泽。叙不尽的是对母校的思念，讲不完的是对老师的深情。回顾自己的成长历程，我要感谢母校，感谢老师，感谢同窗好友的支持。

不忘恩师教诲，常常勾起对母校的美好回忆，这是我的永远情怀。只有在自己的工作岗位上为建设美丽中国、全面建成小康社会做出自己的贡献，这才是我对母校最好的回报。

（陶建川，电气8302班校友）

黄国铭　有种回忆刻骨铭心

20世纪50年代初的1953年，新中国刚成立不久，百废待兴，国家急需现代化建设人才，在学习苏联创办一批中等专业学校、快速培养国家建设人才的背景下，母校成立了。

我，1953年从上海育才中学毕业，放弃直升高中的机会，怀着早日走上工作岗位和对电机强烈的兴趣毅然投身母校。虽然距离现在已经过去了40多年，母校给我留下的深刻印象还历历在目。

1953年母校新建的校舍还未落成，我们新进的学生就在上海汽轮机厂技工学校上课。教室就在黄浦江边，课间休息时，三三两两的同学聚在江边，看着黄浦江中来来往往的大小船只，片片白帆、隆隆的机轮声构成独特的风景。我们的宿舍是临时搭建的草棚，冬暖夏凉，别有一番情趣。1954年春，设在闵行附近紫藤浜王家河区的新校舍建好了，条件有了很大的改善。教室宽敞明亮，宿舍也很好，床是新的，地上铺着地板，每幢宿舍都有锅炉，供应热水，还有浴室，每星期都开放。操场铺设400公尺环形跑道，运动场上有单双杠等运动器材。实习工厂购置了几十台新的车床，还有铇床、铣床、磨床等设备，供学生操练。实验馆也建立起来了，设有力学、电工、电机等实验室。学校具备了必要的设施，逐步完善了培养合格建设人才的条件。

当时学习分为普通课、基础技术课和专业课。普通课包括语文、数学、物理、化学、外语等，基本上达到普通高中主要课程水平。基础技术课包括制备金属工艺学、理论力学、材料力学、机械零件、理论电工等，专业课包括电机学、发电厂和变电所电气设备、电力网、电气照明、电力驱动、工业企业电气设备等。许多教材是从苏联教材翻译过来，如理论电工、变电所等。苏联教材内容多，理论也比较深。这些课程为我们作为制造业的技术工作者提供了坚实的基础理论知识，充分的实习课程更是使我们具备了车、钳、铇、铣、磨、电工等工种的基本技能。

当时的校长是薛绍清，一位从浙江大学调来的电机专家，瘦长和蔼的老人，不久就调到交大去了。之后的校长就是张培炎，从解放军来的干部，早晨在操场上常常可以看到他和学生一起锻炼的身影。经过3年的学习，我于1956年毕业。毕业前要进行毕业设计和答辩，学校组成了由专业课教师和工厂工程师组成的毕业设计答辩委员会，学生在答辩时不仅要介绍毕业设计的内容，还要回答专家们提出的问题。答辩通过后才可以授予“电气技术员”资格称号，收拾行装等待奔赴祖国各地的建设岗位。分配名单公布后我才知道，自己被留校任教，留校意味着当年秋天我就要走上教学岗位，这对我来说是个很大的挑战。对我这样刚刚毕业的学生来讲，专业课知识掌握得不够深入，也缺乏教学经验，压力很大。但是在报效国家的强烈责任感推动下，在老教师的鼓励与帮助下，我坚定地走向教室，勇敢地担负起教学任务。之后我还通过攻读复旦大学教学系函授教学专业，提高了自己的业务知识和能力。我一直担任教学工作，直至

“文化大革命”。“文革”中学校被迫停课，许多教师被分配到五金公司下属的小厂当工人，我就在其列。幸好有母校学习的基础知识和技能，有母校培养的艰苦奋斗、踏实工作的精神，我勇敢地面对现实，走向新的工作岗位，从当工人到技术员、助理工程师、工程师、高级工程师，为我国的航空事业贡献了自己的绵薄之力。

我当时工作的工厂是为航空工业生产扳动开关，装备飞机的。20 世纪 70 年代有一项称为 7049 工程的大项目，即生产无人高空侦察机，该项目要求制造几种开关，任务落实到我厂。其中有一个多普勒雷达电源自动保护开关，体积很小，结构复杂，由另一位同志负责制作，做好后实验失败，一接通电路就跳闸，不能使用。当时大家很着急，我通过分析思考、查找资料，提出将开关线圈铁芯改为有阻尼结构，这样开关遇到大的电流到动作跳闸有一个延长时间，躲过启动电流，不致产生误动作，终于取得成功，交付使用单位，装上飞机。20 世纪 70 年代还有一项称为 708 工程的项目，即制造大型客机，要求我厂制造 10 多种扳动开关和特殊开关。我负责该项目的技术工作。我和厂里的同志们克服了设计、工艺、材料、试验等各方面的困难，通过几年的努力终于完成了任务，该项目更得到了上海市政府的奖励。

从我的亲身经历和无数母校毕业生的经历可以证明，母校的办学方向是十分正确的，学生不仅要有坚实的理论知识，还要有一定的生产实践经验。母校在教学和劳动生产中还培养了学生艰苦朴素、奋发向上、努力工作、脚踏实地的工作作风，因此电机学院毕业的学生能够快速胜任工作，受到社会的广泛欢迎。

母校在“文革”后复校，在一批优秀领导者的带领下，经过艰苦卓越的奋斗，不断向前发展，不仅恢复了中专，还办了大专和本科，更名为上海电机学院，进入高等院校的行列。我为母校的每一步发展由衷地感到高兴。值此母校建校 60 周年之际，我衷心希望母校能继承优良传统，与时俱进，瞄准先进制造业，越办越好。培养更好更多社会需要的建设人才，为国家做出更大的贡献。

（黄国铭，工电 309 班校友）

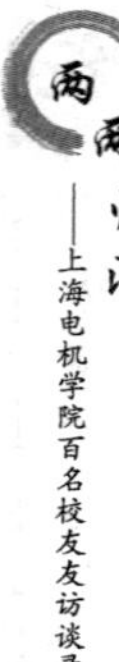

黄　鑫　那些年我们一起读过的大学

1953年，在上海的土地上出现了这样一所高校，它秉承着“自强不息，追求卓越”的学校精神，践行着“明德至善，博学笃行”的校训，历经风风雨雨，走过了半个多世纪的光辉历程，它的名字在我的脑海里早已烙下了深深的不可磨灭的记忆。它的名字就是——上海电机学院。

2005年夏天，当我第一次踏进上海电机学院的校门时，心中充满着对大学生活的好奇：新的校园环境，新的老师们，新的同班同学，到处都是崭新的，需要我慢慢熟悉。记得开学前学校组织了军训，对于我来说可以用五个字概括：痛并快乐着。每天准时听着起床号从梦中醒来，顶着烈日出操训练。训练是枯燥乏味的，但也正是军训，让我和我的新同学们有了更多的接触和了解，短短一周时间，收获的远比我想象的要多得多。

如果说大一学年让我熟悉了电机生活的话，那么大二就是展示自我的一年了。班级的班会活动，二级学院的学生分会、团总支活动，学校的社团活动，我都积极参与，并在其中展现自我价值。在不影响学业的同时，我也尽可能地丰富我的大学课余生活。记得那一年在学校篮球场上上演的“天地英雄校园行”活动，当时在电机学院可以说是前所未有的一场音乐盛典。从此之后，一场场“高雅艺术进校园”的风暴便渗透进了我的课余生活之中。

2007年，我大三。也就在那一年，我有幸参加了第十届“挑战杯”全国大学生课外学术科技作品竞赛的全国总决赛。那不仅是我进入电机后第一次参加全国大赛，同时也是电机学院首次参加“挑战杯”的比赛。在天津南开大学举行的总决赛，与其说是比赛，不如说是一场科技学术博览会，硕大的展厅中展示着来自全国各大高校学生的作品，大家相互交流学习。夏建国校长曾说过电机学院要入主流，我想此刻的电机学院又向前迈进了一大步。前不久，从微博上得知电机在2012年的“挑战杯”上获得了金奖，我在第一时间进行了转发，这是电机学院的骄傲，也是我们每一个电机人的骄傲，我为学弟学妹们取得的优异成绩感到自豪。

2008年，我毕业了，成为了上海三菱电梯的一名员工。每当从试验塔向下望去时，看到的不仅仅是我在电机学院时的美好回忆，更多的是电机学院的美好未来。

今年，2013年，亲爱的母校将会迎来它60周年华诞。走过漫漫长路，阅尽风雨沧桑，电机60年来始终秉承着自强不息，追求卓越的精神，培育了一代又一代优秀学子，也培育了我自由与独立的精神，“技术立校，应用为本”的办学理念赐予了我海纳百川的气量。感谢您，亲爱的母校，给予我知识的甘露、品德的熏陶与才干的磨炼，载着我驶向知识的海洋，启迪我扬起远航的船帆，为我把脚下的道路铺向未来。

电机是一位沉稳的老人，底蕴深厚且闪烁着睿智的光芒；电机是一个朝气蓬勃的

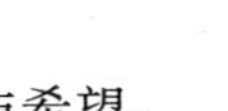

年轻人，昂扬奋进，迈步走向一个又一个成功；电机更是一个新生儿，充满生机与希望，张开双臂去拥抱美好的明天。

在此，我衷心祝愿母校在新的发展进程中取得更大的成就。

（黄　鑫，G0524 班校友）

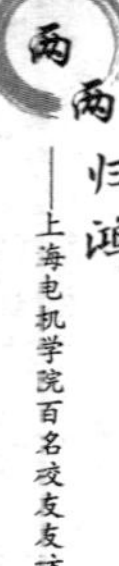

梅海甬等　入校30年点滴回忆

1983年,上海东北角,有那么一所重点中专学校——上海市机电工业学校。一群来自上海各个地方的优秀高中毕业生就在此有缘相识了。30年过去了,我们也从一个个当时对社会、对人生懵懂的高中生,变成了为人父、为人妻的中老年人。有时想想,真像在梦中,正是应了一句老话——人生苦短。如今再回想年轻时学校的点点滴滴,真是难以忘怀,幸福无比。

一张泛黄的座位表

有次搬家,整理东西,正巧看到了一本"工作手册",封面上写着"上海市机电工业学校财8302班"的字样,翻开第一页,一张座位表映入眼帘。第一小组最后一排宋洪家、刘厚强;第二小组最后一排陈惠娥、陈萍;第三小组最后一排施伟庆、倪频茂;第四小组最后一排沈家坪、李道平。全班共52人,27位团员。看到这些名字,既陌生又熟悉,往事仿佛就在昨天。30年过去了,我们这批同学经历了各自人生的跌宕起伏,大多数同学因为国有企业的改制,变成了不同所有制企业的员工,少数人仍然还在原来的机电一局(如今的上海电气集团)工作,如上海机电设计院的郑惠萍、上海工具厂的邹凤。大多数同学现在都成了各自企业的财务人才,有的成了企业的高级管理者和一把手。诚然,当前社会各行各业竞争激烈,同学们也经历着各方面的压力,再也没有了学生时代无忧无虑的生活。但这都是必须面对的,不褪去乌云,哪见得了彩云。

机械制图趣事

我们工电专业一年级中有一门功课叫机械制图,因为我比较喜欢画画,所以机械图的作业不仅全对,而且制图质量也不错。一次我在班上画机械图,我们的制图翁老师不声不响地站在我身后看我制图,那时制图已经接近尾声,我在认真地一笔一划地写零件名称。正在我大功告成、洋洋得意地签上大名的时候,翁老师在身后突然"唉"一声,吓了我一跳,"侬的制图卖相不错,可惜啊几个字实在是看勿入眼!一个是天,一个是地,真滴是天壤之别啊!"我当即羞愧无比,便下定决心一定要把字练好,于是买了本《唐诗300首字帖》,先是用描图纸覆盖在字帖上,像小学生描红一样,一段时间后开始临摹,最后开始默帖,前后花了大概一个学期的时间,写出来的字总算有点样子了。到了一年级的下学期,我的制图作业不仅会在班里张贴出来,有时隔壁班里也有我制图作业的身影。自从我的作业得到翁老师的肯定,每当我作业完成,总有几个同学已经等着我的作业了。他们拿着我的作业覆盖在雪白的铅画纸上,在我图纸的每一条线段的两段用大头针戳一个个小针眼,等全部小针眼戳完后,移走我的图纸,在下面雪白

的铅画纸上留下了许多小针眼，然后仔细地把小针眼连起线来，一张图纸就完成了。

难忘多彩校园生活

学校的活动丰富多彩，每个角落都留下我们的欢声笑语。同学们第一次学跳交谊舞，手脚僵硬，很不自在。渐渐地，跳舞拉近了同学之间的距离，课余间，同学交流多了，班级气氛也活跃起来。同学们现在回忆起与谁第一个牵手的，还记忆犹新。记得运动会上，我们班级女生获得团体总分第一名。班里有长跑冠军金惠芬，铅球高手张卫文，跳高健将张明等。课堂上，我们学到了专业知识；车间里，学会了操作技能；各种文体活动中，增强了人际交往，为毕业后的发展打下了坚实的基础。老师的关爱学生和敬业精神，更是激励我们积极进取，是取之不尽的人生宝贵财富。记得赵乃康老师上高等数学课，讲积分曲线，看我们没精打采，他说这曲线像痰盂罐，引得我们哄堂大笑，睡意全无了。懵懂少年，有时会不谙世事，情绪失控，冲动犯错。老师们在这时候仔细分析情况，耐心解决问题，给同学知错改错的机会。感谢学校老师的包容，把我们培养成为“合格品”。班主任蒋平老师，对我们班倾注了大量的心血，力学课上得生动有趣，还在课余培养我们的兴趣爱好，启发我们思考人生。

岁月流逝　真情长存

离校后的我们，在这30年的岁月里，是不是有些东西可以永远不变？走到如今，年少时美好憧憬的实现，见证了每位呕心沥血的老师们的谆谆教导；成长道路上的每次磕磕绊绊，无不感怀老师们对我们人格的肯定和鼓励；每一次个人的成功与收获，我都愿化为鲜花与掌声，赠与我们敬爱的老师们；30年很长，但又很短。人生的道路注定要独立面对，但好同学、好朋友始终懂得通过相同的思维方式令对方感同身受，在这种懂得面前，语言是不必要的，朋友，同学甚至可以懂我们的沉默。在我们认为是过不去的坎时，他们给予我们安慰，为我们的思维另辟蹊径，提供解决方法；就算无能为力，至少有懂我的人存在，仅仅是这种存在，就让我们觉得心安，倍感动力。如果懂得了友情的价值，就会懂得人生的意义，我想我们都会充满感激。

剩下的30年时间，就让我们并肩同行吧，穿行风雨也好，路过晴天也罢，把握当下，认真地过好每一天。

（梅海甬，财会8302班、陈丽艳，机制8302班、戚海军，工电8367班、
许　强，技工8302班、袁华忠，技工8302班）

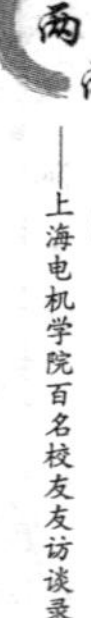

梁　森　我与挑战杯的缘分

2007年初的一天下午，咋暖还寒。一位背着双肩包、梳着两根羊角辫的女学生找到电气学院领导，希望电气学院能够派一位老师指导她参加第十届全国大学生“挑战杯”竞赛项目。这天我恰好在电气学院办公室，就接待了这位小姑娘。后来知道她名叫张可可，她提出的项目叫做“节水节能淋浴器”。

在这之前，我听说过上海交大和华师大的学生参加全国大学生课外学术科技作品竞赛，并且取得较好的名次，但是总觉得“挑战杯”与我们学校的距离很远。我听了张可可同学对自己项目的描述，觉得这个项目确实具有一定的社会价值和经济价值，又与我的研究方向接近，于是就接受了她的请求，担任她的指导教师。

其实在三年前，我曾为北京某高校开发过16套学生浴室刷卡器及电动水龙头，与张可可同学的设想比较接近，还保留了有关的电路板、POS机和防水壳体等。但是，我当年并没有考虑水温的检测、洗澡热水的流量以及智能扣款的功能，与张可可同学的节水、节能的环保理念有较大的差距。于是我与张可可以及另2位男同学一起组成课题组，对“节水节能淋浴器”进行初步探讨，指导他们进行科学研究，将研究的方向分解为“淋浴喷淋头的流量测量”、“水温测量”、POS机与流量、水温传感器的接口、电磁阀门的控制电路等，并进行了分工。同学们上网搜索了大量的有关电路，调研了各个学校的淋浴器数据，画出了配套的机械图，撰写出详尽的研究报告。经过2个月的紧张设计和反复修改，又在“五一”节加班加点，课题组基本完成了电路和单片机程序的设计，参加了校外专家的预答辩。会上，专家肯定了“节水节能淋浴器”的设想符合绿色、环保的社会需求，样机也拿得出手，但指出缺少试验数据。

会后，我们对专家所提出的试验数据的取得方法进行了讨论。由张可可同学在浴室，用水桶、秒表、温度计等简陋的设备，对女生的洗澡、洗头的过程进行记录，计算出与冲澡有关而消耗的水量。利用这些数据，单片机的编程以及流量、水温、时间的加权等有了理论和数据的支持。

第二次答辩会上，专家组对我们课题组的试验方法非常认可，终于进入了上海赛区的答辩准备工作。

我又指导学生撰写了“发明专利申请书”，按知识产权局的要求，绘制了多幅图纸，终于在上海赛区答辩之前，取得专利申请号(该发明专利于2012年才得到授权)。我们利用Photoshop等软件制作了多个展板，撰写了有关论文，参加了全国节能环保博览会的展出、全国拜耳青年环保特使活动、2007年特奥会等。

以上这些铺垫都为我们参加全国决赛打下了坚实的基础。2007年11月14日，校团委领导与我带领2个课题组到达天津南开大学，开始紧张的实物布展工作。杨校长和潘助理也到场亲临指导。我与学生再次进行了预答辩，模拟了决赛专家的提问，调试了样机……直到闭馆，连原来盼望的天津狗不理包子也无缘吃到。

第二天是成果展出，几个学生不厌其烦地回答观众的问题，演示设备，发放宣传单……到了傍晚，学生的声音都嘶哑了；我与团委书记每隔一会儿，就去给智能淋浴器换水。虽然大家都很累，但都很兴奋地等待着第三天的闭馆答辩。

按规定，闭馆答辨时指导老师一律不能进馆。虽然我留在招待所看电视，但只是反复按换台的按钮，似乎对什么台都没有兴趣。到了中午 11 点，我就和团委书记提早站在答辩的场馆外面，等待我们的学生出来。

一批批学生出来了，但是没有看到张可可等同学的影子。直到人影稀疏时，张可可飘了出来，辫子一晃一晃地跑到我们的面前，笑哈哈地说："搞定了。"一起出来的东北大学一位师哥对我说，评委问什么，可可就答什么，滴水不漏，最后还分别给每个评委送了她自制的小礼物，乐得老教授们晕乎乎的……

看到张可可脸上灿烂的笑容，我们似乎已经提前知道竞赛的成绩了。在颁奖晚会上，当主持人读到上海电机学院获得由团中央、教育部、科协颁发的第十届挑战杯全国大学生课外学术科技作品竞赛一个二等奖和一个三等奖的好成绩时，当上海电机学院的校旗在主席台上与其他大学的校旗一起挥动时，大家都很激动，觉得电机学院众多学生、教师的辛勤劳动没有白费。带队领导还开玩笑对我说，希望我今后继续带领学生参加挑战杯竞赛活动。

随后的 2009 年，我与电气学院的学生一起备战了第十一届挑战杯竞赛，也获得全国二等奖。在 2010 年，我还与商学院、文理学院的老师一起，指导我校学生参加了第七届挑战杯创业竞赛，也获得全国二等奖。

可以说，在我退休之前的 5 年里，我带着满腔热情，将自己一生积累的科研、教学经验以及专业知识传授给我所带领的学生，这就是我与挑战杯的缘分。

（梁　森，电气学院教师）

董福民 母校是学子们成功的摇篮

母校上海电校(现已更名为上海电机学院)即将迎来60周年华诞。建校60年来,学校为国家培养和输送了7万多名大中专毕业生,为社会主义培养了大批中高级人才。

我们的母校在20世纪的五六十年代是全国高职学校的一面旗帜。电校办学成绩突出,学生热爱专业,能吃苦耐劳,勤奋好学,能挑得起大梁,独立承重能力较强,深受用人单位欢迎,为全国电气化事业创造了无数出色的成绩。

母校是我们莘莘学子的职业生命摇篮。师长们的教导不仅给了我们丰富的知识,还灌注给我们"自强不息、追求卓越"的电校精神。回忆我们工电313班的49位同学,除本市外还有无锡、苏州、江阴、南通等地的同学,当时的条件虽然比较艰苦,但母校对每位学生的生活、住宿、课余活动都安排得很到位,可以说是无微不至。

对于初中毕业的我们,要在短期内学完大学的部分基础课程,而且当时采用的教材还是苏联莫斯科动力学院的教材,学习难度之大毋庸置疑,但我们深深牢记师长们反复引用的列宁的一句名言"共产主义=苏维埃政权+全国电气化",于是把学习的困难一一克服。

除此,我们还有丰富的校园文化生活,母校非常注重学生的德智体全面发展,经常开展多种项目的体育活动。课余时间,同学们都读过奥斯特洛夫斯基的《钢铁是怎样炼成的》、科斯莫杰米扬斯卡娅的《卓娅与舒拉的故事》等。学校还定期开展精彩的文艺演出、电影放映和歌唱活动,舒缓紧张的学习心情。

在临近毕业的时候同学们都怀着无比激动的心情走向社会,接受国家的统一分配,奔赴全国各地的工作岗位。大家都互赠照片、签字留念,至今我还保存我们班里30多位同学的临别赠言留念册。

母校的培养、师长们的谆谆教诲,我们没有辜负;坎坷的道路和经历,我们用生命铸成了奇迹。我们工电313班的同学在各自的岗位上评上高级职称的有三分之一以上,有教授级高工,有高级工程师,有主持国家重大工程项目的,也有获上海市科技进步奖的,还有到我国驻瑞典、美国大使馆任科技外交官的。

本人由于才疏学浅,在上海汽轮机厂40余年工作期间曾任厂办副主任、高级工程师,多次被评为厂五好职工、机电工业局先进工作者,并参加军工舰用燃气轮机发动机的自控设计等项目。在从事工厂节能工作18年中,为工厂节能做出了一定贡献,工厂获得"上海市节能先进企业"17次、"全国节能先进企业"3次。

母校的期望一直像北极星那样,指引着每个电校学子通过自己卓绝的努力到达对国家甚至对世界都有重大意义的彼岸,指引着无数学子创造一个又一个辉煌的成就。

今天，我们这些20世纪50年代毕业的学子们都已到了古稀之年，正在欢度金色的晚年。我们都期望母校再创辉煌，为国家培养更多的栋梁之材，为实现祖国的伟大复兴做出更大的贡献。

（董福民，57届工电313班校友）

瞿嘉晨　大学里的故事

入学的情景还历历在目，转眼毕业也已经有快3年了。我和我大学的同学说："嘿，我们认识了有7年了。"他们清一色反应："真的吗？对哦，有7年了，竟然有7年了！"那些两鬓斑白的老校友们，一定不屑于我们这样的反应吧。7年算什么，我毕业都半个世纪了！

毕业的人好像总喜欢怀念在大学里的时光，如果什么时候在街头随机问"你最怀念哪段时光"，我想大学时光肯定是最漂亮的回答！回忆总历久弥新，同一件事，每一次同学见面，总要拿出来调侃一番，即便是对方已经听出茧子了的话，诉说者也总以为是第一次讲；又好似陈酒，越回忆越兴奋，越品味越令人陶醉。因为现在"成熟"的你，还做得出当时"稚嫩"的事情来么？

同学的聚会，似乎有人已经开口呼老同学，我想我是不习惯这样称呼的，一口一个老同学，听着像是很亲切，却也道出陌生，仔细琢磨还有点世故。我们明明不老，偏像是我们经历了很多才这般熟悉。这不习惯也许是吹毛求疵，也许是强词夺理，我喜欢听"他/她是我大学同学，我们是很好的朋友"。

学校的故事，准确来说，应该是学校里人的故事，也许不经意间你就见证了一个人人生中非常重要的转折点。比如可爱的辅导员们，他们也才比我们大五六岁，不经意间，你会惊喜地发现辅导员开始谈男朋友了；有时你也会诧异原来辅导员也要"写作业"；再就是偶然间你发现辅导员结婚了，随后又在不知不觉中你得知辅导员有小孩了。这一步一步，等你都知道了，你也毕业了。

同样，与学校的感情，准确来说，应该是与学校里人的感情，一类毫无疑问是同学之情，另一类则是师生之情，无论怎样，总逃不过一个"情"字，脑子里回想起一个一个的片段，就会无端感动起来。和室友们一起去上课、一起吃饭、一起去图书馆、晚上还一起聊天卧谈……当然还有一起参加社会实践，一起参加学生会。好比现在看《那些年，我们一起追过的女孩》，一定有很多的共鸣，这是多少个4年都不够的回忆。同学间的故事有很多，好像每一天过得都一样。上课、下课、吃饭、做作业、睡觉……又好像每天过得都不一样，每天都有新的故事。就这样慢慢积累，直到有了质的飞跃，感情迸发。那年军训，我们一起到超市"储备粮食"，一起踏正步，就这样踏出了成熟的第一步；我们在学生会一起做事，为每一个活动的顺利开展贡献微薄力量，却也积少成多，尽力让每一个从外语学院走出去的项目都让人记忆深刻；我们为此熬过通宵，也曾为了琐事激烈争辩，却慢慢发现如果没有了这样的伙伴，做事情都不能得心应手；世博会、同学入伍的前夕，我们一起吃饭，仿佛以前都习以为常的事情，此刻就要马上溜走似的。在地铁站分别的那一刻，我分明看到了所有人的眼泪。这样的场景，以前书上看到过许多，总觉不以为然，偏见地认为是矫情。现在反倒发现自己当时想法的幼稚，这4年朝夕相伴的同学，对你已是知根知底。

大学里的我，无疑是幸运的，除了得到同学的友爱之外，还有老师的宽容。在上大学之前，我从没想过能与大学的老师走得这样近。虽然亲密，却依然怀有尊敬之心、感恩之心，并且一直伴随着我在工作中，以更努力、更积极的心态面对顺境与逆境。我在外语学院学生工作办公室勤工俭学了3年，比其他同学有了更多机会接触学生工作。在杨浦校区遇到了陈荣根、朱华凤等慈爱父母般的老师，我也曾抱怨当时做考勤工作是如此地烦琐与小儿科，却不曾想到这般简单却烦琐而令人生厌的工作也能闹出笑话：一个同学请事假2个课时，我统计的时候阴差阳错写到了旷课一栏里，又鬼使神差地多写了一个2，变成了旷课22课时。月末一统计，老师一看不得了，赶忙问这同学怎么回事，旷课那么多？那同学也是一头雾水，到我这里一查才真相大白。从此，我再也不敢懈怠这份工作。

大二到了闵行，这3年是我突飞猛进的3年，鲍冠艺老师与刘博敏老师是我们的辅导员，我加入了外语学院的学生会，与杨浦校区的简单生活相比，闵行校区显然活动更多，我的心思也就更灵活了，从参加学生会的各项活动，到学校的科技培育项目，到上海市的大学生创新计划，再到挑战杯的获奖，每走一步都得到了外语学院所有学生工作办公室老师的支持。鲍冠艺老师甚至帮我把上海市创新计划的结题报告从头到尾修改了一遍。

我还依然清晰地记得参加挑战杯的那几个月，从项目的讨论到立项、工作组的筹备，我们一起头脑风暴，几易项目名称，再到团队成员的招募、工作的分配，学院的领导和老师都给予我充分的信任。市场调查我没接触过，统计学的知识更是贫乏，虽然我在华师大念辅修的时候接触过一些统计学的基本知识，但是面对“浩浩荡荡”的市场调研统计时，我显得无能为力，甚至几度想放弃。宋伟老师和彭睿睿老师几乎找尽所有的社会关系来辅导我做好这个项目。彭睿睿老师甚至还陪我到复旦大学图书馆查资料，刘博敏老师晚上和我一起整理线索，厘清项目论证的思路，徐雷老师搞了一个通宵帮我用专业软件进行相关性分析，虞龙发老师为我写了整整几页的修改方案，使我终于下定决心，决不放弃！坚持总是有收获的，我们的《世博因我更精彩——2010年上海世博会大学生志愿者服务意愿与服务能力的调查研究》最终获得了第十一届“挑战杯”全国大学生课外学术作品竞赛上海赛区二等奖，全国三等奖。

我还想提一下我的三位德语老师，钱顺德、聂华和虞龙发。钱顺德老师是我的德语启蒙老师，是一位幽默、有学识的老教授，我的德语就是在他的教导下打好基础的。聂华老师是我的毕业论文导师，我怎么也忘不掉那一刻的场景。那天，她打电话让我去地铁站接她，到了地铁站一看，她捧着一个大袋子，里面是厚厚一叠德语原版的参考书。她说：也许这些书对你的论文有用。我赶忙接过她手中的袋子，这袋子的拎带已经断了一根了，而她的手，也被拎带拽出了红红的一条痕迹。当时我真的非常感动！当别的同学还在抱怨资料少不知论文从何写起的时候，而我的“精神世界”是如此的“肥沃”。我的另一位老师——虞龙发老师，教我们跨文化交际学，每周一堂的课程总能让我对中西方文化有更深的认识，也奠定了我现在在工作中与西方人打交道的基础。

4年的大学时光是一辈子的财富。学校55周年校庆时的场景仿佛就在眼前，我还穿着校庆志愿者的衣服，在明德堂内倾听优秀校友的报告，为他们所取得的成就，为我是他们的学弟而感到自豪。一晃又过了5年，母校60周年的校庆，也恰好给了我们一个回忆那些青涩岁月的契机，让我们仿佛回到了大学时代，回忆起我们经历的种种，或许也可以让我们更好地去思考作为一个负责任的校友，怎样做才能让“自强不息，追求卓越”的学校精神、“明德至善，博学笃行”的校训得以延续和绽放。我们第一届德语系的学生很自豪地在今天各自的岗位上践行自己的理想信念，给在校的学弟学妹们讲我们在电机学院的故事，希望给他们的学习生涯增添一丝启发、一点期许。

（瞿嘉晨，BW062）

严美霖等 “锻炼小组舞”的产生和演出

20世纪50年代，我们在“共产主义就是社会主义加上全国电气化”的感召下报考了上海电机制造学校，1954年进入电机109班，班主任是唐往臯老师。

当时国家急需电气化人才，于是本该7年完成的学习任务要在3年内完成。因此课程安排很紧，学习任务十分繁重。为了完成学习任务，大家整天埋头苦学，不参加各种文体活动，甚至连课外1小时的体育锻炼也不参加。整天都在学习，不符合做“三好”学生全面发展的要求。于是班主任唐老师动员大家响应“三好”号召，不仅带领大家积极参加各种文体活动，还学唱革命歌曲。在唐老师的影响下，班级文体生活逐渐丰富，同学们的身体也变得强壮起来，学习效率也提高了。

1955年全校文艺会演，要求每个班都要出节目。我们班在唐老师的领导下，根据当时全国学生开展“三好”运动，结合我们班级的实际情况，由班内文体委员组织文体积极分子，集体创作和排练了“锻炼小组舞”。该舞蹈反映了一位书呆子整天抱着书本学习，不参加课余锻炼和文体活动，身体愈来愈差，精神也不振，学习成绩也下降。经过班干部和文体积极分子的热情帮助和带动，他也加入到健康活泼的班级文体活动的队伍中去，精神面貌焕然一新，体质和学习成绩都提升了。

这个节目由于反映了当时学校学生的实际情况，用舞蹈和戏剧的形式表现出来的情景既有浓厚的生活气息，又有活泼生动的各种锻炼形式呈现，如跑步、体操、跳绳、游戏等运动项目，很有教育意义，受到了全校师生的一致好评，还被推荐参加上海市大中专学生文艺会演，到上海人民大舞台去演出，获得了“创作奖”、“演出奖”等荣誉。我们班拿到了奖旗，参加演出的电机309班冯毓清、杨仁民、陈匡时、徐守谦、张仲荣、陈镜明、刘万先、茅安隆、朱钦富、夏华光、严美霖、杨永高、钱世根等13名同学还在学校教育楼前合影留念，此合影保存至今已有57年，每每忆及，心潮激动不已。此后“锻炼小组舞”还被选拔向中央首长汇报演出。但为了不影响参演同学的学习，决定由上海市专业文艺演出团队排练后，再到北京“怀仁堂”向中央首长汇报演出。该节目最后得到了中央首长的赞赏和肯定，也为上海市大中专学生争得了荣誉。

（严美霖、张仲荣、朱钦富、冯毓清、夏华光、茅安隆、徐为华等，电机309班校友）

佚　名　几件小事

毕业离开电校已50年了。4年学生生活中的许多事也已渐渐淡忘。然而,这几件事虽经几十年却始终萦绕着我。

我是电器专业第二届学生,电器05班。1960年二年级时,年少不惜世事的我在语文作文课上写了一篇作文,内容是借助寓言批评个别班干部的工作作风。语文教师余觉安老师用红笔批阅:文笔尚可,然中心思想不可,评分59.5分。我用心读了余老师评语,犹如醍醐灌顶,幡然醒悟。1957年"反右"运动,有一些知识分子因为提了意见被打成右派,经受了不公正的待遇……余老师没有找我去谈话,我也没有找余老师汇报自己的思想,然而他的批语却是言简意赅地暗示我,让我一下子清醒许多,使我在以后几十年的人生路走得更为踏实。这是一位老师怜爱少年学子的良苦用心,我真的非常感谢余觉安老师,谢谢他给我在人生道路和学业上的教导。

1962年我们电器专业05、06班开设自动控制原理课程,任课教师是我们电器专业科主任陈孝威老师。课程结束,陈孝威老师采用一对一口试方式进行考试,而不是笔试。我平时学习尚可,应付笔试并无困难,口试如何进行,心中确实忐忑不安。我抽签的2道题目:一道是2120龙门刨床控制系统;另一道题忘了。这2道题我口述均可以,但陈老师进一步提出:假如龙门刨床发生啃刀电机堵转怎么办?说实话,由于没有实践经验,的确较难回答陈老师的提问,我回答:"不太了解。"陈老师不再追问下去。然而,1970年我支援内地建设到贵州遵义长征电器基地长征电器九厂,担任动力科党支部书记,动力科正好购置一台济南第二机床厂生产的2120型龙门刨床,运行没有几个月就出现严重故障,床面在导轨上产生前后窜动,不能正常作业,严重影响生产。操作师傅和负责生产的领导焦急万分,打电话请远在几千里之外的济南第二机床厂求援。该厂答复系电控柜的问题,应由电控柜生产厂维修。而该电控柜正好是我们电校生产的。那时,由于文化大革命,电校尚未复课,无人答复。无奈之中,找到我这个电校毕业的负责政治思想工作的党支部书记。其实,我脱离电器专业已有五六年了,自动控制基础就学了60学时,并不扎实。因为是我们电校生产的产品,我硬着头皮也要把这个任务接下来,把它解决掉。我找来龙门刨床的安装使用说明书和控制原理图仔细阅读和研究,并对控制箱内的线路和所有元器件进行检查和测量,发现组成桥式回路的4个抽头线绕电阻不平衡,有质量问题。终于找到在一块抽头线绕电阻的瓷支持烧结过程有毛刺,抽头导电片正好压在绝缘毛刺上,不能接触电阻线,不导电。我小心翼翼地用螺丝刀去掉毛刺,再旋紧导电片,然后用万用表测量,已显示接通了,再检查一遍控制箱,没有发现其他问题,请操作师傅启动龙门刨床,果然一举成功。师傅很高兴,连连感谢我。我自己也很高兴,没有辜负学校和老师对我们毕业后走上工作岗位的期望。

1968年夏天我被派到工宣队在徐汇区卫生防疫站驻点工作,有一次到闵行处理工

作事宜，我顺便到学校看看，碰到丁钦浩老师，他陪我在学校转了转，看着学校似乎一片荒芜，一个在全国机械系统著名的4大电机中专变成如此，我心里不是滋味。在校办工厂看见我们数学老师江爱兹先生正在车间劳动。丁老师低声告诉我，江老师因为历史问题被揪出来监督劳动。我分明觉得江老师眼睛带着期盼和哀怨在看我，但我不敢上前问候他。江老师是一位非常好的老师，他的高等数学教得极好，深受学子尊重。俗话说：一日为师，终生为父，我却不敢上前问候他，这件事纠结了我一辈子，我深深地感到愧疚。

在学校4年，走出校门工作40余年，绝大部分事与人均已记不住了，唯有这几件事终生难忘。我想趁此机会希望现在在校的年轻的小学弟学妹们，继承电校毕业生生动手能力强、低调、能吃苦耐劳的优良传统，在如今和谐的社会氛围和欣欣向上的社会中，努力学习，掌握先进的科学技术，为中国的和平崛起做出贡献。

（佚　名）

我们共同的记忆

生命的轨迹

——致恩师曹建华

我在褐色的枝头上期待
朦胧而悠久，
我盼望着绿洲的风
把我完全吹醒，
用微笑装饰摇曳的灵感。

在那盏孤独的路灯下
你突然悄悄接近，
说你惭愧自己也有睡去的时候
不能像青春女神那样始终清醒，
你说一个人的生命本身没有定义
只能在摸索中寻找轨迹，
想不到那晚我把这话默默带回
却引起了我彻夜难眠。

从那以后
我常把它当作铭言，
晚风夕阳
吹洒着我的心，
使我生命里充满了诗意。

而今夜我又没有睡意
因为
我又回想起老师那句：
“生命的轨迹。”

（高志强，财会 8301 班）

美丽校园　有你更精彩

1983 年
追寻着梦的期许，
我们来到了校园
用青春谱下乐章，
褪去 4 年汗水的疲惫
我们用歌声唱响生活。

美丽校园
让我们感受一生，
一样的舞台
演绎不一样的精彩，
一样的旋律
跳动不一样的舞剧。
让重逢留下身边的美好，
让重逢讲述昨日的豪迈。

一样的明天
寄予不一样的期待，
雾霾的天空
不会是我们的障碍，
乐观的心态
承载着我们的开怀。
有点期待
时间为我们开启未来，
感慨
生活将充满色彩。

亲爱的同学，
30 年来
我们梦想启航，
不再犹豫
只需努力。
用力量证明自己
让理想触手可及。

美丽校园
有你更精彩！

（陈建英，电气 8301 班）

月色心香

这月夜的心香
是一种空灵的颜色，
很近
也很遥远，
仿佛青春的忧伤。

在若有若无的距离
是否有一袭黑色长裙，
吹起闪亮的长笛
却把月色心香诉说成一种
莫名的惆怅，
在影影绰绰的树梢流淌。

清风从儿时的乡野走来，
大海却远远躲在历史的幕后。
披一身静谧的蓝，
荡涤了所有的喧嚣和尘埃。

时间随风散去，
思绪淡如月边的云翳。
一片一片
去俯瞰丛林，
寻找来时和归去的路径。

看见的只有草尖的露珠，
收藏起月色
浸淫着心香，
将往事的星星点点闪烁。
是一种忧伤
是一种惆怅。

（施卫平，工电 7959 班校友）

校　　友

滨海秀出群馆楼，

丹桂飘香又重回。
世势人事俱相催，
母校喜看新成就。
少年同窗人未老，
旧谊朋辈壮犹壮。
岁月若逝东流水，
真情似金色不退。

（张　朋，离休职工）

我爱你，“电校”

我毕业“电校”，
那是冥冥中的缘分。
缘于我朴实无华的情感，
你是我一见钟情的姑娘。

我敬业“调试”，
那是命运中的约定。
定于你如花似锦的美丽，
你是我难舍难分的恋人。

我忠诚“三菱”，
那是美梦中的憧憬。
享受你如诗如画的美景，
你是我情真意切的爱人。

啊！我爱你，眷恋的“电校”。
你是我茁壮成长的摇篮，
你是我莺歌燕舞的舞台。
你情深意长的关怀备至，
激励我勤学苦练、奋发向上。
你情同手足的深情厚谊，
鞭策我披荆斩棘、勇往直前……

啊！我爱你，敬爱的“电校”。
我爱你的蓝天，
因你无比湛蓝和迷人。

我爱你的碧水，
因你无比清澈和甜美。
我爱你的校园，
因你无比缤纷和艳丽。
我爱你的和谐，
因你无比善良和仁爱。
我爱你的温馨，
因你无比芬芳和香醇。
我爱你的一草一木，
我与你结下不解之缘……

（秦　斌，9616 班校友）

感怀母校

曾记得
年少轻狂的我，
背着沉重的行囊
带着满脸的迷茫，
怀揣美丽的梦想
迎着九月的阳光，
走进成就电机人的殿堂。
那时的我
带着一颗朝圣的心，
是因为您的召唤
让我走上这条朝圣之路。
在这里，
有满眼的绿色和林立的高楼，
在这里，
有军训的辛苦和成长的喜悦，
在这里，
有和蔼的教师和热心的同学，
在这里，
有无尽的生机和绚丽的未来。
于是
我用心去呵护您的一草一木，
用心去体悟每一次的心酸和喜悦，
用爱去回馈亲人的每一份关怀，
用情去珍惜每一次求知的机会。

终于
还是在您的指引下，
梦想于我不再那么遥远。
一转眼
大学毕业，
四年的岁月在青春的歌声中流过，
当初的青涩化作如今的硕果累累
如今
我依然眷恋着母校——
电机学院。
我以你自豪
我为你骄傲。
我的母校，
明天的你
更加灿烂辉煌，前景似虹！

（王　麟，X0416 班校友）

学子回想当初情　祝愿母亲更年轻

母校诞生六十春，欢聚在校分外亲。
首届五百学子情，别离相见添精神。
转眼鬓发银丝增，再次相叙话不停。

忆初校门简单景，路仍不平丛草生。
除草填路第一课，平房宿舍双层登。
铁皮厂房锻炼人，周末集舞亲又近。

一日三餐盆桌分，同学之间乐盈盈。
劳动实践锤叮当，隔周课堂学理论。
双手筑起安乐巢，师生互爱又互敬。

匆匆学业已告成，红榜一贴神州行。
新型育才第一代，实践理论武装身。
祖国召唤我就奔，全靠母校培育恩。

现今母校校庆日，别离久念故里寻。
高速高价迎亲人，母校满面笑盈盈。
校门牌楼电移订，水泥铺路平又清。

平房留恋作史景，花园高楼宾客迎。
铁皮厂房何处寻，换来宾楼电化身。
翻天覆地变化景，学子眼花路难寻。

回忆往事日日亲，母校胜似母亲情。
高等学府展宏图，科学发展和谐城。
再掀绚丽新篇章，育人创新笑傲迎。

人旺地旺处处旺，神州大地树新榜。
攻坚克难凝聚心，母校处处是春风。
桃李芬芳满五洲，祝愿母亲更年轻。

（顾荣宝，53 级铸甲班校友）

甘愿为她添彩增誉

——写给 82 班的歌

82 班，曾经的集体：
一起发奋苦读的圣地，
她
记录了
共同成长的艰辛，
凝结了
同窗校友的情谊。
二十三个春秋的握别，
五十五周年的校庆重聚。
我
甘愿
为她再添彩增誉
——82 班，不散的集体。

（张国强）

无悔的青春

青春
是灿烂的

她像春天的柳枝，
翠绿欲滴 生机勃勃，
又像盛开的樱花
浪漫璀璨 鲜艳而又静谧，
令人永远难忘。

青春
短暂而又美丽
像秋天的落叶，
时而随风飞扬 时而静静地躺下，
不知
将要飞向何方，
又像飘忽不定的云朵，
时而绚丽多彩 时而漆黑一片。

怀揣着梦想，
肩负的期望，

1983
我来到了电校
带着重生的喜悦，
带着少年的惆怅，
带着一身的尘土，
带着还未拭干的泪珠。
来到了
令我一生都魂牵梦绕
难忘的电机学校。

校园里
那一片片的绿
是主旋律，
那阵阵的花香
沁人心肺，
青春
要在这美丽中绽放。

课堂 黑板
操场 草坪
校园的一草一木，
都成了

永远的回忆，
花季年华
跳动的
是我们年轻的心，
足球 吉他
口琴 歌谣
奏响了
人生最灿烂的篇章。

光阴似箭
岁月如电，
匆匆地来到了
1987。
背上了行囊
告别了校园，
带着眷恋 带着憧憬
带着壮士奔赴新岗位的
豪情，
踏上了人生又一个
艰辛的旅程。

春去秋来
改革开放又谱新章。
峥嵘岁月　长路茫茫，
寻寻觅觅
无数次
迷途的彷徨，
失败的苦痛，
而今
万里晴空　壮丽山河，
我要对着天空
振臂一呼，
相信我们
相信未来!

三十年
匆匆而过的青春，
弹指一挥间
如滔滔江水
奔流到海不复回，

只有那
同学的情谊
赤子的热血
还在心中激荡。

三十年
终将逝去的青春，
才明白了
人生的真谛。
蓦然回首
那人却在灯火阑珊处。
成功与失败
精彩与平淡
坚持与放弃
自信与豁达
铺垫了
更加美好的明天！

（蒋连明，电机 8362 班）

后　记

在上海电机学院60周年校庆来临之际，为进一步挖掘校友平凡而感人的故事，探寻上海电机人的成长足迹，感受平凡人物不平凡的力量。自2012年4月份开始，在校庆办、宣传部的牵头下，共同开展了主题为“寻找最美电机人”的百名校友访谈活动。经过一年多的努力，累计完成100名校友的采访，收到100名校友撰写的回忆录。现在我们将其中的140余篇汇集成册，结集出版，献礼母校60华诞。

与新中国机械工业的发展历程血脉相连的上海电机学院始建于1953年，经历了上海电器工业学校、上海电器制造学校、上海电机制造学校、上海电机制造技术专科学校、上海电机技术高等专科学校、上海电机学院的校名更替。期间，先后有上海市机电一局职业大学闵行分部和上海机电工业职工大学一分校、上海机电工业职工中等专业学校、上海市机电工业学校、上海机电工业职工大学加入上海电机学院大家庭。60余年里，母校先后为国家培养出近8万余名学子。学子们或立身政坛，造福桑梓；或潜心学界，激扬文字；或投身商海，运筹帷幄；而更多的是献身祖国装备制造业，与创造者共创未来。校友们都有崇高的情操、善良的心灵和精彩的人生故事。但由于诸多因素的制约，我们只采访了其中的百余名校友，挂一而漏万，敬请广大校友谅解。还有一些已采访的校友，因种种原因，部分采访稿未能编入本书，亦请谅解。虽然我们所采访的这些校友，还远远不能代表全部校友的风貌。但我们仍然认为，将这些校友的动人故事和精彩人生与更多的人分享，依然具有特殊的意义。采访的过程，同样也是锻炼学生记者能力，对他们进行“爱校荣校”教育的过程，更是体现学校人文情怀，让校友感受母校温暖的过程。同时也希望通过书中校友成长的故事为在校大学生学习先进、规划自己的大学生活提供鲜活的范本，树立良好的榜样。

校友采访和回忆录征集的工作得到了学校方方面面的关心和支持。为了建立记者志愿者队伍，我们面向全校招募了60余名学生志愿者、10余名教工志愿者，组成了记者采访团。校友会林敏芝老师经常给老校友、老领导致电致函，动员他们撰写回忆录。为了确保寻访活动的开展，校庆办、宣传部多次组织学生记者进行校史历史、人物采访、写作技巧、公关礼仪等方面的培训，在初稿形成以后，还专门组织他们进行采访、写稿和修改等方面的写作指导。一年来，采访团的老师和同学们足迹遍布上海、北京等地，邮件、电话更是让远在祖国各地，甚至海外的电机校友汇聚于一股浓浓的母校情缘中。

本书的编写工作得到上海电机学院党委书记郝建平和校长夏建国的关心和支持，夏建国校长还亲自为本书作序。校党委书记助理潘清策划了整个访谈活动，并全程参与甚至亲自带队走访校友。何锡涛、孙慧等参加了本书的审稿、统稿工作，吴靓宇、曹胜彬、钟伟、袁亮、徐雷、钟晓巍、赵静等组织协调记者志愿者的寻访活动，冯雯雯、张爱芹、孙慧等老师在采访稿的撰写和修改方面付出了辛勤的劳动，上海交通大学出版社

对本书的出版给予了大力的支持与帮助，在此一并致谢。

由于访谈和回忆录的撰写者多为学生记者和校友，很多作品都是他们执笔为文的最初体验，水平有限，书中难免有不足之处，敬请读者批评指正！

编　者
2013年6月